Aberglaube und Unverstand in der Lehre von Versuch und Rücktritt

Criminalia

Herausgegeben von Klaus Volk

Band 59

Martina Oberhofer

Aberglaube und Unverstand in der Lehre von Versuch und Rücktritt

Bibliografische Information der Deutschen Nationalbibliothek
Die Deutsche Nationalbibliothek verzeichnet diese Publikation
in der Deutschen Nationalbibliografie; detaillierte bibliografische
Daten sind im Internet über http://dnb.d-nb.de abrufbar.

Zugl.: München, Univ., Diss., 2015

Umschlaggestaltung: Pierre Mendell

Gedruckt auf alterungsbeständigem,
säurefreiem Papier.

D 19
ISSN 0945-1811
ISBN 978-3-631-67222-8 (Print)
E-ISBN 978-3-653-06744-6 (E-Book)
DOI 10.3726/978-3-653-06744-6

© Peter Lang GmbH
Internationaler Verlag der Wissenschaften
Frankfurt am Main 2016
Alle Rechte vorbehalten.
PL Academic Research ist ein Imprint der Peter Lang GmbH.

Peter Lang – Frankfurt am Main · Bern · Bruxelles · New York ·
Oxford · Warszawa · Wien

Das Werk einschließlich aller seiner Teile ist urheberrechtlich
geschützt. Jede Verwertung außerhalb der engen Grenzen des
Urheberrechtsgesetzes ist ohne Zustimmung des Verlages
unzulässig und strafbar. Das gilt insbesondere für
Vervielfältigungen, Übersetzungen, Mikroverfilmungen und die
Einspeicherung und Verarbeitung in elektronischen Systemen.

Diese Publikation wurde begutachtet.

www.peterlang.com

Vorwort

Die vorliegende Arbeit wurde im Frühjahr 2015 von der Juristischen Fakultät der Ludwig-Maximilians-Universität in München als Dissertation angenommen. Mein herzlicher Dank für die Betreuung und die Förderung meiner Promotionsarbeit gilt meinem Doktorvater Herrn Professor Dr. Dr. h.c. Klaus Volk. Er hat mir alle Freiheiten bei der Ausarbeitung gelassen und mich dabei gleichzeitig in jeder Phase durch konstruktive Anregungen, wertvolle Ratschläge und stete Gesprächsbereitschaft unterstützt. Ich freue mich in seiner Schriftenreihe veröffentlichen zu dürfen. Das Zweitgutachten wurde vom Herrn Professor Dr. Ralf Kölbel übernommen, dem ich für sein Engagement ebenso sehr danke. Zudem geht mein Dank auch an das GraduateCenter[LMU] für die Gewährung eines Abschlussstipendiums. Es ist mir eine große Ehre, dass die Arbeit mit dem Fakultätspreis 2015 der Ludwig-Maximilians-Universität ausgezeichnet wurde.

München, im Januar 2016   Martina Oberhofer

Inhaltsverzeichnis

Abkürzungsverzeichnis 15

Einleitung 19
  A. Problemstellung und Ziel der Arbeit 19
  B. Gang der Untersuchung 21

1. Teil: Der grob unverständige Versuch 23
  A. Die geschichtliche Entwicklung 23
    I. Die Entstehung des § 23 Abs. 3 StGB 23
      1. Der frühere Rechtszustand 23
      2. Reformentwicklung von 1909 bis 1966 27
      3. Das Strafgesetzbuch von 1975 30
      4. Die dem StGB zugrunde gelegte Versuchstheorie 33
    II. Kritik an der Regelung 39
      1. Abgrenzungsprobleme 40
      2. Verstoß gegen Bestimmtheitsgrundsatz 40
      3. Fehlendes Strafbedürfnis 42
      4. Fazit 44
  B. Bedeutung der Regelung 45
  C. Die Ratio des § 23 Abs. 3 StGB – Grund der Besserstellung 46
    I. Der Meinungsstand 46
      1. Gesetzesmaterialien 47
      2. Die Sicht der Rechtsprechung und der Strafrechtslehre ... 47
        a) Ungefährlichkeit 48
        b) Minderung des Unrechts- und Schuldgehalts 49
        c) Generalpräventive Erwägungen 50

II. Analyse und Kritik.. 50
    a) Ungefährlichkeit... 51
    b) Minderung des Unrechts- und Schuldgehalts................ 56
    c) Generalpräventive Erwägungen.................................... 57
    d) Fazit.. 59
III. Die eigene Sicht – „Strafzumessungstheorie".......................... 59
    1. Strafwürdigkeitsaspekte... 61
    2. Strafbedürftigkeitsaspekte.. 65
    3. Zusammenfassung und Ergebnis.................................. 67
D. Anwendungsvoraussetzungen des § 23 Abs. 3 StGB............................68
I. Nichtvollendbarkeit... 69
    1. Untauglicher Versuch... 69
        a) Analoge Anwendung bei Untauglichkeit des Tatsubjekts......69
            (1) Objektbedingte Subjektuntauglichkeit................. 70
            (2) Echte Sonderdelikte... 70
        b) Analoge Anwendung bei untauglichen Tatmodalitäten..... 75
        c) Fazit... 76
    2. Qualifizierte Untauglichkeit?.. 76
        a) Abgrenzungskriterien... 76
            (1) Die objektiven Versuchstheorien......................... 77
            (2) „Realtaugliche" und „wahntaugliche" Versuche.... 80
        b) Fazit und Bedeutung des Merkmals............................ 82
II. Der „grobe Unverstand"... 84
    1. Begriff... 84
    2. Gegenstand des groben Unverstandes......................... 86
        a) Nomologische und ontologische Irrtümer................... 86
            (1) Begriffe.. 86
            (2) Meinungsstand.. 88
            (3) Auslegung.. 90
            aa) Grammatikalische Auslegung............................ 90
            bb) Historische Auslegung...................................... 94
            cc) Teleologische Auslegung................................... 95

   dd) Ergebnis der Auslegung 98
   (4) Rechtsdogmatische Gründe 98
   (5) Fazit 101
  b) Qualitative und quantitative Irrtümer 101
   (1) Können „Quantitätsirrtümer" grob unverständig sein? 103
   (2) Unverstandskomponente im „Insektengift"-Fall 107
   (3) Fazit 112
  c) Grob unverständige Rechtsbeurteilung 112
  d) Grob unverständige Motivation des Täters –
   das Merkmal der Konnexität 116
 3. Weit verbreitete Irrtümer 119
 4. Ergebnis 122

E. Rechtsfolge des § 23 Abs. 3 StGB 123
 I. Fakultative oder obligatorische Rechtsfolgenanordnung? 124
  1. Gesetzestext und Meinungsstand 124
  2. Historische Auslegung 126
  3. Teleologische Auslegung 128
 II. Absehen von Strafe 130
 III. Strafrahmen bei der Milderung nach Ermessen,
  § 49 Abs. 2 StGB 130
 IV. Die Rechtsfolgenwahl – eingeschränkte Ermessensentscheidung 132
 V. Zusammenfassung und Ausblick 134

F. Erweiterter Anwendungsbereich des § 23 Abs. 3 StGB 135
 I. Versuch der Beteiligung, § 30 StGB 135
 II. Teilnahme an einem grob unverständigen Versuch,
  §§ 26, 27 StGB 138
 III. Weitere Vorschläge in der Literatur 139

G. Ergebnisse des ersten Teils 140

2. Teil: Der abergläubische oder irreale Versuch 143

A. Begriff 143
 I. Begriffsanalyse und Verwendung im Schrifttum 143

II. Begriff des „abergläubischen Versuchs" in dieser Arbeit 146
　　III. Abgrenzung untauglicher – abergläubischer Versuch 149
B. Rechtsfolge, Dogmatische Ansätze zur Begründung
　　der Straflosigkeit 154
　　I. Abergläubischer Versuch außerhalb der Versuchsregelung 154
　　　1. Fehlende Versuchsqualität – die subjektive Theorie 155
　　　　a) Die Rechtsprechung – RGSt 33, 321 ff. 155
　　　　b) Vorsatzlösungen 158
　　　　(1) Psychologische Erklärungen 158
　　　　(2) Normative Ansätze 166
　　　　aa) Kein verbrecherischer Wille 163
　　　　bb) Generelle Außerrechtlichkeit 164
　　　　(3) Beteiligungslehre 171
　　　　(4) Fehlende Kausalität bzw. Zurechenbarkeit 173
　　　　aa) Kausalität 173
　　　　bb) Objektive Zurechenbarkeit 178
　　　　(5) Ergebnis der Vorsatzlösung 180
　　　　c) Kein unmittelbares Ansetzen 181
　　　　d) Straflose Vorbereitungshandlungen und fehlende
　　　　　　Verfügungsmacht 182
　　　　e) Wahndelikt 185
　　　　f) Fazit – subjektive Theorie 187
　　　2. Eindruckstheorie 187
　　　3. Strafzwecklehre 193
　　　　a) Der rechtspolitische Standpunkt – Schallenberg 193
　　　　b) Ergebnis der Strafzwecktheorie 200
　　　4. Historische Erklärung – Gewohnheitsrecht 202
　　　5. Zwischenergebnis 205
　　II. Abergläubischer Versuch als Unterfall des § 23 Abs. 3 StGB 205
　　　1. Modifizierte Rechtsfolge 205
　　　　a) Wortlaut 206
　　　　b) Gesetzesmaterialien 207

       c) Abgrenzungsschwierigkeiten 209
    2. § 23 Abs. 3 StGB ohne Modifizierung 211
    3. Folgen der Begründungsrichtung 213
       a) Rechtsfolge 213
       b) Beteiligtenstrafbarkeit 213
       c) Straftatbestände des Besonderen Teils des StGB 214
  III. Stellungnahme zum Meinungsstreit 215
    1. Argumente für und wider die jeweilige Begründungsrichtung 215
    2. Zusammenfassung und Ergebnis 219
C. Ergebnisse des zweiten Teils 221

3. Teil: Gründe für Ungleichbehandlung, Konsequenz der Analyse 225

A. Unterschiedliche Strafwürdigkeit? – Unverstand und Unrecht 225
  I. Gesetzesmaterialien 226
  II. Strafbedürftige Fälle? 227
  III. Unrechtsgehalt grob unverständiger und abergläubischer Versuche .. 230
    1. Strafgrund des Versuchs 231
    2. Teleologische Erwägungen – „Strafzumessungstheorie" 233
    3. Zwischenergebnis 235
  IV. Teilnahmestrafbarkeit 235
B. Unterschiedliche Sozialerheblichkeit? – Aberglaube und Gesellschaft 238
C. Folgerungen für den Untersuchungsgegenstand 244
  I. Bisherige Erkenntnisse 244
  II. Mögliche Lösungswege 244
  III. Ein Vorschlag de lege ferenda 249
D. Ergebnisse des dritten Teils 251

4. Teil: Aberglaube und Unverstand in der Rücktrittssituation und im Rechtsvergleich 253

- A. Auswirkungen auf den Rücktritt vom Versuch, § 24 StGB 253
  - I. Die erforderliche Rücktrittsleistung 253
    1. Der unbeendete Versuch 255
    2. Der beendete Versuch 255
       - a) Die subjektive Ausgangsposition 255
       - b) Gegenwärtiger Meinungsstand 258
         - (1) „Ernsthaft" als subjektiv-objektiver Begriff 258
         - (2) Die Gegenmeinung – subjektive Sichtweise 263
           - aa) Die herrschende Auffassung – „strenge" Subjektivierung 264
           - bb) „Abgeschwächte" Subjektivierung 270
         - (3) Zusammenfassung und eigene Ansicht 271
       - c) Auslegung 273
         - (1) Wortlaut des § 24 Abs. 1 S. 2 StGB 273
         - (2) Entwicklungsgeschichte 274
         - (3) Systematik und strukturelle Parallelität 275
         - (4) Sinn und Zweck der Regelung 276
         - (5) Ergebnis der Auslegung 283
       - d) Strafwürdigkeitserwägungen und Missbrauchsanfälligkeit .. 283
         - (1) Unrechtsgehalt des Gesamtgeschehens – „Strafzumessungstheorie" 283
         - (2) Missbrauchsgefahr im Prozess 284
       - e) Fazit und abschließende Stellungnahme 285
  - II. Freiwilligkeit des Rücktritts 286
  - III. Ergebnis 288
- B. Abergläubische und unverständige Versuche in fremden Rechtsordnungen 288
  - I. Die einzelnen Regelungsmodelle 289
  - II. Wertende Rechtsvergleichung 292
- C. Ergebnisse des vierten Teils 294

5. Teil: Zusammenfassung der wichtigsten Ergebnisse der Arbeit ... 297

Anhang: Gesetzestexte ... 301

Literaturverzeichnis ... 303

Quellenverzeichnis ... 333

Abkürzungsverzeichnis

a. A.	andere(r) Ansicht
abl.	ablehnend
a. E.	am Ende
AE	Alternativ-Entwurf
a. F.	alte Fassung
Abs.	Absatz
abw.	abweichend
ähnl.	ähnlich
AK	Alternativkommentar zum Strafgesetzbuch
and.	andere
Alt.	Alternative
Anm.	Anmerkung
ArchCrim	Archiv des Criminalrechts
Art.	Artikel
AT	Allgemeiner Teil
Auff.	Auffassung
BayObLG	Bayerisches Oberstes Landesgericht
Begr.	Begründung
Beschl.	Beschluss
Bespr.	Besprechung
BBl.	Bundesblatt (Schweiz)
BGBl.	Bundesgesetzblatt
BGE	Entscheidungen des Schweizerischen Bundesgerichtes, Amtliche Sammlung
BGH	Bundesgerichtshof
BGHSt	Entscheidungen des Bundesgerichtshofs in Strafsachen
BJM	Basler Juristische Mitteilungen
BK	Basler Kommentar
BT-Drucks.	Bundestagsdrucksache
BVerfG	Bundesverfassungsgericht
BVerfGE	Sammlung der Entscheidungen des Bundesverfassungsgerichts
diff.	differenzierend
Diss.	Dissertation
ders.	derselbe
dies.	dieselbe

E	Entwurf
EL	Ergänzungslieferung
EvBl	Evidenzblatt der Rechtsmittelentscheidungen, veröffentlicht in der Österreichischen Juristen-Zeitung
f., ff.	folgende/r, fortfolgende
Fn.	Fußnote
FS	Festschrift/Festgabe
GA	Goltdammer's Archiv für Strafrecht
gem.	gemäß
GG	Grundgesetz
grds.	grundsätzlich
GS	Gedächtnisschrift/Der Gerichtssaal, Zeitschrift für Strafrecht und Strafprozeß (Zusatz wechselt)
(GS)	Großer Senat
H. Gross' Archiv	Hans Gross (Hrsg.): Archiv für Kriminal-Anthropologie und Kriminalistik
h. M.	herrschende Meinung
HRR AT	Höchstrichterliche Rechtsprechung zum Allgemeinen Teil des Strafrechts
hrsg.	herausgegeben
Hrsg.	Herausgeber
insb.	insbesondere
i. S. d.	im Sinne der/des
i. V. m.	in Verbindung mit
i. w. S.	im weiten Sinne
JA	Juristische Arbeitsblätter
JK	Jura-Kartei (Beilage der Zeitschrift Jura)
JR	Juristische Rundschau (Zeitschrift)
Jura	Juristische Ausbildung (Zeitschrift)
JuS	Juristische Schulung (Zeitschrift)
JZ	Juristenzeitung
krit.	kritisch
Lb.	Lehrbuch
LD	letale Dosis
LD50	letale Dosis bei 50 % der untersuchten Tierart
LG	Landgericht
Lit.	Literatur/littera
Losebl.-Ausg.	Loseblattausgabe

LK	Leipziger Kommentar
LPK-StGB	Kindhäuser, Lehr- und Praxiskommentar, Strafgesetzbuch
LZ	Leipziger Zeitschrift für Deutsches Recht
MDR	Monatsschrift für deutsches Recht
MK	Münchener Kommentar
MonKrimPsych	Monatsschrift für Kriminalpsychologie und Strafrechtsreform
m. w. N.	mit weiteren Nachweisen
NArchCrim	Neues Archiv des Criminalrechts
NJW	Neue Juristische Wochenschrift
NK	Nomos Kommentar
NK-GS	Nomos Kommentar, Gesamtes Strafrecht
NStZ	Neue Zeitschrift für Strafrecht
NStZ-RR	NStZ-Rechtsprechungs-Report
ÖJZ	Österreichische Juristen-Zeitung
OLG	Oberlandesgericht
o. V.	ohne Verfasser
Prot. V	Protokolle des Sonderausschusses für die Strafrechtsreform, Deutscher Bundestag, 5. Wahlperiode (s. Quellenverzeichnis)
RLJ	Rutgers law journal
Rn.	Randnummer
RG	Reichsgericht
RGSt	Entscheidungen des Reichsgerichts in Strafsachen
Rn.	Randnummer
Rspr.	Rechtsprechung
s.	siehe
S.	Seite(n)/Satz
SchwZStr	Schweizerische Zeitschrift für Strafrecht
SK	Systematischer Kommentar zum Strafgesetzbuch
SSW-StGB	Satzger/Schluckebier/Widmaier, Strafgesetzbuch Kommentar
StGB	Strafgesetzbuch
StPO	Strafprozessordnung
str.	strittig
st. Rspr.	ständige Rechtsprechung
StrRG	Gesetz zur Reform des Strafrechts (mit Ziffer)
Urt. v.	Urteil vom
Var.	Variante
VE	Vorentwurf
Verf.	Verfasser/Verfasserin

wistra	Zeitschrift für Wirtschafts- und Steuerstrafrecht
zahlr.	zahlreich(e)
ZIS	Zeitschrift für internationale Strafrechtsdogmatik
ZStW	Zeitschrift für die gesamte Strafrechtswissenschaft
zugl.	zugleich
zust.	zustimmend

Einleitung

Teufelsbeschwörungen, Voodoo-Rituale, Hexentötungen, Hellseher und Wunderheiler, Menschenopfer für den Katzenkönig, Abtreibungen mittels heißer Senfkornbäder, Verleiten zur Selbsttötung durch Bewohner des Sterns „Sirius" oder als Sachverständige im Prozess bestellte Parapsychologen – entgegen dem ersten Anschein handelt es sich hierbei nicht um eine bloße Lehrbuchkriminalität und -kriminalistik. Über all diese Fälle haben unsere Strafrichter verhandelt. Wenn es auch nicht allzu häufig geschieht, dass sich Strafgerichte mit Fragen aus dem Bereich der Phantasie und des Absurden befassen müssen, dennoch sind solche Fälle auch in unserer modernen Zeit ein Teil der forensischen Realität. Praktisch bei allen Arten von Straftaten und auf jeder Stufe des Deliktsaufbaus kann es vorkommen, dass über einen in diesem Sinne irrationalen Sachverhalt zu entscheiden sein wird. Diese Abhandlung richtet ihren Fokus auf einen Teil dieser breit gefächerten Problematik, und zwar auf irrationale Vorstellungen und darauf basierende Handlungen in der Lehre von Versuch und Rücktritt. Es wird sich zeigen, dass es nicht immer einfach ist, das Irreale bzw. Irrationale mit rechtlichen Regeln zu bewältigen und zu einem verstandesgerechten Ergebnis zu gelangen.

A. Problemstellung und Ziel der Arbeit

In unserer Strafrechtspraxis und Strafrechtslehre werden grob unverständige und abergläubische Versuche unterschiedlich behandelt.

Grob unverständige Versuche, bei denen der Täter – beurteilt nach allgemeinem Erfahrungswissen – in völlig abwegiger Weise verkannt hat, dass seine Tathandlung den angestrebten Erfolg nicht bewirken kann (etwa bei einem Vergiftungsversuch mit Vitamin C), sind grundsätzlich *strafbar* (§§ 22 f. StGB). § 23 Abs. 3 StGB eröffnet jedoch eine außerordentliche Privilegierungsmöglichkeit auf der Rechtsfolgenseite: Das Gericht kann von Strafe absehen oder dem Täter eine Strafmilderung nach § 49 Abs. 2 StGB gewähren.

Abergläubische („irreale") Versuche, bei denen der Täter durch übernatürliche, d. h. wissenschaftlich nicht nachweisbare Kräfte eine Straftat verwirklichen will (zum Beispiel durch Zauberei, Telepathie oder ein Voodoo-Ritual), werden hingegen vor deutschen Gerichten *nicht bestraft*. In der Strafrechtsdogmatik hat man mit verschiedenen Konstruktionen versucht, diese Fälle aus der Versuchsstrafbarkeit auszuklammern. Das Reichsgericht bestätigte durch eine

Grundsatzentscheidung aus dem Jahre 1900 diese Sichtweise und gab so für nachfolgende Gerichtsverfahren den Weg zumindest im Ergebnis vor (RGSt 33, 321 ff.). Die Straflosigkeit des abergläubischen Versuchs ist heute die fast einhellige Meinung in der Strafrechtswissenschaft. Die erstaunliche Vielfalt an unterschiedlichen Begründungsmodellen macht jedoch deutlich, dass sich dieses Ergebnis nicht leicht begründen lässt. Immerhin werden auch die abergläubischen Versuche vom Wortlaut der Versuchsvorschriften erfasst.

Eine Parallelproblematik besteht in der Rücktrittssituation, allerdings mit genau umgekehrten Rechtsfolgen. Eine Erfolgsabwendungsbemühung mit Hilfe übersinnlicher Kräfte (abergläubischer bzw. „irrealer" Rücktritt) soll für eine Strafbefreiung nach § 24 StGB nicht genügen; grob unverständige, also völlig abwegige, aber weltliche Rücktrittshandlungen sollen nach der herrschenden Auffassung rücktrittsrelevant sein und die Rechtsfolge der Straflosigkeit gem. § 24 StGB nach sich ziehen können.

Es ist das Anliegen dieser Arbeit, Unterschiede und Parallelen zwischen grob unverständigen und abergläubischen Versuchs- bzw. Rücktrittshandlungen zu analysieren, um zu klären, ob sie die divergente Behandlung rechtfertigen.

Außer Betracht bleiben dabei Erörterungen zur *Schuldfähigkeit* des Täters. Der abergläubische bzw. grob unverständig handelnde Versuchstäter hat regelmäßig das Unerlaubte seines Tuns erkannt und sein Aberglauben bzw. Unverstand beeinträchtigt seine Steuerungsfähigkeit normalerweise nicht. Gestört ist nur die Fähigkeit, die Unwirksamkeit der Tathandlung zur Erfolgsverwirklichung zu erkennen.[1] Auf die in forensischer Hinsicht bedeutsame Frage, unter welchen Voraussetzungen die Tätervorstellung ausnahmsweise einen Schuldausschluss bzw. eine verminderte Schuldfähigkeit zur Folge hat (denkbar vor allem bei schizophrenen Wahnvorstellungen oder bei Schwachsinn), soll hier nicht näher eingegangen werden.

Für eine erste grobe Unterscheidung zwischen abergläubischen und grob unverständigen Versuchs- bzw. Rücktrittshandlungen ist nach dem oben geschilderten Begriffsverständnis also auf eine „Jenseits-" bzw. „Diesseitsbezogenheit" der Tätervorstellung abzustellen. Ein abergläubisches Vorgehen betrifft den Bereich der Magie, des Zaubers, des mit den Gesetzen der Logik Unfassbaren und mit bekannten Naturgesetzen nicht Erklärbaren. Bei grob unverständigen Handlungen bewegt sich der Irrtum des Täters im Bereich der irdischen Zusammenhänge, wenngleich

---

1 *Gössel*, GA 1971, 225, 230. Zur Schuld(un)fähigkeit bei abergläubischen Versuchen *Schallenberg*, S. 10 ff. und 31 f. (unter Zugrunderlegung des § 51 StGB a. F.). *Stooß*, S. 218 will in diesen Fällen immer Unzurechnungsfähigkeit des Täters annehmen; krit. dazu *Germann*, Versuch, S. 61 und *Kohler*, Studien I, S. 10 Fn. 1.

diese völlig verkannt werden. Diese kurze Beschreibung und Abgrenzung sollte für eine erste Begriffsklärung ausreichen. Im Rahmen dieser Arbeit werden beide Begriffe ausführlich erörtert und konkretisiert.

Zur Problematik der strafrechtlichen Behandlung abergläubischer und grob unverständiger Handlungen im Rahmen der §§ 22 – 24 StGB gibt es nur äußerst wenige ausführliche Untersuchungen. Die Probleme werden zumeist nur fragmentarisch und häufig nur zur Bekräftigung der eigenen Rechtsmeinung angesprochen. Bei grob unverständigen Versuchen wird in der Regel nur auf die gesetzliche Wertung verwiesen, wonach solche Versuche weniger strafwürdig sind. Warum dem so ist, wird nicht näher untersucht. Im Hinblick auf die heute nahezu einhellig anerkannte Straflosigkeit abergläubischer Versuche wurde zwar seit ca. Mitte des 19. Jahrhunderts eine bemerkenswerte Vielfalt an unterschiedlichsten Begründungsmodellen entwickelt. Gleichwohl bildet diese Problematik nur in zwei Untersuchungen den Kern der Erörterungen: bei *Schallenberg* (1951) und *Kuhrt* (1968). Beide Arbeiten wurden jedoch vor der Einführung des § 23 Abs. 3 StGB verfasst und haben dementsprechend nicht das geltende Recht zur Grundlage. Neuere rechtsdogmatische Analysen zu diesem Thema sind selten.[2] Die Grundsatzentscheidung des Reichsgerichts zum abergläubischen Versuch bedeutete zwar einen großen Fortschritt, doch tat dies der heftig geführten Diskussion um die strafrechtliche Behandlung dieser Fälle mit guten Gründen keinen Abbruch.

Dass die angesprochenen Probleme nicht nur sehr interessant, sondern genauso umstritten sind, gab mir den Anreiz, mich mit dem Thema auseinanderzusetzen.

B. Gang der Untersuchung

Die ersten zwei Hauptteile bauen das Fundament für die eigentliche Fragestellung, indem die Strukturelemente sowie die begrifflichen und teleologischen Grundlagen grob unverständiger und abergläubischer Versuche herausgearbeitet werden.

Die Untersuchung beginnt im ersten Teil mit einem kurzen Abriss zur geschichtlichen Entwicklung des § 23 Abs. 3 StGB. Außerdem wird hier erörtert, welcher Strafgrund eine tragfähige Grundlage der geltenden Versuchsregelung bietet. Sodann wird auf die Bedeutung der Unverstandsregelung eingegangen. Einen ersten Schwerpunkt der Arbeit bildet die Frage, was eigentlich der Grund

---

2 Z. B. *Bloy*, ZStW 113 (2001), S. 76–111; *Heinrich*, Jura 1998, S. 393–398; *Hillenkamp*, Schreiber-FS (2003), S. 135–152; *Satzger*, Jura 2013, S. 1017–1025.

der in § 23 Abs. 3 StGB geregelten Besserstellung ist. Hierzu gab es bisher keine näheren Untersuchungen. In dieser Arbeit wird ein eigener Erklärungsansatz entwickelt. Mit der Bestimmung des Grundes der Privilegierung in Unverstandsfällen erfolgt eine dogmatische Grundlegung für die weitere Untersuchung, auf die in schwierigen Auslegungsfragen zurückgegriffen wird. Daneben wird untersucht, wann ein Versuch als grob unverständig im Sinne des § 23 Abs. 3 StGB anzusehen ist und welche Irrtumsarten der Privilegierung zugänglich sind. Auf die Weise sollen diese Fälle von den „normal" untauglichen Versuchen abgegrenzt werden. Schließlich werden die möglichen Rechtsfolgen grob unverständigen Versuchshandelns analysiert und der Anwendungsbereich der Norm abgesteckt.

Im Zweiten Hauptteil wird erläutert, welche Konstellationen als abergläubischer Versuch bezeichnet werden und wie diese von grob unverständigen Versuchen abzugrenzen sind. Außerdem erfolgt eine eingehende Analyse der Begründungsmodelle, welche in Theorie und Praxis für die Straflosigkeit dieser Versuchsart angeführt werden.

Erst wenn insoweit Grund für die Erforschung der Kernfrage gelegt ist, werden in dem zentralen dritten Teil mögliche Unterschiede und somit Gründe für eine Ungleichbehandlung grob unverständiger und abergläubischer Versuche ermittelt und analysiert, um schließlich festzustellen, ob sie die ungleichen Rechtsfolgen tragen. Dabei wird vor allem die Strafwürdigkeit des grob unverständigen Versuchs auf den Prüfstand gestellt. Am Ende dieses Hauptteils wird die Frage nach der strafrechtlichen Behandlung beider Versuchsarten beantwortet.

Der vierte Teil befasst sich mit Unverstand und Aberglauben in der Rücktrittssituation sowie in ausländischen Rechtsordnungen. Durch die Untersuchung der Auswirkungen grob unverständiger und irrealer Vorstellungen auf den Rücktritt vom Versuch nach § 24 StGB wird ein Gesamtkontext hergestellt, welcher die hier vertretene Meinung unterstützt: Es wird sich zeigen, dass die vorgeschlagene Lösung geeignet ist, die Unverstandsproblematik im Rahmen der Versuchs- und der Rücktrittsregelung gerade auch in ihrem Verhältnis zueinander stimmig zu erklären. Im letzten Kapitel werden mögliche europarechtliche Einflüsse analysiert. Dabei wird in gebotener Kürze erörtert, wie andere europäische Länder die Unverstands- und Aberglaubensfälle behandeln und wie sich die hier entwickelte Lösung in das europäische Gesamtkonzept – auch mit Blick auf eine „Europäisierung des Strafrechts" – einfügt.

Schließlich werden im 5. Teil die wichtigsten Untersuchungsergebnisse zusammengefasst.

1. Teil: Der grob unverständige Versuch

„Zwei Dinge sind unendlich, das Universum und die menschliche Dummheit, aber bei dem Universum bin ich mir noch nicht ganz sicher." (Albert Einstein)

A. Die geschichtliche Entwicklung

I. Die Entstehung des § 23 Abs. 3 StGB

Die geltende strafgesetzliche Regelung des § 23 Abs. 3 StGB geht auf § 27 Abs. 3 des Entwurfs von 1962 zurück.[3] Sie ist zusammen mit den übrigen Vorschriften dieses Abschnitts durch das 2. Strafrechtsreformgesetz vom 4.7.1969 (2. StrRG) in das Strafgesetzbuch eingeführt worden[4] und mit Wirkung vom 1.1.1975 in Kraft getreten. Ihr Vorbild hat die Norm in Art. 23 Abs. 2 a. F. des schweizerischen Strafgesetzbuchs gefunden, welche auch den abergläubischen Versuch erfasste.[5] In Deutschland ist es hingegen umstritten, ob die Unverstandsregelung auch den abergläubischen Versuch regelt.

Bis es zur Einführung dieser Strafrechtsvorschrift kam, musste ein langer Weg mit einer Vielzahl von Meinungsstreiten zurückgelegt werden.

1. Der frühere Rechtszustand

Die Frage der Strafbarkeit grob unverständiger und abergläubischer Versuche wurde in der Rechtswissenschaft mindestens seit *Feuerbach*[6] kontrovers diskutiert. Heftige Bestrebungen zur Begrenzung der Versuchsstrafbarkeit durch eine Unverstandsklausel lassen sich schon Mitte des 19. Jahrhunderts verzeichnen.[7] Der Weg zu einer weitgehenden Einigung zwischen Gesetzgebung, Rechtsprechung und Strafrechtslehre dauerte mehr als ein Jahrhundert. Die Ursache für die lange Annäherung lag in der theoretischen Kontroverse darüber, ob der Versuchsbestrafung eine objektive oder eine subjektive Theorie zugrundezulegen

---

3 Begr. E 1962 – BT-Drucks. IV/650 S. 145.
4 BGBl. I 1969, S. 717; BT-Drucks. V/4095; Prot. V (88. Sitzung) S. 1747 ff.
5 LK-*Hillenkamp*, § 23 Rn. 46. Zur schweizerischen Unverstandsregelung u. S. 292.
6 Vgl. *Feuerbach*, § 42 Fn. b). Zum Meinungsstand über die Strafbarkeit untauglicher Versuche in der Zeit der Rezeption und der Aufklärung *Malitz*, S. 132 ff. und *Kracht*, Entwicklung, S. 8 ff.
7 Z.B. *Mittermaier*, GS 11 (1859) 403, 408 f. S. auch die Ausführungen bei *Bloy*, ZStW 113 (2001) 76 Fn. 3.

ist.[8] Beide Strömungen führen zu unterschiedlichen Lösungen der Frage nach dem Grund und der Grenze der Versuchsstrafbarkeit. Die Anhänger der *objektiven* Versuchslehre erblickten das Unrecht einer versuchten Tat in der Gefährdung der geschützten Rechtsgüter bzw. in der Gefahr der Tatbestandsverwirklichung.[9] Sie gelangten zur Straflosigkeit eines jeden untauglichen Versuchs, weil von einer zur Tatbestandsverwirklichung objektiv ungeeigneten Tathandlung eine solche Gefahr nicht ausgeht. Diese sog. „älteren objektiven Versuchstheorien" haben in ihrer späteren Entwicklung zwischen absolut und relativ untauglichen Versuchen differenziert.[10] Nur der absolut untaugliche Versuch sei (schon abstrakt) ungefährlich und deshalb straflos. Diese Versuchsart wurde bei „an und für sich und von vorneherein" zur Vollendung untauglichen Mitteln bzw. Objekten angenommen (etwa bei einem Mordversuch mit einer ungeladenen Pistole). Eine strafbare relative Untauglichkeit liege demgegenüber dann vor, wenn ein „an und für sich" zur Tatbestandsverwirklichung geeignetes Mittel verwendet wird, sich dieses aber in der konkreten Anwendung als untauglich erweist (zum Beispiel der Vergiftungsversuch mit einer unzureichenden Giftdosis).[11] Die *subjektive* Theorie, welche schon die Betätigung des rechtsfeindlichen Willens als strafwürdig ansieht, führt grundsätzlich zu einer uneingeschränkten Strafbarkeit

---

8   Die Versuchstheorien standen unter dem Einfluss von rechtsphilosophischen Ideen des 18. und 19. Jahrhunderts, v. a. des Liberalismus und des Idealismus. Der Interessenskonflikt zwischen diesen Strömungen war der Grund für die Herausbildung mehrerer Versuchstheorien. Der Liberalismus stellt auf die Festigung des Freiheitsspielraums des Bürgers ab und bezeichnet die Verletzung rechtlich geschützter Güter oder Interessen als Verbrechen. Diese philosophische Richtung fand ihren Niederschlag in den objektiven Theorien. Der Idealismus, dessen Hauptvertreter in Deutschland *Kant* und *Hegel* waren, sieht die Aufgabe des Strafrechts neben dem Schutz von Individualrechtsgütern auch in der Erhaltung der dem Gemeinwohl dienenden Verhaltensnormen. Das idealistische Denken legt einen hohen Wert auf die innere Einstellung. In diesem Konzept haben die subjektiven Theorien ihren Ursprung. S. zum Ganzen *Papageorgiu-Gonatas*, S. 18.
9   V. a. *Feuerbach*, § 42 und *Zachariä*, Die Lehre vom Versuche I, S. 239; ders., GA 1857, 577, 584.
10 Eingeführt von *Mittermaier*, NArchCrim, Bd. I (1816) S. 183 ff.; s. auch *ders.*, GS 11 (1859) S. 209 ff. Ihm folgend z. B. *v. Liszt*, Lb. (1894) S. 183 f. Zahlreiche weitere Vertreter bei *Meyer/Allfeld*, Lb., S. 177 Fn. 34.
11 Näheres zu der Unterscheidung *Albrecht*, S. 6 ff.; *Delaquis*, S. 53–289; *Fabian* (1905), S. 23 ff.; *v. Hippel*, Strafrecht II, § 30; *Mintz*, S. 21 ff. und *Zaczyk*, Unrecht S. 41 ff. mit zahlreichen Nachweisen in Fn. 1.

untauglicher Versuche.[12] Dennoch hat sich die Mehrheit ihrer Vertreter für eine Einschränkung beim abergläubischen Versuch ausgesprochen.[13]

Keine dieser Lehrmeinungen konnte sich in ihrer Anfangszeit durchsetzen. Der subjektiven Versuchslehre wurde Gesinnungsstrafrecht vorgeworfen, den objektiven Theorien das Hinterlassen von unerträglichen Strafbarkeitslücken. Auch die einzelnen früheren deutschen Landesgesetzgebungen aus der ersten Hälfte des 19. Jahrhunderts mussten auf den entbrannten „Kampf der Meinungen" reagieren. In ihren partikularen Strafgesetzbüchern, in welchen die Uneinigkeit besonders deutlich geworden ist, hat der heutige § 23 Abs. 3 StGB seine Anfänge erfahren. Die Mehrzahl der Länder hat sich der subjektiven Sichtweise angeschlossen und hat die Strafbarkeit untauglicher Versuche normiert. Einige von den subjektivistischen Partikulargesetzen haben jedoch unverständige und abergläubische Versuche ausgenommen.[14] Der größte deutsche Staat Preußen folgte allerdings – unter französischem Einfluss[15] – in seinem Strafgesetzbuch von 1851 einer objektiven Konzeption, indem er in § 31 die Strafbarkeit (nur) des absolut untauglichen Versuchs ausschloss.[16] Diese strafbarkeitseinschränkende Linie

---

12 Als ihr bedeutsamster Verfechter wurde *v. Buri*, GS 19 (1867) S. 60 ff., 71 ff.; *ders.*, GS 20 (1868) S. 325 ff.; *ders.*, GS 32 (1880) S. 357 ff., 369 ff., *ders.*, GS 40 (1888) S. 503 ff.; *ders.* GA 25 (1877), 265 ff.; *ders.*, ZStW 1 (1881), 185 ff. angesehen. Weitere Vertreter waren z. B. *v. Bar*, Versuch, § 2; *Bauer*, S. 404 ff. (Art. 47); *Eisenmann*, ZStW 13 (1893), 454, 455 ff.; *Köstlin*, System I, S. 228 und 233; *Kohler*, Studien I (1890), S. 24; *Kleinschrod*, § 32 S. 74 und *Tittmann*, Handbuch I, S. 266 ff. (§ 107).

13 Nur wenige Autoren äußerten sich für die Strafbarkeit abergläubischer Versuche: z.B. *Bauer*, S. 412 ff.; *Bister* (1909) S. 37; *Delaquis*, S. 179, 224; *Eisenmann*, ZStW 13 (1893), 454, 467 ff.; *Hertz*, (1874), S. 35 ff., 86; *Pfotenhauer*, S. 100; *Schüler*, Mangel am Tatbestand, S. 93 ff. m. Fn. 23. Bis zu einem gewissen Grad auch *v. Buri*, GS 32 (1880) 321, 369 ff., *ders.*, GA 25 (1877), 265, 271, 313; *ders.*, ZStW 1 (1881) 185, 205; *ders.*, Ueber Causalität und deren Verantwortung, S. 23 und *Roeder*, Erscheinungsformen, S. 19 f.

14 So z. B. Art. 67 des hessischen oder Art. 36 des braunschweigischen StGB. Im Rahmen dieser kurzen historischen Einleitung können die einzelnen Partikulargesetze nicht dargestellt werden; s. dazu *Frank*, in: VDA V, 1908, S. 246 f.; *John*, Entwurf, S. 210 ff.; *Kracht*, Entwicklung, S. 54 ff. sowie bei *Schwarze*, Versuch und Vollendung, in: v. Holzendorff, Handbuch des Strafrechts II, S. 299. Vgl. auch die knappen Darstellungen bei *Baumgarten*, Versuch, S. 276; *Cohn*, GA 1880, 361, 393 f.; *Mintz*, S. 24 mit Fn. 134; *Stopfkuchen*, S. 63 Fn. 264 und die Begr. des VE 1909, S. 288 und 297 mit Fn. 1 sowie RGSt 1, 439, 441.

15 Dazu *v. Hippel*, Strafrecht I, 1925, S. 324 ff.

16 Vgl. *Goldtammer*, Materialien I, S. 272 f.; LK-*Hillenkamp*, Vor § 22 Rn. 49. Der relativ untaugliche Versuch wurde hingegen weitgehend als strafbar angesehen. S. dazu auch die Begr. des VE 1909 S. 287 mit Fn. 2.

hat in seiner Rechtsprechung auch das Preußische Obertribunal[17] eingeschlagen, womit der objektive Standpunkt gegenüber der moralisierenden subjektiven Lehre zunächst die Oberhand gewann. Angesichts der Zwiespältigkeit der Partikulargesetzbücher und des kontroversen Meinungsstandes in der Rechtslehre hat sich der Gesetzgeber des Reichsstrafgesetzbuchs vom 1871 bei der für ganz Deutschland geltenden einheitlichen Kodifikation[18] bewusst einer Entscheidung des Versuchsproblems enthalten und hat die Frage nach der Strafbarkeit untauglicher Versuche für eine Diskussion in der Wissenschaft und Praxis offen gelassen.[19] Er beließ es mit § 43 RStGB bei einer von § 31 prStGB inhaltlich nicht abweichenden Fassung, welche somit beide Auslegungen zuließ. Die Unentschlossenheit des Reichsstrafgesetzgebers hat dazu beigetragen, dass die Oberhoheit der objektiven Theorie in der Rechtsprechung nur einen temporären Bestand hatte. Schon zu Beginn seiner Spruchtätigkeit wandte sich das Reichsgericht von der objektiven Konzeption des Preußischen Obertribunals ab und – entscheidend durch die Lehre *von Buris*[20] beeinflusst – dem subjektiven Standpunkt zu, indem es auch den absolut untauglichen Versuch bestraft hat[21], den abergläubischen Versuch jedoch herausnahm.[22]

Dieses Bekenntnis zur subjektiven Theorie diente als Leitfaden für sämtliche Gesetzesentwürfe in den Reformbemühungen zwischen den Jahren 1909 und 1966, auch wenn die Gesetzesvorschläge allesamt bestimmte Einschränkungen der Strafbarkeit enthalten. Als Ergebnis dieser Vorarbeiten sind die heutigen §§ 22 ff. StGB entstanden.

---

17 Preuß. Obertribunal GA 1854, 548 und 822 f.; Preuß. Obertribunal bei: *Mittermaier*, ArchCrim 35 (1854) 487, 498 ff. Das Obertribunal hielt es für denkunmöglich, bei untauglichen Versuchen von einem „Anfang der Ausführung" zu sprechen: Wenn etwas nicht vollendet werden kann, könne es auch nicht angefangen werden, was jedenfalls für den „absolut" untauglichem Versuch galt. Dazu *Hillenkamp*, in Roxin-FS (2001), 689, 691 mit Fn. 14.

18 Das RStGB war keine Neuschöpfung, sondern entstand durch eine Erweiterung der Geltung des StGB des Norddeutschen Bundes von 1870 auf die süddeutschen Staaten, welches seinerseits eine Umarbeitung des preußischen StGB von 1851 darstellte, s. dazu *Papageorgiu-Gonatas*, S. 21. Zur Entstehung des StGB des Norddeutschen Bundes *Schubert*, GA 1982, 191 ff.

19 So die Begr. des Vorentwurf 1909 S. 284 ff.

20 *V. Buri*, a. a. O. (Fn. 12). Eine Zusammenstellung der Grundthesen v. Buris findet sich bei *Frank*, in: VDA V, 1908, S. 247 f.

21 Vgl. RGSt 1, 439, 441 – Urt. v. 24.05.1880; s. auch Begr. des Vorentwurfs 1909, S. 286 m. w. N. in Fn. 1.

22 RGSt 33, 321 – Urt. v. 21.06.1900 – Rep. 1983/00.

2. Reformentwicklung von 1909 bis 1966[23]

Der Vorschlag künftiger Gesetzgebung im Vorentwurf zu einem Deutschen Strafgesetzbuch vom 1909 war zwar noch objektiv gefasst[24], seine Verfasser wiesen jedoch in ihrer Begründung darauf hin, dass sich der Entwurf zur subjektiven Theorie bekenne.[25] Sie forderten eine Entscheidung des Gesetzgebers für eine Strafbarkeit des untauglichen Versuchs, jedoch mit der Möglichkeit, die Strafe zu mildern, oder „in besonders leichten" Versuchsfällen (§ 76 Abs. 3, § 83 Abs. 2) von einer Bestrafung abzusehen. Diese flexible Regelung solle eine besondere Bestimmung, welche eine Straflosigkeit „völlig ungefährlicher" Versuche (wie des abergläubischen oder des aus Unverstand begangenen) festlegen würde, überflüssig machen.[26]

Eine Sonderregelung für untaugliche Versuche sah zum ersten Mal der Gegenentwurf 1911 in seinem § 29 vor: *„Der Versuch bleibt straflos, wenn der Täter die Ausführung unter Umständen, welche die Vollendung ausgeschlossen erscheinen ließen, in Kenntnis dieser Umstände vorgenommen hat"*.

Seit dem Entwurf von 1913 fordern alle weiteren Entwürfe ausdrücklich eine gesetzliche Verankerung der subjektiven Versuchstheorie. E 1913 sowie E 1919 wollen wegen Versuchs denjenigen bestrafen, *„wer den Vorsatz, eine strafbare Handlung zu begehen, durch Handlungen betätigt, welche die Tat zur Ausführung bringen sollen"*[27]. Mit dem Ausdruck „sollen" wollten die Verfasser klarstellen, dass es für eine Strafbarkeit entscheidend auf die Vorstellung des Täters ankomme.[28] Die Strafbarkeit untauglicher Handlungen regeln auch die Bestimmungen des § 30 Abs. 2 E 1913 und des § 24 Abs. 2 des E 1919, die bei einem Versuch, welcher *„nicht* (bzw. *„unter keinen Umständen"*, so E 1913) *zur Vollendung führen"* konnte, nur die Möglichkeit einer Strafmilderung bzw. einer Strafbefreiung gewähren.

In den Entwürfen der Weimarer Republik ist der Umschwung in die subjektive Richtung besonders deutlich geworden. So hat der Radbruchsche Entwurf von 1922 in § 23 bei dem Merkmal „Anfang der Ausführung" erstmals auf die „Vorstellung"

---

23 Zur Reformentwicklung auch *Ha*, Untauglicher Versuch, S. 40 ff.; *Hillenkamp*, Roxin-FS (2001), S. 691 ff.
24 § 75 Abs. 1 des VE 1909 lautet: „Wer die Ausführung eines Verbrechens oder vorsätzlichen Vergehens begonnen hat, ist, wenn dieses nicht vollendet worden ist, wegen Versuchs zu bestrafen".
25 Begr. des Vorentwurfs 1909 S. 285 ff., v. a. S. 289.
26 Begr. des Vorentwurfs 1909, S. 288 und 297.
27 So § 29 Abs. 1 des E 1913. In der im Übrigen gleichlautenden Fassung des § 23 Abs. 1 E 1919 wurde der Ausdruck „strafbare Handlung" durch den Begriff „Straftat" ersetzt.
28 Denkschrift zu E 1919, in: Entwürfe 1920, 3. Teil S. 39.

des Täters abgestellt[29] sowie erstmalig die obligatorische Strafmilderung bei „normalem" Versuch preisgegeben und durch eine bloß fakultative ersetzt (§ 23 Abs. 2). In § 24 Abs. 4 sah der Entwurf jedoch bei „grober Unwissenheit" des Täters Straffreiheit vor und bezog sich dabei auf die Modalitäten des „Gegenstandes" und des „Mittels".[30] Erst der darauf folgende Amtliche E 1925, welcher eine bloße Umarbeitung des Radbruchschen Entwurfs darstellte, präzisiert in seinem § 23 Abs. 4 die Voraussetzungen der Straffreiheit auf die „grobe Unwissenheit über Naturgesetze". Darunter sollte auch der abergläubische Versuch fallen.[31]

Die Entwürfe aus den Jahren 1927 und 1930 erweitern wieder die Strafbarkeit, indem sie die Rechtsfolge in § 26 Abs. 3 abermals lediglich mit einer Strafmilderungs- bzw. Strafbefreiungsklausel versehen, dann aber diese Rechtsfolge auf alle Versuche ausdehnen wollen, die „überhaupt nicht zur Vollendung führen" konnten. Zur Begründung dieses Vorschlags weisen die Verfasser auf die Unbestimmtheit des Begriffs „grobe Unwissenheit über Naturgesetze" sowie den geringen Anwendungsbereich der Regelung hin.[32]

Dieser, der Rechtsprechung des Reichsgerichts entsprechende, subjektive Standpunkt spiegelte sich allerdings nur in den Reformvorschlägen wider. Das Schrifttum stand den subjektivistisch orientierten Bestrebungen zunächst skeptisch gegenüber. Um 1930 vertrat die deutsche Strafrechtswissenschaft fast einmütig die objektive Theorie.[33] V. Liszt war der Auffassung, dass sich die Entwürfe der Weimarer Republik nur „um eine Legalisierung der reichsgerichtlichen Rechtsprechung bemühten."[34] Mitte der dreißiger Jahre erfolgte jedoch – wahrscheinlich unter dem Einfluss der am Täter (nicht an der Tat) orientierten Doktrin des sog. „Willensstrafrechts"[35] – ein

---

29 § 23 Abs. 1 des E 1922 lautet: „Wer den Entschluß, eine strafbare Handlung zu begehen, durch Handlungen betätigt, die nach seiner Vorstellung den Anfang der Ausführung bilden, ist wegen Versuchs zu bestrafen."
30 § 24 Abs. 4 des E 1922 hat folgenden Wortlaut: „Der Versuch bleibt straflos, wenn der Täter die Tat aus grober Unwissenheit an einem Gegenstand oder mit einem Mittel versucht hat, an oder mit dem die Tat überhaupt nicht ausgeführt werden kann."
31 S. Begr. E 1925, S. 23.
32 Begr. E 1927, S. 24 f.
33 S. *Weigend*, Entwicklung, S. 113 mit Nachweisen.
34 *V. Liszt/Schmidt*, Lb.[26], S. 304.
35 Vertreten z. B. von *Schaffstein*, ZStW 53 (1934), 603, 609. Zum Einfluss des nationalsozialistischen Gedankenguts auf die Etablierung der subjektiven Theorie unter dem Blickwinkel des „Willenstrafrechts" s. *Albrecht*, S. 41; *Malitz*, S. 145 f. und *Papageorgiu-Gonatas*, S. 28. *Hirsch* bezeichnet die subjektive Theorie als „Wegbereiter der NS-Strafrechtsdoktrin", s. Seminara/*Hirsch*, S. 61 ff.

Meinungsumschwung.[36] Seit diesem Zeitpunkt war die subjektive die nahezu einhellige Sichtweise in der deutschen Wissenschaft und Judikatur.[37] Im Regime des Nationalsozialismus erreichten die subjektiven Theorien ihren Höhepunkt. Die Entwürfe aus dieser Zeit beschränken die Möglichkeit einer Strafmilderung bzw. Strafbefreiung allein auf „groben Unverstand".[38]

Dieser Richtungswechsel zur subjektiven Versuchslehre wurde in der Nachkriegszeit nicht revidiert, sondern sogar durch neue dogmatische Erwägungen untermauert. Nach der Gründung der Bundesrepublik Deutschland wurden die Reformbestrebungen wieder aufgenommen. Auf dem Gebiet des Versuchs war die Zeit für endgültige Entscheidungen reif. Bereits die gleichlautenden § 26 Abs. 3 E 1958 sowie § 27 Abs. 3 der E 1959, 1960 und 1962 entsprechen in der Sache dem geltenden § 23 Abs. 3 StGB. Seine heutige Fassung geht auf die Strafrechtsreform des Jahres 1969 zurück. Vorbereitet wurde die Strafrechtsreform durch zwei Gesetzesentwürfe: den E 1962 und den Alternativ-Entwurf von 1966.

Die Verfasser des Entwurfs von 1962 entschieden sich fast einhellig für die subjektive Theorie, indem sie zur Bestimmung des Versuchsbegriffs in § 26 Abs. 1 E 1962 auf die „Vorstellung" des Täters abgestellt haben. Indessen erkannten sie, dass durch die vorbehaltlose Normierung der Strafbarkeit des untauglichen Versuchs unbillige Härten entstehen können. Namentlich in Fällen, in welchen die Annahme einer Vollendungstauglichkeit auf „völlig abwegigen Vorstellungen" des Täters beruht, reiche die normale Strafmilderung des § 27 Abs. 2 E 1962 nicht immer aus.[39] Deshalb haben sich die Verfasser für eine Einschränkung der Strafbarkeit bei grob unverständigen Versuchshandlungen entschieden, indem sie in § 27 Abs. 3 E 1962 dem Richter bei der Festsetzung der Strafe eine weitergehende Strafmilderungs- und Strafabsehensmöglichkeit einräumen wollten:

> „Hat der Täter aus grobem Unverstand verkannt, dass der Versuch nach der Art des Gegenstandes oder des Mittels, an oder mit dem die Tat begangen werden sollte, überhaupt nicht zur Vollendung führen konnte, so kann das Gericht die Strafe nach seinem Ermessen mildern (§ 64 Abs. 2) oder von Strafe absehen."

Durch diese Fassung sollten nicht nur törichte Versuche privilegiert werden, vielmehr sollte auch der abergläubische Versuch grundsätzlich der Strafbarkeit

---

36 Deutlich z. B. bei *Mezger*, Strafrecht 1936, S. 26 ff.; ders. Strafrecht 1938, S. 107 f.; ders. Strafrecht 1941, S. 122 f., der noch 1931 (Strafrecht, Lb. 1931), S. 387 ff., 398 die objektive Lehre verfochten hat.
37 Dazu *Malitz*, S. 145 f.
38 Vgl. § 7 Abs. 4 E 1935/36.
39 Begr. E 1962 – BT-Drucks. IV/650 S. 143 ff.

entzogen werden. Die Tat entspringe hier einer „überreizten oder gequälten Phantasie" und werde lediglich „von unwirklichen Hoffnungen und Wünschen getragen".[40]

Als Antwort auf die Konzeption der Bundestagsvorlage E 1962 wurde aus privater Initiative von 14 deutschen und schweizerischen Strafrechtslehrern der Alternativ-Entwurf von 1966 (AE) ausgearbeitet. Auch dieser Entwurf ließ sich von der subjektiven Theorie leiten. Nach § 24 AE begeht derjenige den Versuch einer Straftat, *„wer nach seinem Tatplan zu ihrer Verwirklichung unmittelbar ansetzt."* § 25 Abs. 3 AE sah dabei zwei Fallkonstellationen vor, in welchen der Versuch obligatorisch straffrei bleiben soll:

> „1. wenn er in der irrigen Annahme einer besonderen Pflichtenstellung begründet ist,
> 2. wenn er auf grobem Unverstand beruht und deshalb von vornherein ungefährlich ist."

Anders als E 1962 verzichtete der Alternativ-Entwurf auf eine Umschreibung des Begriffs des groben Unverstandes. Der AE berief sich dabei auf die unlösbaren Abgrenzungsschwierigkeiten, welche der, dem Vorschlag des E 1962 vergleichbare, Art. 23 a. F. schweiz. StGB gebracht hat.[41]

Aus der Kombination dieser beiden Entwürfe wurden in den Jahren 1966 bis 1969 vom Sonderausschuss des Bundestages für die Strafrechtsreform[42] die Grundlagen für das 1. und 2. Gesetz zur Reform des Strafrechts (StrRG) erarbeitet. Mit dem 2. StRG vom 4.7.1969, welches eine Neuregelung der Versuchsvorschriften in der heute geltenden Fassung gebracht hat, sind wir am Ende der geschichtlichen Darstellung angelangt. Jeder der beschriebenen historischen Zeitabschnitte hat mit seinem eigenen Anteil zur Entwicklung der Versuchslehre beigesteuert. Dieser kurze rechtsgeschichtliche Überblick macht deutlich, dass die Unverstandsproblematik bereits früh erkannt wurde und den Entwicklungsprozess der Versuchslehre begleitet und stark beeinflusst hat. Inwiefern die aus den einzelnen historischen Epochen gewonnenen Erfahrungen in der Endfassung der §§ 22, 23 StGB eine Resonanz fanden, wird im folgenden Abschnitt erörtert.

3. Das Strafgesetzbuch von 1975

Ein Blick in das geltende Strafgesetzbuch zeigt die subjektivistische Fassung der Versuchsvorschriften. Dadurch wurde der Streit um die Strafbarkeit des untauglichen Versuchs im Sinne der sie bejahenden Rechtsprechung endlich beendet.[43] Sie ergibt

---

40 Begr. E 1962 – BT-Drucks. IV/650 S. 143 ff.
41 Begr. zu § 25 Abs. 3 Nr. 2 AE AT, S. 61.
42 BT-Drucks. V/4095, zu seiner Arbeitsweise s. *Jescheck*, SchwZStr 91 (1975) 1, 9 f.
43 Auch wenn in jüngerer Strafrechtsliteratur wieder Bedenken gegen die Weite der Versuchsstrafbarkeit aufgekommen sind und mit ihnen zahlreiche Versuche, die

sich primär aus der Begriffsbestimmung des § 22 StGB „nach seiner Vorstellung" sowie mittelbar aus der Sonderregelung des § 23 Abs. 3 StGB. Wenn der Gesetzgeber nur für einen aus grobem Unverstand begangenen untauglichen Versuch die Möglichkeit einer Strafmilderung bzw. Strafbefreiung eröffnet, ist damit die prinzipielle Strafbarkeit des untauglichen Versuchs zugestanden. Mit der Anerkennung der subjektiven Theorie hat der Gesetzgeber die Willensseite der Versuchshandlung in den Vordergrund gestellt. Beim genaueren Hinsehen fällt jedoch auf, dass die Versuchsvorschriften nicht nur subjektive, sondern auch objektive Komponente enthalten.[44] Nur auf einem vermittelnden Wege konnte ein intellektuelles Moment zur Einschränkung der Versuchsstrafbarkeit herangezogen werden, wie es die Unverstandsregelung des § 23 Abs. 3 StGB zum Gegenstand hat.

Die Vorschrift lautet:

„Hat der Täter aus grobem Unverstand verkannt, dass der Versuch nach der Art des Gegenstandes, an dem, oder des Mittels, mit dem die Tat begangen werden sollte, überhaupt nicht zur Vollendung führen konnte, so kann das Gericht von Strafe absehen oder die Strafe nach seinem Ermessen mildern (§ 49 Abs. 2)."

Durch diese Fassung hat der Sonderausschuss für die Strafrechtsreform im 2. StrRG vom 4.7.1969 dem Entwurf 1962 den Vorrang gegeben, indem er sämtliche dort enthaltenen Vorschläge, abgesehen von stilistischen Änderungen, in § 23 Abs. 3 des heutigen Strafgesetzbuches übernommen hat. So wurde der „grobe Unverstand" in Bezug zu den Modalitäten des untauglichen Objekts und Mittels gebracht. Die allgemeine Unverstandsklausel des Alternativ-Entwurfs hätte nach Auffassung des Sonderausschusses dazu geführt, dass auch Konstellationen, in welchen allein die Motivation des Täters auf grobem Unverstand

---

Grenzen des strafbaren Versuchs neu zu bestimmen: Z. B. *Bottke*, 50 Jahre BGH IV, S. 135 ff.; *Hirsch*, in Roxin-FS (2001), S. 711 ff., *ders.*, JZ 2007, 494 ff.; *Jakobs*, AT 25/22 f. und 36; *ders.*, Armin Kaufmann-GS, S. 280; *Köhler*, AT, 451 ff.; *Maier*, Objektivierung, S. 19 ff.; *Schönwandt*, S. 132 ff. und 190 ff.; *Struensee*, ZStW 102 (1990), 21 ff.; *Zaczyk*, Unrecht, S. 327 ff. Vgl. auch den Überblick bei *Zaczyk*, in: Kindhäuser/Neumann-StGB, § 22 Rn. 37 sowie die Äußerungen von *Hirsch* und *Jakobs* auf der Strafrechtslehrertagung 1985, Bericht bei *Gropp*, ZStW 97 (1985), 919, 921 f., 928. Kritik an diesen Ansätzen üben MK-*Herzberg/Hoffmann-Holland*, § 22 Rn. 15, 19 f., 52–61; *Herzberg*, in GA 2001, 257–272; LK-*Hillenkamp*, § 22 Rn. 191 und § 23 Rn. 52 sowie *Modrey*, S. 136 ff.

44 Dazu sogleich, S. 33 f. Näheres bei *Maier*, Objektivierung, S. 25 und *Meyer*, ZStW 87 (1975), 598, 603, 614.

beruht, von der Strafbarkeit ausgenommen worden wären.[45] Eine Einbeziehung der Fallgruppe des „untauglichen Täters" in § 23 Abs. 3 StGB hat der Ausschuss mit der Begründung abgelehnt, dass davon möglicherweise auch „ungeeignete Fälle" erfasst werden könnten und die Rechtsprechung hier auch ohne eine ausdrückliche Regelung Straflosigkeit annehmen könne.[46]

Wann ein Irrtum „grob unverständig" ist, hat schon der E 1962 zu verdeutlichen versucht. Darunter soll die „Verkennung der allereinfachsten Naturgesetze" bzw. „eine völlig abwegige Vorstellung von gemeinhin bekannten Ursachenzusammenhängen" verstanden werden.[47] Die Voraussetzung, dass der Versuch „überhaupt nicht zur Vollendung führen konnte" soll ausdrücken, dass die Privilegierungsvorschrift nur solche Sachlagen erfassen soll, in denen „weder eine konkrete noch eine abstrakte Gefährdung bestand"[48].

Als Rechtsfolge wurde, entsprechend dem Vorschlag des E 1962, eine *Kann*-Milderung bzw. Strafbefreiung gewählt. Da sich nach Meinung des Sonderausschusses keine allgemeinen objektiven Kriterien für die Ausklammerung nicht strafwürdiger Fälle des untauglichen Versuchs ermitteln lassen, hat er eine „flexible Lösung" bevorzugt.[49] Gegen den Vorschlag des Alternativ-Entwurfs, die Fälle des grob unverständigen und deshalb völlig ungefährlichen Versuchs generell straflos zu lassen (§ 25 Abs. 3 Nr. 2 AE) wendet sich der Ausschuss mit dem Argument, dass auch in diesem Bereich Fälle denkbar seien, in denen ein Strafbedürfnis bestehe, dem Richter deshalb die Möglichkeit einer Strafverhängung offen bleiben müsse. Als Exempel hierfür wurde der Mordversuch durch Verabreichung einer geringen Dosis eines Beruhigungsmittels genannt.[50] Die ungewöhnliche Voranstellung der Möglichkeit des Absehens von Strafe vor der Strafmilderung hat der E 1962 in seinem § 27 Abs. 3 jedoch nicht vorgesehen. Der Gesetzgeber hat sich für diese Reihenfolge entschieden, weil er der Forderung des Alternativ-Entwurfs, solche Fälle generell straflos zu lassen, insoweit entgegenkommen wollte, als dadurch die Priorität des Strafabsehens vor der bloßen Milderung zum Ausdruck gebracht werden soll.[51] Durch die Regelung des

---

45 BT-Drucks. V/4095, S. 12.
46 BT-Drucks. V/4095, S. 11.
47 Beide Begriffsdeutungen in Begr. E 1962 – BT-Drucks. IV/650 S. 145.
48 BT-Drucks. V/4095, S. 12.
49 BT-Drucks. V/4095, S. 12; *Corves*, Prot. V, S. 1751. S. auch Begr. E 1962 – BT-Drucks. IV/650 S. 143, 145.
50 BT-Drucks. V/4095, S. 11 f.
51 So BT-Drucks. V/4095, S. 12; Vorschlag von *Diemer-Nicolaus*, in: Prot. V, S. 1752 und 1755.

§ 23 Abs. 3 StGB werden „Extremfälle" untauglicher Versuche nicht im Rahmen des Unrechtstatbestandes, sondern auf der Strafzumessungsstufe privilegiert.

4. Die dem StGB zugrunde gelegte Versuchstheorie

Die historische Darstellung offenbarte den Willen des Gesetzgebers, die subjektive Theorie anzuerkennen und an ihr die Neufassung der Versuchsvorschriften auszurichten; den objektiven Theorien hat er eine klare Absage erteilt.[52] Gleichwohl geht aus dem letztlich beschlossenen Regelungsinhalt hervor, dass der Gesetzgeber die subjektive Versuchslehre nicht mit allen ihren Konsequenzen in die Neuregelung übernehmen wollte. Wäre allein der betätigte rechtsfeindliche Wille der Grund der Versuchsstrafbarkeit, wäre es inkonsequent – bei gleicher Willensbetätigung – den Versuch anders zu bestrafen als die Vollendung.[53] Dieser Einwand gegen die subjektive Theorie bezieht sich nicht nur auf die außerordentliche Besserstellung eines grob unverständig handelnden Versuchstäters (§ 23 Abs. 3 StGB)[54], sondern gilt auch für die „normale" Versuchsmilderung nach § 23 Abs. 2 StGB. Auch an der Voraussetzung des unmittelbaren Ansetzens zur Tatbestandsverwirklichung zeige sich die auch objektive Ausrichtung der Versuchsvorschriften.[55] Dieses gesetzlich angeordnete Merkmal könne durch eine noch so rechtsfeindliche Gesinnung nicht ersetzt werden.[56] Zudem wird kritisiert, dass nach der subjektiven Theorie auch der heute einhellig als straflos befundene abergläubische Versuch bestraft werden müsste.[57] Eine deliktische Willensbetätigung liege zudem grundsätzlich auch bei straflosen Vorbereitungshandlungen bzw. bei einem Wahndelikt vor, ihre Straflosigkeit könne die subjektive Versuchslehre nicht erklären.[58] Der

---

52 S. 30, s. auch BT-Drucks. V/4095, S. 11.
53 So z.B. *Geppert*, JK 95, StGB § 23 III/1; *Meyer*, ZStW 87 (1975), 598, 614; *Roxin*, in Nishihara-FS, S. 158 und 165; *Malitz*, S. 159 mit Fn. 630; *Niepoth*, S. 55; *Dicke*, JuS 1968, 157, 158. And. Auff. *Modrey*, S. 152.
54 Der subjektiven Theorie wurde vielfach vorgeworfen, dass sie die unterschiedliche Behandlung untauglicher, grob unverständiger und abergläubischer Versuche nicht erklären kann, weil in allen diesen Fällen der verbrecherische Wille vorhanden ist, so heute z.B. *Ebert*, AT, S. 123; *Kuhrt*, S. 41 f.; *Meinecke*, S. 28 f.; *Roxin*, AT II § 29 Rn. 35; *Schönwandt*, S. 23. S. auch schon *v. Liszt*, ZStW 25 (1905), 24, 73 ff. und *Fabian*, (1905) S. 23 ff. Für subjektive Theorie auch bei grob unverständigen und irrealen Versuchen LK-*Hillenkamp*, Vor § 22 Rn. 73, § 22 Rn. 188, 190 und § 23 Rn. 9 und *Modrey*, S. 150 ff., 159 f. Vgl. auch RGSt 33, 321, 323.
55 *Krey/Esser*, AT, Rn. 1202; *Klesczewski*, Rn. 462.
56 *Freund*, AT, § 8 Rn. 9.
57 Z.B. *Roxin*, Nishihara-FS, S. 165 und *Ebert*, AT, S. 123 f.
58 *Kratzsch*, JA 1983, 420, 424; *ders.*, Verhaltenssteuerung, S. 64; *Roxin*, AT II, § 29 Rn. 100 sowie *Wege*, S. 66 im Hinblick auf das Wahndelikt.

Erfassungsbereich der subjektiven Theorie sei so weit, dass sie in den Bereich des „Gedankenstrafrechts" hineinreiche[59]; sie vertrage sich nicht mit dem geltenden Tatstrafrecht.[60] Schließlich ist der subjektiven Theorie entgegengehalten worden, dass eine einfache Willensbetätigung allein noch kein strafwürdiges Unrecht darstellen könne.[61] Die Kritik an der subjektiven Theorie ist erheblich, die Liste der Einwände hätte fortgeführt werden können. Schon die hier aufgeführten Kritikpunkte machen deutlich, dass eine rein subjektive Theorie mit dem in §§ 22 ff. StGB beschlossenen Regelungsinhalt nicht im Einklang steht.[62] Die geltende Versuchsregelung zeigt, dass sich der Gesetzgeber für eine subjektiv-objektive Konzeption entschieden hat.

Daran knüpfen die Vertreter der sog. „Eindruckstheorie" an.[63] Nach dieser heute herrschenden Lehre liegt der Grund für die Versuchsbestrafung[64] – ebenso

---

59 Z. B. *Heinrich*, AT, Rn. 634; *Gropp*, AT, § 9 Rn. 47; *Satzger*, Jura 2013, 1017, 1024 f.; *Weigend*, Entwicklung, S. 124.

60 *Murmann*, Strafrecht, § 28 Rn. 30. Vgl. auch die Ausführungen von *Gallas*, in Niederschriften 2, S. 195.

61 *Roxin*, Nishihara-FS, S. 158; Schönke/Schröder/*Eser/Bosch*, Vor § 22 Rn. 21, *Wege*, S. 70.

62 H. M., z. B. *Bachmann*, S. 142; *Jescheck*, SchwZStr 91 (1975) 1, 29 f.; *Joecks*, StGB, Vor § 22 Rn. 15; *Maurach/Gössel/Zipf*, AT 2, § 40 I C 2 (v. a. Rn. 37); *Roxin*, JuS 1973, 329; ders., in Nishihara-FS, S. 158 f. Die subjektive Theorie wird heute nur noch von wenigen Autoren vertreten, etwa Matt/Renzikowski-*Heger*, § 22 Rn. 12, § 23 Rn. 10; *Modrey*, S. 151 ff.; Lackner/*Kühl*, § 22 Rn. 11; LK-*Hillenkamp*, Vor § 22 Rn. 43 ff., 69.

63 Vertreten z. B. von *Bringewat*, Rn. 548; *Ebert*, AT, S. 124; *Gropp*, AT, § 9 Rn. 48 f.; *Grünwald*, Welzel-FS, 701, 712; *Haft*, AT, S. 226; *Hirsch*, in Roxin-FS (2001), S. 714 ff.; *Jescheck/Weigend*, § 49 II 3 und § 50 I 4; *Kindhäuser*, AT, § 30 Rn. 9; *Maurach/Gössel/Zipf*, AT 2, § 40 Rn. 40 f.; *Meyer*, ZStW 87 (1975), 598, 604; *Papageorgiu-Gonatas*, S. 209 ff.; *Rengier*, AT, § 33 Rn. 4 und § 35 Rn. 1; SK-*Rudolphi*, Vor § 22 Rn. 13 f. und § 22 Rn. 35; *Roxin*, JuS 1979, 1 (der jedoch neuerdings eine weiter entwickelte „Vereinigungstheorie" vertritt, s. Roxin AT II § 29 Rn. 27 f.); *Satzger*, Jura 2013, 1017 ff.; Schönke/Schröder/*Eser/Bosch*, Vor § 22 Rn. 17, 22 und § 22 Rn. 65; *Schünemann*, GA 1986, 293, 311; *Streng* ZStW 109 (1997) 862, 865; *Vogler*, ZStW 98 (1986), 331, 332 f.; LK-*Vogler*[10], Vor § 22 Rn. 52 ff.; *Wolter*, Zurechnung, S. 78 f. Zur hist. Begr. dieser Lehre *Horn* ZStW 20 (1900), 309 ff., 324 ff., 342 ff.; v. *Bar*, Gesetz u. Schuld II, S. 490 f., 521, 527 ff., 535 ff. sowie v. *Gemmingen*, 1932, S. 37 ff., 160 ff. Vgl. auch BGHSt 11, 324, 328, der von einer „Beunruhigung der Rechtsgemeinschaft" spricht, „die jene Auflehnung gegen die Rechtsordnung strafbar machte".

64 Nach h. M. unabhängig von Tauglichkeit, z. B. Schönke/Schröder/*Eser/Bosch*, § 22 Rn. 65; *Jescheck/Weigend*, § 50 I 4 m. w. N. Anders aber *Roxin*, in Nishihara-FS, S. 163, 169 f. und *Bottke*, in: 50 Jahre BGH IV, S. 135, 159, die diese Theorie nur bei untauglichen Versuchen anwenden wollen und bei tauglichen Versuchen den Strafgrund in dem Schutz des konkret gefährdeten Rechtsgutsobjekts sehen; zust. *Heckler*, S. 107.

wie bei der subjektiven Theorie – in der Betätigung des rechtsfeindlichen Willens. Diese muss jedoch zusätzlich geeignet sein, den Eindruck eines Angriffs auf die Rechtsordnung zu erwecken und dadurch das Vertrauen der Allgemeinheit in den Rechtsfrieden zu erschüttern.[65] Die Eindruckstheorie betrachtet den verbrecherischen Entschluss also nicht isoliert als ein individuelles Phänomen, sondern in seinen möglichen „sozialpsychologischen Auswirkungen" auf die Außenwelt.[66] Die Legitimation für eine Versuchsbestrafung ergibt sich danach quasi aus der sozialen Gefährlichkeit der Handlung im Hinblick auf die Geltung der Rechtsordnung. Damit stellt die Eindruckstheorie den aus der positiven Generalprävention folgenden Gedanken der Rechtsbewährung in den Vordergrund.[67] Diese Versuchslehre wird teilweise als eine um Strafwürdigkeitsaspekte ergänzte subjektive Theorie verstanden[68], teilweise als eine eigenständige Versuchslehre.[69]

Ihr Vorzug besteht vor allem darin, dass sie subjektive und objektive Elemente verbindet – genauso wie der Regelungsinhalt der Versuchsvorschriften. Zudem ist weitgehend anerkannt, dass jede Straftat nicht nur ein Handlungs-, sondern auch ein Erfolgsunrecht aufweisen muss.[70] Der Erfolgsunwert eines Versuchs liegt nach der Eindruckstheorie zumindest in der Störung des Rechtsfriedens.[71] Die subjektive Theorie straft schon das bloße Handlungsunrecht, sie ist auch insofern zu weit. Auch kann die Eindruckstheorie die Strafmaßunterschiede bei abergläubischen bzw. grob unverständigen und „normalen" Versuchen am besten erklären.[72] Mit dem erforderlichen Eindrucksmoment enthält sie ein

---

65 So Schönke/Schröder/*Eser/Bosch*, § 22 Rn. 65. Ähnl. *Fischer*, StGB, § 22 Rn. 2a; *Kindhäuser*, AT, § 30 Rn. 9; *Meinecke*, S. 29; SK-*Rudolphi*, Vor § 22 Rn. 13 und § 22 Rn. 35.
66 S. *Albrecht*, S. 32; *Bringewat*, Rn. 548; *Hirsch*, in Vogler-GS, S. 32; *Steinberg*, GA 2008, 516, 517.
67 Die Eindruckstheorie ist eine Ausprägung der positiven Generalprävention, vgl. *Greeve*, S. 115; *Ha*, Untauglicher Versuch, S. 147 f.; *Jescheck/Weigend*, § 50 I 4; LK-*Vogler*[10], Vor § 22 Rn. 54, § 22 Rn. 136.
68 Z. B. *Berz*, S. 40 f.; *Malitz*, S. 150; *Meyer*, ZStW 87 (1975), 604 und SK-*Rudolphi*, Vor § 22 Rn. 13.
69 Etwa *Roxin*, JuS 1979, 1 und *Radtke*, JuS 1996, 880 f.
70 S. *Günther*, JuS 1978, 13; *Lackner/Kühl*, Vor § 13 Rn. 20; *Otto*, Schröder-GS, S. 53, 56 und 64 m. w. N. in Fn. 12; *Roxin*, AT I, § 10 Rn. 88; Schönke/Schröder/*Eisele*, Vor §§ 13 ff. Rn. 52 ff.; *Wessels/Beulke/Satzger*, AT, Rn. 15; *Wittig*, S. 129 ff. Zum Unrechtsbegriff s. die Nachweise in Fn. 715.
71 Vgl. *Maier*, Objektivierung, S. 70; *Lampe*, S. 94 f.; *Roxin*, Nishihara-FS, 157, 160 und 162; Schönke/Schröder/*Eisele*, Vor §§ 13 ff. Rn. 57; zust. *Heckler*, S. 90 ff. Krit. *Bloy*, ZStW 113 (2001) 76, 84.
72 S. z. B. *Roxin*, in Nishihara-FS, S. 161; vgl. auch S. 51 ff. und S. 187 ff.

Regulativ für die Straffestsetzung in weniger sozialschädlichen Fällen und wird dadurch dem Schuldgrundsatz und dem Ultima-Ratio-Prinzip besser gerecht als die subjektive Versuchslehre. Sie wurde bewusst zur Einschränkung der sich ins uferlose ausweitenden Versuchsstrafbarkeit entwickelt.[73] Da auch der Gesetzgeber die zu weit geratene subjektive Theorie einschränken wollte,[74] ist von den vielfältigen Erklärungsansätzen zum Strafgrund des Versuchs gerade die Eindruckstheorie am besten geeignet, die geltende Versuchsregelung zu erklären.

So überzeugend die Eindruckstheorie auch scheinen mag, auch gegen sie richten sich begründete Einwände.[75] Es wird zum Beispiel vorgebracht, dass die Frage nach dem Entstehen eines rechtserschütternden Eindrucks empirisch nicht geklärt wurde und ohnehin kaum überprüfbar ist. Ob eine Erschütterung in der Rechtsgemeinschaft vermutet werden könne, bestimme letztlich der Richter ex post nach seinem eigenen Rechtsgefühl.[76] Die durch eine Tathandlung hervorgerufenen Gefühle, wie „Erschütterung" oder „Beeindrucken" seien bei der Beurteilung ihrer materiell-rechtlichen Strafbarkeit ohne Bedeutung; sie könnten also weder strafbegründend noch -beschränkend wirken.[77] Eine mögliche Erschütterung des Rechtsvertrauens sei kein Unrecht, sondern allenfalls die Folge eines Unrechts, welches gerade erst bestimmt werden müsse.[78] Von den Vertretern der Eindruckstheorie werde nicht präzise genug dargelegt, was genau unter dem unbestimmten Begriff des „rechtserschütternden Eindrucks" zu verstehen sei.[79] Zudem fehle es auch der Eindruckstheorie an der Konsequenz: Auch bestimmte versuchte Vergehen (§ 12 Abs. 2 StGB), deren Versuch nicht unter Strafe gestellt

---

73 Vgl. z.B. *Malitz*, S. 151; *Niepoth*, S. 87 und *Schönwandt*, S. 78.
74 S. Begr. Begr. E 1962 – BT-Drucks. IV/650 S. 145; Vgl. auch die Ausführungen von *Mezger, Baldus, Krille und Sieverts* in Niederschriften 2, S. 193 ff., die für eine Versuchsbestrafung zur Vermeidung von Unbilligkeiten ein strafbarkeitseinschränkendes „objektives Moment" forderten.
75 Kritik übt etwa *Alwart*, S. 208 ff.; *Grupp*, S. 104 f.; *Hirsch*, in Vogler-GS, S. 32; *Kim*, S. 83 f.; *Köhler*, AT S. 454; *Kühl*, AT, § 15 Rn. 41 ff.; *Murmann*, Versuchsunrecht, 3 ff.; *Maiwald, in:* Koriath u.a., Grundfragen, 159, 171; *Modrey*, S. 147 ff.; *Safferling*, ZStW 118 (2006), 682, 690 ff.; *Zaczyk*, Unrecht, S. 21 ff.
76 Vgl. *Murmann*, Strafrecht, § 28 Rn. 32 mit Fn. 70.
77 MK-*Herzberg/Hoffmann-Holland*, § 22 Rn. 9 und 87; LK-*Hillenkamp*, § 22 Rn. 190; *Zaczyk*, Unrecht, S. 22.
78 *Zaczyk*, in: Kindhäuser/Neumann-StGB, § 22 Rn. 11 mit zahlreichen Nachweisen in Fn. 54. Wenn man allerdings der Teilansicht folgt, die dem Eindrucksmoment nur eine strafbarkeitseinschränkende Funktion beimisst (Nachweise in Fn. 68), ist der Strafgrund primär der betätigte rechtsfeindliche Wille.
79 Z. B. *Schönwandt*, S. 79 und *Weigend*, Entwicklung, S. 122.

wurde (vgl. § 23 Abs. 1 StGB), sowie straflose Vorbereitungshandlungen seien geeignet, rechtsfriedensstörend zu wirken.[80]

Die gegen die Eindruckstheorie vorgebrachte Kritik lässt sich ebenfalls nicht restlos widerlegen. Allerdings greift sie zumindest auf dem Gebiet des hier relevanten grob unverständigen und abergläubischen Versuchs nicht durch. Zwar ist richtig, dass Untersuchungen zum Vorliegen von rechtserschütternden Wirkungen von Straftaten auf die Allgemeinheit nicht existieren und man insoweit auf Vermutungen angewiesen ist. Jedoch ist die Eindruckstheorie, wie die Generalprävention selbst, an einer empirischen Überprüfbarkeit wenig interessiert. Sie beruht nicht auf einzelfallbezogenen Befunden, sondern knüpft an generalisierende Annahmen, wie sie die Mehrheit von Rechtstheoretikern und Praktikern empfindet. Sie verlangt insofern nicht den faktischen Eintritt einer rechtserschütternden Wirkung im konkreten Fall, sondern lässt die allgemeine *Eignung* des Täterverhaltens, einen solchen Eindruck hervorzurufen, genügen.[81] Die Wirkung der Tathandlung auf die Mehrheit lässt sich auf dem Gebiet „extrem untauglicher" grob unverständiger und abergläubischer Versuche durchaus vermuten, weil für diese Versuchsarten die *Evidenz* des Irrtums charakteristisch ist. Wenn jeder „Normalbürger" sogleich die Vollendungsuntauglichkeit des Tätervorhabens erkennen kann, so ist nicht zu erwarten, dass die Tat das Gefühl der Rechtssicherheit und das Vertrauen der Bürger in den Rechtsfrieden in einem solchen Maß beeinträchtigt hat, welches eine (volle) Bestrafung zwingend erfordert. Welche Reaktion ist von den Umstehenden zu erwarten, wenn jemand in der Öffentlichkeit versucht, einen Menschen mithilfe einer „Zauberkugel" zu töten oder mittels Gummischleuder ein in 5000 m Höhe fliegendes Passagierflugzeug abzuschießen? Vermutlich Kopfschütteln, Belächeln, Zweifeln an der geistigen Verfassung des Handelnden[82] u. ä., niemand würde glauben, dass hier ernsthaft ein Tötungsversuch stattfindet. Von einer „Störung des Rechtsfriedens" und „Erschütterung des Rechtsbewusstseins" kann trotz rechtsfeindlicher Gesinnung des Täters nicht die Rede sein.[83] Auf dem Gebiet offensichtlich untauglicher Versuche führt die Eindruckstheorie zu sachgerechten und aus kriminalpolitischer Sicht erwünschten Ergebnissen, indem sie die Härten der subjektiven Theorie abmildert. In diesem Bereich besitzt sie Überzeugungskraft. In der Sache bemüht sie sich um eine notwendige Korrektur

---

80 *Krey/Esser*, AT, Rn. 1205; *Jakobs*, AT 25/20; *Weigend*, Entwicklung, S. 121 f. Fn. 48.
81 Vgl. z. B. *Alwart*, S. 210; *Greeve*, S. 115; *Malitz*, S. 149 und *Radtke*, JuS 1996, 878, 882.
82 In diesem Sinne z. B. *Roxin*, in Nishihara-FS, S. 161.
83 Die Wirkung offensichtlich untauglicher, insbesondere grob unverständiger und abergläubischer Versuche auf die Allgemeinheit wird im Rahmen dieser Arbeit noch eingehend untersucht, S. 52 ff., 187 ff., 231.

der subjektiven Versuchslehre, indem sie fragt, ob die aus der subjektiven Theorie folgende Strafbarkeit im Einzelfall auch dem Rechtsgefühl der Mehrheit entspricht. Ob man sie aber auch als die dem heutigen Strafgesetzbuch zugrunde gelegte Versuchstheorie ansehen und ihr im Streit um die Versuchstheorien den Vorzug einräumen kann, ist damit nicht gesagt.

Mit Blick zurück auf die in der Überschrift dieses Abschnitts aufgeworfene Frage kann nach alledem mit Sicherheit nur Folgendes festgehalten werden: Das Rätsel um den Legitimationsgrund für die Versuchsbestrafung wurde durch das Bekenntnis des Gesetzgebers zur subjektiven Theorie und nach der Neufassung der Versuchsvorschriften nicht endgültig gelöst. Keine der im Rahmen dieser Abhandlung erläuterten Versuchstheorien ist ohne Schwachstellen. *Die* Theorie, die den Grund der Versuchsstrafbarkeit durchgängig befriedigend erklären kann, ist bisher nicht gefunden worden. Der mindestens seit Mitte des 19. Jahrhunderts andauernde Meinungsstreit um den Strafgrund des Versuchs, der vom *Seminara* als „eine der am meisten diskutierten Fragen und Kontroversen der Allgemeinen Strafrechtslehre" bezeichnet wurde,[84] kann und soll auch in dieser Abhandlung nicht abschließend gelöst werden. Allerdings führt in einer Arbeit über die Grenzen des strafbaren Versuchs kein Weg an der Frage um den Grund der Versuchsstrafe vorbei. Sofern sie in dieser Abhandlung von Bedeutung sein wird, werden deshalb die Erörterungen in der Sichtweise der beiden im Hinblick auf Dauer und Anzahl der Anhänger bedeutendsten und das Bild der Versuchslehre in der Gegenwart prägenden Theorien geführt – der in der Strafrechtslehre herrschenden Eindruckstheorie und der insb. in der Rechtsprechung[85] vertretenen subjektiven Versuchslehre. Der Theorienstreit wird hier zudem dadurch entschärft, dass es sich bei dem untersuchten § 23 Abs. 3 StGB um eine Strafzumessungsvorschrift handelt. Bei der Frage nach dem „Wie" der Strafe kann auch auf andere Gründe zurückgegriffen werden als bei der Frage nach dem „Ob" der Bestrafung, so zum Beispiel auf die von der Straftat ausgehenden Wirkungen auf die Außenwelt.[86] Unabhängig von dem Diskurs um die Versuchstheorien kann also der Grundgedanke der Eindruckstheorie bei Streitfragen in Rahmen der Strafzumessung berücksichtigt werden und wird deshalb in dieser Untersuchung oftmals als Argumentationsgrundlage herangezogen.

---

84 *Seminara*/Hirsch, S. 4. Zu den Versuchstheorien ausf. z. B. *Grupp*, S. 91 ff.; *Lauhöfer*, 16 ff.; *Malitz*, S. 132 ff., 151 ff.; *Niepoth*, S. 45 ff.; *Papageorgiu-Gonatas*, S. 1 ff. und *Zaczyk*, Unrecht S. 21 ff., 41 ff., 76 ff.
85 Z. B. BGHSt 11, 268, 271; 11, 324; 30, 363, 396; 40, 257, 272; 41, 94 ff.; BGH NJW 97, 750 f.
86 *Modrey*, S. 152. Vgl. auch § 46 Abs. 2 S. 2 StGB „Auswirkungen der Tat".

Wegen einer uneinheitlichen Begriffsdeutung im Schrifttum ist eine Konkretisierung des Begriffs des „rechtserschütternden Eindrucks" unumgänglich. Das Eindruckskriterium soll nicht in einem rein faktischen Sinne[87], sondern muss *psychologisch-normativ* verstanden werden. Diese Einschränkung ist notwendig, weil es bei einer strafrechtlichen Beurteilung eines Verhaltens nicht auf ein beliebiges, irgendwie feststellbares oder zu vermutendes Unwohlgefühl ankommen darf. Auch die Eindruckstheorie will nicht alles, was den Bürger möglicherweise empören, beeindrucken, stören oder was seinen Moralvorstellungen widersprechen könnte, dem Bereich der Strafbarkeit zuordnen. Der Begriff des rechtserschütternden Eindrucks muss auf seinen *rechtlichen* Kern beschränkt werden. Als Ausprägung der positiven Generalprävention baut die Eindruckstheorie auf dem Aspekt der Rechtsbewährung auf und zielt auf die Abwehr sozialschädlicher Rechtsgutsangriffe hin.[88] Insoweit orientiert sich auch diese Lehre an der rechtsgüterschützenden Aufgabe des Strafrechts.[89] Die vermuteten objektiven Auswirkungen der Tat auf die Rechtsgemeinschaft sind deshalb in Beziehung zum angegriffenen Rechtsgut zu sehen: Die Erschütterung muss daraus hervorgegangen sein, dass der Täter ein Rechtsgut verletzen wollte, nicht aber z.B. daraus, dass ein bestimmtes Verhalten allgemein als verwerflich angesehen wird. Dieser Aspekt wird vor allem bei der Anwendung der Eindruckstheorie auf abergläubische Versuche relevant und wird dort näher erläutert.[90]

II. Kritik an der Regelung

Die im Jahre 1975 in das Strafgesetzbuch eingefügte Vorschrift ist auch schon vor ihrem Inkrafttreten aus unterschiedlichen Gründen bei der Strafrechtslehre in die Kritik geraten.[91]

---

87 So aber z.B. *Seier/Gaude,* JuS 1999 456, 457. Vgl. auch *Kudlich,* JZ 2004, 72, 75 und *Jakobs,* AT 25/20, der darauf abstellt, ob es zu einer „...‚Erschütterung' irgendwelcher ‚Allgemeinheiten'..." kam.
88 Vgl. LK-*Vogler*[10], Vor § 22 Rn. 54.
89 Vgl. Schönke/Schröder/*Eser/Bosch,* Vor § 22 Rn. 22; *Sax,* JZ 1976, 429, 432 f.; *Papageorgiu-Gonatas,* S. 211 f.; *Heckler,* S. 104 f.; *Radtke,* JuS 1996, 878, 881 m. w. N. in Fn. 44; SK-*Rudolphi,* Vor § 22 Rn. 14; ferner auch *Fischer,* StGB, § 23 Rn. 7 und *Bachmann,* S. 137 f. Zur Präzisierung der Eindruckstheorie durch die Rechtsgüterschutzfunktion auch *Niepoth,* S. 121 ff.
90 S. 191.
91 Z.B. *Blei,* AT, S. 233: gesetzgeberischer Fehlgriff; *Gössel,* GA 1971, 225, 227 f.; *Kienapfel,* AT, S. 392; *Meyer,* ZStW 87 (1975) 598, 614 ff.; *Roxin,* JuS 1973, 329, 330 ff.; *Struensee,* ZStW 102 (1990), 21, 44 ff.

1. Abgrenzungsprobleme

Zunächst wurde kritisiert, dass § 23 Abs. 3 StGB unumgängliche Auslegungs- und Abgrenzungsschwierigkeiten mit sich bringe, die mit der Notwendigkeit einhergehen, „überhaupt nicht vollendungsfähige" von den nach §§ 22, 23 Abs. 2 StGB zu behandelnden „normalen" untauglichen Versuchen einerseits und untauglichen von straflosen irrealen Versuchen andererseits abzugrenzen. Es wurde angenommen, dass dies zum Wiederbeleben des längst als begraben geglaubten Streites um die Unterscheidung von tauglichen und untauglichen Versuchen führen werde.[92]

Diese Befürchtung hat sich jedoch als weitgehend unbegründet erwiesen. Die Unverstandsklausel entschärft das Problem einer Unterscheidung zu „normal" untauglichen Versuchen, weil hier von vornherein nur Extremfälle in Betracht kommen.[93] Ein Abgrenzungsproblem zu tauglichen Versuchen stellt sich insoweit überhaupt nicht. Die Notwendigkeit einer Differenzierung zwischen abergläubischen und „nur" untauglichen Versuchen besteht unabhängig von der Regelung des § 23 Abs. 3 StGB, wenn heute allgemein angenommen wird, dass diese Fälle nicht vor den Strafrichter gehören.

2. Verstoß gegen Bestimmtheitsgrundsatz

Gemäß Art. 103 Abs. 2 GG kann eine Tat nur bestraft werden, wenn die Strafbarkeit gesetzlich bestimmt war, bevor die Tat begangen wurde.[94] Dieses Bestimmtheitsgebot gilt nicht nur aufseiten der Strafbarkeitsvoraussetzungen, sondern umfasst auch die Rechtsfolgen einer Straftat, wenn auch unter geringeren Anforderungen.[95]

Angesichts der weit gefassten Reaktionsmöglichkeiten des § 23 Abs. 3 StGB wurden im Schrifttum wiederholt verfassungsrechtliche Bedenken geäußert. In § 23 Abs. 3 StGB seien de facto alle erlaubten Reaktionsmittel vorgesehen: vom

---

92 *Bockelmann/Volk*, AT, § 27 S. 210; *Ha*, Untauglicher Versuch, S. 52; *Maurach/Gössel/Zipf*, AT 2, § 40 Rn. 124 und 188; LK-*Hillenkamp*, § 23 Rn. 48; *Roxin*, JuS 1973, 329, 330.
93 Ausf. dazu S. 76 ff.
94 Einfachgesetzliche Ausprägungen dieses Grundsatzes finden sich in § 1 StGB sowie in Art. 7 Abs. 1 EMRK.
95 BVerfGE 45, 363, 371; 48, 48, 56 f.; BGHSt 18, 136, 140 – Urt v. 17.11.1962 – 3 StR 49/62. Aus der Literatur z. B. Baumann/*Weber*/Mitsch, AT, § 9 Rn. 16 ff.; *Jescheck/Weigend*, § 15 III 3; *Gräfe*, S. 156; LK-*Dannecker*, § 1 Rn. 89 ff.; *Maurach/Gössel/Zipf*, AT 2, § 62 Rn. 13; *Rengier*, AT, § 4 Rn. 27; *Roxin*, AT I, § 5 Rn. 80 ff.; SK-*Rudolphi*, § 1 Rn. 15; *Schmidt-Aßmann*, Maunz/Dürig-GG, Art. 103 (69. EL 2013), Rn. 197 ff.; Schönke/Schröder/*Eser/Hecker*, § 1 Rn. 23; *Schünemann*, Nulla poena, S. 38; *Stree*, Deliktsfolgen, S. 23. Ausf. dazu *Bergmann*, Milderung, S. 37 ff. und *Dannecker*, Roxin-FS (2011), S. 285 ff.

Absehen von Strafe über Geldstrafe und Strafmilderung gem. § 49 Abs. 2 StGB bzw. – bei Ablehnung dieser fakultativ angeordneten Rechtsfolgen – über die Milderungsmöglichkeit nach § 49 Abs. 1 StGB i. V. m. § 23 Abs. 2 StGB und der Strafe aus dem Regelstrafrahmen bis zum lebenslangen Freiheitsentzug beim versuchten Mord. Dies sei mit dem Bestimmtheitsgebot des Art. 103 Abs. 2 GG nicht vereinbar, denn die Variationsbreite der möglichen Rechtsfolgen gestatte dem Bürger nicht, die ihn erwartende Strafe abzuschätzen.[96]

Daran ist richtig, dass die Spannweite der nach der sprachlichen Fassung möglichen Rechtsfolgen der Rechtssicherheit nicht zuträglich ist, weil die konkret zu erwartende Strafe aus dem Gesetz selbst nicht ersehen werden kann. Welche Sanktion im Einzelfall verhängt wird, hängt von der Wertung und vom Rechtsgefühl des Richters ab. Allerdings steht keineswegs fest, dass sich das Fakultativum „kann" in § 23 Abs. 3 StGB schon auf die Rechtsfolgenanordnung als solche erstreckt. Der Normwortlaut könnte durchaus auch so aufzufassen sein, dass das Gericht nur zwischen Absehen von Strafe *oder* einer Milderung nach § 49 Abs. 2 wählen *kann*. Schon durch diese Normdeutung wäre das Bestimmtheitsproblem stark entschärft. Wie die Rechtsfolgenanordnung zu verstehen ist, muss durch eine Gesetzesauslegung ermittelt werden. Diese wird den Gegenstand eines eigenen Kapitels bilden.[97] An dieser Stelle kann die Antwort noch dahinstehen, denn der verfassungsrechtliche Einwand greift aus einem anderen Grund nicht durch.

§ 23 Abs. 3 StGB ist eine Strafzumessungsvorschrift. Angesichts dieser dogmatischen Konstruktion der Regelung ist bei grob unverständigen Versuchen nicht die Entscheidung über die Strafbarkeit als solche bzw. über die drohende Strafhöhe ungewiss (beides ergibt sich aus dem jeweiligen Straftatbestand), sondern lediglich die über eine eventuelle Strafmilderung bzw. Strafbefreiung. Der Täter kann die ihn erwartende Sanktion dem Regelstrafrahmen entnehmen; bei der Begehung der Tat weiß er ja ohnehin nicht, dass seine Tat grob unverständig ist. Die Anwendung von § 23 Abs. 3 StGB eröffnet ihm also nur eine zusätzliche Chance auf eine Strafbefreiung oder auf eine erhebliche Strafmilderung. Bei Strafzumessungsregeln kann man niemals vorweg abschätzen, in welchem Umfang sie im konkreten Fall die Regelstrafe beeinflussen werden. Ein Rest an Unsicherheit in Bezug auf das im Urteil konkret festgesetzte Strafmaß besteht bei Strafzumessungsgründen immer und ist auf dieser Ebene

---

[96] So z.B. *Ha*, Untauglicher Versuch, S. 60 f.; *Roxin*, Einf., S. 21 f.; *Blei*, AT, S. 233; *Meyer*, ZStW 87 (1975), 598, 616; *Baumann/Weber*, AT⁹ S. 478 und *Maurach/Gössel/Zipf*, AT 2, § 40 Rn. 187.
[97] S. 124 ff.

nicht so bedeutend wie bei der Frage nach der grundsätzlichen Strafbarkeit eines Verhaltens und der Höhe des Regelstrafrahmens. Hat der Gesetzgeber für bestimmte Fälle eine Privilegierungsmöglichkeit eröffnet, so ist ihm die dadurch entstandene Ungewissheit über die konkret zu erwartende Strafe nicht vorzuwerfen.

Überdies kennt das Strafgesetzbuch auch in anderen Vorschriften Strafmilderungen, die das Gericht fakultativ anwenden kann. Etwa die Regelungen zur tätigen Reue, z. B. §§ 83a Abs. 1, 306e Abs. 1, 320 Abs. 2 StGB und viele andere stellen die Anwendung des milderen Strafrahmens des § 49 Abs. 2 StGB bzw. die Möglichkeit, von Strafe abzusehen, ebenfalls in das Ermessen des Gerichts. Insofern stellen etwaige Bedenken gegen fakultative Strafrahmenverschiebungen bzw. Strafbefreiungsmöglichkeiten und die damit eröffnete Weite der zulässigen Reaktionsmittel von vornherein nicht ein spezifisch die Unverstandsregelung betreffendes Problem dar.

§ 23 Abs. 3 StGB ist deshalb schon in der weiten Deutung mit dem Grundsatz „nulla poena sine lege certa" vereinbar.

3. Fehlendes Strafbedürfnis

Einige Autoren halten die Reaktionsmöglichkeiten des § 23 Abs. 3 StGB für nicht ausreichend. Das Unrecht des dort geregelten Verhaltens erreiche die Strafwürdigkeitsschwelle nicht, der Gesetzgeber hätte sich deshalb großzügiger zeigen und grob unverständige Versuche gänzlich straflos lassen sollen, wie es in § 25 Abs. 3 Nr. 2 AE AT vorgesehen war.[98] Als Begründung für diese Sichtweise wird vor allem die Eindruckstheorie herangezogen. Da es bei einem grob unverständigen Versuch wegen der für jedermann offenkundigen Harmlosigkeit der Tat an einer Störung des Rechtsfriedens und damit am Strafbedürfnis aus generalpräventivem Zweck staatlichen Strafens fehle, hätte sich der Gesetzgeber für eine generelle Straflosigkeit entscheiden sollen.[99] Wegen des geringen Unrechts- und/oder Schuldgehalts genüge die Privilegierungsmöglichkeit des § 23 Abs. 3 StGB nicht.[100] Die „Weite und

---

98 Begr. zu § 25 Abs. 3 Nr. 2 AE AT, S. 61, vgl. S. 30 dieser Arbeit.
99 In diesem Sinne *Ha*, Untauglicher Versuch, S. 58 ff. und 147; *Roxin*, AT II, § 29 Rn. 369. Vgl. auch *Satzger*, Jura 2013, 1017, 1024 f.; *Stopfkuchen*, S. 85 und *Wolter*, Zurechnung, S. 79 f. mit Anm. 48.
100 Vgl. z. B. *Sancinetti*, S. 250 (wegen offensichtlicher Schwäche des Unrechtscharakters). Nach LK-*Vogler*[10], § 23 Rn. 36 bestehe kaum Strafbedürfnis. Die Mehrheit findet sich jedoch mit der Strafbarkeit grob unverständiger Versuche ab. Verteidigt wird § 23 Abs. 3 StGB z. B. von *Alwart*, S. 235 und *Burkhardt*, S. 97 ff.

Härte" der Regelung stimmten bedenklich, kriminalpolitisch sei sie „maßlos".[101] Es bestehe kein Bedürfnis, die Schuld des Täters richterlich festzustellen.[102] Wer grob unverständige Versuche bestrafen wolle, betreibe „Gesinnungsstrafrecht".[103]

Gegen eine Bestrafung „völlig abwegiger" Versuche wird zudem häufig vorgebracht, dass die Gründe, welche den Gesetzgeber zur Strafdrohung in diesen Fällen bewogen haben, diese Entscheidung nicht rechtfertigen. Der Bundestagsentwurf E 1962 hatte die grundsätzliche Strafbarkeit grob unverständiger Versuche mit der hypothetischen Erwägung begründet, dass in diesen Fällen ein erheblicher verbrecherischer Wille vorliegen könne, der befürchten lasse, dass der Täter – durch das Scheitern seiner Tat belehrt – bei der nächsten Gelegenheit zu einem tauglichen Mittel greifen könnte.[104]

Dieser Begründung wird im Schrifttum mit Recht entgegengehalten, dass die Befürchtung einer, ohnehin nur zu vermutenden, Wiederholungsgefahr ein unzulässiges Argument für eine Strafdrohung ist. Die Berücksichtigung rein spezialpräventiver Erwägungen würde die Tat zum Symptom herabstufen und die Strafe unmittelbar auf die kriminelle Neigung des Täters beziehen.[105] Die Strafe darf nicht zur vorbeugenden Maßnahme werden[106] und eine Bestrafung darf nicht lediglich auf eine Vermutung gestützt werden.[107] Eine allein die Täterpersönlichkeit strafende Rechtsauffassung verlässt den Bereich des das deutsche Strafrechtssystem beherrschenden *Tatstrafrechts*.[108] Der Täter ist dafür zu

---

101 So *Walter*, Kern des Strafrechts, S. 376 f., der seinen Standpunkt auf dem Gedanken des „fragmentarischen Charakter(s) der Versuchsstrafbarkeit" gründet.
102 *Wagner*, GA 1972, 33, 39.
103 *Arthur Kaufmann*, in H. Mayer-FS, 79, 116 f. und *Hirsch*, in Hilde Kaufmann-GS, S. 144; *ders.;* Lüderssen-FS, 253, 257; *ders.*, in Vogler-GS, S. 41 ff.; *ders.*, in Roxin-FS (2001), S. 715 und 727 fordert Streichung des Abs. 3. Ausgehend von der eigenen Versuchskonzeption für seine Abschaffung auch *Malitz*, S. 190 f. und 231 mit Fn. 790 und *Zieschang*, S. 149 f.
104 Begr. E 1962 – BT-Drucks. IV/650 S. 144 f.
105 So *Stratenwerth/Kuhlen*, AT I, 11/61.
106 *Stratenwerth*, Schweiz. Juristentag-FG, S. 247, 265; so auch schon *Mittermaier*, NArch-Crim. I (1816) S. 190 f. und *Kohler*, Studien I, S. 14.
107 So mit Recht *Stopfkuchen*, S. 87; ebenso *v. Liszt*, ZStW 25 (1905), 24, 37 Fn. 17.
108 Allg. Auffassung, z. B. *Bottke*, in: 50 Jahre BGH IV, S. 160; *Gössel*, GA 1971, 225, 230 f.; *Meyer*, ZStW 87 (1975), 598, 617; LK-*Hillenkamp*, Vor § 22 Rn. 68, 73 und § 23 Rn. 51; *Roxin*, AT II, § 29 Rn. 369; *ders.*, JuS 1973, 329, 331 f.; Seminara/*Hirsch*, S. 86; *Spendel*, NJW 1965, 1881, 1884; *Stopfkuchen*, S. 87; *Timpe*, S. 119 Fn. 93; *Wolter*, Zurechnung, S. 78 Anm. 48. Ebenso die Begr. zu § 25 Abs. 3 Nr. 2 AE AT, S. 61.

bestrafen, was er getan hat, und nicht dafür, was er vielleicht in der Zukunft zu tun gedenke.[109]

Burkhardt verteidigt die gesetzgeberische Begründung mit dem Argument, dass eine mögliche Gefahr einer erneuten Tatbegehung nur bei der Frage nach dem „Ob" der Strafe nicht berücksichtigt werden dürfe. Beim „Wie" der Strafe, d. h. auf der Strafzumessungsstufe, stelle dieser Aspekt jedoch anerkannterweise ein legitimes Zumessungskriterium dar. Da § 23 Abs. 3 StGB eine Vorschrift der Strafzumessung ist und somit das „Wie" der Strafe regele, bestünden gegen eine Berücksichtigung einer möglichen Wiederholungsgefahr bei der Beurteilung einer Strafwürdigkeit grob unverständiger Versuche keinerlei Bedenken.[110]

Daran ist richtig, dass die Gefährlichkeit des Täters für die Zukunft einen anerkannten Strafzumessungsgrund darstellt[111] und dass § 23 Abs. 3 StGB als eine Strafzumessungsregelung konzipiert wurde. Allerdings hat der Gesetzgeber die mögliche Wiederholungsgefahr als *Grund* für die *Strafbarkeit* grob unverständiger Versuche genannt; an dieser Stelle geht es also gerade um das „Ob" der Strafe! Erst nach der Bejahung der Strafbarkeitsfrage mit einem unzulässigen Argument hat der Gesetzgeber § 23 Abs. 3 StGB – in der Gestalt einer Strafzumessungsregel – erlassen. Die vom Gesetzgeber angeführte Begründung legitimiert eine Bestrafung grob unverständiger Versuche in der Tat nicht.

Es bleibt zu fragen, welche Gründe dann für eine grundsätzliche Strafbarkeit in Unverstands-Fällen sprechen bzw. ob ggf. eine Entkriminalisierung *de lege ferenda* der Situation der Tat eher gerecht wäre. Diese Fragen können erst nach einer eingehenden Analyse des Unrechtsgehalts bzw. der Unrechtsstruktur und der Strafbedürftigkeit grob unverständiger Versuche beantwortet werden. Dies zu untersuchen ist einer der Ansprüche der vorliegenden Abhandlung.

4. Fazit

Diese kurze Erläuterung der gegen § 23 Abs. 3 StGB vorgebrachten Kritikpunkte hat gezeigt, dass die *formellen* Einwände nicht auf einem festen Fundament stehen. Nach wie vor bestehen jedoch Bedenken *in der Sache*: Stellen grob unverständige Versuche wirklich ein hinreichend strafwürdiges Unrecht dar? Diesen Kritikpunkt macht sich auch diese Arbeit zu eigen. Im Kern dieser Abhandlung

---

109 LK-*Hillenkamp*, Vor § 22 Rn. 68; ähnl. *Bloy*, ZStW 113 (2001) 76, 91; *Dicke*, JuS 1968, 157, 161 Anm. 60.
110 *Burkhardt*, Rücktritt, S. 99.
111 Vgl. z. B. § 46 Abs. 2 StGB: „Vorleben".

werden die Fälle des § 23 Abs. 3 StGB unter Strafwürdigkeitsaspekten eingehend untersucht.[112]

B. Bedeutung der Regelung

Der Überzeugung *Albert Einsteins* von der Unendlichkeit menschlicher Dummheit[113] zum Trotz ist in Deutschland keine einzige höchstrichterliche Entscheidung veröffentlicht worden, in welcher die Gerichte groben Unverstand bejaht hätten.[114] Lediglich eine Entscheidung des Bundesgerichtshofs nimmt zu § 23 Abs. 3 StGB Stellung (BGHSt 41, 94: Giftmordversuch) und nur wenige Entscheide ziehen diese Vorschrift überhaupt in Erwägung (BGHSt 42, 268: Betrugsversuch; BayObLG wistra 1993 304: Computerbetrugsversuch; BGHSt 38, 356: Mordversuch; BGH 5 StR 518/04 und BGH 1 StR 487/04: jeweils versuchte Anstiftung zur Tötung sowie LG Freiburg, Urt. vom 8. November 2010 – 8 Ns 420 Js 9168/09: Betrugsversuch). Alle lehnen dessen Anwendbarkeit jedoch ab. Im Hinblick auf die Anzahl dieser Entscheidungen wird deutlich, weshalb § 23 Abs. 3 StGB im Schrifttum nur eine sehr geringe Praxisrelevanz zugeschrieben wird.[115] Teilweise wird die praktische Bedeutung der Unverstandsregelung mehr darin gesehen, dass sie bei der Typisierung der Einstellungsmöglichkeiten (v. a. nach § 153b StPO) hilft und den Anwendungsbereich der Strafzumessung nach § 23 Abs. 2 StGB absteckt.[116] Demgegenüber wird die *theoretische* Bedeutung des § 23 Abs. 3 StGB wesentlich höher gestuft. Dies wird damit begründet, dass diese

---

112 S. 59 ff., 225 ff.
113 S. 23.
114 Über die Häufigkeit der Anwendung von § 23 Abs. 3 StGB durch niedrigere Gerichte gibt es keine Erkenntnisse, weil dies in der Strafverfolgungsstatistik nicht erfasst wird. Allerdings ist die Vorschrift relativ jung; aus der älteren Rechtsprechung sind einige Fälle bekannt, bei welchen grober Unverstand hätte angenommen werden können, so etwa BGH, Urt. v. 19. 2. 1954 – 1 StR 523/53 (Aufforderung an eine Schwangere, das Kind bei der Geburt solange im Becken zu behalten, bis es stirbt). Möglicherweise auch in RGSt 24, 382 f. (Vergiftungsversuch durch Verzehr von 6 bis 7 Phosphorköpfen von Zündhölzern); RGSt 34, 217 ff. (Abtreibungsversuch einer Nichtschwangeren mit harmlosen Kopfschmerztabletten) oder RG LZ 1915, 302 f. (Abtreibungsversuch mit heißen Senfkorn-Bädern, näheres dazu S. 119 ff.).
115 So z. B. *Roxin*, JuS 1973, 329, 331. *Seier/Gaude*, JuS 1999, 456, 459 bezeichnen die Fälle des § 23 Abs. 3 StGB als bloße „Lehrbuchkriminalität". Das Fehlen einschlägiger Urteile dürfte im Übrigen weniger darauf zurückzuführen sein, dass solche Versuche nicht stattfinden, als eher darauf, dass die Kriminalität in diesem Bereich vermutlich eine hohe Dunkelziffer aufweist, vgl. *Schallenberg*, S. 8.
116 SSW-StGB/*Kudlich/Schuhr*, § 23 Rn. 16.

Regelung einerseits die grundsätzliche Strafbarkeit des untauglichen Versuchs belegt und damit zugleich bei der Auflösung des Streits um die Versuchstheorien die subjektive Tendenz des Gesetzgebers manifest macht.[117] Andererseits bestimme die Vorschrift das Minimum an Unrechtsgehalt einer strafbaren Versuchshandlung.[118]

Trotz dieser geringen Zahl an veröffentlichten Entscheidungen betreffend § 23 Abs. 3 StGB kann nicht der Schluss gezogen werden, dass sich der menschliche Unverstand in der Versuchshandlung nicht niederschlägt und die Vorschrift deshalb leer laufen würde. Es ist vielmehr wahrscheinlich, dass „völlig abwegige" Versuchshandlungen in der Realität wesentlich häufiger vorgenommen werden als diese wenigen Fundstellen vermuten lassen. Zu einer Verurteilung kommt es aber deshalb nicht, weil die gem. § 23 Abs. 3 StGB zu erwartende niedrige oder ganz ausbleibende Bestrafung schon die Aufnahme von Ermittlungen sowie die Anzeigebereitschaft der Betroffenen beeinflusst. Aus diesem Grunde schreiben einige Strafrechtswissenschaftler der Unverstandsregelung – auch in Verbindung mit der Opportunitätseinstellung nach § 153b StPO – eine durchaus bedeutende Praxisrelevanz zu.[119]

C. Die Ratio des § 23 Abs. 3 StGB – Grund der Besserstellung

Ehe man zu einer vertieften Auseinandersetzung mit dem Regelungsinhalt des § 23 Abs. 3 StGB übergehen kann, ist der rechtspolitische Auftrag der Norm zu untersuchen. Die Klärung der Frage, welcher Sinn und Zweck der Unverstandsregelung zukommt, ist eine unabdingbare Voraussetzung dafür, in Streitfragen im Umgang mit dieser Vorschrift sachadäquate Ergebnisse erzielen zu können. Nachfolgend werden die in Gesetzesmaterialien, Rechtsliteratur und Rechtsprechung zur Ratio des § 23 Abs. 3 StGB vorgefundenen Ansichten dargestellt (I.), um diese dann in einem zweiten Schritt auf ihre Plausibilität hin zu überprüfen (II.). Schließlich wird der eigene Standpunkt präsentiert (III.).

I. Der Meinungsstand

Über den Grund, warum innerhalb aller Versuche gerade die grob unverständigen eine besondere Behandlung bei der Strafzumessung genießen, gibt es

---

117 So z.B. *Stratenwerth/Kuhlen*, AT I, 11/51 und LK-*Hillenkamp*, § 23 Rn. 49.
118 *Bloy*, ZStW 113 (2001) 76 f.
119 Z.B. LK-*Hillenkamp*, § 23 Rn. 49. S. auch *Hirsch*, in Roxin-FS (2001), S. 725 und *ders.*, Vogler-GS, S. 41.

Meinungsverschiedenheiten. Einigkeit scheint lediglich insofern zu bestehen, als dass die Privilegierung auf der Rechtsfolgenseite auf ein *gemindertes Strafbedürfnis* i. w. S. zurückgeht. Dabei legen die Autoren jedoch den Akzent auf unterschiedliche, insbesondere strafgrund- und strafzweckorientierte Gesichtspunkte. Die Mehrheit der Ansichten hat ihre Wurzel in den Gesetzesmaterialien. Dort wurden bestimmte grundsätzliche Aussagen getroffen, welche größtenteils auch die Rechtsprechung und die herrschende Meinung in der Strafrechtsliteratur für sich in Anspruch nimmt.

1. Gesetzesmaterialien

Der Gesetzgeber wollte mit der Schaffung des § 23 Abs. 3 StGB Härten abmildern, welche sich aus der Normierung der Strafbarkeit für untaugliche Versuche ergeben können.[120] Warum es sich bei grober Unverständigkeit – auch vom subjektiven Standpunkt her – um Fälle minderer Strafwürdigkeit handeln soll, sagte er zwar nicht explizit; doch hat er seine Gründe für die Notwendigkeit einer Strafbarkeitseinschränkung in den Gesetzesmaterialien angedeutet. Die Sonderregelung solle den Richter davor bewahren, auch solche Versuche strafen zu müssen, die „kein besonnener Mensch ernst nimmt", es seien Taten, welche „für die Rechtsordnung noch keine Gefahr bilden" und nur beim Hinzutreten einer Gefahr der Wiederholung mit tauglichen Mitteln seien sie überhaupt strafwürdig.[121] Der Sonderausschuss für die Strafrechtsreform wollte mit § 23 Abs. 3 StGB nur Fälle erfassen, in denen „weder eine konkrete noch eine abstrakte Gefährdung bestand."[122] Dadurch hat er zum Ausdruck gebracht, dass er der fehlenden Gefährlichkeit der Tathandlung Rechnung tragen will. Die Verfasser des Alternativ-Entwurfs begründeten die in § 25 Abs. 3 Nr. 2 AE vorgeschlagene Straflosigkeitsanordnung ebenfalls mit der Ungefährlichkeit grob unverständiger Versuchshandlungen.

2. Die Sicht der Rechtsprechung und der Strafrechtslehre

Die in den Gesetzesmaterialien erwähnten Gesichtspunkte werden auch in der Rechtsprechung des Bundesgerichtshofs und in der Strafrechtsliteratur aufgegriffen.

---

120 Begr. E 1962 – BT-Drucks. IV/650 S. 144 f.
121 Alle Zitate in Begr. E 1962 – BT-Drucks. IV/650 S. 145.
122 BT-Drucks. V/4095, S. 12.

a) Ungefährlichkeit

Die am häufigsten vorgefundene Auffassung begründet die milderen Rechtsfolgen des § 23 Abs. 3 StGB mit dem Aspekt der Ungefährlichkeit. So hat etwa der 1. Senat des Bundesgerichtshofs den Sinn des § 23 Abs. 3 StGB im kumulativen Vorliegen einer objektiv und subjektiv verminderten Gefährlichkeit erblickt. Dabei geht das Gericht davon aus, dass der Strafbarkeitsgrund untauglicher Versuche die in den Vorstellungen des Täters liegende Gefährlichkeit ist (subjektive Gefährlichkeit). Der Grund für die Privilegierung grob unverständiger Versuche liege zum einen darin, dass dem Versuch „generell" die (objektive) Möglichkeit fehle, den Taterfolg herbeizuführen. Darüber hinaus zeichne sich diese Deliktsgruppe durch eine noch weiter verminderte (subjektive) Gefährlichkeit aus. Diese ergebe sich daraus, dass nur der Täter allein die Vollendung für möglich gehalten habe, diese Erfolgserwartung jedoch nach allgemeinem Erfahrungswissen abwegig sei.[123]

Nach *Joecks* beruht die Unverstandsregelung auf dem Gedanken, dass der Täter durch Unkenntnis der Kausalgesetze manifestiere, dass er offenkundig nicht so gefährlich sei, wie es der Anfang der Planrealisierung erscheinen lasse.[124] *Hillenkamp* vertritt die Auffassung, dass die Ungefährlichkeit des Täters den Handlungsunwert der Tat mindert.[125] Weil dem Normbruch jede Gefährlichkeit fehle, sei es auch nach der subjektiven Theorie möglich, die Strafe zu mildern.[126] *Kindhäuser* führt an, dass von einem grob unverständig handelnden Täter keine Gefahr für ein Rechtsgut ausgeht.[127] *Ambos* weist auf eine im Vergleich zum tauglichen Versuch deutlich geringere Rechtsgutsgefährdung hin.[128] Auch nach *Roxin* und *Becker* trägt § 23 Abs. 3 der fehlenden objektiven Gefährlichkeit Rechnung.[129] Vor dem Hintergrund der von *Herzberg/Hoffmann-Holland* vertretenen „Gefährdungstheorie"[130] folgt die Strafbarkeitseinschränkung bei grob unverständigen Versuchen aus dem Fehlen einer (Anscheins-)Gefahr. Der nach

---

123 BGHSt 41, 94, 96 („Insektengift"-Fall).
124 *Joecks*, StGB, § 23 Rn. 5 und 8; ihm zust. *Schubert*, Versuch, S. 178.
125 LK-*Hillenkamp*, Vor § 22 Rn. 73.
126 LK-*Hillenkamp*, § 22 Rn. 188.
127 *Kindhäuser*, LPK-StGB, § 23 Rn. 2 sowie *ders.*, AT, § 30 Rn. 14 (der daneben auch auf das Fehlen einer Gefahr für die Rechtsordnung hinweist).
128 NK-GS-*Ambos*, § 23 Rn. 12.
129 *Roxin*, AT II, § 29 Rn. 19 und 21; *Becker*, Absurde Verträge, S. 62.
130 Nach MK-*Herzberg/Hoffmann-Holland*, § 22 Rn. 12 ff. liegt der Strafgrund des Versuchs – genauso wie bei der Vollendung – im Schutz der angegriffenen Rechtsgüter vor (Anscheins-)Gefahren. S. auch *Herzberg*, GA 2001, 257 ff. 265 f.

dieser Theorie maßgeblicher Strafgrund des Versuchs, der Rechtsgüterschutz, erfordere eine Sanktionierung offensichtlich ungefährlicher Versuche nicht.[131]

Die Vertreter der „Eindruckstheorie" argumentieren mit einer fehlenden bzw. stark verminderten Eignung des Täterverhaltens zur Erschütterung des Rechtsvertrauens der Allgemeinheit und verneinen damit eine Gefahr für die Rechtsordnung. Dabei knüpfen sie an den zweiten in den Gesetzesmaterialien erwähnten Aspekt für die Erklärung der Strafbarkeitseinschränkung an, nämlich daran, dass die Tat aus objektiver Sicht nicht ernst genommen wird. Da das Vorgehen des Täters offensichtlich harmlos und zur Rechtsgutsverletzung evident ungeeignet ist, werde das Vertrauen der Bürger in die Durchsetzungskraft der Rechtsordnung nicht beeinträchtigt. Zum Schutz des Rechtsfriedens bzw. zur Stärkung der Rechtssicherheit sei eine (erhebliche) Bestrafung des Täters nicht unbedingt erforderlich.[132]

b) Minderung des Unrechts- und Schuldgehalts

Teilweise ergänzend und teilweise alternativ zu diesen Erklärungsansätzen weisen einige Verfasser auf einen geringeren Unrechts- und Schuldgehalt grob unverständiger Versuche hin.[133] Eine Bestrafung könne kriminalpolitisch ineffektiv sein und im Widerspruch zum Rechtsgefühl stehen,[134] zur Erfüllung des Normzwecks, also des Rechtsgüterschutzes, sei sie nicht erforderlich.[135] Der Grund der Besserstellung sei die sichtbar gewordene fehlende Bedeutsamkeit der Lebensplanung des Täters sowie seines Normangriffs.[136] Das Unrecht eines grob unverständigen Versuchs erscheine per se gering, weil keine objektive Rechtsgutsverletzung vorliege und ein verbrecherischer Wille entweder gänzlich fehle oder aber zwar bestehe, jedoch nicht ernst zu nehmen sei.[137]

---

131 MK-*Herzberg/Hoffmann-Holland*, § 23 Rn. 41; ders., GA 2001, 257 ff. 266. Zust. *Gräfe*, S. 51.
132 In diesem Sinne *Ebert*, AT, S. 126; *Ha*, Untauglicher Versuch, S. 58 f.; *Jescheck/Weigend*, § 50 I 5 b); *Kasiske*, S. 95 Rn. 250; *Maurach/Gössel/Zipf*, AT 2, § 40 Rn. 140; *Niepoth*, S. 107 f.; *Radtke*, JuS 1996, 878, 881; *Roxin*, JuS 1979, 1; ders., in Nishihara-FS, S. 161; SK-*Rudolphi*, § 23 Rn. 5; *Seier/Gaude*, JuS 1999 456, 457; Schönke/Schröder/Eser/Bosch, § 22 Rn. 65; *Walter*, Kern des Strafrechts, S. 376 f. S. auch S. 34 ff.
133 Ohne nähere Begründung z.B. *Eser*, Maurach-FS, 257, 258 und *Montenbruck*, Strafrahmen, S. 119. Vgl. auch *Jescheck/Weigend*, § 50 I 5 b) bb) und § 81 III 2 und *v. Weber*, MDR 1956, 705 f.
134 *Ha*, Untauglicher Versuch, S. 51.
135 *Ha*, Untauglicher Versuch, S. 63.
136 *Jakobs*, AT 25/81.
137 *Ruckdäschel*, Absehen von Strafe, S. 26 u. 31 und ihm folgend *Gräfe*, S. 168.

c) Generalpräventive Erwägungen

In der Rechtsliteratur werden schließlich Strafzwecküberlegungen zur Erklärung der Ratio des § 23 Abs. 3 StGB angestellt. Einigen Stimmen zufolge rechtfertigen *positiv-generalpräventive* Aspekte eine Minderbestrafung in Fällen grob unverständiger Versuche. Von solchen Taten seien keine wesentlichen negativen Wirkungen auf die Normtreue der Bürger zu erwarten, eine Bestrafung sei daher überflüssig oder nur in einem geringeren Maße notwendig.[138] Der Angriff auf geschützte Rechtsgüter bzw. auf die Rechtsordnung werde von der Rechtsgemeinschaft nicht ernstgenommen, es bedarf daher kaum noch einer Reaktion seitens des Staates, um die Geltung des Rechts bewusst zu machen.[139] Der Normwiderspruch habe keine Orientierungsfunktion, weil grob unverständiges Handeln nicht als Orientierungsmuster für andere Menschen diene.[140] Von der Allgemeinheit werden unverständige Taten nicht als ein Übel empfunden, welches zwingend durch eine Bestrafung kompensiert werden müsste.[141]

Schließlich wird noch im Lichte der *negativen Generalprävention* vorgebracht, das Fehlen einer Gefahr aus objektiver Sicht mache eine Bestrafung zur Abschreckung überflüssig.[142]

II. Analyse und Kritik

In dieser Meinungsvielfalt treten vor allem zwei Aspekte stark hervor: die Ungefährlichkeit und die Wirkungen der Tat auf die Außenwelt. Diese zwei Gesichtspunkte wurden schon in den Gesetzentwürfen erwähnt und werden bis heute, wenn auch mit unterschiedlichen Bezugspunkten, in der Strafrechtsliteratur sowie vom Bundesgerichtshof zur Erklärung der Ratio des § 23 Abs. 3 StGB herangezogen. Eine kritische Auseinandersetzung mit den einzelnen (Gegen-)Ansichten fehlt jedoch in der Rechtsliteratur vollständig. Im folgenden Abschnitt wird die Plausibilität der einzelnen Meinungen überprüft.

---

138 *Streng*, ZStW 109 (1997) 862, 868. In diesem Sinne auch *Jakobs*, AT 25/81 und *Timpe*, S. 150. Vgl. auch *Zielinski*, S. 134 Fn. 14 sowie *Armin Kaufmann*, Welzel-FS, 393, 403 und *ders.* Strafrechtsdogmatik, S. 161: kein Präventionsbedürfnis. Auch nach LK-*Hillenkamp*, § 22 Rn. 188 können Strafzweckerwägungen zum Strafverzicht bei grob unverständigen Versuchen führen.
139 *Gropp*, AT, § 9 Rn. 44; ähnlich *Seier/Gaude*, JuS 1999 456, 457.
140 *Frister*, 23/4 und 8.
141 *Seier/Gaude,* JuS 1999, 456, 457.
142 So *Grupp*, S. 111, die damit wohl die Abschreckung eines potenziellen Täters meint.

a) Ungefährlichkeit

Sofern die Autoren auf eine fehlende Gefahr als Grund der Besserstellung bei grob unverständigen Versuchen hinweisen, spiegelt sich in ihren Erklärungen, je nach Bezugspunkt für die Ungefährlichkeit, der Streit um die Versuchstheorien wider. Auf die Ungefährlichkeit der *Tat* für geschützte Rechtsgüter bzw. für die Rechtsordnung als solche stellen vor allem die Anhänger der (auch) objektiv ausgerichteten Gefährlichkeits- und der Eindruckstheorie ab, während für die Subjektivisten die Ungefährlichkeit des *Täters* maßgeblich ist. Es leuchtet ein, bei der Problematik der möglichen Strafbarkeitseinschränkung bei grob unverständigen Versuchen zunächst die Frage zu stellen, ob der Grund der Versuchsstrafbarkeit auch in diesen Fällen besteht. Nur insoweit, wie der Grund für die generelle Strafdrohung vorhanden ist, kann auf ein Verhalten mit Strafe reagiert werden. Der Grund für die Versuchsbestrafung konnte jedoch bis heute nicht abschließend geklärt werden. Die vom Strafgrundgedanken ausgehende Erklärung für die milderen Rechtsfolgen des § 23 Abs. 3 StGB ist deshalb davon abhängig, auf welche Versuchslehre sich der jeweilige Autor bezieht.

Aus der „Gefährdungstheorie" *Herzbergs* sowie der herrschenden „Eindruckstheorie" folgt die Notwendigkeit für eine Strafbarkeitsreduzierung bereits aus dem jeweiligen Strafgrund. Grob unverständige Versuche bewirken weder eine Rechtsgutsgefährdung bzw. deren Anschein, noch sind sie geeignet, in der Rechtsgemeinschaft einen (erheblichen) rechtserschütternden Eindruck hervorzurufen.[143]

(1) Die *Gefährdungstheorie* kann jedoch nicht erklären, warum gerade beim Unverstand die Strafe gemildert bzw. von ihr abgesehen werden kann. *Herzberg/Hoffmann-Holland* sehen den Anlass für die milderen Rechtsfolgen in § 23 Abs. 3 StGB in der Erkennbarkeit der Ungefährlichkeit aus objektiver Sicht. Dabei wird jedoch übersehen, dass der Gesetzgeber den Versuch ungeachtet seiner (anscheinenden) Gefährlichkeit unter Strafe gestellt hat.[144] Eine Strafbarkeitseinschränkung sieht das Gesetz nur beim groben Unverstand vor. Es gibt aber zahlreiche Fälle offensichtlich untauglicher Versuche, die nicht auf „Unverstand" beruhen.[145] Der Anschein einer Gefahr fehlt beispielsweise auch dann, wenn ein

---

143 Zum Fehlen des Eindrucksmoments bereits oben, S. 37 f.
144 Wäre das Merkmal der (zumindest scheinbaren) Rechtsgutsgefährdung tatsächlich strafbegründend, so müssten *alle* offensichtlich untauglichen Versuche völlig *straflos* sein und nicht nur zu einer Strafbegrenzung (i. S. d. § 23 Abs. 3 StGB) führen und nicht nur die aus grobem Unverstand begangenen.
145 Vgl. auch die Kritik bei *Roxin*, AT II § 29 Rn. 22.

stark kurzsichtiger Schütze den Nachbarn, den er erschießen will, mit einer Statue verwechselt, weil er bei der Deliktsbegehung seine Brille nicht trägt. Mag die Verwechslung der Objekte aus der Sicht ex-ante für jeden Dritten noch so evident sein (etwa wenn die Tat bei guter Sicht erfolgt), so beruht der Irrtum dennoch nicht auf einer intellektuellen Minderleistung des Schützen, sondern auf seiner Augenschwäche. Gemäß der Prämisse *Herzbergs/Hoffmann-Hollands* müsste auch dieser Versuch in den Genuss einer so weitreichenden Strafbarkeitsreduzierung kommen, wie sie § 23 Abs. 3 StGB vorsieht, wenn allein die Evidenz des Irrtums der Grund für eine solche Privilegierung wäre. Grobe Unachtsamkeit, Ungeschicklichkeit, Schwäche der Sehkraft und sonstige Sinnestäuschungen würden zur Strafentlastung führen – eine untragbare Konsequenz, welche der „Gefährdungstheorie" vorgehalten werden muss, wenn sie nur (zumindest scheinbare) Rechtsgutsverletzungen und -gefährdungen bestrafen will. In diesem Punkt ist die Theorie nicht mit dem Gesetz in Einklang zu bringen. Durch die Unverstandsregelung hat der Gesetzgeber nicht die (offensichtliche) Ungefährlichkeit schlechthin, sondern gerade die *ungefährliche Dummheit* privilegiert. Für die vorliegende Untersuchung folgt daraus, dass diese Auffassung nicht geeignet ist, die Ratio des § 23 Abs. 3 zu erklären. Sie lässt nicht erkennen, warum die Strafe gerade beim „Unverstand" gemindert werden kann, weil sie grob unverständige Versuche von anderen evidenten, jedoch „verständigen" Versuchen nicht abhebt.

(2) Die *Eindruckstheorie* besitzt hingegen auch bei dem Statuen-Beispiel Aussagekraft. Die Vorstellung des Täters, der aufgrund einer Sehkraftschwäche auf einen Menschen zu schießen glaubt, ist „verständig", weil sie unter den gegebenen Umständen nicht „völlig abwegig" ist. Gleiches gilt zum Beispiel auch dann, wenn ein Täter annimmt, Zyankali in den Tee eines anderen zu schütten, obwohl er versehentlich nach dem daneben stehenden Salz gegriffen hat. Mag die Verwechslung aus der Sicht eines Dritten auch noch so erkennbar sein, die geschilderten Taten wirken dennoch nicht lächerlich und harmlos, sie wirken vielmehr bedrohlich und beunruhigend, weil aus objektiver Sicht ein Schlimmeres nur knapp und völlig zufällig verhindert wurde. Würde man einen objektiven Beobachter einen grob unverständigen Versuch (z. B. einen Flugzeugabschussversuch mit einer Zwille) kommentieren lassen, so würde er vermutlich mit dem Kopf schütteln und ausrufen: „Der spinnt!" oder ungläubig fragen: „Soll das ein Witz sein?". Bei einem groben, aber „verständigen" Verwechslungsirrtum sagt er jedoch vermutlich: „Huch…, gerade nochmal Glück gehabt!". Ein Tötungsversuch, dessen Untauglichkeit auf Kurzsichtigkeit, Unachtsamkeit, Ungeschicklichkeit oder bloßer Unkenntnis beruht, wird von der Rechtsgemeinschaft ernstgenommen,

zumal niemand von sich behaupten kann, ihm hätte ein gleicher Irrtum nicht unterlaufen können. Der evidenten Untauglichkeit des Versuchs aus objektiver Sicht bei einem „verständigen" Irrtum kann die Milderungsmöglichkeit nach Absatz 2 des § 23 StGB Rechnung tragen. Für eine darüber hinausgehende Strafmilderung oder gar Absehen von Strafe, wie es Absatz 3 vorsieht, bietet die Eindruckstheorie in diesen Fällen keinen Raum. Die beunruhigende Wirkung eines „verständigen" Versuchs rechtfertigt aus dem Blickwinkel der Eindruckstheorie die Versagung der Privilegierung.

Worin liegt aber der Unterschied, aus dem die Vertreter der Eindruckstheorie die unterschiedlichen Wirkungen von grob unverständigen und anderen offensichtlich untauglichen, jedoch „verständigen" Versuchen auf die Außenwelt ableiten? In der Rechtsliteratur sucht man vergeblich nach einer Antwort. Die Lösung könnte in folgender Überlegung liegen: Bei einem „verständigen" (Verwechslungs-)Irrtum *will* der Täter ein – auch aus der Sicht eines Dritten – gefährliches Mittel gegen ein objektiv taugliches Objekt einsetzen. Sein *Angriffsplan* ist bzw. wirkt auf die Allgemeinheit gefährlich, auch wenn er letztlich etwa infolge eines Flüchtigkeitsfehlers oder aufgrund bestimmter Umstände, auf die er keinen Einfluss hat, misslang. Zwar war der Versuch im konkreten Fall untauglich, dennoch handelt es sich aus der Sicht eines unbeteiligten Dritten um ein (im weiten Sinne) *risikobehaftetes Verhalten*. Denn in dem Gift-Beispiel hätte der Täter auch plangemäß nach dem „richtigen" Behältnis greifen können bzw. in dem Statuen-Beispiel hätte im Nachbargarten tatsächlich ein Mensch stehen können. Eine bloße Falscheinschätzung der augenblicklichen Situation lässt die Tat im Vergleich zu anderen Versuchen nicht in einem milderen Lichte erscheinen. Eine entsprechende Strafdrohung ist zur Bildung des Vertrauens in die Geltung des Rechts zwingend erforderlich.

Dagegen ist bei grob unverständigen Versuchen bereits der konkrete *Tatentschluss* mit keinerlei Gefahrpotenzial behaftet, weil die entsprechende unverständige Vorstellung (etwa von der Giftigkeit von Kamillentee) bereits *vor* der Tat vorhanden war. Der Täter schreitet mit der Unverständigkeit schon zur Tat. Insofern ist aus objektiver Sicht bereits das Tatvorhaben harmlos und nicht ernst zu nehmen.[146] Das gesamte Tatgeschehen kann also von vornherein in keinen bedrohlich wirkenden Kontext gestellt werden.[147] Darin könnte der Unterschied

---

146 Das gilt auch in Fällen sog. „ontologischen Unverstandes", z.B. wenn ein Täter glaubt, dass Tote immer geschlossene Augen haben oder bei einer krassen Distanz-Fehleinschätzung, ausf. dazu S. 86 ff.
147 Anmerkung: Nur ein Scheinproblem bildet der sog. „Doppelirrtum", bei dem nach vereinzelten Stimmen (*Albrecht*, S. 34 f., *Alwart*, S. 233 Fn. 22; *Hertz*, S. 38) trotz

zu einem „verständigen" Versuch liegen, der in der Rechtsgemeinschaft durchaus ernst zu nehmen ist. In den Unverstandsfällen kann von einer (erheblichen) Störung des sozialen Friedens nicht die Rede sein. Aus dem Blickwinkel der Eindruckstheorie gebietet die fehlende bzw. verminderte rechtserschütternde Wirkung der Tat eine entsprechende Anpassung auf der Rechtsfolgenseite. Bei einer milderen bzw. ausbleibenden Bestrafung des Täters nimmt das Vertrauen der Bevölkerung in die Geltungskraft der Rechtsordnung keinen Schaden.

Anhand des Eindruckskriteriums, gemeint ist die Wirkung der Tat auf die Gesellschaft, lässt sich also eine Sonderstellung grob unverständiger gegenüber „nur" (offensichtlich) untauglichen Versuchen verdeutlichen. Da die Eindruckstheorie eine erhebliche Strafentlastung gerade beim groben Unverstand gewährt, entspricht der auf diese Lehre aufbauende Begründungsansatz insofern auch dem Regelungsinhalt des § 23 Abs. 3 StGB.

(3) Die *subjektive Theorie* führt vom Strafgrund her zu einer uneingeschränkten Bestrafung auch eines grob unverständigen Versuchs – ein betätigter verbrecherischer Wille liegt doch auch bei diesem Versuch vor. Genau dieser Konsequenz wollte der Gesetzgeber mit der Sonderregelung des § 23 Abs. 3 StGB entgegenwirken und die Härten der subjektiven Theorie abschwächen. Daran wäre im Prinzip nichts auszusetzen, wenn gewichtige Gründe der (vollen) Strafbarkeit entgegenstehen. Jedoch dürfen die angeführten Argumente dem Grundgedanken der subjektiven Theorie nicht widersprechen. Gerade das tut aber der Gesetzgeber, wenn er in den genannten Materialien auf das Fehlen einer objektiven Gefahr abstellt. Der Gesetzgeber kann nicht einerseits mit der Anerkennung der subjektiven Theorie der objektiven Gefährlichkeit des Versuchs jegliche Relevanz absprechen, andererseits aber für bestimmte Fälle in Ermangelung einer solchen Gefahr eine Sonderregelung schaffen, ohne sich dem Einwand der Widersprüchlichkeit stellen zu müssen. Diesem Vorwurf ausgesetzt ist

---

groben Unverstandes ein gefährlicher Versuch vorliegen soll. Wenn eine völlig abwegige Versuchshandlung (etwa wenn der Täter ein Kind mit Baldrianperlen vergiften will) infolge eines weiteren Irrtums des Täters objektiv gefährlich wird (er vergreift sich und verabreicht dem Kind Valium), so ist diese Gefährlichkeit im Hinblick auf seine Versuchsstrafbarkeit ohne Bedeutung, weil sie – mangels Verwirklichung der gesehenen Gefahr – nicht zu seinem Versuch *zugerechnet* werden kann. Der ggf. eingetretene Erfolg kann nur durch Fahrlässigkeitsdelikte erfasst werden. Aus grobem Unverstand i. S. d. § 23 Abs. 3 folgt also immer das Fehlen einer zurechenbaren Gefahr; so auch *Bloy*, ZStW 113 (2001), 76, 100 Fn. 80 und *Jakobs*, AT 25/82. Vgl. auch *v. Heintschel-Heinegg*, Prüfungstraining, Rn. 508; MK*Herzberg/Hoffmann-Holland*, § 23 Rn. 52; *Sancinetti*, S. 175 f. und *Timpe*, S. 116.

auch *Hillenkamp*, der selbst der subjektiven Theorie anhängt, soweit er auf die Ungefährlichkeit des Normbruchs hingewiesen hat, und ebenso der Bundesgerichtshof, soweit er als einen der Gründe für die Strafbarkeitseinschränkung die „generelle" Untauglichkeit des Versuchs anführt. Hierbei handelt es sich zudem um ein unbrauchbares Kriterium. Eine Unterscheidung zwischen *generell* untauglichen Mitteln und solchen, die *grundsätzlich* geeignet sind, den erstrebten Erfolg zu bewirken, wie sie der Bundesgerichtshof in der „Insektengift"-Entscheidung zum Ausdruck gebracht hat,[148] lässt sich genauso wenig treffen wie die Unterscheidung zwischen absolut und relativ untauglichen Versuchen, die letztlich gescheitert ist.[149]

Entsprechend unbefriedigend sind auch die Ausführungen der Richter des Bundesgerichtshofs zur sog. „subjektiven Ungefährlichkeit", die darin zu erblicken sei, dass nur der Täter selbst die Erfolgsbewirkung für möglich gehalten habe. Wenn nach Ansicht des Gerichts die in den Vorstellungen des Täters liegende Gefährlichkeit der Grund für die Versuchsstrafbarkeit ist, so fehlt eine Erklärung dafür, wie objektive Momente (wie die Abwegigkeit der Erfolgserwartung nach allgemeinem Erfahrungswissen) Auswirkungen auf das Maß dieser rein subjektiven Tätergefährlichkeit haben können. Die verbrecherischen Vorstellungen des Täters werden durch die Erkennbarkeit des Irrtums aus objektiver Sicht nicht weniger kriminell. In subjektiver Hinsicht unterscheidet sich der deliktische Wille eines grob unverständig handelnden Versuchstäters nicht von demjenigen bei tauglichen Versuchen. Die Offensichtlichkeit seines Irrtums macht den Versuch unter Umständen zu einem grob unverständigen, nicht aber den Täter zu einem minder gefährlichen als bei anderen untauglichen Versuchen.

Diese Kritik betrifft im Kern auch diejenigen Stimmen aus der Wissenschaft, welche ihre Begründung auf eine verminderte Gefährlichkeit des grob unverständig handelnden Versuchstäters stützen. Die Verfasser lassen nicht erkennen, worin genau die *Täter*-Ungefährlichkeit als Steigerung zu der (nur) ungefährlichen *Tathandlung*, die ja bei einem jedem untauglichen Versuch gegeben ist, liegen soll. *Kindhäuser* schließt auf die Ungefährlichkeit des Täters aus dem Fehlen einer Rechtsgutsbeeinträchtigung. Damit hat er im Prinzip jedoch nur auf die objektive Ungefährlichkeit der Tathandlung hingewiesen. Und *Joecks* bleibt die Antwort schuldig, warum gerade jemand, der „elementare Kausalgesetze"

---

148 BGHSt 41, 94, 96.
149 Zu absolut und relativ untauglichen Versuchen S. 24 f. und S. 77 mit Fn. 220. Ausf. zu der Unterscheidung zwischen generell ungeeigneten und grundsätzlich geeigneten Mitteln S. 106 f.

nicht kennt, dadurch seine geringere Tätergefährlichkeit zum Ausdruck gebracht haben sollte – zumal der Täter auch bei verständigen nomologischen Irrtümern naturgesetzliche Kausalbeziehungen verkannt hat. *Hillenkamp* hat zwar näher ausgeführt, dass das Unrecht des Versuchs in dem „auf die Verwirklichung eines konkreten Tatbestandes gerichteten und die Gefährlichkeit des Täters (nur) hierin erweisenden Handlungsunwert" liege.[150] Warum aber ein so verstandenes Handlungsunrecht bei grob unverständigen Versuchen geringer sein soll als bei „verständigen" Taten, hat auch er nicht erläutert. Diese Autoren haben mit dem Wechsel der Blickrichtung von der Tat zu dem Täter versucht, eine Erforderlichkeit einer Strafbarkeitseinschränkung bei grob unverständigen Versuchen im Lichte der subjektiven Sichtweise zu konstruieren. Ihre Ausführungen tragen aber einen solchen Richtungswechsel nicht, weil sie im Grunde keinen Unterschied zu den Erörterungen derjenigen Wissenschaftler aufweisen, welche das Fehlen der objektiven *Tat*gefährlichkeit betonen. Eine plausible Erklärung dafür, warum der Täter eines grob unverständigen Versuchs weniger gefährlich sein soll als derjenige, der einen normalen untauglichen Versuch begeht, hat keiner dieser Autoren gebracht.

Dieser Vorhalt gilt entsprechend für diejenigen Wissenschaftler, welche auf eine fehlende Rechtsgutsgefährdung hinweisen (u.a. *Ambos, Kindhäuser* und *Roxin*). Ihre Begründung passt auch auf normale untaugliche Versuche, weil es auch bei diesen an einer Gefährdung der geschützten Rechtsgüter fehlt. Insoweit nennen die Verfasser also keinen tragfähigen Grund für eine Sonderregelung gerade in Unverstandsfällen.

b) Minderung des Unrechts- und Schuldgehalts

Sofern von den Verfassern auf einen verminderten Unrechts- bzw. Schuldgehalt als Grund der Besserstellung abgestellt wurde, so ist diese Sichtweise zwar sehr einleuchtend, jedoch zur Erklärung der Ratio des § 23 Abs. 3 StGB viel zu allgemein formuliert. Die Gründe, warum bei grob unverständigen Versuchshandlungen Unrecht und Schuld geringer als bei anderen Versuchen sind, haben die Autoren entweder nicht genannt (etwa *Stree, Montenbruck, Eser* und *v. Weber*) oder sie haben nur allgemeine Gerechtigkeitsaspekte (wie „Rechtsgefühl", „kriminalpolitisch unbefriedigend") zum Ausdruck gebracht. Und warum sollte eigentlich eine Bestrafung grob unverständiger Versuche zum Rechtsgüterschutz nicht erforderlich sein, wenn sie es bei anderen (auch offensichtlich) untauglichen Versuchen doch ist? Nähere Erörterungen zum verminderten Schuldvorwurf

---

150 LK-*Hillenkamp*, Vor § 22 Rn. 68.

finden sich nur bei *Ruckdäschel* und ihm folgend *Gräfe*, die Ausführungen beider Verfasser sind jedoch äußerst unpräzise und teilweise unzutreffend: Das Fehlen einer Rechtsgutsverletzung ist einem Versuch immanent, dieser Umstand erklärt den Sinn des § 23 Abs. 3 StGB also nicht. Und an einem verbrecherischen Willen mangelt es bei grob unverständigen Versuchen niemals, sonst würde bereits der Tatentschluss als Voraussetzung der Versuchsstrafbarkeit fehlen. Soweit beide Autoren darauf hinweisen, dass bei grober Unverständigkeit der kriminelle Wille nicht ernst zu nehmen sei, so ist an dieser Äußerung nichts zu beanstanden; inhaltlich weist sie jedoch keinen Unterschied zu der strafgrundorientierten Auslegung im Lichte der Eindruckstheorie auf.

Mit so allgemeinen und vagen Strafwürdigkeitsüberlegungen ist es nicht möglich, zu einem sicheren Beurteilungsmaßstab zu gelangen. Jedenfalls erläutern die Autoren nicht, warum gerade grob unverständige Versuche im Vergleich zu anderen (untauglichen) Versuchen weniger strafwürdig sein sollen. Deshalb können auch diese Begründungsversuche die in § 23 Abs. 3 StGB geregelte Besserstellung nicht erklären.

c) Generalpräventive Erwägungen

Die an generalpräventiven Strafzwecken orientierten Begründungen haben einen überzeugenden Kern: Zur Stärkung des Normvertrauens der Allgemeinheit ist eine Bestrafung grob unverständiger Versuche nicht notwendig, weil von solchen Taten keine wesentlichen schädlichen Auswirkungen auf die Normtreue der Bürger zu erwarten sind.[151] Zur Verbrechensvorbeugung kann ihre Sanktionierung nicht beitragen, weil entsprechende Verhaltensweisen in der Gesellschaft ohnehin nicht als Vorbild für das eigene Handeln dienen. Wenn allerdings *Grupp* aus dem Fehlen einer Anscheinsgefahr auf die Entbehrlichkeit einer abschreckenden Einwirkung auf die Allgemeinheit schließt, so übersieht auch diese Autorin die Fallgruppe des „verständigen" offensichtlichen Irrtums, bei dem eine Bestrafung aus generalpräventivem Anlass durchaus sinnvoll sein kann.[152]

Ein gewisser Gleichlauf dieses Erklärungsversuchs mit der Begründung im Lichte der Eindruckstheorie ist unverkennbar. Das liegt gewiss daran, dass die Eindruckstheorie selbst aus der positiv-generalpräventiven Funktion der Strafe entwickelt wurde. Während die Eindruckslehre aber schon aus der ihr zugrunde liegenden Prämisse heraus, dass nur ein hinreichend rechtsfriedensstörender Straftatversuch strafwürdig ist, das Unrecht eines grob unverständigen Versuchs

---

151 Vgl. auch die Ausführungen zur Eindruckstheorie auf S. 52 ff. (2).
152 S. 52 f.

(weitgehend) entfallen lässt und den Ausnahmecharakter dieser Versuchsgattung innerhalb anderer Versuche erklären kann, ist bei dem strafzweckorientierten Erklärungsansatz beides zu bezweifeln.

Bedenklich stimmt diese Position vor allem deshalb, weil aus der Fokussierung auf einen einzigen Strafzweck derart weitreichende Folgen wie die Erforderlichkeit einer Sonderregelung abgeleitet werden. Zum einen lässt dieser Ansatz andere anerkannte Strafziele unberücksichtigt. Ein Bestrafungsbedürfnis etwa aus spezialpräventiven Gründen ist aber auch bei grob unverständigen Versuchen nicht von vornherein von der Hand zu weisen. Eine resozialisierende und im Hinblick auf künftige Straftaten abschreckende Einwirkung auf den Täter könnte durchaus sinnvoll sein – hat er doch auch bei einem objektiv unsinnigen Versuch an den Tag gelegt, dass er zur Begehung entsprechender Straftaten bereit ist. Hierzu nimmt der strafzweckorientierte Ansatz keine Stellung. Zum anderen bemisst sich die Strafe ihrer Höhe nach primär am verschuldeten Unrecht und an der Schuld des Täters (*Gebot schuldangemessenen Strafens*), vgl. auch § 46 Abs. 1 S. 1 StGB. Präventiven Interessen wird in unserem Strafrechtssystem nur insoweit eine Bedeutung beigemessen, als sie die unrechts- bzw. schuldangemessene Strafe nicht antasten.[153] Über die Höhe der Schuld bzw. zur Schwere des Unrechts bei grob unverständigen Versuchen sagt dieses Erklärungsmodell jedoch nichts aus.

Insgesamt schreibt dieser Ansatz dem Aspekt der Generalprävention ein zu hohes Gewicht zu. Es steht außer Frage, dass generalpräventive Erwägungen bei grob unverständigen Versuchen für eine Strafentlastung sprechen. Jedoch kann dem in dieser Hinsicht geminderten Strafbedürfnis durch eine Strafmilderung innerhalb des Regelstrafrahmens oder durch eine Strafrahmenverschiebung gem. §§ 23 Abs. 2 i. V. m. § 49 Abs. 1 StGB Genüge getan werden. Eine so weit reichende Strafreduzierung, wie sie in § 23 Abs. 3 StGB vorgesehen ist, kann eine allein auf generalpräventive Aspekte abstellende Begründung nicht rechtfertigen. Denn dabei handelt es sich nur um eines von vielen Strafbedürftigkeitskriterien.

---

153 St. Rspr., z.B. BVerfGE 45, 187, 259 f.; 50, 5, 12; 50, 205, 214 f.; 54, 100, 108; 92, 277, 327; BVerfGE NJW 1993, 3254, 3255; St 20, 264, 265; 24, 132, 133; 28, 318, 326; 29, 319, 320; 34, 150, 151; BGH NStZ 1985, 415. Aus der Literatur z. B. *Schönke/Schröder/Stree/Kinzig*, Vor § 38 ff. Rn. 16 ff.; *Fischer*, StGB, § 46 Rn. 5 ff. und *Müller-Dietz*, in Jescheck-FS, 813, 823 f., jew. m. w. N.

d) Fazit

Eine Auseinandersetzung mit den verschiedenen Auffassungen in der Rechtsprechung und im Schrifttum hat gezeigt, dass von dem jeweils vertretenen *Strafgrund* her allein die Eindruckstheorie eine Strafbarkeitseinschränkung gerade für grob unverständige Versuche erklären kann. Da jedoch der Streit um die Versuchstheorien nach wie vor ungelöst ist, ist mit dem Verweis auf die herrschende Eindruckstheorie das letzte Wort zum Privilegierungsgrund des § 23 Abs. 3 StGB nicht gefallen. Gleichwohl wurde deutlich, dass sich das „Eindruckskriterium" beim Aufzeigen einer Sonderstellung gerade grob unverständiger Versuche innerhalb anderer untauglicher Versuche als nützlich erweist. Die auf den Strafzweck der Generalprävention abstellende Literaturmeinung hat ebenfalls einen überzeugenden Kern. Diese zwei Gesichtspunkte spielen eine bedeutende Rolle bei der Entwicklung der eigenen Sichtweise der Verf. zum Grund der Privilegierungsregelung des § 23 Abs. 3 StGB.

III. Die eigene Sicht – „Strafzumessungstheorie"

Der eigene Erklärungsansatz berücksichtigt den Charakter der Tat als Versuchsdelikt sowie die dogmatische Konstruktion des § 23 Abs. 3 StGB als eine Strafzumessungsregelung.

Jede Strafverhängung muss einen plausiblen Sinn und Zweck erfüllen, sonst ist sie nicht gerechtfertigt. In diesem Zusammenhang tauchen die Begriffe der „Strafwürdigkeit" und der „Strafbedürftigkeit" auf. Diese Begriffe scheinen der Generalnenner aller vorstehenden Meinungen zur Erklärung der Ratio des § 23 Abs. 3 StGB zu sein. Die Frage, ob bei einem grob unverständigen Versuch die Strafwürdigkeit oder das Strafbedürfnis oder beides gemindert ist, ist nicht leicht zu beantworten. Grund dafür ist u.a., dass diese Begriffe in der Rechtslehre uneinheitlich und in verschiedenen Zusammenhängen verwendet werden.[154] Lediglich über das formale Wortverständnis scheint im Kern Einigkeit zu bestehen: Strafwürdigkeit bedeutet, dass ein bestimmtes Verhalten Strafe *verdient*; Strafbedürftigkeit, dass eine Bestrafung *erforderlich* ist. Nach überwiegend in der Strafrechtslehre vertretener Auffassung enthält Strafwürdigkeit

---

154 Vgl. dazu *Altpeter*, S. 39 ff.; *Alwart*, S. 21 ff., 37; *Bloy*, Die Beteiligungsform als Zurechnungstypus, S. 30 ff.; *ders.*, Die dogmatische Bedeutung, S. 227 ff.; *Deckert*, ZIS 6/2013, S. 266 ff.; Otto, Schröder-GS, S. 53 ff.; Schönke/Schröder/*Eisele*, Vor §§ 13 ff. Rn. 13; *Volk*, ZStW 97 (1985), 871 ff. Nur den Strafwürdigkeitsbegriff verwendet z.B. AK-*Hassemer*, vor § 1 Rn. 184 ff.; *Schmidhäuser*, Lb. (1975) 2/10 ff., 12/1 ff., 13/1 ff. und *Wittig*, S. 118 f.

einen „Gerechtigkeitsaspekt", indem darauf abgestellt wird, ob ein an sich tatbestandsmäßiges und rechtswidriges Verhalten als ein „sozialschädliches" Unrecht angesehen werden kann. Dem Begriff der Strafbedürftigkeit wird hingegen die Funktion eines „Zweckmäßigkeits-Kriteriums" beigemessen. Es wird gefragt, ob die Mittel des Strafrechts unerlässlich sind, um den mit ihm verfolgten Zweck zu erreichen.[155] Bei dem Zweckmäßigkeitsurteil spielen rechtspolitische Interessen eine bedeutende Rolle: Die Strafe soll nur dort eingesetzt werden, wo es kriminalpolitisch sinnvoll und als Ultima Ratio unerlässlich ist.[156] Als Auswirkung des Gebots schuldangemessenen Strafens wird die Strafbedürftigkeit durch das Maß der Strafwürdigkeit begrenzt, die ihrerseits durch die Schwere des Unrechts und der Schuld begrenzt wird.[157]

Auch wenn der konkrete Bedeutungsgehalt dieser Begriffe nach wie vor umstritten ist und obwohl beide Kategorien nicht sauber voneinander getrennt werden können,[158] bietet sich dennoch an dieser Stelle eine Unterscheidung zwischen „Strafwürdigkeit" und „Strafbedürftigkeit" an. Denn *hier* kann – in Anlehnung an das Verständnis der herrschenden Meinung – eine grobe Zweiteilung der als maßgeblich erachteten Kriterien in Gerechtigkeits- und Zweckmäßigkeitsaspekte vorgenommen werden. Eine derart differenzierende Darstellung erleichtert einen vertieften Einblick in die Verbrechensstruktur grob unverständiger Versuche. Ohne inhaltliche Abweichungen wäre es jedoch genauso möglich, etwa nur von Strafwürdigkeit i. w. S. zu sprechen, welche beide Komponenten beinhaltet.

Den Ausgangspunkt nachfolgender Erörterungen bildet dabei die Überlegung, dass sich die Schwere einer Straftat anhand der Strafzumessungslehre näher bestimmen lässt.[159]

---

155 In diesem Sinne z. B. *Bloy*, Die Beteiligungsform als Zurechnungstypus, S. 30 ff.; *ders.*, Die dogmatische Bedeutung, S. 227 ff., 243; *Frisch*, in FS für Stree und Wessels, 69, 77 ff.; *Günther*, JuS 1978, 8, 11 ff.; *Otto*, Grundkurs § 1 Rn. 48 ff.; *ders.* in Schröder-GS, S. 53 ff., 56 f.; *Rudolphi*, ZStW 83 (1971), 105, 108; *Schmidhäuser*, AT², 1/17 f. sowie *Zielinski*, S. 207.

156 Z. B. *Bloy*, Die Beteiligungsform als Zurechnungstypus, S. 36 u. 42; *ders.*, Die dogmatische Bedeutung, S. 244 ff.; *Heckler*, S. 32; *Niepoth*, S. 252; *Voß*, Symbolische Gesetzgebung, S. 148 f., 162. Vgl. auch *Otto*, Schröder-GS, 53, 56 f.

157 Vgl. *Gräfe*, S. 144; ferner *Wagner*, GA 1972, 33, 35.

158 V. a. *Volk*, ZStW 97 (1985) 871, 894 ff. hat sich gegen eine Unterscheidung dieser Begriffe ausgesprochen.

159 Anmerkung: Diese Aussage steht nur scheinbar im Widerspruch zum § 46 Abs. 1 S. 1 StGB, wonach in umgekehrter Weise die Schuld des Täters die Grundlage für die Zumessung der Strafe darstellt. Auch die Schwere der für die Strafmaßfestsetzung gem. § 46 Abs. 1 S. 1 StGB maßgeblichen sog. „Strafzumessungsschuld" (gemeint ist das

1. Strafwürdigkeitsaspekte

Für die Beurteilung des Unrechtsgehalts eines *Versuchs*delikts sind vor allem *versuchsbezogene* Faktoren von entscheidender Bedeutung. Das ist zu Recht unstreitig, bei allem Streit um ihr Verhältnis zu den allgemeinen Strafzumessungsgründen.[160] Auch der Bundesgerichtshof betont in seiner 1985 geänderten und seitdem ständigen Rechtsprechung, dass die versuchsbezogenen die wichtigsten Kriterien für die Einstufung von Handlungs- und Erfolgsunrecht einer nur versuchten Tat sind.[161] Ihre besondere Relevanz bei der Unrechtsklassifizierung beim Versuch folgt daraus, dass gerade die versuchsspezifischen Faktoren Aufschluss darüber geben können, inwiefern bzw. ob bestimmte nur versuchte Delikte

---

verschuldete Unrecht) wird anhand der Gesamtheit der strafzumessungsrelevanten Tatsachen ermittelt, vgl. *Lackner/Kühl*, § 46 Rn. 22 f. und 32; SK-*Horn*, § 46 Rn. 2, 4, 41 ff., 97 ff.; ausf. dazu *Schäfer/Sander/van Gemmeren*, Rn. 575 ff., 586 ff. m. w. N.

160 Heute wird nur noch darüber diskutiert, ob die versuchsbezogenen Gründe bei einer Entscheidung über die Rahmenwahl nur entscheidend sind (so v. a. der BGH, Nachw. in Fn. 161; aus der Lit. z.B. *Bockelmann/Volk*, AT, § 27 IV; *Bruns*, Strafzumessung, S. 172; LK-*Busch*^{9}, § 44 Rn. 4; *Fischer*, StGB, § 23 Rn. 4; *Goydke*, Odersky-FS, S. 378; *Horn*, Arm. Kaufmann-GS, S. 573, 584; *Maurach/Gössel/Zipf*, AT 2, § 40 Rn. 183; *Schäfer/Sander/van Gemmeren*, Rn. 921 und 1028; *Stratenwerth*, Schweiz. Juristentag-FG, S. 247 ff. (v. a. 258 ff.) und *Zaczyk*, in: Kindhäuser/Neumann-StGB, § 23 Rn. 6 ff.) oder ob ihnen dabei eine ausschließliche Bedeutung zukommt (z.B. OLG Hamm, NJW 1958, 561 und 1694; *Dreher*, JZ 1957, 155, 156; *ders.*, JZ 1968, 209, 213; *Freund*, AT, § 8 Rn. 6; *Frisch*, in Spendel-FS, 381, 386 ff.; *Frisch/Bergmann*, JZ 1990, 944 ff., 953; *Heckler*, S. 38 f.; LK-*Hillenkamp*, § 23 Rn. 27 ff.; *Jakobs*, AT 25/78 f.; *Jescheck/Weigend*, § 49 V 2; *Lackner/Kühl*, § 23 Rn. 2 und § 49 Rn. 4; *Sancinetti*, S. 138; Schönke/Schröder/*Eser/Bosch*, § 23 Rn. 7; SK*Rudolphi*, § 23 Rn. 3 und 10; *Wolters*, Unternehmensdelikt, S. 279. Vgl. auch *Bergmann*, Milderung, S. 14 ff.; Matt/Renzikowski-*Heger*, § 23 Rn. 19; *Timpe*, 91 ff., 108 f. und Montenbruck, S. 93, 122 ff.).

161 So z.B. BGH, Urt. v. 10.11.2011 – 4 StR 354/11; BGH, Beschl. v. 5.7.2010 – 5 StR 84/10; BGH, Urt. v. 15.2.1995 – 2 StR 482/94 – NStZ 1995, 285; BGH, Urt. v. 16.9.1992 – 2 StR 304/92. Auf die besondere Bedeutung versuchsbezogener Gründe verweist der Bundesgerichtshof z.B. auch in BGH, Urt. v. 11.9.2013 – 2 StR 287/13; BGH, Beschl. v. 10.9.2013 – 2 StR 353/13; BGH, Beschl. v. 10.1.2011 – 5 StR 515/10 – NStZ-RR 2011, 111; BGH, Beschl. v. 28.9.2010 – 3 StR 261/10 – wistra 2011, 18; BGH, Beschl. v. 13.11.2008 – 5 StR 344/08 – wistra 2009, 105; BGH, Beschl. v. 4.11.2008 – 4 StR 196/08; BGH, Urt. v. 15.6.2004 – 1 StR 39/04; BGH, Beschl. v. 6.11.2002 – 5 StR 361/02; BGH, Urt. v. 25.6.2002 – 5 StR 103/02; BGH, Beschl. v. 12.12.2000 – 5 StR 294/00; BGH StV 1986, 378, 379; BGH StV 1985, 411; BGHR StGB § 23 Abs. 2 Strafrahmenverschiebung 1, 2, 4, 9, 10 und 12. So auch LG Nürnberg-Fürth, StV 1989, 483.

strafbarkeitsrelevante Defizite gegenüber einem Vollendungsfall aufweisen. Mit den hiernach relevanten Kriterien hat sich die sog. „Lehre von den versuchsbezogenen Gründen" befasst, welche in erster Linie bei einer Entscheidung über die Rahmenwahl bei einer in Betracht kommenden Strafmilderung nach § 23 Abs. 2 StGB zur Anwendung kommt.[162] Angesichts der besonderen Bedeutung versuchsspezifischer Aspekte bei der Beurteilung der Höhe des Versuchsunrechts kann aber überall dort auf die Forschungsergebnisse dieser Lehre aufgebaut werden, wo es um Strafzumessungs- und Strafwürdigkeitsfragen beim Versuch geht.

Bei den versuchsbezogenen handelt es sich danach um solche Strafzumessungstatsachen, „auf denen der Versuchscharakter der Tat beruht"[163] bzw. „die in der Versuchstat selbst hervortreten"[164] – die also im hypothetischen Vollendungsfall nicht vorliegen würden. Als versuchsspezifisch in diesem Sinne gelten vor allem die Gefährlichkeit des Versuchs, für welche die aufgewandte kriminelle Energie, der verbrecherische Wille und die Tauglichkeit des Versuchs mitbestimmend sind, sowie die Nähe zur Vollendung und die Gründe für die Nichtvollendung.[165] Bei allen genannten Faktoren sind prinzipiell beliebig viele Abstufungen möglich.

Wendet man diese Kriterien auf grob unverständige Versuche an, so zeigt sich folgendes Bild: Bei einer Tathandlung, welche auf völlig abwegigen Vorstellungen von Ursache und Wirkung beruht, ist eine *Tatvollendung ausgeschlossen* – grob unverständige Versuche sind immer zur Tatbestandsverwirklichung *untauglich*. Die Tathandlung hat das tatbestandlich geschützte Rechtsgut in keiner Weise verletzt oder gefährdet, es liegt – anders als im Regelfall des Versuchs – nicht einmal der Anschein einer *Gefährlichkeit* vor. Insofern kann auch die *Vollendungsferne* bei einem Versuch gar nicht weiter sein. Das Ausbleiben des Erfolges basiert dabei nicht auf zufallsbedingten oder sonst täterunabhängigen Faktoren

---

162 S. die Nachweise Fn. 160 f.
163 *Fischer*, StGB[56], § 23 Rn. 4 mit Nachweisen.
164 *Bruns*, Strafzumessung, S. 172.
165 S. z.B. Lackner/*Kühl*, § 23 Rn. 2; *Fischer*, StGB, § 23 Rn. 4; *Jakobs*, AT 25/79 f. Die Autoren nennen daneben auch Rücktrittsbemühungen des Täters. Dabei handelt es sich jedoch nicht um einen rein versuchsbezogenen Aspekt: Das Nachtatverhalten ist für den Versuchscharakter der Tat nicht mitbestimmend (sonst § 24 Abs. 1 S. 1 StGB), sondern nur darauf aufbauend. Ein rücktrittsähnliches Verhalten würde den Täter auch im Vollendungsfall begünstigen (vgl. § 46 Abs. 2 StGB – positives Nachtatverhalten) und ist deshalb nicht versuchsspezifisch. Für die vorliegende Beurteilung ist dieser Aspekt jedenfalls ohne Bedeutung, weil ein Nachtatverhalten von der jeweiligen Deliktsart völlig losgelöst ist und deshalb keine Rückschlüsse auf den hier untersuchten Unrechtsgehalt gerade grob unverständiger Versuche zulässt.

(wie etwa Tatvereitelung durch Dritte oder Unaufmerksamkeit und Ungeschicklichkeit), das Verhalten kann deshalb von vornherein nicht als in irgendeinem Sinne „risikobehaftet" eingestuft werden. Die *Gründe für das Scheitern* der geplanten Tat liegen vielmehr in der individuellen Eigentümlichkeit des Täters, der bei der Deliktsbegehung völlig verzerrte Erfahrungsregeln anwendet und infolgedessen Zusammenhänge verkennt, die jedem anderen Menschen sofort einleuchten würden. Der Nichteintritt des Erfolges ist also maßgeblich auf die besondere Disposition eines lebensfremden Täters zurückzuführen. Die untersuchten versuchsspezifischen Strafzumessungsaspekte wirken sich bei grob unverständigen Versuchen sämtlich erheblich unrechtsmindernd aus.

Als belastende Umstände könnten nur eine im Versuch zu Tage getretene erhöhte *kriminelle Energie* bzw. ein starker *verbrecherischer Wille* in Betracht kommen. Die eingesetzte verbrecherische Energie und die Stärke des bösen Willens können im Prinzip auch in Fällen des § 23 Abs. 3 StGB erheblich sein. Jedoch sind diese Faktoren bei grob unverständigen Versuchen praktisch niemals *versuchsbezogen*. Wenn beispielsweise ein Täter bei einem Vergiftungsversuch mit Kamillentee dem Opfer den Trunk gewaltsam verabreicht oder wenn er bei einem törichten Diebstahlsversuch ein Regelbeispiel verwirklicht, so sind die erhöhte kriminelle Intensität und ein gegebenenfalls vorhandener starker verbrecherischer Wille gerade nicht versuchsspezifisch. Die beschriebenen Tatumstände können bei versuchten und vollendeten Delikten gleichermaßen vorliegen, es handelt sich um sog. versuchsneutrale Faktoren.

Die Fälle, welche die Lehre von den versuchsbezogenen Gründen im Auge hat, sind solche, in denen sich die Stärke der kriminellen Energie bzw. des deliktischen Willens *auf die (Un-)Gefährlichkeit des Versuchs auswirkt*. Gedacht wurde vor allem an den Fall, in dem das Ausbleiben des Erfolges auf eine geringe kriminelle Intensität zurückgeführt werden kann.[166] Kommt es z.B. aufgrund eines risikomindernden Verhaltens des Täters beim Eventualvorsatz nicht zur Tatvollendung oder liegt ein unbeendeter Versuch vor, so könnten diese Umstände ggf. als Indizien für eine geringe versuchsbezogene kriminelle Intensität aufgefasst werden.[167] Umgekehrt könnte man im Prinzip z.B. eine besondere Hartnäckigkeit bei der Tatbegehung als Indiz für eine höhere versuchsbezogene kriminelle Energie bewerten.

---

166 Vgl. *Dreher,* JZ 1968, 209, 213; LK-*Vogler*[10], § 23 Rn. 10; in diesem Sinne auch Lackner/ Kühl, § 23 Rn. 2.
167 Aus der Rspr. z.B. BGH, Beschl. v. 12.12.2000 – 5 StR 294/00 und BGHSt 36, 1, 18. Dazu auch z.B. LK-*Hillenkamp*, § 23 Rn. 33 f.

Bei grob unverständigen Versuchen besteht allerdings die Besonderheit, dass sich die eingesetzte kriminelle Energie bzw. die Stärke des verbrecherischen Willens niemals auf die Beurteilung der Gefährlichkeit des Versuchs auswirken können.[168] Einem Versuch im Sinne des § 23 Abs. 3 StGB fehlt von vornherein und *immer* ein zurechenbares Gefährdungspotenzial in einem auch noch so entfernten Sinne. In Fällen, in denen die kriminelle Intensität auf die Bewertung der Versuchsgefährlichkeit Einfluss haben könnte, liegt gerade kein grob unverständiger Versuch vor. Hat der Täter bei seinem grob unverständigen Versuch eine noch so hohe kriminelle Energie eingesetzt[169] und mag sein verbrecherischer Wille noch so stark gewesen sein, so sind diese Umstände bei dieser Deliktsgattung gerade nicht versuchsspezifisch im Sinne dieser Lehre. Es bleibt also dabei, dass sich die maßgeblichen versuchsbezogenen Strafzumessungskriterien bei grob unverständigen Versuchen generell *entlastend* auswirken.

Wenn gerade diesen abstrakt versuchsbezogenen Umständen ein bestimmendes Gewicht bei der Einstufung der Höhe des Unrechts einer versuchten Tat zukommt, so folgt daraus für die Beurteilung der Unrechtshöhe grob unverständiger Versuche, dass die Schwere des Rechtsbruchs in diesen Fällen generell im unter(st)en Bereich des Strafwürdigen liegt. Das versuchsbezogene Unrecht geht danach praktisch gegen Null.

Dieses Unrechtsdefizit kann durch etwaige *allgemeine* Straferschwerungsgründe nicht ausgeglichen werden. Zwar können auch bei einer in grob unverständiger Weise versuchten Tat diverse allgemeine strafschärfende Umstände vorliegen, wie einschlägige Vorstrafen, geringe Strafempfindlichkeit, niedriges Tatmotiv, hohe kriminelle Energie u. ä. Wie jedoch zu Beginn dieses Abschnitts bereits erwähnt wurde, kommt allgemeinen Strafzumessungsmerkmalen bei der Beurteilung des Handlungs- und

---

168 Das ist anders bei „verständigen" untauglichen Versuchen, etwa wenn ein Täter bei einem Giftangriff sicherheitshalber das Zehnfache der für letal gehaltenen Giftdosis einsetzen will, sich jedoch vergreift und eine entsprechend große Menge Zucker verwendet. Hier wirkt sich die erhöhte kriminelle Energie durchaus auf die Beurteilung der Versuchsgefährlichkeit aus, weil in dieser Situation das Tatvorhaben besonders gefährlich erscheint. Das zufällige Scheitern lässt die Tat nicht in einem milderen Lichte erscheinen.

169 Z. B. er setzt statt einer einzigen für letal giftig gehaltenen Rosine gleich die ganze Packung ein.

Erfolgsunrechtes eines Versuchs nur eine ergänzende Bedeutung zu.[170] Allein aus solchen versuchsneutralen oder gar völlig tatfremden Aspekten darf die Strafwürdigkeit eines versuchten Delikts nicht hergeleitet werden. Im Hinblick auf etwaige tatfremde Erschwerungsgründe ist zudem anzumerken, dass das Unrecht der zu bestrafenden Tat selbst anhaften muss und nicht durch Tatumstände, die mit der konkreten Tat nicht im Zusammenhang stehen, erst begründet werden darf.[171] Da bei grob unverständigen Versuchen praktisch keine versuchsbezogenen erschwerenden Umstände vorliegen, sind etwaige allgemeine strafschärfende Merkmale bei der Einstufung des Unrechts de facto bedeutungslos. Die bestehende Unrechtskluft im Vergleich zu anderen Versuchen können sie nicht kompensieren.

Als *Fazit* kann damit festgehalten werden: Eine Gesamtschau der tatspezifischen (v. a. versuchsbezogenen) strafzumessungsrelevanten Umstände zeigt, dass der abstrakte Unrechtsgehalt einer grob unverständigen Versuchstat erheblich unter dem generellen Schweregrad des Deliktstypus „Versuch" liegt. Daraus ergibt sich eine im Vergleich zum Normalfall eines Versuchs erheblich reduzierte Strafwürdigkeit solcher Deliktsversuche.

2. Strafbedürftigkeitsaspekte

Bei der Frage der Strafbedürftigkeit grob unverständiger Versuche sind nach dem hier zugrunde gelegten Begriffsverständnis vor allem kriminalpolitische Überlegungen von Bedeutung. Es geht um die Zweckmäßigkeit staatlichen Strafens im Sinne einer präventiven Bestrafungsnotwendigkeit.[172] Im Folgenden werden grob unverständige Versuche auf der Grundlage der anerkannten Strafzwecke (also gerechter Schuldausgleich sowie General- und Spezialprävention)[173] beleuchtet. Trotz der starken Einzelfallbezogenheit dieser Aspekte lassen sich für die Beurteilung der Erforderlichkeit einer strafrechtlichen Reaktion bei grob unverständigen Versuchen durchaus generalisierende Annahmen treffen.

---

170 S. 61 f. Nach einer anderen Teilmeinung kommt es – zumindest bei einer möglichen Strafrahmenverschiebung nach § 23 Abs. 2 i. V. m. § 49 Abs. 1 StGB – *nur* auf die versuchsbezogenen Merkmale an, s. Fn. 160.
171 Als Strafzumessungstatsachen haben solche Umstände Bedeutung für die Beurteilung der Höhe der (präventiven) Bestrafungsnotwendigkeit, vgl. S. 65 f.
172 Vgl. *Heckler*, S. 32.
173 Herrschend sind die sog. Vereinigungstheorien, BVerfGE 45, 187 ff.; BGH 24, 40, 42 ff.; 28, 318, 326 f. Vgl. dazu *Rengier*, AT, § 3 Rn. 21 ff.; *Roxin*, AT I, § 3 Rn. 33 ff.; *Klesczewski*, Rn. 22. ff.; *Fischer*, StGB, § 46 Rn. 2a ff.; *Krey/Esser*, AT, Rn. 146 ff. jew. m. w. N. Überlegungen zum Einfluss der Strafzwecklehre auf die Versuchsstrafbarkeit finden sich auch bei *Krey/Esser,* AT, Rn. 1203 ff. m. w. N. in Fn. 9.

Einen Angelpunkt bilden hierbei vor allem Aspekte der Generalprävention, einschließlich des „Eindrucksgedankens". Im Streit um die Versuchstheorien konnte die Eindruckstheorie zwar keine allgemeine Anerkennung ernten. Unabhängig davon spielen jedoch die Wirkungen des Täterverhaltens auf die Allgemeinheit eine bedeutende Rolle bei der Frage, ob in generalpräventiver Hinsicht eine Bestrafung zur Normstabilisierung erforderlich erscheint.[174] Die von grob unverständigen Versuchen vermutlich ausgehenden Wirkungen auf die Außenwelt wurden in diesem Kapitel bereits untersucht. Es wurde festgestellt, dass nicht alle evident untauglichen Versuche, sondern gerade die in grob unverständiger Weise ausgeführten in der Bevölkerung nicht ernstgenommen werden. Völlig abwegige Versuche beunruhigen die Allgemeinheit nicht und wecken bei rechtstreuen Bürgern nicht das Bedürfnis nach einer strafrechtlichen Reaktion.[175] Der Täter wird in der Rechtsgemeinschaft quasi als bereits hinreichend mit sich selbst bestraft angesehen.

In diesem Zusammenhang kann zudem auf den Grundgedanken der in diesem Kapitel dargestellten strafzweckorientierten Position rekurriert werden, welche die Strafbarkeitseinschränkung bei grober Unverständigkeit aus generalpräventiven Aspekten ableitet. Ihre Vertreter haben zutreffend argumentiert, dass eine strafrechtliche Sanktionierung solcher Taten zur Stärkung des Rechtsbewusstseins und zur Gewährung der Rechtssicherheit nicht erforderlich ist, weil von erkennbar unsinnigen Tathandlungen keine wesentlichen schädlichen Auswirkungen auf die Normtreue der Bürger zu erwarten sind. Die Taten begünstigen einen Nachahmungseffekt nicht, eine Bestrafung ist deshalb zur Abschreckung potenzieller Täter nicht notwendig. In generalpräventiver Hinsicht enthalten grob unverständige Versuche nicht das für eine Bestrafung notwendige Maß an Sozial- und Normgeltungsschädlichkeit.[176]

Hingegen ist die Erforderlichkeit einer Sanktionierung aus spezialpräventivem Anlass nicht schlechthin unbegründet. Eine Einwirkung auf den Täter könnte prinzipiell auch bei einem grob unverständigen Versuch sinnvoll sein. Der Täter hat bewiesen, dass er vor der Begehung von Straftaten nicht zurückschreckt. Einem gegebenenfalls bestehenden spezialpräventiven Strafbedürfnis setzt jedoch das Gebot schuldangemessenen Strafens Grenzen. Danach darf eine (individual-)präventive Bestrafungsnotwendigkeit nur innerhalb des

---

174 Vgl. auch § 46 Abs. 2 S. 2 StGB „Auswirkungen der Tat".
175 S. 51 ff.
176 S. 50 und S. 57 f.

festgestellten Schuldrahmens berücksichtigt werden.[177] Das begangene Unrecht und die unrechtsbezogene Schuld des Täters wurden bei grob unverständigen Versuchen als per se gering eingestuft; sie gehen praktisch gegen Null.[178] Innerhalb dieses im Vergleich zu anderen Versuchen erheblich reduzierten Schuldrahmens besteht entsprechend wenig Raum für eine Berücksichtigung spezialpräventiver Aspekte. Sofern danach überhaupt noch Platz für individualpräventive Erwägungen verbleibt, so kann § 23 Abs. 3 StGB dem Resozialisierungsgedanken dadurch Rechnung tragen, dass er in seiner Rechtsfolge eine – entsprechend milde – Sanktionsanordnung enthält.[179]

Zur (präventiven) Strafbedürftigkeit bei grob unverständigen Versuchen kann damit Folgendes festgehalten werden: Angesichts des generell niedrigen Unrechtsgrades eines grob unverständigen Versuchs ist ein ggf. aus *individualpräventiven* Gründen bestehendes Strafbedürfnis nur in einem sehr geringen Umfang berücksichtigungsfähig. Zur Erfüllung der *generalpräventiven* Strafzwecksetzung kann eine Bestrafung des Täters überhaupt nicht beitragen.

3. Zusammenfassung und Ergebnis

Die Untersuchung hat gezeigt, dass das Tatbild eines grob unverständigen Versuchs *generell* durch wesentliche tatbezogene strafmildernde Umstände gekennzeichnet ist. Zwar ist es möglich, dass im konkreten Fall gewichtige (v. a. täterbezogene) Erschwerungsgründe vorhanden sind, welche in dieser Erörterung – da einzelfallabhängig – nicht berücksichtigt werden konnten (etwaige Vorstrafen u. ä.). Nach der Lehre von den versuchsbezogenen Gründen haben solche versuchsneutralen bzw. tatfremden Aspekte jedoch nur eine unwesentliche Bedeutung für die Beurteilung der Tatschwere eines versuchten Delikts. Eine Schlechterstellung des Täters, etwa die Versagung eines milderen Strafrahmens, darf allein auf solche nicht-versuchsspezifischen Strafzumessungsgründe nicht gestützt werden.[180] Täterbezogenen und sonstigen tatfremden Umständen wird in einem tatstrafrechtlichen Rechtssystem – auch jenseits versuchter Delikte – nur eine untergeordnete Rolle beigemessen.[181] Damit zeigt eine *Gesamtschau*

---

177 Vgl. die Nachweise in Fn. 153 sowie bei Schönke/Schröder/*Stree/Kinzig*, Vor § 38 ff. Rn. 18 ff.
178 S. 61 ff.
179 Auch bei dem Absehen von Strafe handelt es sich um eine Sanktion, dazu S. 130.
180 Vgl. hierzu auch die Ausführungen auf S. 132 f. mit Fn. 443.
181 S. 42 ff.

aller strafzumessungserheblichen Tatsachen, dass das Unrecht eines grob unverständigen Versuchs generell weit unterhalb des „Normalmaßes" eines Versuchs liegt. Die daraus folgende Minderung im Strafwürdigkeitsgehalt zieht gleichzeitig ein vermindertes Strafbedürfnis nach sich. Darüber hinaus ergibt eine wertende Gesamtbetrachtung der mit Strafe verfolgten Zielsetzungen eine nur äußerst geringe Notwendigkeit einer strafrechtlichen Reaktion bei grob unverständigen Versuchen. In Fällen des § 23 Abs. 3 StGB liegt praktisch immer ein minder schwerer Fall vor. Daraus folgt die Erforderlichkeit einer Besserstellung auf der Rechtsfolgenseite gegenüber anderen Versuchen.

Der hier entwickelte Erklärungsansatz lässt sich demnach wie folgt zusammenfassen: Der Erlass einer besonderen Strafzumessungsnorm für grob unverständige Versuche war erforderlich, weil eine Gesamtschau aller maßgeblichen (v. a. versuchsbezogenen) Strafzumessungsfaktoren eine im Vergleich zum Normalfall des Versuchs erheblich verminderte Strafwürdigkeit und Strafbedürftigkeit der Tat ergibt, dieses unter(st)e Maß an Straferforderlichkeit jedoch nicht durch den Strafrahmen der für „normale" Versuche geltenden Milderung gem. § 23 Abs. 2 i. V. m. § 49 Abs. 1 StGB erfasst wird. Wegen der erheblichen Unrechtsdifferenz im Vergleich zu anderen Versuchen fordert das Gebot schuldangemessenen Strafens eine Sonderregelung. § 23 Abs. 3 StGB basiert nicht auf einem einzelnen Gedanken, sondern auf der Gesamtheit strafzumessungsrelevanter (v. a. versuchsbezogener) Umstände. Dieser primär an der Strafzumessungslehre orientierte und auf die Ratio der allgemeinen Versuchsmilderung (§ 23 Abs. 2 StGB) aufbauende Ansatz verbindet in gewissem Sinne die Hauptgedanken aller bisher in der Rechtsliteratur vorgebrachten Begründungsmodelle.

Nachdem in diesem Kapitel geklärt wurde, *warum* grob unverständige Versuche gegenüber anderen Versuchen privilegiert werden, wird als Nächstes der Frage nachgegangen, *wie* ein grob unverständiger Versuch von einem „normalen" untauglichen Versuch abzugrenzen ist.

D. Anwendungsvoraussetzungen des § 23 Abs. 3 StGB

Nach seinem Wortlaut erfasst § 23 Abs. 3 StGB nur diejenigen Fälle objektiv untauglicher Versuche, bei denen der Täter die Vollendungsuntauglichkeit aus grobem Unverstand verkannt hat. Die Interpretation der einzelnen Regelungselemente wird den Gegenstand nachfolgender Erörterungen bilden.

I. Nichtvollendbarkeit

1. Untauglicher Versuch

Mit der Formulierung „nicht zur Vollendung führen konnte" (§ 23 Abs. 3 StGB) hat der Gesetzgeber den untauglichen Versuch legaldefiniert. Ein solcher Versuchstypus liegt vor, wenn die vom Täter auf Verwirklichung eines Tatbestandes gerichtete Handlung entgegen seiner Vorstellung aus rechtlichen oder tatsächlichen Gründen nicht zur Vollendung gelangen kann. Entscheidendes Merkmal des untauglichen Versuchs ist also eine Fehlvorstellung des Täters über die Möglichkeit der Verwirklichung des Unrechtstatbestandes.[182]

Die erste Voraussetzung der Anwendbarkeit des § 23 Abs. 3 StGB ist das Vorliegen eines solchen untauglichen Versuchs.[183] Seine Erscheinungsformen sind zunächst der Vorschrift selbst zu entnehmen: Erstens die Untauglichkeit des *Tatgegenstandes*, die dann vorliegt, wenn das von dem jeweiligen Tatbestand geschützte Objekt nicht vorhanden oder nicht verletzbar ist (so z.B. beim Tötungsversuch an einer Leiche[184]). Zweitens die Untauglichkeit des *Tatmittels*, bei der der Täter Instrumente oder Praktiken verwendet, welche ihrer objektiven Beschaffenheit nach eine Vollendung ausschließen (so z.B. bei einem Tötungsversuch mit ungeladener Schusswaffe).[185]

a) Analoge Anwendung bei Untauglichkeit des Tatsubjekts

Gesetzlich nicht geregelt ist der Fall des untauglichen Subjekts. Bei dieser Rechtsfigur nimmt der Täter irrtümlich an, dass er eine bestimmte, von einem Straftatbestand vorausgesetzte Tätereigenschaft (z.B. „Amtsträger" bei §§ 331 ff. StGB) oder eine Sonderpflicht (etwa Vermögensfürsorgepflicht i.S.d. § 266 StGB) besitzt.[186] Aufgrund der Nichterwähnung in § 23 Abs. 3 StGB gibt es eine rege Diskussion in Rechtsprechung und Literatur darüber, ob auch diese Fallgruppe als untauglicher Versuch unter Strafandrohung steht.

---

182 SK-*Rudolphi*, § 22 Rn. 24.
183 Dieses Erfordernis soll aber nicht so verstanden werden, dass bei der Prüfung des § 23 Abs. 3 StGB eine Abgrenzung zwischen tauglichen und untauglichen Versuchen vorzunehmen wäre. Kann die weitere Voraussetzung des „groben Unverstandes" bejaht werden, so liegt notwendigerweise auch ein untauglicher Versuch vor; dazu auch S. 82 mit Fn. 248.
184 RGSt 1, 451.
185 S. LK-*Vogler*[10], § 22 Rn. 138 f. mit zahlreichen Beispielen.
186 Vgl. z.B. *Kühl*, AT, § 15 Rn. 102.

(1) Objektbedingte Subjektuntauglichkeit

Dieser Diskurs erfasst nicht Fälle, in welchen die Untauglichkeit des Subjekts nur eine „Spiegelung" der Untauglichkeit des Tatobjekts ist. In solchen Konstellationen ist die erste Untauglichkeit nur die Folge der zweiten, so dass nach nahezu einhelliger Auffassung ein strafbarer Versuch am untauglichen *Objekt* vorliegt, wenn der Handelnde irrig annimmt, die besondere täterschaftliche Eigenschaft zu besitzen.[187] Zur Verdeutlichung kann ein Beispiel von *Roxin* herangezogen werden: Ein am Flussufer stehender Vater sieht tatenlos zu, wie ein Kind, welches er irrig für sein eigenes hält, in den Fluten ertrinkt. Der Vater ist mangels Garantenstellung für das Leben des fremden Kindes ein untauglicher Täter einer Tötung durch Unterlassen. Die fehlende Tätereigenschaft folgt dabei aber nur daraus, dass das fremde Kind ein untaugliches Objekt dieser Straftat ist.[188]

Wenn ein solcher Irrtum auf grobem Unverstand des Täters beruht (ein Mann glaubt z. B., seine Freundin durch einen Kuss geschwängert zu haben und nimmt an ihr Abtreibungshandlungen vor[189]), ist § 23 Abs. 3 StGB auf solche Sachverhalte unproblematisch anwendbar.

(2) Echte Sonderdelikte

Die Problematik, ob die Unverstandsregelung bei fehlender Täterqualifikation anwendbar ist, stellt sich nur bei echten Sonderdelikten. Grund dafür ist, dass bis heute nicht abschließend geklärt werden konnte, ob diese Fallgruppe überhaupt als untauglicher Versuch strafbar ist.[190]

---

187 S. z.B. *Arzt*, LdR, S. 1144; *Bachmann*, S. 138 Fn. 58; *Ha*, Untauglicher Versuch, S. 66; *Jescheck/Weigend*, § 50 III 3; LK-*Hillenkamp* § 22 Rn. 230; LK-*Vogler*[10], § 22 Rn. 153; *Maurach/Gössel/Zipf*, AT 2, § 40 Rn. 170; MK-*Herzberg/Hoffmann-Holland*, § 23 Rn. 57; NK-GS-*Ambos*, § 23 Rn. 11; *Rath*, JuS 1998, 1106, 1112 Fn. 74; *Roxin*, AT II § 29 Rn. 352 f.; Schönke/Schröder/*Eser/Bosch*, § 22 Rn. 76; SK-*Rudolphi*, § 22 Rn. 26; *Welzel*, S. 195. Krit. aber *Zaczyk*, Unrecht S. 269.
188 *Roxin*, AT II § 29 Rn. 353 mit einem weiteren Beispiel aus dem Bereich des Wirtschaftsstrafrechts. Dies verkennt *Schlüchter* in JuS 1985, 527, 530 Fall 16/1. S. auch MK-*Herzberg/Hoffmann-Holland*, § 23 Rn. 57 und *Armin Kaufmann*, in Klug-FS II, S. 277, 285 f. (diff.). Aus der Rechtsprechung z.B. RGSt 8, 198, 199 (Abtreibungsversuch einer Nichtschwangeren) oder RGSt 47, 189, 191 (Inzestversuch mit der vermeintlichen Tochter, § 173 Abs. 1 StGB a. F.); beide Versuche sind heute nicht mehr strafbar.
189 Beispiel bei *Roxin*, AT II, § 29 Rn. 368.
190 Die Erörterung dieses komplizierten Meinungsstreites würde über den Rahmen dieses Themas hinausgehen. Vgl. dazu die Fundstellen in den nachfolgenden Fußnoten.

Sofern mit einer beträchtlichen Mindermeinung bei irriger Annahme einer besonderen Pflichtenstellung ein strafbarer Versuch generell abgelehnt wird und das Verhalten als ein strafloses Wahndelikt deklariert wird,[191] stellt sich die Frage der Besserstellung nach § 23 Abs. 3 StGB ohnehin nicht. Die herrschende Gegenposition hält eine Strafbarkeit wegen untauglichen Versuchs für möglich[192] und votiert dementsprechend für die Erstreckung des § 23 Abs. 3 StGB auf die Fälle des „untauglichen Täters".[193] Aber auch nach dieser Position soll nicht jeder Irrtum über die eigene Pflichtenstellung zu einem strafbaren Versuch führen. Ihre Vertreter differenzieren überwiegend nach dem Bezugspunkt der

---

Eine kurze Zusammenfassung der wesentlichen Argumente findet sich bei *Krey/Esser*, AT, Rn. 1249 f.

191 Mit untersch. Begr., z.B. *Baumann*, NJW 1962, 16, 18; *Frister*, 23/23; *Ha*, Untauglicher Versuch, S. 72; *Hardwig*, GA 1957, 170, 175; *ders.*, AT, S. 474; *Hirsch*, Roxin-FS, S. 728; *Jakobs*, AT 25/43 ff.; *Arm. Kaufmann*, Klug-FS II, S. 277 ff., 283 ff., 286; *Kienapfel*, AT, S. 393; *Langer*, Sonderverbrechen, S. 168 ff.; 227 ff.; 469 ff.; *Maier*, Objektivierung, S. 97 ff., 108; *H. Mayer*, AT (1953), S. 288; *Murmann*, Strafrecht, § 28 Rn. 53; *Roxin*, AT II, § 29 Rn. 367; *Schmidhäuser*, AT², 11/59; *R. Schmitz*, Jura 2003, 593, 601; Seminara/*Hirsch*, S. 88 Fn. 73; *Stratenwerth*, in Bruns-FS, S. 59 ff.; *Stratenwerth/Kuhlen*, AT I, 11/66; *Welzel*, S. 194; *Wolter*, Zurechnung, S. 305 ff.; *Zaczyk*, Unrecht, S. 268 ff.; *ders.*, in: Kindhäuser/Neumann-StGB, § 22 Rn. 34, 39 und § 23 Rn. 19; AK-*Zielinski* §§ 15, 16 Rn. 35. So auch die frühere Rspr., z.B. RGSt 8, 198, 200; 29, 419, 421. S. auch § 25 Abs. 3 Nr. 1 AE AT mit Begr. S. 61. Strafbarkeit verneinend auch *Köhler*, AT, S. 457 und 462 sowie *Otto*, Grundkurs, § 18 Rn. 74–76 (ausnahmsweise strafloser untauglicher Versuch).

192 Z.B. *Arzt*, LdR, S. 1144; *Bachmann*, S. 142 f.; Baumann/Weber/*Mitsch*, AT § 26 Rn. 30; *Blei*, AT, S. 231 f.; *Bringewat*, Rn. 570; *Bruns*, Der untaugliche Täter, S. 35 ff.; *ders.*, GA 1979, 161, 183 ff.; *Ebert*, AT, S. 125; *Fischer*, StGB, § 22 Rn. 55; *Gräfe*, S. 52; *Haft*, AT, S. 233; *Heinrich*, Jura 1998, 394; *ders.*, AT, Rn. 672 und 683; *Herzberg*, GA 2001, 257, 270 ff.; *Jescheck/Weigend*, § 50 III; *Kühl*, AT, § 15 Rn. 102 ff.; *Lackner/Kühl*, § 22 Rn. 13; *Lauhöfer*, S. 268 ff.; LK-*Hillenkamp*, § 22 Rn. 191, 232 ff.; *Maurach/Gössel/Zipf*, AT 2, § 40 Rn. 174; MK-*Herzberg/Hoffmann-Holland*, § 22 Rn. 65 ff. und § 23 Rn. 56 f.; *Schlüchter*, JuS 1985, 527, 529; *dies.*, Normative Tatbestandsmerkmale, S. 164 f.; Schönke/Schröder/*Eser/Bosch*, § 22 Rn. 75 f.; *Schünemann*, GA 86, 293, 317 f.; SK-*Rudolphi* § 22 Rn. 28, 28 a und § 23 Rn. 9; *Seier/Gaude*, JuS 1999 456, 457 f.; *Streng*, GA 2009, 529, 538 f.; *Valerius*, JA 2010, 113, 115; *Walter*, Kern des Strafrechts, S. 374 ff.; *Wessels/Beulke/Satzger*, AT, Rn. 619 und 623. Der BGH folgt dieser Ansicht, vgl. BGHSt 8, 321, 323. S. auch schon RG v. 3.3.1938 – 2 D 60/38 – RGSt 72, 109, 112 (allerdings zum NS-„Blutschutzgesetz").

193 Nachweise in Fn. 204.

Fehlvorstellung.[194] Bei *sachverhaltsbezogenen* Irrtümern soll ein strafbarer Versuch vorliegen (Beispiel 1: Ein „Amtsträger", der die Nichtigkeit seiner Beamtenernennung nicht kennt, nimmt Geld für eine falsche Beurkundung an, §§ 348 Abs. 2, 22, 23 StGB). Bei bloßen *Bewertungsfehlern*, also wenn der Täter infolge einer falschen rechtlichen Wertung an eine besondere Pflichtenposition glaubt, nimmt auch die herrschende Meinung ein strafloses Wahndelikt an (Beispiel 2: Ein Fußballschiedsrichter, der sich dafür bezahlen lässt, dass er eine bestimmte Mannschaft in einem Spiel benachteiligt, hält sich für einen (Schieds)Richter i. S. d. § 332 Abs. 2 bzw. § 339 StGB[195]).

Beide Positionen ziehen zur Begründung ihres Standpunktes die Gesetzesmaterialien heran, wenngleich sie konträre Schlüsse aus ihnen ziehen. Der Alternativ-Entwurf hatte in § 25 Abs. 3 Nr. 1 Straflosigkeit gefordert, wenn der Versuch „in der irrigen Annahme besonderer Pflichten begründet ist". Seine Strafbarkeit werde allein auf dogmatische Erwägungen gestützt, ein kriminalpolitisches Bedürfnis für eine Bestrafung bestehe jedoch nicht.[196] Dieser Forderung des AE hat der Gesetzgeber nicht entsprochen, weil es schwierig sei, eine Formulierung zu finden, welche nicht auch „ungeeignete Fälle" erfasse. Er wollte sich bei der Neufassung der Versuchsvorschriften nicht in einer bestimmten Richtung festlegen und hat die Entscheidung über die Strafbarkeit des untauglichen Täters der Wissenschaft und der Rechtsprechung überlassen.[197] Deshalb kann aus der fehlenden Erwähnung in § 23 Abs. 3 StGB eine Straflosigkeit nicht abgeleitet werden. Aus der Nichterwähnung lässt sich im Übrigen auch deshalb kein Argument ableiten, weil diese Vorschrift nicht die Strafbarkeit untauglicher Versuche begründet, sie setzt sie nur voraus.[198]

Allerdings ging der Sonderausschuss für die Strafrechtsreform von der Erwartung aus, dass die Rechtsprechung bei fehlenden Subjekteigenschaften auch ohne eine ausdrückliche gesetzliche Anordnung Straflosigkeit annehmen werde.[199] Inwieweit diese Überzeugung des Gesetzgebers als Leitprinzip[200] verstanden werden soll, ist fraglich. Der Gedanke, dass alle Tatbestandsmerkmale

---

194 Zu dieser Auffassung *Kühl*, AT, § 15 Rn. 104 f.; MK-*Herzberg/Hoffmann-Holland*, § 23 Rn. 57 mit Anm. 63 sowie *Kindhäuser*, AT, § 30 Rn. 30 und 34 mit Beispielen.
195 Beispiel bei *Rengier*, AT, § 35 Rn. 5 f.
196 Begr. zu § 25 Abs. 3 AE AT, S. 61.
197 Vgl. BT-Drucks. V/4095, S. 11; s. auch Niederschriften 2, S. 188 f. und *Corves*, in: Prot. V., S. 1750 f.
198 *Heinrich*, AT, Rn. 672.
199 BT-Drucks. V/4095, S. 11.
200 So *Wolter*, Zurechnung, S. 307.

gleichwertig sind,[201] der auch in der amtlichen Begründung des Gesetzgebers genannt wurde,[202] sowie Strafgrundgesichtspunkte sprechen eher gegen eine generelle Straflosigkeit des „untauglichen Täters". Dies kann an unserem einleitenden Beispiel 1 verdeutlicht werden. Ein betätigter verbrecherischer Wille im Sinne der *subjektiven Theorie* liegt zweifelsohne vor; der deliktische Wille des „Beamten" in dem angeführten Exempel unterscheidet sich nicht von dem Willen desjenigen, der wirksam eine Amtsträgereigenschaft erworben hat. Eine Rechtserschütterung im Sinne der *Eindruckstheorie* kann prinzipiell auch durch ein unkorrektes Verhalten eines Pseudo-Amtsträgers bewirkt werden, dessen Ernennung etwa aufgrund eines Formfehlers (z.B. bei Nichteinhaltung der in § 10 Abs. 2 BBG genannten Anforderungen) unwirksam war.[203] Denn der Anschein der Käuflichkeit öffentlicher Verwaltungsträger ist schon dann entstanden, wenn – wie im Beispiel 1 – ein „Amtsträger", der prinzipiell die materiell-rechtlichen Voraussetzungen einer Ernennung zum Beamten erfüllt (vgl. §§ 7 und 11 BBG) und gegebenenfalls auch tatsächlich Amtshandlungen vornimmt, etwa aus formellen Gründen nicht sonderpflichtig geworden war. Er tritt als Repräsentant der öffentlichen Verwaltung auf und durch das Arbeitsverhältnis im öffentlichen Dienst scheint er nach außen hin legitimiert zu sein. Es würde in der Bevölkerung auf Unverständnis stoßen, wenn solche „Amtsträger" nur aufgrund eines formellen Fehlers straflos ausgehen und möglicherweise einige Wochen später wirksam zu Beamten ernannt werden könnten.

Zu folgen ist deshalb der herrschenden Ansicht, welche grds. auch Irrtümer, die sich auf die Tauglichkeit als Täter beziehen, als untaugliche Versuche bestraft. Auch wenn § 23 Abs. 3 StGB den „untauglichen Täter" nicht ausdrücklich regelt, so folgt aus dem insoweit einschränkenden Normwortlaut jedenfalls nicht, dass der Gesetzgeber die Möglichkeit der außerordentlichen Strafmilderung gem. § 49 Abs. 2 StGB bzw. das Absehens von Strafe ausschließen wollte, wenn der Täter eine ihn treffende Sonderpflicht aus grobem Unverstand angenommen hat. Es darf keinen Fall des untauglichen Versuchs geben, bei dem der Täter die Nichtvollendbarkeit aus grobem Unverstand verkennt, die Besserstellung aber versagt bleibt. Eine Gleichbehandlung mit den anderen Untauglichkeitsgründen

---

201 Vgl. dazu *Bruns*, Der untaugliche Täter, S. 16 ff.; *Maurach/Gössel/Zipf*, AT 2, § 40 Rn. 174 f.; NK-GS-*Ambos*, § 23 Rn. 11; *Seier/Gaude*, JuS 1999 456, 457; LK-*Hillenkamp*, § 22 Rn. 194.
202 Begr. E 1962 – BT-Drucks. IV/650 S. 144.
203 Unzutreffend daher *Jakobs*, AT 25/43.

ist geboten. § 23 Abs. 3 StGB ist bei fehlender Tätereigenschaft entsprechend anzuwenden.[204]

Es ist jedoch stets sorgfältig zu prüfen, ob im konkreten Fall nicht nur ein bloßer „Bewertungsfehler" vorliegt, der ein ohnehin strafloses Wahndelikt begründen würde.

Beispiel 3: Die am Gericht angestellte Putzfrau P wird vom Referendar aus Scherz zur „Leitenden Oberraumpflegerin" ernannt. P glaubt an eine Verbeamtung und verprügelt ihre Kollegin K, weil K sie wegen dieses Irrtums ausgelacht hat.[205] Der *Tatsachenirrtum* der P über eine wirksame Ernennung trägt eine Strafbarkeit wegen untauglichen Versuchs einer Körperverletzung in Amt (§§ 340, 22, 23 Abs. 1 StGB). P hat die Bedeutung des Tatbestandsmerkmals „Amtsträger" richtig erfasst, sie hat nur in aus objektiver Sicht unverständiger Weise angenommen, dass ein entsprechendes Beamtenverhältnis wirksam begründet wurde. Diese Vorstellung verdient die Nachsicht des § 23 Abs. 3 StGB.

Beispiel 4: Wie oben, nur glaubt P schon durch die Anstellung am Gericht Beamtenstatus erlangt zu haben. Hier liegt ein bloßer *Bewertungsirrtum* vor, die Strafbarkeit der P ist aufgrund einer falschen Subsumtion im rechtlichen Bereich zu verneinen.[206]

Fazit: Liegt grober Unverstand vor, so gebührt dem „untauglichen Täter" die Privilegierung des § 23 Abs. 3 StGB.[207]

---

204 So auch die h. M., z.B. *Bruns*, GA 1979, 161, 167; *Dreßler*, S. 52; *Fischer*, StGB, § 23 Rn. 6; *Gössel*, GA 1971, 225, 235 f.; *Gräfe*, S. 52; *Heinrich*, Jura 1998, 393, 395 f.; *ders.*, AT, Rn. 677; *Jakobs*, AT 25/84; *Kühl*, AT, § 15 Rn. 92; *Lackner/Kühl*, § 23 Rn. 7; LK-*Hillenkamp*, § 23 Rn. 54 f., 74 und § 22 Rn. 194 (für unmittelbare Anwendung im Wege der Rechtsfortbildung); Matt/Renzikowski-*Heger*, § 23 Rn. 27; Maurach/Gössel/Zipf, AT 2, § 40 Rn. 175; MK-*Herzberg/Hoffmann-Holland*, § 23 Rn. 57; NK-GS-*Ambos*, § 23 Rn. 11; *Schlüchter*, Normative Tatbestandsmerkmale, S. 165; Schönke/Schröder/*Eser/Bosch*, § 23 Rn. 16; SK-*Rudolphi*, § 23 Rn. 9.

205 Beispiel bei *Haft*, Fallrepetitorium, § 3 Fall 523. And. Beispiel bei Schönke/Schröder/*Eser/Bosch*, § 23 Rn. 16: Täter hält eine scherzhafte „Beamtenernennung" (z. B. auf einer Postkarte) für eine Ernennungsurkunde.

206 *Haft*, Fallrepetitorium, § 3 Fall 526. Auch das bei LK-*Hillenkamp*, § 23 Rn. 70 angeführte Beispiel eines Ehemannes, der glaubt, durch die Heirat mit einer Beamtin Beamter geworden zu sein, stellt ein strafloses Wahndelikt dar. Weitere Beispiele bei *Kühl*, AT, § 15 Rn. 104.

207 Allerdings ist zu beachten, dass die h. M. nur die Verkennung naturgesetzlicher Ordnung (nomologische Irrtümer) unter „groben Unverstand" subsumiert. Es ist aber kaum vorstellbar, dass jemand eine in Wahrheit nicht bestehende täterschaftliche Qualifikation aufgrund einer Verkennung physikalischer Gesetzmäßigkeiten

b) Analoge Anwendung bei untauglichen Tatmodalitäten

Im vorherigen Abschnitt wurde geklärt, dass sich die Untauglichkeit auf ein beliebiges Tatbestandsmerkmal beziehen kann. Entsprechend der beim untauglichen Subjekt gefundenen Lösung ist somit § 23 Abs. 3 StGB auch bei einer irrigen Annahme sonstiger Tatmodalitäten (analog) anwendbar.[208] Untaugliche Tatmodalitäten liegen dann vor, wenn sich der Irrtum des Täters auf die Tatsituation oder auf die Gefährlichkeit der Begehungsweise bezieht, wie es etwa bei der irrigen Annahme strafbegründender Tatumstände, qualifizierender Tatbestandsmerkmale, tatsächlicher Voraussetzungen von Regelbeispielen und bei Verkennung (unrechtsbezogener) privilegierender Tatumstände der Fall ist. So liegt zum Beispiel ein untauglicher Mordversuch vor, wenn ein Täter irrig die Arg- und Wehrlosigkeit des Opfers annimmt[209] (§§ 211, 22 StGB). Ebenso ist ein strafbarer untauglicher Versuch anzunehmen, wenn jemand irrtümlich von der Funktionstauglichkeit seiner beim Raub mitgeführten Waffe ausgeht (§§ 250, 22 in Tateinheit mit § 249 StGB).[210] Beruht die Verkennung dieser Tatumstände auf grobem Unverstand des Täters, so gebührt ihm die Privilegierung des § 23 Abs. 3 StGB – etwa, wenn jemand einen asphaltierten Spielplatz für eine öffentliche Straße hält (§ 316 StGB).[211]

---

angenommen haben könnte (darauf hat mit Recht schon *Maier*, Objektivierung, S. 108 f. und S. 78 Fn. 239 hingewiesen). Vielmehr bildet das Verkennen bzw. Nichtkennen tatsächlicher Umstände (ontologischer Irrtum) den Regelfall beim Extraneus. In diesem Kontext entfaltet die Frage nach dem „Gegenstand" des groben Unverstandes eine besondere Relevanz bei der Anwendbarkeit des § 23 Abs. 3 StGB auf den „untauglichen Täter". An dieser Stelle soll ein erstes Mal auf die Problematik einer Unterscheidung nach der Quelle des Irrtums bei der Anwendbarkeit von § 23 Abs. 3 StGB aufmerksam gemacht werden. Dieser Problematik wird aufgrund ihrer Komplexität ein eigenes Kapitel gewidmet, vgl. S. 86 ff., zum untauglichen Täter S. 100.

208 Dazu ausführlich LK-*Hillenkamp*, § 22 Rn. 194; sachlich übereinstimmend NK-GS-*Ambos*, § 23 Rn. 11; *Seier/Gaude*, JuS 1999 456, 457; Schönke/Schröder/*Eser/Bosch*, § 22 Rn. 73; LK-*Vogler*[10], § 22 Rn. 142.

209 S. BGH NStZ 1994, 583; BGH, Urt. v. 08.02.2006 – 1 StR 523/05. S. auch BayObLG NStZ 1997, 442 (Regelbeispiele).

210 LK-*Hillenkamp*, § 22 Rn. 194 mit weiteren Beispielen.

211 In Anlehnung an LK-*Hillenkamp*, § 23 Rn. 63, der in diesem Zusammenhang als Beispiel einen asphaltierten Feldweg angeführt hat, was allerdings wohl kaum als vollkommen abwegig angesehen werden kann.

c) Fazit

Neben den Irrtümern über die Tauglichkeit des Tatobjekts und des Tatmittels können auch irrrige Annahmen hinsichtlich der eigenen Täterqualifikation und sonstiger Tatmodalitäten in § 23 Abs. 3 StGB einbezogen werden.

2. Qualifizierte Untauglichkeit?

Sehr unklar ist, wie die Gesetzesformulierung, dass der Versuch „*überhaupt* nicht zur Vollendung führen konnte", auszulegen ist. Teilweise wird sie so verstanden, dass das Gesetz nicht nur eine einfache Untauglichkeit des Versuchs genügen lässt, sondern vielmehr eine gesteigerte Form der Untauglichkeit verlangt. Der Versuch muss also „völlig untauglich"[212] sein. Diese Normdeutung geht auf die Begriffskonkretisierung in der amtlichen Gesetzesbegründung zurück. Danach soll durch die Wendung „überhaupt nicht zur Vollendung führen konnte" klargestellt werden, dass § 23 Abs. 3 StGB nur Fälle erfassen soll, „in denen weder eine konkrete noch eine abstrakte Gefährdung" für das Tatobjekt hervorgerufen wurde.[213]

Unter welchen Voraussetzungen eine solche „qualifizierte Untauglichkeit"[214] angenommen werden kann bzw. inwiefern eine Unterscheidung von untauglichem und „untauglichstem"[215] Versuch sinnvoll ist, bildet den Gegenstand nachfolgender Erörterungen.

a) Abgrenzungskriterien

Die ersten Anhaltspunkte für die Beantwortung der Frage, wann eine konkrete und abstrakte Gefahr ausgeschlossen werden kann, sind der amtlichen Begründung selbst sowie ihrer Interpretation in der Strafrechtsliteratur zu entnehmen. Als Beispiel für eine *abstrakte* Gefährdung, die dem Privileg des § 23 Abs. 3 StGB nicht unterfallen soll, wird in der Gesetzesbegründung der Tötungsversuch eines Scharfschützen angeführt, welcher annimmt, dass seine Schusswaffe eine Reichweite von 1200 m hat, während sie tatsächlich nur 1000 m weit trägt[216] (Beispiel 1). Der Gesetzgeber hat nicht begründet, warum er in diesem Beispielsfall

---

212 Dieser Begriff wurde in Begr. E 1962 – BT-Drucks. IV/650 S. 143 f. verwendet.
213 Bericht des Sonderausschusses, BT-Drucks. V/4095, S. 12. Den Gesetzesmaterialien folgend z. B. BGHSt 41, 94, 95; *Gössel*, GA 1971, 225, 227 f. Vgl. auch *Jakobs*, AT, 25/82; *Jescheck/Weigend*, § 50 I 5 b aa); Lackner/Kühl, § 23 Rn. 6; *Rath*, JuS 1998, 1106, 1112 *Roxin*, JuS 1973, 330 sowie SK-*Rudolphi*, § 23 Rn. 6 f.
214 Dieser Begriff wurde vom BGE 70 (1944) IV, 49, 50 verwendet.
215 Vgl. *Bockelmann/Volk*, AT, § 27 S. 210 und *Schönwandt*, S. 185.
216 Begr. zu § 23, BT-Drucks. V/4095, S. 12.

eine abstrakte Gefahr sieht. Prinzipiell könnte man nämlich auch eine abstrakte Gefährlichkeit verneinen. Auch hier konnte der Versuch „überhaupt" nicht vollendet werden, weil der Schuss das Handlungsobjekt nicht erreichen kann.[217] Eine Realisationsmöglichkeit für das Vorhaben liegt hier genauso wenig vor, wie beispielsweise bei einem Schuss auf ein in 5000 m Höhe fliegendes Flugzeug mit einer Pistole[218] (Beispiel 2).

(1) Die objektiven Versuchstheorien

Es liegt nahe, bei der Differenzierung zwischen abstrakt und konkret ungefährlichen Versuchen auf die Abgrenzungskriterien der sog. „älteren objektiven Theorie" zurückzugreifen und nur die Fallgruppe „absolut" untauglicher Versuch der Privilegierung des § 23 Abs. 3 StGB zuzuweisen. Das Bemühen der Vertreter dieser Lehre, eine Untauglichkeitsabstufung vorzunehmen, ist jedoch gescheitert, weil sich eine Unterscheidung zwischen „absolut" und „relativ" untauglichen Versuchen[219] als undurchführbar erwiesen hat.[220] Das Rekurrieren auf diese Konzeption verhilft zu einer Abgrenzung zwischen „normal" untauglichen und „überhaupt nicht vollendungsfähigen" Versuchen also nicht.

Vorgeschlagen wird indes, auf der Grundlage der sog. „neueren objektiven Theorien"[221] auf die Sicht eines fiktiven Beobachters abzustellen. Zum Einfluss dieser Theorien auf die Regelung des § 23 Abs. 3 StGB im Lichte der amtlichen Gesetzesbegründung hat vor allem *Gössel* inhaltsreiche Überlegungen angestellt. Nach seiner Auffassung könne eine – die Anwendung der Unverstandsregelung ausschließende – abstrakte Gefährdung nicht vorschnell mit dem Hinweis auf die generelle abstrakte Gefährlichkeit von Schusswaffen angenommen werden. Bei der Beurteilung der Gefährlichkeit eines Schusses müsse vielmehr die *Reichweite* der Waffe als wesentlicher Faktor berücksichtigt werden. In dem

---

217 So *Gössel*, GA 1971, 225, 227. Vgl. auch *Kudlich*, JuS 1997, L 69, L 70.
218 Beispiel bei *Gössel*, GA 1971, 225, 227.
219 Näheres zu dieser Unterscheidung oben, S. 23 f.
220 Die Schwächen dieser Lehre sind bekannt, sie sollen hier nicht aufgezählt werden. Vgl. z. B. *Klee*, S. 30 ff.; *v. Liszt*, Lb. 1894, S. 182; *Maurach/Gössel/Zipf*, AT 2, § 40 Rn. 133 und 189; *Radtke*, JuS 1996, 878, 882; *Stratenwerth/Kuhlen*, AT I, 11/52 ff.; *Timpe*, S. 117 f. mit Fn. 89; *Waiblinger* ZStW 69 (1957) 189, 218 mit Fn. 106. S. auch die Begr. E 1962 – BT-Drucks. IV/650 S. 143 f. In fremden Rechtsordnungen ist eine solche Unterscheidung die gängige Praxis, vgl. S. 289 mit Nachweisen in Fn. 971–976.
221 Begründer *v. Liszt*, Lb. 1894, S. 184; fortgeführt z. B. durch *v. Hippel*, Strafrecht II, S. 425 ff.

Flugzeugbeispiel (Beispiel 2) könne man doch wohl zweifellos sagen, dass der Versuch „überhaupt" nicht vollendet werden kann. Hier liege also eine abstrakte Ungefährlichkeit vor. Der Schuss im ersten Beispiel sei hingegen nur konkret ungefährlich, er werde daher mit Recht von der Privilegierung des § 23 Abs. 3 StGB ausgenommen.[222]

Warum der in der amtlichen Begründung geschilderte Tötungsversuch abstrakt gefährlich sein soll, hat *Gössel* jedoch nicht gesagt. Sofern der Autor auf die Reichweite als entscheidendes Kriterium abhebt, sind damit die unterschiedlichen Ergebnisse nicht erklärt. Nicht die faktische Tragweite der Schusswaffe, sondern genauer *das Maß der Fehleinschätzung*, also das Verhältnis zwischen der tatsächlichen und der vom Täter in casu angenommenen Reichweite, ist der Faktor bzw. Indiz für die ungleiche Bewertung der Gefährlichkeit der Schüsse in den Einleitungsfällen. Denn selbst wenn man annimmt, dass die im Flugzeugfall verwendete Waffe[223] ebenfalls 1000 m weit trägt, so begründet die – nun gleiche – Reichweite nach wie vor kein Gefahrindiz, weil die Fehleinschätzung immer noch erheblich ist.

Dennoch bleibt zu bezweifeln, ob man an objektiven Kriterien, wie der Reichweite einer Schusswaffe oder, was wohl auch *Gössel* gemeint hat, dem Maß ihrer Fehleinschätzung eine Gefährlichkeitsabstufung im Sinne von „abstrakter" und „konkreter" Ungefährlichkeit festmachen kann.[224] Es ist schon sehr fragwürdig ob bei dem Tötungsversuch in Beispiel 1 eine (abstrakte) Gefährlichkeit und damit eine schwächere Form von Untauglichkeit als in dem Flugzeugbeispiel nur deshalb gesehen werden kann, weil der Mensch näher an die Waffe herankam.[225] Eine *tatsächliche* Gefahr liegt in dem Scharfschützenfall genauso wenig vor wie bei dem Schuss auf ein hoch fliegendes Flugzeug, weil sich beide Objekte außerhalb der Gefahrenzone befinden. Insofern hat *Herzberg* zutreffend angemerkt, dass das Täterverhalten im ersten Beispiel jedoch eine *Anscheinsgefahr* begründet, welche einen die Tat beobachtenden Mitmenschen zum rettenden Eingreifen berechtigt, wohingegen der Flugzeugabschussversuch einen Eindruck von Gefährlichkeit nicht erweckt.[226] Allerdings wurden hier zwei Extremfälle

---

222 *Gössel*, GA 1971, 225, 227 f.
223 Die Tragweite der „Pistole" im Flugzeugbeispiel hat *Gössel* nicht näher konkretisiert; bei „normalen" Pistolen (d. h. kein Präzisionsgewehr) dürfte diese weit unter den im Beispiel 1 genannten 1000 m liegen.
224 Kritisch zu der von *Gössel* postulierten Unterscheidung zwischen abstrakt und konkret ungefährlichen Versuchen auch *Burkhardt*, Rücktritt, S. 101.
225 In diesem Sinne auch *Roxin*, JuS 1973, 329, 330.
226 MK-*Herzberg/Hoffmann-Holland*, § 23 Rn. 42.

gegenübergestellt, in welchen der Anschein einer Gefährlichkeit noch vergleichsweise leicht angenommen (Beispiel 1) bzw. verneint (Beispiel 2) werden konnte. Wie ist jedoch zu entscheiden, wenn sich das Zielobjekt in den Ausgangsfällen nicht in 1200 m bzw. 5000 m, sondern in 1500 oder in 2000 m Entfernung befindet? Ab welcher Distanz ist der Versuch nur konkret und ab welcher schon abstrakt ungefährlich? *Gössel* stellt darauf ab, „ob ein einsichtiger Mensch die Undurchführbarkeit des geplanten verpönten Tuns ante actum aufgrund nachträglicher Prognose erkennen konnte."[227] Andere Autoren stellen in einer ähnlichen Weise auf die ex-ante-Einschätzung eines durchschnittlichen[228] oder einsichtigen (bzw. verständigen)[229] Beobachters ab, welcher die geplante Tat für undurchführbar halten muss.[230]

Diesen Abgrenzungsversuchen ist zuzugestehen, dass dort, wo der fiktive Beobachter einen Erfolgseintritt für möglich hält, die Tathandlung objektiv gefährlich erscheint. Folglich kann hier von einem „völlig untauglichen" Versuch, den „kein besonnener Mensch ernstnimmt" und den der Gesetzgeber dementsprechend mit der Regelung des § 23 Abs. 3 StGB privilegieren wollte,[231] nicht die Rede sein. Jedoch sind auch diese – an die „neueren objektiven Theorien" angelehnten – Abgrenzungsversuche nicht geeignet, zwischen „besonders" und „normal" untauglichen Versuchen zu differenzieren. Die Einschätzung des neutralen Betrachters wird ex post durch den Richter gewonnen. Welches Tatsachenwissen genau wird er ihm unterstellen? Und welche Besonderheiten des Täters wird er berücksichtigen (z.B. die Kurzsichtigkeit des Täters, der bei einem Tötungsversuch einen Menschen mit einer Statue verwechselt)? Der einsichtige bzw. verständige Beobachter wird in vielen Fällen zu einer anderen Einschätzung gelangen als der durchschnittliche. Sofern auf einen verständigen Betrachter abgestellt wird, so scheitert diese Konstruktion ohnehin in Fällen, in welchen sich noch kein repräsentativer Verkehrskreis gebildet hat, welcher in der Lage wäre, die Gefährlichkeit der Täterhandlung zu beurteilen (denkbar v. a.

---

227 *Gössel*, GA 1971, 225, 228.
228 *Jescheck/Weigend*, § 50 I 5 b) aa).
229 So z.B. *Maurach/Gössel/Zipf*, AT 2, § 40 Rn. 191 sowie *Kienapfel*, AT, S. 392. Vgl. auch *Stratenwerth/Kuhlen*, AT I, 11/56 f., die allerdings auch die Unvollkommenheit dieser Ansicht einräumen.
230 *Hirsch*, in Roxin-FS (2001), S. 716 ff. will solche „ungefährlichen" Versuche schon *de lege lata* für ganz straflos erklären mit der Folge, dass § 23 Abs. 3 leerliefe (S. 727).
231 Begr. E 1962 – BT-Drucks. IV/650 S. 145.

im naturwissenschaftlichen oder im rechtlichen Bereich).[232] Je nachdem, wie die Maßstabsperson strukturiert ist und welche Kenntnisse dieser fiktiven Person als Grundlage für ihre Prognose zugestanden werden, ist es nahezu beliebig möglich, einen untauglichen Versuch als gefährlich oder umgekehrt als ungefährlich einzustufen.[233]

Obwohl diese Formeln zunächst einleuchten und partiell brauchbare Ergebnisse liefern, so verhelfen sie doch in den schwierigen Grenzfällen nicht zu einer klaren Abgrenzung zwischen „normal" und „völlig" untauglichen Versuchen. Im Übrigen kann nicht davon ausgegangen werden, dass der Gesetzgeber mit dem Fehlen einer konkreten und abstrakten Gefahr auf die Abgrenzungskriterien der objektiven Theorien zurückgreifen wollte, wenn er in der formellen Begründung eine Seite zuvor ausdrücklich die subjektive Theorie anerkannt hat.[234]

(2) „Realtaugliche" und „wahntaugliche" Versuche

Heftige Diskussionen in der Strafrechtslehre entfacht hat auch die von *Struensee* vorgeschlagene Unterscheidung zwischen nomologisch tauglichen und nomologisch untauglichen Versuchen. Der nomologisch untaugliche Versuch, bei dem sich der Irrtum des Täters auf die naturgesetzliche Ordnung bezieht, soll als bloße sog. „Wahnkausalität" vom Begriff des Versuchs ausgenommen werden.[235] *Struensee* geht in seinen Ausführungen davon aus, dass sich der Vorsatz auf gültige, also nach wissenschaftlicher Erkenntnis mögliche Kausalgesetze beziehen muss. Wer die Erfolgserwartung auf nur vorgestellte Kausalregeln gründe, handele *ohne Vorsatz* und begehe mithin keine versuchte Tat, sondern ein Wahndelikt. Nach dieser Konzeption fallen nur ontologische Irrtümer (solche über Tatsachen) in den Geltungsbereich des § 23 Abs. 3 StGB. Zur Begründung führt *Struensee* an, dass die Entstehungsgeschichte keinen Beweis dafür liefere, dass der Gesetzgeber auch nomologisch untaugliche Versuche bestrafen wollte. Aber

---

232 S. *Timpe*, S. 112 mit Verweis auf SK-*Samson*, Anhang zu § 16 Rn. 13 (Stand: 1. Lieferung, April 1981). Zum Rechtsirrtum S. 112 ff.
233 Zu diesem und zu weiteren Einwänden *Heinrich*, Jura 1998, 393, 395; LK-*Hillenkamp*, § 23 Rn. 58; *Rališ*, ZStW 61 (1942) 1, 36; Schönke/Schröder/*Eser*/*Bosch*, § 23 Rn. 15; *Schönwandt*, S. 184 und *Timpe*, S. 111 ff.
234 S. BT-Drucks. V/4095, S. 11.
235 *Struensee* ZStW 102 (1990) 21, 30 ff., 36 ff. Ihm zust. *Altenhain*, GA 1996, S. 24 Fn. 24 und *Schumann*, NStZ 1990, S. 33 f. Schon vor *Struensee* haben sich für diesen Gedanken *Kohler*, Studien I, S. 11 und 25; *zu Dohna*, Aufbau, S. 50; *Finger*, Binding-FS I, 259, 283 f.; *Frank*, StGB, § 43 Anm. III (S. 90 f.); *Sauer*, Allg. Strafrechtslehre, S. 109 f.; *Schneider*, GA 1955, 266 u. a. eingesetzt.

selbst wenn man dem Gesetzgeber diese Intention unterstellte, sei zu bezweifeln, ob dieser Wille angesichts des Grundsatzes „nullum crimen sine lege" im Wortlaut des § 23 Abs. 3 StGB hinreichend Ausdruck gefunden habe.[236]

Zustimmung hat dieses Konzept in der Jurisprudenz nicht gefunden. Ihm wird vor allem ein Verstoß gegen das geltende Recht vorgeworfen. Die Ausgrenzung nomologischer Irrtümer aus der Versuchsstrafbarkeit würde dazu führen, dass § 23 Abs. 3 StGB im Prinzip leerlaufen würde, weil nach *Struensees* Konzeption nur der ontologische Irrtum überhaupt bestraft werden kann.[237] Überdies kann es nur als eine Ignorierung des Gesetzes gewertet werden, wenn der Autor Fälle, die nach dem Wortlaut der §§ 22, 23 StGB eindeutig strafbar sind und welche auch der Gesetzgeber ausdrücklich als untauglichen Versuch ahnden wollte (wie etwa den unterdosierten Vergiftungsversuch in der Annahme, die verwendete Menge ist ausreichend[238]), schon begrifflich als „Nichtversuch" deklariert.[239] Wenn man mit *Struensee* Versuche wie Abtreibung mit Kamillentee oder Vergiftung mit Dosenchampignons dem Bereich des Versuchs von vornherein entziehen würde,[240] würde man § 23 Abs. 3 StGB den vom Gesetzgeber zugewiesenen Kern nehmen.[241] *Bloy* hat gegen die „Theorie der Wahnkausalität" zutreffend eingewandt, dass sich Vorsatz bekanntlich nicht auf alle Einzelheiten des Kausalverlaufs beziehen muss. Es genügt, wenn der Täter das Geschehen in seinen wesentlichen Zügen richtig erfasst hat. Bei der Entscheidung über das „Wesentliche" des Kausalverlaufs kann es nicht auf einen umfangreichen, bis ins Detail gehenden technischen, medizinischen oder naturwissenschaftlichen Kenntnisstand des Täters ankommen. Es genügt, wenn er in der Parallelwertung die Zurechnung seines Verhaltens als Vorsatztat richtig erfasst hat. Wenn die Vorstellung des Täters ein objektiv zurechenbares Tatgeschehen umfasst, so lässt der daneben bestehende nomologische Irrtum den Vorsatz unberührt.[242]

Die befremdlichen Folgen von *Struensees* Theorie werden deutlich, wenn man sie auf unseren Ausgangsfall (Beispiel 1) anwendet: Der Mordversuch

---

236 *Struensee* ZStW 102 (1990) 21, 44 ff.
237 *Bloy*, ZStW 113 (2001) 76, 87; ihm zust. *Lackner/Kühl*, § 23 Rn. 6. Nach h. M. sind ontologische Irrtümer aus dem Anwendungsbereich des § 23 Abs. 3 StGB generell ausgeschlossen. Dazu sowie zu der Unterscheidung zwischen nomologischen und ontologischen Irrtümern ausf. S. 86 ff.
238 BT-Drucks. V/4095, S. 11 f.
239 So *Struensee* ZStW 102 (1990) 21, 30 f.
240 So *Struensee*, aaO., S. 30.
241 Ähnl. Vorwurf bei LK-*Hillenkamp*, § 23 Rn. 52.
242 *Bloy*, ZStW 113 (2001) 76, 87 f.

eines Scharfschützen, der eine in 1200 m Entfernung stehende Person mit einer Schusswaffe erschießen will, von der er glaubt, dass sie eine entsprechende Reichweite hat, während sie in Wirklichkeit nur 1000 m weit trägt (nomologischer Irrtum), wäre nach *Struensee* kein strafbarer Versuch eines Tötungsdeliktes. Einen versuchten Mord müsste man aber annehmen, wenn der Scharfschütze weiß, dass seine Waffe nur 1000 m weit trägt, er aber irrtümlich davon ausgeht, dass sich das Handlungsobjekt in 1000 m Distanz befindet (ontologischer Irrtum). Eine Rechtsmeinung, welche die Strafbarkeit eines Verhaltens von der exakten Kenntnis des Täters über naturwissenschaftliche Wirkungszusammenhänge (im Beispiel genaue technische Details) und von Zufälligkeiten (wie innerhalb des Schussbereiches oder 1m dahinter) abhängig machen will, führt zu untragbaren, an Willkür grenzenden Ergebnissen.[243] Aus all diesen Gründen ist *Struensees* Vorschlag abzulehnen.

b) Fazit und Bedeutung des Merkmals

Eine Auseinandersetzung mit den vorstehenden Abgrenzungsversuchen hat gezeigt, dass bisher keine objektiven Kriterien genannt werden konnten, anhand derer eine eindeutige Grenzziehung zwischen einem „nur" untauglichen und einem „überhaupt" nicht vollendungsfähigen Versuch vorgenommen werden könnte. Die Bemühung des Gesetzgebers, eine Untauglichkeitsabstufung anhand bestimmter Gefahrgrade[244] vorzunehmen, ist auch deshalb wenig geglückt, weil diese Aspekte nicht in einer logischen Abhängigkeit zueinander stehen. Ein Versuch kann entweder tauglich oder untauglich sein, nicht aber einmal mehr und einmal weniger tauglich. Die Bestrebung, eine im alltagssprachlichen Verständnis konstante Gegebenheit steigerungsfähig zu machen, befremdet. Zudem kann man eine abstrakte Gefahr niemals in einer generalisierenden Weise ablehnen, weil theoretisch jeder Versuch in einen gefährlichen Kontext gestellt werden kann.[245] Ein Tötungsversuch mit Sellerie, Erdnüssen, Milch oder Ei ist im Regelfall untauglich, bei allergischen Menschen können diese Nahrungsmittel jedoch

---

243 In diesem Sinne *Heinrich*, Jura 1998, 393, 395 mit einem weiteren Beispiel. S. auch das Beispiel bei *Kadečka*, MonKrimPsych 19 (1928), 129, 132. Kritik an Struensees Konzeption üben auch LK-*Hillenkamp*, § 22 Rn. 191 und § 23 Rn. 52; *Maier*, Objektivierung, S. 86 ff.; MK-*Herzberg/Hoffmann-Holland*, § 23 Rn. 44 ff.; *Sancinetti*, S. 203 ff. sowie Schönke/Schröder/*Eser/Bosch*, Vor § 22 Rn. 21.

244 Das Abstellen auf objektive Gefährdungsmomente passt zudem nicht in das System der vom Gesetzgeber anerkannten subjektiven Theorie.

245 Vgl. *Timpe*, S. 115 ff. mit dem Beispiel eines Vergiftungsversuchs durch Zucker bei einem Diabetiker.

einen sog. anaphylaktischen Schock verursachen, der einen tödlichen Ausgang haben kann. Als Ergebnis bleibt damit festzuhalten, dass es nicht möglich ist, zwischen „normal" und „überhaupt" nicht vollendungsfähigen Versuchen zu differenzieren.

Mittlerweile hat jedoch die Einsicht eine weite Anerkennung gefunden, dass eine solche Unterscheidung im Hinblick auf das Merkmal „grober Unverstand" auch nicht geboten ist. Wenn die Fehlvorstellung des Täters verständig ist, ist § 23 Abs. 3 StGB ohnehin nicht anwendbar, so dass es auf den Grad der Ungefährlichkeit oder der Untauglichkeit nicht ankommt (so im Beispiel 1). Wenn andererseits die Erfolgserwartung des Täters „völlig abwegig" ist (wie im Beispiel 2), dann kann eindeutig ein ungefährlicher untauglicher Versuch angenommen werden. Denn aus völlig abwegigen Vorstellungen kann eine zurechenbare Tatvollendung niemals erwachsen.[246] Bei der Anwendbarkeit des § 23 Abs. 3 StGB liegt deshalb das entscheidende Gewicht bei der Unverstandsklausel, wonach ein grob unverständiger Versuch immer auch offensichtlich untauglich sein muss. Etwaige Abgrenzungsprobleme werden insoweit entschärft, als darunter von vornherein nur Extremfälle fallen. Dem objektiven Merkmal „*überhaupt* nicht zur Vollendung führen konnte" kommt damit *keine* selbständige Bedeutung zu. Zu folgen ist deshalb der herrschenden Meinung, welche auf das Merkmal einer „gesteigerten" Untauglichkeit verzichtet, die Reichweite des § 23 Abs. 3 StGB auf *alle* (untauglichen) Versuche erstreckt und nur das Merkmal des groben Unverstandes zur Einschränkung der Vorschrift heranzieht.[247]

Es ist also nicht danach zu fragen, ob der Versuch „einfach" oder „besonders" untauglich ist, sondern danach, ob er „einfach" oder „grob" unverständig ist.

---

246 So auch *Jakobs*, AT 25/82; *Roxin* JuS 1973, 329, 331, *Bloy*, ZStW 113 (2001), 76, 99 f. *Maier*, Objektivierung, S. 81 und *T. Schmidt*, JuS 1995, 1042. Der sog. „Doppelirrtum" bildet dabei nur ein Scheinproblem, vgl. die Anmerkung in Fn. 147.

247 In diesem Sinne z.B. *Bloy*, ZStW 113 (2001) 76, 99 f.; Heintschel-Heinegg-StGB/*Beckemper*, § 23 Rn. 10; *Jakobs*, AT 25/82; *Jescheck/Weigend*, § 50 I 5 b) aa); *Lackner/Kühl*, § 23 Rn. 6.; LK-*Hillenkamp*, § 23 Rn. 58 f.; *Maurach/Gössel/Zipf*, AT 2, § 40 Rn. 190; MK-*Herzberg/Hoffmann-Holland*, § 23 Rn. 51; *Radke*, JuS 1996, 878, 882; *Roxin*, AT II, § 29 Rn. 363; *ders.* JuS 1973, 329, 330 ff.; Schönke/Schröder/*Eser/Bosch*, § 23 Rn. 15; *Stratenwerth/Kuhlen*, AT I, 11/57 ff.; *Zaczyk*, in: Kindhäuser/Neumann-StGB, § 23 Rn. 18. Vgl. auch Begr. E 1962 – BT-Drucks. IV/650 S. 144, wonach wegen unüberwindbarer Abgrenzungsprobleme dem Gericht beim Vorliegen groben Unverstandes „in jedem einzelnen Falle" die Rechtsfolgen des § 23 Abs. 3 StGB offen stehen sollen. Noch weiter geht SK-*Rudolphi*, § 23 Rn. 7, der die Unverstandsregelung schon dann anwenden will, wenn der Versuch *konkret* ungefährlich war. Ihm zust. *Ha*, Untauglicher Versuch, S. 52.

Kann man Letzteres bejahen, ist der Versuch auch *überhaupt nicht vollendungsfähig* im Sinne des § 23 Abs. 3 StGB.[248]

Auf die Einzelheiten dieses Merkmals wird im Folgenden eingegangen.

II. Der „grobe Unverstand"

Der Schwerpunkt des § 23 Abs. 3 StGB liegt bei der Beurteilung, ob der Täter die Aussichtslosigkeit seines Vorhabens aus „grobem Unverstand" verkannt hat.

In diesem Abschnitt soll geklärt werden, was unter diesem Begriff verstanden wird (1.) und auf welche Vorstellungsinhalte sich der grobe Unverstand beziehen muss (2.).

Vorweg ist kurz auf die dogmatische Einordnung des Merkmals einzugehen.

Es gibt unterschiedliche Auffassungen dazu, ob es sich beim „groben Unverstand" um ein subjektives oder um ein objektives Merkmal handelt.[249] Zur Auflösung dieses Streites ist mit *Hillenkamp* zwischen der Bewertung selbst und ihrem Gegenstand zu differenzieren. Ob grober Unverstand vorliegt, wird *objektiv* anhand des Erfahrungswissens eines Durchschnittsmenschen beurteilt. Diese Wertung bezieht sich aber auf die *subjektive* Fehlvorstellung des Täters über die Erfolgstauglichkeit.[250]

1. Begriff

Ausweislich der amtlichen Begründung des Gesetzgebers ist unter „grobem Unverstand" eine „völlig abwegige Vorstellung von gemeinhin bekannten Ursachenzusammenhängen"[251] zu verstehen, auf deren Grundlage der Täter seiner Tat eine Verwirklichungsaussicht beimisst. Das „Grobe" des Unverstandes (also das „völlig Abwegige" der Vorstellung) ergibt sich dabei aus einem Vergleich

---

248 Genau genommen enthält § 23 Abs. 3 StGB also zwei Voraussetzungen: Untauglicher Versuch und grober Unverstand. Jedoch genügt eine *einstufige* Prüfung, bei der danach gefragt wird, ob der Täter aus grobem Unverstand verkannt hat, dass der Versuch nicht vollendet werden kann, vgl. LK-*Vogler*[10], § 23 Rn. 33 und *Fischer*, StGB, § 23 Rn. 7 sowie Fn. 183 dieser Arbeit. Für zweistufige Prüfung hingegen z.B. *Heinrich*, Jura 1998, 393, 395; *Gräfe*, S. 51; *Gössel*, GA 1971, 225, 228 und SK-*Rudolphi*, § 23 Rn. 7.

249 Für *subjektives* Merkmal *Heinrich*, Jura 1998, 393, 396; *Jescheck/Weigend*, § 50 I 5 b) bb); LK-*Vogler*[10], § 23 Rn. 33; *Maier*, Objektivierung, S. 75; *Radtke*, JuS 1996 878, 879 und 882; ebenso BGHSt 41 94, 95. Für *objektive* Interpretation äußern sich z.B. *Bloy*, ZStW 113 (2001) 100 und *Wolter*, Zurechnung S. 165, 178.

250 LK-*Hillenkamp*, § 23 Rn. 60.

251 Begr. E 1962 – BT-Drucks. IV/650 S. 145.

der Tätervorstellung mit dem Erfahrungswissen eines „Durchschnittsmenschen". Für jeden Bürger mit durchschnittlicher Bildung und durchschnittlichem Erfahrungswissen (also ohne Fach- und Sonderwissen) muss die Unmöglichkeit der Tatvollendung „offensichtlich, ja geradezu handgreiflich sein"[252]. In der Rechtslehre heißt es, dass der Irrtum „vom Verständigen weit" abweichen muss.[253] Die Ungefährlichkeit des Versuchs muss „für jedermann, der über einen gesunden Menschenverstand verfügt, von vornherein und ohne weiteres erkennbar sein"[254] und vom Täter nur „aus besonderer Dummheit verkannt worden" sein.[255] Die Vorstellungen des Täters müssen „der Alltagserfahrung völlig zuwiderlaufen"[256]. Es sei ein Versuch, den „kein besonnener Mensch" ernst nimmt.[257]

Wie diese Formulierungen zeigen, unterliegt das Merkmal des „groben Unverstandes" einem sehr strengen Maßstab. Ist der Irrtum des Täters beim vergleichsweisen Abstellen auf die Erfahrung bzw. auf den Wissenstand eines Durchschnittsmenschen nur erkennbar, nicht aber evident, liegt ein „normaler" untauglicher Versuch vor, der nicht nach § 23 Abs. 3 StGB privilegiert wird. Als grob unverständig im Sinne der Regelung anzusehen ist etwa der Vergiftungsversuch mit Zucker oder mit Vitamin C, der Abtreibungsversuch mit Kamillentee[258] oder der Versuch, ein hoch fliegendes Flugzeug mit einer Schreckschusspistole abzuschießen.[259]

Auch wenn die hier erörterte Interpretation groben Unverstandes auch auf *abergläubische* Versuche[260] passt, wird diese Versuchsgattung bei der Analyse

---

252 So BGHSt 41, 94, 95 im „Insektengift"-Fall. Vgl. auch die Interpretation des Begriffs bei NK-GS-*Ambos*, § 23 Rn. 5; *Fischer*, StGB, § 23 Rn. 7; *Heinrich*, Jura, 393, 396 und 398; *Lackner/Kühl*, § 23 Rn. 8; *Radtke*, JuS 1996, 878, 879; *Rath*, JuS 1998, 1106, 1112; *Roxin*, AT II § 29 Rn. 363; *Schumann*, NStZ 1990, 32, 34; SSW-StGB/*Kudlich/Schuhr*, § 23 Rn. 14. Krit. zu dieser Definition LK-*Hillenkamp*, § 23 Rn. 61, der jede objektiv abwegige Fehlvorstellung genügen lassen will (Rn. 68 f.) und in Fällen, in denen erst durch fachkundige Personen der Irrtum nachgewiesen wird, die Strafmilderung für angebracht hält (Rn. 72).
253 *Jakobs*, AT 25/83.
254 SK-*Rudolphi*, § 23 Rn. 7.
255 BGE 70 IV 49, 50.
256 *Kindhäuser*, LPK-StGB, § 23 Rn. 2; *ders.*, AT, § 30 Rn. 15.
257 *Roxin*, AT II, § 29 Rn. 364; ähnlich *Jescheck/Weigend*, § 50 I 5 b) aa). S. auch Begr. E 1962 – BT-Drucks. IV/650 S. 145.
258 *Seier/Gaude*, JuS 1999, 456, 459.
259 Z. B. *Bringewat*, Rn. 571. Weitere Beispiele sogleich unter 2 a) (1).
260 Religiös-metaphysischer Bereich; zur ersten Begriffsklärung s. die Einleitung, S. 19 f.

des Regelungsgehalts des § 23 Abs. 3 StGB aus methodischen Gründen ausgeklammert. Mit Blick auf die Zielsetzung dieser Arbeit, abergläubische und grob unverständige Versuche auf ihre Unterschiede hin zu untersuchen, müssen beide Versuchsarten zunächst voneinander begrifflich isoliert werden.

Die in diesem Abschnitt erfolgte Begriffsklärung ist im Ergebnis nur eingeschränkt brauchbar und bedarf einer Konkretisierung. Erst eine intensive Auseinandersetzung mit den möglichen Irrtumskonstellationen kann Aufschluss über eine verwertbare Begriffsbestimmung bieten.

2. Gegenstand des groben Unverstandes

Aus der Interpretation groben Unverstandes als ein Irrtum über „gemeinhin bekannte Ursachenzusammenhänge" werden in der Rechtstheorie Beschränkungen für den Anwendungsbereich des § 23 Abs. 3 StGB abgeleitet. In diesem Abschnitt wird untersucht, ob bei bestimmten Irrtumsarten ein genereller Ausschluss aus der Privilegierungsnorm gerechtfertigt ist.

Bei der Frage, auf welche Vorstellungen des Täters sich der grobe Unverstand zu beziehen hat, wird zwischen nomologischen und ontologischen Irrtümern (a), qualitativen und quantitativen Irrtümern (b), Rechtsirrtümern (c) und schließlich der grob unverständigen Motivation zur Tat (d) zu unterscheiden sein.

a) Nomologische und ontologische Irrtümer

(1) Begriffe

Aus der in den Gesetzesmaterialien erfolgten Begriffskonkretisierung „groben Unverstandes" auf „völlig abwegige Vorstellung von gemeinhin bekannten Ursachenzusammenhängen" bzw. auf die Verkennung „allereinfachster Naturgesetze"[261] folgt die herrschende Lehre, dass der Gesetzgeber mit § 23 Abs. 3 StGB nur evidente nomologische, also sich auf die naturgesetzliche Ordnung beziehende Irrtümer privilegieren wollte.

Bei grob unverständigen nomologischen Irrtümern irrt der Täter über allgemein bekannte naturgesetzliche Zusammenhänge. Das ist etwa der Fall bei einem Vergiftungsversuch mit Zucker[262] oder mit Hundenahrung[263], einem

---

261 Beide Zitate in Begr. E 1962 – BT-Drucks. IV/650 S. 145. In den Beratungen des Sonderausschusses spricht *Corves* von der „Verkennung physikalischer Gesetze", s. *Corves*, in: Prot. V, S. 1751.
262 *Seier/Gaude,* JuS 1999, 456, 459.
263 *Rath,* JuS 1998, 1106, 1112.

Abtreibungsversuch mit Himbeersaft[264] oder dem Versuch, ein in 1500 m Höhe fliegendes Flugzeug mit Luftgewehr, Schreckschusspistole oder Steinschleuder abzuschießen.[265] Als Beispiele für Versuche mit untauglichen *Mitteln* wurden zudem ein Tötungsversuch mit einer mit Sand geladenen Pistole[266] oder der Versuch, einen stählernen Tresor mit einer Nagelfeile oder mit bloßer Hand aufzubrechen[267] genannt. Aus der Rechtsprechung bekannt wurde der Versuch einer Abtreibung durch Senfbad und Seifenwasserspülung.[268] Eine grob unverständige Verkennung der Untauglichkeit des *Tatobjekts* liegt zum Beispiel dann vor, wenn sich eine Frau infolge eines Kusses für schwanger hält und die nur eingebildete Leibesfrucht abzutreiben versucht[269] oder wenn sie einen Abtreibungsversuch ein Jahr nach dem Geschlechtsverkehr unternimmt.

Ontologische Irrtümer, solche über den Sachverhalt, sollen nach dieser Literaturmeinung der Privilegierung des § 23 Abs. 3 StGB entzogen sein.[270] Ontologisch untaugliche Versuche betreffen Fehlvorstellungen über das Vorliegen oder Nichtvorliegen bestimmter tatsächlicher Umstände. Sie haben ihren Ursprung entweder in einem Wahrnehmungsfehler oder folgen aus dem schlichten Unwissen bestimmter Tatsachen, sie beruhen aber nicht auf der Verkennung naturgesetzlicher Ordnung.[271] Ein ontologischer Irrtum liegt etwa dann vor, wenn sich ein „Giftmörder" vergreift und statt Salzsäure das daneben stehende destillierte Wasser verwendet[272] (untaugliches Mittel, Beispiel 1) oder wenn ein Schütze die zu tötende Person mit einer Vogelscheuche verwechselt[273] (untaugliches Objekt,

---

264 SK-*Rudolphi*, § 23 Rn. 7.
265 Z. B. *Bringewat*, Rn. 571, *Wessels/Beulke/Satzger*, AT, Rn. 620.
266 Beispiel bei *v. Buri*, GS 20 (1868) 325, 327.
267 *Kienapfel*, AT, S. 392.
268 BGE 70, IV 49 ff. Zwar hat das Bundesgericht im Jahre 1944 groben Unverstand verneint; aus heutiger Sicht wäre die Unverstandsregelung anzuwenden, ausf. dazu S. 119 ff. S. auch RG LZ 1915, 302 f.
269 Dieser Irrtum, welcher zugleich ein Irrtum über das Subjekt ist, weil sich die Frau für taugliche Täterin einer Abtreibung hält, wird überwiegend dem Versuch am untauglichen Objekt zugeordnet, s. LK-*Hillenkamp*, § 23 Rn. 63 Fn. 93; *Roxin*, JuS 1973, 329, 331; *v. Hippel*, Strafrecht II, S. 415 Fn. 5 und S. 437; vgl. auch RGSt 8, 198, 204; 34, 217 f. S. auch S. 70 f.) Anders jedoch *Heinrich*, Jura 1998, 393, 396 und *Maier*, Objektivierung, S. 76, die darin ein unverständiges Motiv sehen.
270 Nachweise in Fn. 275–278.
271 S. *Bloy*, ZStW 113 (2001) 76, 87. Die Unterscheidung zwischen nomologischen und ontologischen Irrtümern geht zurück auf *zu Dohna*, Güterbock-FS, S. 54, 58 f., 61.
272 Beispiel bei *Jescheck/Weigend*, § 50 I 5 b) bb).
273 LK-*Hillenkamp*, § 23 Rn. 63.

Beispiel 2). Ebenso liegt ein ontologisch untauglicher Versuch vor, wenn ein Täter lediglich nicht weiß, dass die „Mordwaffe" nicht geladen ist (Beispiel 3), oder dass er den gestohlenen Gegenstand an einen verdeckten Ermittler der Polizei abzusetzen versucht[274] (Beispiel 4).

Diese Täter wissen, dass sie mit destilliertem Wasser niemanden vergiften können und dass sie mit Schüssen auf eine Vogelscheuche den Tod eines Menschen nicht bewirken. Ebenso wissen sie, dass nur geladene Schusswaffen gefährlich sind und dass ein Absatzversuch an verdeckte Ermittler zum Scheitern verurteilt ist. Sie haben also keineswegs *naturgesetzliche Zusammenhänge* verkannt, vielmehr haben sie aufgrund einer Verwechslung (Beispiele 1 und 2) bzw. aufgrund schlichter Unkenntnis bestimmter Tatsachen (Beispiele 3 und 4) lediglich die Tatsituation falsch erfasst.

(2) Meinungsstand

Die Befürworter einer Ausgrenzung ontologischer Irrtümer aus dem Erfassungsbereich des § 23 Abs. 3 StGB berufen sich vor allem auf den Willen des Gesetzgebers, der groben Unverstand als die Verkennung naturgesetzlicher Ordnung beschrieben hat.[275] Danach seien ontologische Fehlvorstellungen immer auszuklammern, auch wenn sie noch so abwegig sind.[276] Andere stehen auf dem Standpunkt, dass Irrtümer über das Tatbild schon gar nicht „unverständig" sein können, also vom Gesetzeswortlaut ohnehin nicht erfasst werden.[277] Die Vertreter der Eindruckstheorie verweisen auf die rechtserschütternde Wirkung, welche ein ontologisch untauglicher Versuch bei der Rechtsgemeinschaft hervorrufen würde.[278]

---

274 Vgl. LK-*Hillenkamp*, § 23 Rn. 63 mit weiteren Beispielen.
275 Gestützt auf die Gesetzesmaterialien z. B. *Alwart*, S. 233; *Ha*, Untauglicher Versuch, S. 53 f.; *Heinrich*, Jura 1998, 393, 396 und 398; *ders.*, AT, Rn. 675 f.; LK-*Hillenkamp*, § 23 Rn. 64 f.; *Jescheck/Weigend*, § 50 I 5 b) bb); *Krey/Esser*, AT, Rn. 1255; *Niepoth*, S. 90 f.; NK-GS-*Ambos*, § 23 Rn. 5; *Radtke*, JuS 1996, 878, 881 f.; Schönke/Schröder/*Eser/Bosch*, § 23 Rn. 17; LK-*Vogler*[10], § 23 Rn. 35. Für eine Ausgrenzung auch *Roxin*, AT II, § 29 Rn. 365 und *ders.*, JuS 1973, 329, 331 (ohne Begr.).
276 *Jescheck/Weigend*, § 50 I 5 b) bb); LK-*Vogler*[10], § 23 Rn. 35; Schönke/Schröder/*Eser/Bosch*, § 23 Rn. 17.
277 In diesem Sinne Baumann/Weber/*Mitsch*, AT[10] § 26 Rn. 35 f.; Heintschel-Heinegg-StGB/*Beckemper*, § 23 Rn. 11; LK-*Hillenkamp*, § 23 Rn. 64 f.; *Niepoth*, S. 90 f. Vgl. auch schon *Salm*, Versuch, S. 158 f. und *Horn*, ZStW 20 (1900), 309, 347 ff.
278 Z. B. *Radtke*, JuS 1996, 878, 882.

Die Gegenansicht, welche sich für eine Einbeziehung grob unverständiger Sachverhaltsvorstellungen in § 23 Abs. 3 StGB ausspricht, argumentiert vor allem mit dem Wortlaut, der auch auf diese Fälle passt,[279] mit unüberwindbaren Abgrenzungsproblemen zwischen beiden Irrtumsarten[280] sowie mit einer rechtlichen Gleichwertigkeit des Unrechts.[281]

Bevor die einzelnen Argumente auf den Prüfstand gestellt werden, ist noch die Sicht der Rechtsprechung darzustellen. Die Frage der Anwendbarkeit der Unverstandsregelung auf ontologische Irrtümer wurde niemals höchstrichterlich entschieden. Gleichwohl gibt es einige veröffentlichte Urteile, in welchen sich Gerichte unterschiedlicher Instanzen mit ontologisch untauglichen Versuchen in Bezug auf § 23 Abs. 3 StGB befasst haben. In einer Entscheidung des Bayerischen Obersten Landesgerichts zum versuchten Computerbetrug (§ 263a StGB) hat der Täter auf dem Magnetstreifen seiner ec-Karte die Kontonummer eines anderen hineinmanipuliert. Das Abheben des Bargeldes scheiterte jedoch daran, dass er die Geheimnummer des anderen nicht kannte und seine eigene PIN eingegeben hat. Das Gericht hat die Anwendbarkeit des § 23 Abs. 3 StGB mit der Begründung abgelehnt, dass die Tatvorstellungen des Angeklagten nicht völlig abwegig waren, weil die Erforderlichkeit der Eingabe der zum Konto (und nicht zur Karte) gehörigen persönlichen Geheimnummer nicht allgemein bekannt sei.[282]

Ebenso hat der Bundesgerichtshof bei einem Versuch, einen verdeckten Ermittler der Polizei zur Tötung anzustiften[283] und bei einem erfolglos gebliebenen Versuch, einen Mörder im Rotlichtmilieu zu dingen,[284] die Anwendbarkeit der Privilegierungsnorm (mangels Offenkundigkeit der Fehlvorstellungen) wegen Nichtvorliegens groben Unverstandes verneint. In gleicher Weise hat auch das Landgericht Freiburg in einem Fall zum versuchten Betrug geurteilt, dass

---

279 MK-*Herzberg/Hoffmann-Holland*, § 23 Rn. 50–52; *Zaczyk*, in: Kindhäuser/Neumann-StGB, § 23 Rn. 20.
280 Z. B. *Bloy*, ZStW 113 (2001) 76, 104; *Jakobs*, AT 25/36 Fn. 56a; *Maier*, Objektivierung, S. 78, 89; *Malitz*, S. 187 und *Timpe*, Strafmilderungen, S. 120 f.
281 Vgl. *Rath*, JuS 1998, 1106, 1113 und *Schönwandt*, S. 185 f.
Auf die Sachwidrigkeit einer Unterscheidung zwischen nomologischen und ontologischen Irrtümern im Allgemeinen haben auch schon *Geyer*, ZStW 1 (1881), 30, 37, 43; *v. Gemmingen*, S. 121 ff.; *v. Hippel*, Strafrecht II, S. 438 Fn. 3; *Kadečka*, MonKrimPsych 19 (1928), 129, 132; *v. Liszt/Schmidt*, Lb.[26], S. 315; *Rális*, ZStW 61 (1942), 1, 51 f. und *Roeder*, Erscheinungsformen, S. 31 f. hingewiesen.
282 BayObLG wistra 1993, 304, 306.
283 BGH, Urt. vom 02.03.2005 – 5 StR 518/04.
284 BGH, Beschl. vom 07.12.2004 – 1 StR 487/04.

die irrige Annahme nicht völlig abwegig ist, dass das deutsche Bankensystem angesichts der in heutiger Zeit weltweit fließenden Geldströme mit dem amerikanischen soweit kompatibel sei, dass auch Schecks in Millionenhöhe problemlos eingelöst werden könnten.[285]

Auch wenn sich diese Gerichte zur Anwendbarkeit des § 23 Abs. 3 StGB auf ontologisch untaugliche Versuche nicht ausdrücklich geäußert haben, so setzen sie doch die prinzipielle Anwendbarkeit dieser Vorschrift voraus, wenn sie in den angeführten Fällen allein darauf abstellen, ob die Vorstellungen der Täter „völlig abwegig" waren. Dem ist zu entnehmen, dass die Rechtsprechung den differenzierenden Ansatz nicht teilt.

(3) Auslegung

Im Folgenden wird mittels juristischer Auslegungsregeln untersucht, ob bzw. inwiefern ein Ausschluss ontologischer Irrtümer aus der Regelung des § 23 Abs. 3 StGB gerechtfertigt ist.

aa) Grammatikalische Auslegung

Zunächst ist zu klären, ob der Wortlaut des § 23 Abs. 3 StGB eine Einbeziehung falscher Sachverhaltsvorstellungen erlaubt. Der Gesetzestext selbst nimmt keine Differenzierung nach Irrtumsarten vor. Er verlangt nur, dass der Täter aufgrund der Art des Tatobjekts oder des Tatmittels die Vollendungsuntauglichkeit seiner Tat aus grobem Unverstand verkannt hat. Es ist deshalb zu prüfen, ob es Tatsachenirrtümer gibt, die im allgemeinen Sprachgebrauch als „grob unverständig" bezeichnet werden können.

Befragt man die gängigen Lexika, ist *Unverstand* eine „Verhaltensweise, die Mangel an Verstand und Einsicht zeigt"[286]. Im alltagssprachlichen Verständnis handelt unverständig, wer die Fähigkeit nicht besitzt bzw. nicht gebraucht, logische Schlüsse zu ziehen oder Schlüsse aus Wissen zu ziehen, welches durch Erfahrung gewonnen wurde. Eine Beschränkung auf Naturgesetze bzw. Ursachenzusammenhänge ist dem Begriff nicht zu entnehmen. Gegen die Interpretation des „Groben" des Unverstandes als eine nach allgemeinem Erfahrungswissen offensichtlich falsche Vorstellung ist aus sprachanalytischer Sicht nichts einzuwenden. Übertragen auf § 23 Abs. 3 StGB bedeutet dies Folgendes: Das Verkennen der Tauglichkeit bei einem grob unverständigen Versuch muss

---

285 LG Freiburg – Urteil vom 8. November 2010 – 8 Ns 420 Js 9168/09.
286 *Duden*, Deutsches Universalwörterbuch 2011 (Stichwort: „Unverstand").

auf intellektuelle Mängel zurückgehen (Unverstand) und für jeden Menschen mit durchschnittlichem Erfahrungswissen offensichtlich sein (grob).

In den oben[287] angeführten Fällen haben die Irrtümer ihren Ursprung in der Unachtsamkeit des Täters (Beispiele 1 und 2) bzw. in der bloßen Unkenntnis bestimmter Tatsachen (Beispiele 3 und 4). Diese Irrtümer, mögen sie auch noch so offensichtlich und vermeidbar sein, sind nicht auf eine intellektuelle Minderleistung der Handelnden zurückzuführen. Solche „oberflächlichen" Irrtümer können auch verständigen und fachkundigen Menschen unterlaufen, bloßes Versehen bzw. Nichtkennen ist noch kein Unverstand.[288] Bei einer schlichten Unkenntnis bestimmter Tatsachen bzw. bei einer bloß „affektiven" Verwechslung weicht allein die äußere Sachlage von der vom Täter vorgestellten ab (*rein* ontologische Irrtümer). Sie scheiden aus dem Geltungsbereich des § 23 Abs. 3 StGB deshalb aus, weil die Voraussetzungen dieser Vorschrift nicht erfüllt sind.[289]

Indes sind auch Irrtümer über tatsächliche Umstände denkbar, bei welchen der Versuch nicht allein wegen falscher Erfassung des Tatbildes scheitert, sondern der ontologische Irrtum auf nomologische Fehlvorstellungen zurückgeht (*nomologisch-ontologische* Irrtümer).[290] So z.B. wenn ein Täter eine aus der Sicht eines Durchschnittsmenschen als solche ohne weiteres erkennbare Pistolenimitation, z. B. aus Zeitungspapier, Lakritze oder Knetgummi, für eine echte Schusswaffe hält und damit einen anderen zu erschießen versucht (Beispiel 5). Zwar liegt auch hier eine Verwechslung vor (ontologischer Irrtum), dennoch ist auch eine Fehlvorstellung über physikalische Gesetze vorhanden, wenn jemand glaubt, mit solchen „Pistolen" lebensgefährliche Projektile abfeuern zu können. Dieser Irrtum kann nicht als eine bloße „Sinnestäuschung"[291] bezeichnet werden. Der Täter hat nicht etwa nur versehentlich nach einem untauglichen Mittel gegriffen, sondern er hat offenbar nicht die Erfahrung gesammelt, dass eine echte Schusswaffe ein ganz anderes äußeres Erscheinungsbild aufweist und andere physikalische Eigenschaften besitzt als eine Nachbildung der beschriebenen

---

287 D II. 2 a) (1), S. 87.
288 In diesem Sinne auch MK-*Herzberg/Hoffmann-Holland*, § 23 Rn. 52.
289 Zur Strafwürdigkeit dieser Irrtümer unter dem Blickwinkel der Eindruckstheorie S. 51 ff.
290 Die Unterscheidung zwischen rein ontologischen Irrtümern und solchen, die auf nomologische Fehlvorstellungen rückführbar sind, geschieht allein aus Darstellungsgründen; sie hat keine unmittelbaren Auswirkungen auf das Ergebnis.
291 Diesen Begriff verwendet im Zusammenhang mit ontologischen Irrtümern LK-*Hillenkamp*, § 23 Rn. 64.

Art[292] – sie müsste vor allem stabil sein. Wer diesen Unterschied nicht erkennt, handelt extrem lebensfremd. Die Annahme des Täters, eine gefährliche Waffe in der Hand zu halten, zeugt von seiner intellektuellen Beschränktheit. Ihm musste doch von vornherein klar sein, dass dieses Stück Papier, Lakritze oder Knete keine scharfe Waffe sein kann. Das Verkennen der Vollendungsuntauglichkeit beruht auf einem Denkfehler bzw. auf mangelndem Urteilsvermögen. Man kann deshalb durchaus von „Unverstand" sprechen. Aus diesem Grund wurde die Forderung laut, zumindest solche Tatsachenirrtümer in § 23 Abs. 3 StGB einzubeziehen, welche ihre Ursache in nomologischen Fehlvorstellungen haben.[293]

Allerdings gibt es auch *rein* ontologische Irrtümer, die als „völlig abwegig" angesehen werden können. Zum besseren Verständnis werden an dieser Stelle zwei Fälle gegenübergestellt.

Beispiel 6: Versucht jemand ein in 10 km Höhe fliegendes Verkehrsflugzeug mit einem Revolver abzuschießen, so befindet er sich in einem *nomologischen* Irrtum über die Reichweite der Waffe. Dieser Irrtum kann prinzipiell nach § 23 Abs. 3 StGB behandelt werden.

Beispiel 7: Der Abschussversuch wäre aber von vornherein aus § 23 Abs. 3 StGB ausgeklammert, wenn der Täter im obigen Fall weiß, dass seine Waffe nur 100 m weit trägt, er aber angenommen hat, dass das Flugzeug in 100 m Höhe fliegt. Da Kleinkaliberpistolen Geschosse in eine Höhe von 100 m tragen können, hat der Täter keineswegs Kausalgesetze verkannt. Es liegt allein eine falsche Sachverhaltserfassung vor (*ontologischer* Irrtum).[294] Die falsche Tätervorstellung geht auf eine mangelnde tägliche Erfahrung zurück und zeugt von extremer Lebensfremdheit des Handelnden. Wer glaubt, dass ein Passagierflugzeug, das er mit bloßem Auge gerade noch erkennen kann, in 100 m Höhe fliegt und somit mit einem Revolver abgeschossen werden kann, hat Denkgesetze außer Acht gelassen. In diesem Fall kann man durchaus vom ontologischen Unverstand sprechen. Bei derart krasser Fehleinschätzung der Entfernung ist die Undurchführbarkeit des geplanten Flugzeugabschusses mit einer Waffe, deren Reichweite

---

292 In diesem Sinne *Albrecht*, S. 49.
293 So z. B. *Bloy*, ZStW 113 (2001) 76, 104; *Niepoth*, S. 107 Fn. 382; *Rath*, JuS 1998, 1106, 1113. Vgl. auch *Radtke*, JuS 1996, 878, 882. Anders die h. M., z. B. LK-*Hillenkamp*, § 23 Rn. 65: die fehlende Nachvollziehbarkeit mache einen Wahrnehmungsfehler nicht zum Unverstand. Nach Baumann/Weber/*Mitsch*, AT[10] § 26 Rn. 35 ist in solchen Fällen zwar die Vorstellung über die Beschaffenheit des Mittels unverständig, nicht aber die daraus abgeleitete Tötungstauglichkeit bei seinem Einsatz.
294 Mit diesem Doppel-Beispiel zum ontologischen Unverstand auch *Schönwandt*, S. 185 und *Maier*, Objektivierung, S. 77.

man laienhaft ungefähr erfassen kann (Revolver) aus der Sicht eines Dritten offensichtlich. Jeder Normalbürger muss ohne weiteres erkennen, dass sich das hoch fliegende Flugzeug weit außerhalb der Reichweite eines Revolvers befindet, auch wenn er weder die genaue Tragweite der Waffe kennt, noch die Distanz zahlenmäßig bezeichnen kann.

Die Irrtümer in beiden Beispielen sind auf eine mangelnde Lebenserfahrung des Täters zurückzuführen (hins. Tragfähigkeit von Schusswaffen bzw. hins. Einschätzung von Distanz), beide beruhen auf einem Denkfehler, in beiden Fällen ist die Undurchführbarkeit der Tat aus objektiver Sicht evident. Insofern können beide Irrtümer als grob unverständig bezeichnet werden. Die unterschiedliche strafrechtliche Behandlung dieser Fälle leuchtet nicht ein.

Die aus dem Vorstehenden folgenden Zweifel an der materiellen Richtigkeit einer generellen Ausgrenzung defizitären ontologischen Wissens aus der Unverstandsregelung verstärken sich bei einem Vergleich der Begehungsmodalitäten des § 23 Abs. 3 StGB. Nach dem Wortlaut dieser Regelung kann sich die Untauglichkeit aus der „Art des Gegenstandes […] oder des Mittels" ergeben. Gerade die erst genannte Alternative („Gegenstand") bezieht sich aber primär auf Fehlvorstellungen über *tatsächliche* Umstände, nämlich auf die Beschaffenheit des *Tatobjektes*.[295] Zwar sind auch bei untauglichen Tatobjekten völlig abwegige Irrtümer über Naturgesetze denkbar (z. B. wenn ein Mann sich für schwanger hält und die „Leibesfrucht" abzutreiben versucht[296]). Im Regelfall liegt hier aber eine falsche Sachverhaltserfassung vor.

Das ontologische Unverständnis kann dabei völlig abwegig sein, etwa bei einem Mordversuch an einer sich bereits im Verwesungsstadium befindlichen Leiche, welche der Täter für einen lebenden Menschen hält, weil die Augen geöffnet sind[297] (Beispiel 8); bei einem Kindesmissbrauchsversuch nach § 176 StGB durch einen Täter, welcher eine Dreißigjährige für dreizehnjährig hält, weil sie keine Schamhaare hat[298] (Beispiel 9) oder bei einem Vergewaltigungsversuch an einer Gummipuppe[299] (Beispiel 10). Bei solchen Versuchen kann nicht mehr von oberflächlichen Irrtümern gesprochen werden, die jedem unterlaufen können.

---

295 Auch MK-*Herzberg/Hoffmann-Holland*, § 23 Rn. 51 hat darauf hingewiesen, dass die Unverstandsregelung in dieser Variante faktisch leer laufen würde.
296 Zur Einordnung als untaugliches Objekt und nicht als untaugliches Subjekt S. 70 f. Weitere Beispiele S. 87.
297 Beispiel bei LK-*Hillenkamp*, § 23 Rn. 63. Nach *Roxin*, AT II § 29 Rn. 365 ist der ontologische Irrtum in einen nomologischen Irrtum übergegangen.
298 Beispiel bei LK-*Hillenkamp*, § 23 Rn. 63.
299 Beispiel bei *Kienapfel*, AT, S. 392.

Das Verkennen der Untauglichkeit der Tatobjekte beruht in diesen Fällen auf einem Denkfehler des Täters, seiner besonderen Einfalt und seinem mangelnden Erfahrungswissen.[300] Ein Grund für einen Ausschluss solcher Fälle aus der Unverstandsregelung ist nicht ersichtlich. Vielmehr ist nicht einzusehen, warum die nach §§ 22 f. StGB strafbare Tatmodalität der Untauglichkeit des Objekts im Regelfall nicht nach § 23 Abs. 3 StGB privilegiert werden könnte, obwohl dies nach dem Wortlaut der Norm eindeutig ein Fall des § 23 Abs. 3 StGB sein soll.

Die Betrachtungen zu den verschiedenen Irrtumskonstellationen haben gezeigt, dass es möglich ist, bestimmte Sachverhaltsirrtümer unter groben Unverstand zu subsumieren. Dabei kann es sich sowohl um rein ontologische als auch um nomologisch-ontologische Irrtümer handeln.

bb) Historische Auslegung

Zu Beginn dieses Abschnittes wurde gesagt, dass die Ausgrenzung ontologisch untauglicher Versuche aus § 23 Abs. 3 StGB auf Gesetzesmaterialien zurückgeht. In der amtlichen Begründung des Bundestagsentwurfs E 1962 ist grober Unverstand als eine „völlig abwegige Vorstellung von gemeinhin bekannten Ursachenzusammenhängen" beschrieben; zuvor ist von einer Verkennung „allereinfachster Naturgesetze"[301] die Rede.

Die Nennung der „Naturgesetze" in der Bundestagsvorlage könnte noch als ein bloßes Beispiel aufgefasst werden, weil sie im Zusammenhang mit einem Exempel erfolgt (Abtreibungsversuch einer Nichtschwangeren). Diese Textstelle schließt deshalb die Anwendbarkeit des § 23 Abs. 3 StGB auf andere als nomologische Fehlvorstellungen nicht zwingend aus. Die Definition groben Unverstandes als ein Irrtum über „Ursachenzusammenhänge" ist aber eindeutig auf Kausalgesetze beschränkt und lässt somit auf den Willen des Gesetzgebers schließen, Irrtümer über Tatsachen mit dem Begriff nicht erfassen zu wollen.

Gleichwohl bleiben Zweifel bestehen, ob der Gesetzgeber mit dieser Begriffsbestimmung bewusst alle Sachverhaltsirrtümer ausgrenzen wollte. Ein Grund dafür ist weder in den Materialien genannt worden, noch ist er erkennbar; im Bericht des Sonderausschusses für die Strafrechtsreform[302] finden sich für eine

---

300 In diesen Beispielen beruht der ontologische Irrtum auf nomologischen Fehlvorstellungen: Wer glaubt, dass ein stark verwesender Körper noch leben kann, oder nicht erkennt, dass sich Gummi anders anfühlt als der Körper eines Menschen, der hat bei der falschen Sachverhaltserfassung (lebender Mensch, missbrauchsfähiges Handlungsobjekt) gleichzeitig Naturgesetze verkannt.
301 Beide Zitate in Begr. E 1962 – BT-Drucks. IV/650 S. 145.
302 BT-Drucks. V/4095.

Differenzierung nach Irrtumsarten überhaupt keine Anhaltspunkte. Zudem wollte auch der E 1962 (ausdrücklich anders als der E 1925) wegen unlösbaren Abgrenzungsproblemen zwischen strafwürdigen und nicht strafwürdigen Fällen „in jedem einzelnen Falle" bei grob unverständigen Versuchen dem Gericht die Rechtsfolgen des § 23 Abs. 3 StGB offen lassen.[303] Der E 1925, auf den E 1962 Bezug nimmt, wollte aber gerade „grobe Unwissenheit über Naturgesetze" in seinem § 23 Abs. 4 für straflos erklären.[304] Diese Stelle in der Bundestagsvorlage lässt durchaus die Deutung zu, dass der E 1962 die Privilegierung nicht – wie E 1925 – nur auf die Verkennung der Naturordnung beschränken wollte und deshalb die weitere Wendung „grober Unverstand" gewählt hat.

Die Gesetzesmaterialien sind nicht eindeutig. Dennoch begünstigen sie durch die explizite Nennung der „Ursachenzusammenhänge" in der Definition groben Unverstandes eher die Auffassung, dass Tatsachenirrtümer durch § 23 Abs. 3 StGB nicht erfasst werden sollen.

Allerdings ist dieser mögliche gesetzgeberische Wille im Gesetz selbst nicht zum Ausdruck gebracht worden. Die grammatikalische Auslegung hat gezeigt, dass prinzipiell auch grob törichte Sachverhaltsvorstellungen vom Wortlaut des § 23 Abs. 3 StGB erfasst sind. Falls der Gesetzgeber es also wirklich anders wollte, so ist dieser Wille, angesichts dessen, was er tatsächlich angeordnet hat, von untergeordneter Relevanz.[305] Allein dann, wenn sich aus dem Sinn und Zweck der Regelung eine andere Deutung ergibt, darf man sich über den Wortlaut hinwegsetzen. Deshalb wird als Nächstes untersucht, ob der Telos des § 23 Abs. 3 StGB einen generellen Ausschluss ontologischer Irrtümer aus der Privilegierung legitimiert.

cc) Teleologische Auslegung

Aus ratiokonformer Sicht ist zu untersuchen, ob sich ein Grund für eine einseitige Privilegierung nomologischer Irrtümer aus dem Strafgrund des Versuchs (α), aus einer unterschiedlichen Unrechtsqualität (β) oder ungleichem Unrechtsgehalt beider Irrtümer (γ) ableiten lässt.

---

303 Begr. E 1962 – BT-Drucks. IV/650 S. 144.
304 S. o., S. 28.
305 S. *Maier*, Objektivierung, S. 80 mit Fn. 245, der darauf hinweist, dass schon in BGHSt 12, 166, 172 betont wurde, dass dem gesetzgeberischen Willen neben dem eindeutigen Wortlaut keine Bedeutung beizumessen ist. Ähnliche Aussagen finden sich auch bei *Dicke*, JuS 1968, 157, 159; *Jakobs*, AT 4/21 und *Schmidhäuser*, AT², 3/52 f. S. auch BGHSt 10, 157, 159 f.; RGSt 37, 333, 334; BVerfGE 11, 126, 130 f.; JZ 1954, 489, 492.

α) Vom *subjektiven* Standpunkt ist eine ungleiche Behandlung nomologischer und ontologischer Irrtümer nicht erklärbar, weil ein betätigter verbrecherischer Wille bei allen Versuchen – ungeachtet der Ursache des Scheiterns – in gleichem Maße vorhanden ist.

Stellt man mit der herrschenden *Eindruckstheorie* auf eine mögliche rechtserschütternde Wirkung ab, welche die deliktische Willensbetätigung bei der Allgemeinheit hinterlässt, so meint *Radtke* einen Grund für diese Differenzierung zu erkennen. Die ungleiche Behandlung nomologischer und ontologischer Fehlvorstellungen beruhe darauf, dass ein Versuch, dessen Erfolg allein deshalb ausgeblieben ist, weil der Täter bei der Tatbegehung lediglich „unsorgfältig" agierte, eher rechtserschütternd wirken könne, als ein Versuch, bei dem grobe Verkennung naturgesetzlicher Zusammenhänge die Vollendung ausschließt.[306]

Das ist zwar richtig, diese Argumentation trifft jedoch nur auf die Fälle der bloß „nachlässigen Irrtümer" (Versehen, Vergreifen) zu. Solche Irrtümer sind aber *nicht unverständig* und deshalb ohnehin nicht vom Wortlaut des § 23 Abs. 3 StGB erfasst. Wer einen generellen Ausschluss begründen will, muss das Augenmerk auf die Fälle richten, bei welchen sich die Frage nach einer möglichen Einbeziehung überhaupt stellt – wie in den oben angeführten Beispielen zum ontologischen Unverstand.[307] Solche Taten, etwa der Vergewaltigungsversuch an einer Gummipuppe, Kindesmissbrauchsversuch an einer Dreißigjährigen oder der Tötungsversuch mit einer Lakritzenpistole (ontologische Irrtümer), beunruhigen die Rechtsgemeinschaft nicht mehr als beispielsweise ein Vergiftungsversuch mit Vitamin C (nomologischer Irrtum). Alle diese Fälle wirken gleich viel lächerlich und gleich wenig bedrohlich. Die Art des Irrtums hat auf die Wirkung einer Tat auf die Allgemeinheit keinen Einfluss. Im Lichte der Eindruckstheorie lässt die völlige Abwegigkeit der Tätervorstellung einen *Versuch* bei beiden Irrtumsarten in gleichem Maße minderstrafwürdig erscheinen. Aus dem Gesagten folgt, dass Strafgrunderwägungen einen generellen Ausschluss ontologischer Irrtümer nicht legitimieren.

β) Nach *Maier* lässt sich eine Differenzierung nach Irrtumsarten damit erklären, dass ontologische Irrtümer mit der *konkreten* Tat im engen Zusammenhang stünden, nomologischen Vorstellungen hingegen eine selbständige, von den konkreten Tatumständen losgelöste Bedeutung für die Unrechtsbegründung zukomme, weil sie unabhängig von der konkreten Tat in der Tätervorstellung „schlummerten". Der Täter gehe mit dem Irrtum, etwa von der Giftigkeit des

---

306 *Radtke*, JuS 1996, 878, 882.
307 S. 91 (Beispiel 5), S. 92 (Beispiel 7), S. 93 (Beispiele 8–10).

Zuckers oder von der Abtreibungswirkung von Senfbädern, quasi schon ans Werk.[308]

Auch diese Begründung grenzt jedoch nur die bloßen „Fehlgriffe" aus der Unverstandsregelung aus, die aber gerade nicht grob unverständig sind. Ein ontologischer Unverstand „schlummert" doch ebenfalls in der Tätervorstellung bereits im Vorfeld der Tatbegehung – man denke z. B. an die Vorstellung, dass Tote immer geschlossene Augen haben (nomologisch-ontologische Irrtümer) oder an die Unfähigkeit, eine Entfernung richtig einzuschätzen (rein ontologische Irrtümer). Zudem ist es für § 23 Abs. 3 StGB ohne Bedeutung, wie lange der Irrtum in der Tätervorstellung vorhanden ist. Auch *Maiers* Argumentation macht deshalb eine einseitige Privilegierung nomologischer Fehlvorstellungen nicht begreiflich.

γ) Der Regelungszweck des § 23 Abs. 3 StGB war, die Härten abzumildern, welche sich aus der Anordnung der Strafbarkeit für untaugliche Versuche ergeben.[309] Deshalb ist zu untersuchen, ob unbillige Härten bestehen würden, wenn bei völlig abwegigen ontologischen Irrtümern die Möglichkeit einer gem. § 23 Abs. 3 StGB gemilderten Bestrafung ausgeschlossen wäre.

Nach der hier entwickelten „Strafzumessungstheorie" liegt der Grund der Besserstellung grob unverständiger Versuche darin, dass bei solchen Taten das Gewicht des bei Versuchen typischen Handlungsunrechts generell niedrig zu bewerten ist und aus kriminalpolitischer Sicht keine oder nur eine erheblich reduzierte Notwendigkeit einer Bestrafung besteht. Dies folgt daraus, dass grob unverständige Versuche generell durch gewichtige Strafmilderungsumstände gekennzeichnet sind. Wendet man die hiernach relevanten (v. a. versuchsbezogenen) Kriterien auf ontologisch untaugliche grob unverständige Versuche an (Beispiele 5, 7–10)[310], ergibt sich ein genau gleiches Bild wie bei allen anderen grob unverständigen Versuchen:[311] Bei einem Versuch, der aufgrund einer völlig abwegigen Sachverhaltserfassung untauglich ist (z. B. ein Tötungsversuch mit einer Papierpistole), handelt es sich um ein in jeder Hinsicht ungefährliches Unterfangen. Anders als bei einer „verständigen" Verwechslungstat, die wegen ihres bloß zufallsbedingten Scheiterns als risikobehaftet im weiten Sinne anzusehen ist,[312] ist einem grob unverständigen Tatsachenirrtum von vornherein jegliches Gefahrpotenzial abzusprechen. Das Ausbleiben des Erfolges basiert nicht allein auf täterunabhängigen Faktoren. Der Grund für die Nichtvollendbarkeit der Tat

---

308 *Maier*, Objektivierung, S. 79 mit Fn. 242.
309 Begr. E 1962 – BT-Drucks. IV/650 S. 144 f.
310 S. 58 f.
311 S. 59 ff.
312 S. 53.

und für die äußerste Vollendungsferne ist auf eine extreme Lebensfremdheit eines Täters zurückzuführen, der Tatsachen verkannt hat, die jedem normalen Menschen nicht verschlossen bleiben.[313] Die im Versuch zu Tage getretene kriminelle Intensität hat auch bei ontologischen Irrtümern auf die Beurteilung der Gefährlichkeit der Tat keinen Einfluss. Im Hinblick auf etwaige versuchsfremden Umstände bzw. auf eine präventive Einwirkungsnotwendigkeit auf den Täter oder auf die Allgemeinheit ergeben sich im Prinzip ebenfalls keine Unterschiede zu nomologischen grob unverständigen Versuchen.[314] Die Art des Irrtums wirkt sich auf diese Faktoren nicht aus.

Das Ergebnis der „Strafzumessungstheorie" ist eindeutig: Wie bei allen grob unverständigen Versuchen, so besteht auch bei völlig abwegigen Sachverhaltsannahmen ein generell niedriger Unrechtsgehalt und ein kaum zu begründendes, allenfalls geringes Strafbedürfnis. Eine privilegierungslose Bestrafung grob unverständiger Tatsachenirrtümer würde demnach in gleichem Maße wie bei nomologischen Irrtümern eine unbillige Härte bedeuten.

dd) Ergebnis der Auslegung

Die Auseinandersetzung mit verschiedenen Irrtumskonstellationen hat ergeben, dass ein nach § 23 Abs. 3 StGB privilegierungsfähiger grober Unverstand prinzipiell auch bei einer falschen Vorstellung über den Sachverhalt vorliegen kann. Ein Ausschluss dieser Fälle aus der Unverstandsregelung ist mit Blick auf den Normzweck nicht gerechtfertigt. Die gleiche Unrechts- und Schuldminderung wie bei nomologischen Irrtümern erfordert in gleichem Umfang eine Besserstellung auf der Rechtsfolgenseite. Eine auf grobem Unverstand beruhende Verkennung tatsächlicher Umstände verdient die Milde des § 23 Abs. 3 StGB.

(4) Rechtsdogmatische Gründe

Von den Gegnern des differenzierenden Ansatzes werden zudem allgemeine dogmatische Argumente für eine Einbeziehung ontologischer Irrtümer in § 23 Abs. 3 StGB angeführt.

aa) *Timpe* befürchtet, dass durch eine Unterscheidung zwischen nomologischen und ontologischen Fehlvorstellungen die auf der Ebene des „ob" der Strafe als überwunden geglaubte Unterscheidung von tauglichen und untauglichen Versuchshandlungen auf der Ebene des „Wie" der Strafe wieder auftaucht.[315]

---

313 Vgl. S. 58.
314 Vgl. die Ausführungen auf S. 65 f., die hier entsprechend gelten.
315 *Timpe*, Strafmilderungen, S. 120.

Diese Befürchtung ist jedoch unbegründet, weil § 23 Abs. 3 StGB nur bei eindeutig untauglichen Versuchen zum Zuge kommt – bei solchen stellt sich die Abgrenzungsfrage zu tauglichen Versuchen nicht.[316]

bb) *Jakobs* und *Maier* meinen, dass ontologische Irrtümer schon deshalb in § 23 Abs. 3 StGB einbezogen werden können, weil sie nach Belieben in nomologische umgedeutet werden könnten. So ließe sich zum Beispiel bei einer Verwechslung eines Menschen mit einer Statue auch sagen, dass ein Schuss auf eine Statue *gesetzmäßig* nicht geeignet ist, den Tod eines Menschen herbeizuführen.[317] Dieses Argument vermag jedoch ebenfalls nicht zu überzeugen, denn das weiß auch der Täter, dass er mit einem Schuss auf eine Statue einen abwesenden Menschen nicht erschießen kann. Bei dieser Umformulierung kann also nicht mehr von einem (nomologischen) Irrtum *des Täters* gesprochen werden.[318] In einem Irrtum befindet sich der Schütze deshalb, weil er glaubt, dass die Statue ein Mensch ist, und das ist ein Irrtum über die augenblickliche Situation, also ein ontologischer Irrtum im oben beschriebenen Sinne.

cc) Gewichtiger ist jedoch der mehrfach in der Strafrechtsliteratur vorgebrachte Einwand, dass einer einseitigen Privilegierung nomologischer Irrtümer unüberwindbare Abgrenzungsschwierigkeiten zwischen beiden Irrtumsarten entgegenstünden.[319] Sie folgen daraus, dass jeder nomologische Irrtum gleichzeitig eine Verkennung tatsächlicher Verhältnisse beinhaltet. Kausalgesetze werden verkannt, weil zugleich Tatsachen (z. B. Beschaffenheit bestimmter Stoffe, Tragfähigkeit einer Schusswaffe, Konzentration des Giftes) verkannt werden.[320]

So liegt z. B. bei einem unterdosierten Vergiftungsversuch in der Vorstellung, dass die verwendete Menge ausreichend ist, eine Fehlvorstellung über die Wirkung des Mittels vor, also ein nomologischer Irrtum. Dieser Irrtum resultiert jedoch daraus, dass der Täter – um mit den Worten des Bundesgerichtshofs zu sprechen – „die Stärke des verwendeten Giftes" verkannt hat bzw. über die „tatsächliche Beschaffenheit des […] in seiner giftigen Konzentration für ausreichend gehaltenen Mittels" im Irrtum war.[321] Der kausalgesetzlich untaugliche Vergiftungsversuch ist auf mangelndes Tatsachenwissen zurückzuführen. Die verwendete Dosis wurde für ausreichend gehalten, weil die Beschaffenheit des Mittels bzw.

---

316 S. auch S. 82 f.
317 *Jakobs*, AT 25/36 Fn. 56a und *Maier*, Objektivierung, S. 89.
318 Würde der Täter so denken, so würde es sich um einen *irrealen* Versuch handeln, dazu S. 143 ff.
319 Vgl. die Nachweise in Fn. 280.
320 So *Maier*, Objektivierung, S. 89. In diesem Sinne auch bereits *v. Gemmingen*, S. 121 ff.
321 BGHSt 41, 94–96 (Insektengiftfall); ausf. dazu S. 101 ff.

die Konzentration des Giftes verkannt wurde. Bei sog. „nomologischen Irrtümern" gibt es also immer nur „Mischformen". Ein rein nomologischer Irrtum ist gar nicht denkbar. Umgekehrt werden bei vielen ontologisch untauglichen Versuchen zugleich Kausalgesetze verkannt.[322]

Da bei den meisten grob unverständigen Versuchen beide Elemente vermengt sind, ist eine Unterscheidung zwischen nomologischen und ontologischen Irrtümern mit erheblichen Abgrenzungsproblemen belastet. Jeder Versuch, bei diesen „gemischten" Irrtümern eine klare Trennungslinie zu finden, bedeutet eine unnatürliche Aufspaltung einer einheitlichen Urteilsbasis.[323] Will man mit einem Teil der Wissenschaftler nur die auf nomologische Fehlvorstellungen „rückführbaren" ontologischen Irrtümer in § 23 Abs. 3 StGB einbeziehen,[324] so stellt sich zusätzlich die ebenfalls schwer zu lösende Frage, ob die falsche Sachverhaltserfassung auf dem Irrtum über Kausalgesetze beruht oder nicht. Wenn man aber allein das Vorliegen groben Unverstandes in dem beschriebenen Sinne[325] über die Anwendbarkeit der Regelung entscheiden lässt, so erübrigt sich die gesamte Abgrenzungsproblematik. Diese praktische Überlegung stellt zwar für sich allein noch keinen hinreichenden Grund dar, Tatsachenirrtümer in § 23 Abs. 3 StGB einzubeziehen. Aus der vorstehenden Erörterung dürfte jedoch deutlich geworden sein, dass gerade im Bereich grob unverständiger Versuche nomologische und ontologische Vorstellungsinhalte innerhalb einer Tat sehr eng miteinander verzahnt sind, so dass die Zuordnung zu nur einer der Irrtumsarten in vielen Fällen willkürlich erscheint.

dd) Schließlich ist zu beachten, dass eine Beschränkung auf nomologische Irrtümer zu unbilligen Ergebnissen bei untauglichen Subjekten führt. Die irrige Annahme einer besonderen Pflichtenstellung geht auf eine Verkennung tatsächlicher Umstände zurück, niemals aber kann sie aus einem Irrtum über Naturgesetze entstehen. Die einseitige Privilegierung nomologischer Irrtümer würde also dazu führen, dass der „untaugliche Täter" zwar nach § 22 StGB strafbar ist,[326] eine Besserstellung nach § 23 Abs. 3 StGB aber bei noch so unsinnigen Vorstellungen nicht möglich wäre. Das widerspricht dem Sinn und Zweck der Unverstandsregelung, denn auch hier gilt es die unbilligen Härten abzuschwächen, welche durch die Anordnung der Strafbarkeit für untaugliche Versuche entstanden sind.

---

322 Vgl. die Ausführungen auf S. 58 (Beispiel 5).
323 Darauf hat schon *Malitz*, S. 187 hingewiesen.
324 S. Nachweise in Fn. 293.
325 S. 90.
326 S. 70 ff.

(5) Fazit

Eine Unterscheidung zwischen falschem Tatsachenwissen und einer Unkenntnis der Kausalgesetze im Rahmen des § 23 Abs. 3 StGB ist nicht gerechtfertigt. Wenn Fehlvorstellungen im tatsächlichen Bereich einen strafbaren Versuch begründen können, so muss bei diesen Versuchen auch die Möglichkeit einer Besserstellung nach § 23 Abs. 3 StGB bestehen. Aus dem Sinn und Zweck des § 23 Abs. 3 StGB folgt die Notwendigkeit der Erstreckung der Norm auf *alle* grob unverständige Versuche, ungeachtet der Quelle des Irrtums.

b) Qualitative und quantitative Irrtümer

Eine weitere Streitfrage betrifft die Problematik, ob nur qualitativ oder ob auch quantitativ untaugliche Versuche die Rechtsfolgen des § 23 Abs. 3 StGB auslösen können. *Qualitativ* untaugliche Versuche sind solche, die schon „ihrer Art nach" ungeeignet sind, den erstrebten Erfolg zu bewirken, wie etwa ein Abtreibungsversuch mit Kamillentee. Sie unterfallen unstreitig der Unverstandsregelung. Bei bloß *quantitativen* Irrtümern ist das verwendete Mittel bzw. die ausgeführte Handlung „an sich" erfolgstauglich (Gift, geladene Schusswaffe), im konkreten Fall konnte der Versuch jedoch nicht zur Vollendung führen, weil beispielsweise eine unzureichende Menge dieses Mittels eingesetzt wurde („Dosierungsirrtum"), die Reichweite einer Schusswaffe verkannt wurde („Reichweiteirrtum") bzw. die Tragweite der Waffe wurde zwar richtig erkannt, aber die Entfernung des Angriffsobjekts irrtümlich innerhalb des Schussbereichs der Waffe eingeschätzt („Entfernungsirrtum"). Solche bloßen „Quantitätsirrtümer" sollen nach der überwiegend vertretenen Auffassung einen „verständigen", also normalen untauglichen Versuch bilden.

Entfacht wurde der Diskurs um die Einbeziehbarkeit quantitativ untauglicher Versuche in § 23 Abs. 3 StGB an dem „Insektengift"-Fall, über den der 1. Strafsenat des Bundesgerichtshofs am 14.03.1995 zu urteilen hatte.[327]

Nach den tatgerichtlichen Feststellungen wollte die Angeklagte ihren Ehemann töten. Zu diesem Zweck hat sie zweimal jeweils ca. eine Sekunde lang das Insektenvernichtungsmittel „Detmol" auf sein Vesperbrot gesprüht. Dabei ging sie davon aus, dass die von ihr verwendete Menge nach einem Verzehr eine

---

327 BGHSt 41, 94–96 – 1 StR 846/94 – NJW 1995, 2176–2177 – MDR 1995, 728–729 – StV 1995, 581 – JuS 1995, 1042; vorgehend LG Karlsruhe, 17. Oktober 1994, Az: VII Ks 1/94 – 1 AK 14/94 72 Js 1/94. Mit einem ähnlichen Fall hat sich das Reichsgericht im Jahre 1893 befasst: RGSt 24, 382 f. – Vergiftungsversuch durch in den Kaffee gerührte sechs bis sieben Phosphorköpfe von Streichhölzern.

tödliche Wirkung haben werde. Der Ehemann verzichtete jedoch auf den Verzehr des Brotes, nachdem er wegen des bitteren Geschmacks bereits den ersten Bissen ausgespuckt hat. Die von der Strafkammer bestellten Sachverständigen haben festgestellt, dass die gesamte 500 ml große Spraydose 0,85 ml (0,17 %) des lebensgefährlichen Giftes Fenitrothion enthielt und dass die zur Tötung eines erwachsenen Menschen mit 70 kg Körpergewicht geeignete Dosis dieses Giftes bei oraler Einnahme 40 g beträgt. Die Täterin hätte also 48 komplette Spraydosen verwenden müssen, um ihr Ziel zu erreichen.

Da die von der Angeklagten eingesetzte Giftmenge zur Tötung ihres Ehemannes völlig untauglich war, wandte das Landgericht bei der Straffestsetzung wegen heimtückischen Mordversuchs die Milderung gem. §§ 23 Abs. 3 i. V. mit § 49 Abs. 2 StGB an. Die Einzelstrafe wurde danach auf zwei Jahre Freiheitsstrafe festgesetzt. Auf die Revision der Staatsanwaltschaft hat der Bundesgerichtshof den Strafausspruch aufgehoben.

Obgleich der Irrtum in diesem Fall erheblich war, weil die verwendete Giftmenge nicht im Entferntesten geeignet war, den Mann zu töten, hat der Bundesgerichtshof der Angeklagten das Privileg des § 23 Abs. 3 StGB abgesprochen. In den Urteilsgründen heißt es, dass Insektizide nach allgemeinem Erfahrungswissen giftig und grundsätzlich zur Tötung von Menschen geeignet sind. Ob der Erfolg im konkreten Fall eintritt oder nicht, hänge von der Art und Menge des eingesetzten Mittels ab. Die Angeklagte irrte also nicht über die „grundsätzliche Eignung" des Insektengiftes zur Tötung, sie habe ein prinzipiell taugliches Mittel lediglich zu niedrig dosiert. Ihre Vorstellung, dass das gewählte Mittel in seiner giftigen Konzentration zur Tötung ausreichend ist, begründe lediglich einen Irrtum über die tatsächliche Beschaffenheit und Intensität des Giftes. Ein „Irrtum über die erforderliche Dosis" oder die „Stärke des verwendeten Giftes" beruhe nicht auf einer für jeden Durchschnittsmenschen ersichtlich abwegigen Verkennung von Ursachenzusammenhängen. Das zeige sich auch darin, dass das Tatgericht zur Feststellung der verwendeten Giftmenge sowie zur Ermittlung der tötungstauglichen Dosis das Hinzuziehen eines Sachverständigen für erforderlich gehalten habe. Die in § 23 Abs. 3 StGB vorgesehene Besserstellung beruhe zum einen darauf, dass bei grob unverständigen Versuchen „generell" keine Möglichkeit bestehe, den Taterfolg herbeizuführen. Zusätzlich erforderlich sei aber eine auch subjektiv verringerte Tätergefährlichkeit, die darin liege, dass nur der Täter selbst die Vollendung für möglich gehalten habe, diese Erfolgserwartung aber nach allgemeinem Erfahrungswissen als abwegig anzusehen ist. Gerade eine solche *subjektive* Ungefährlichkeit liege aber nicht vor, wenn die

Untauglichkeit des Versuchs lediglich auf einem Irrtum über die Stärke des eingesetzten Giftes beruhe.[328]

Diese Revisionsentscheidung des Bundesgerichtshofs fand in der Rechtslehre weitgehend positive Resonanz. Die Auffassung des Senats, dass die Angeklagte nicht gewöhnlich bekannte Ursachenzusammenhänge verkannt habe, wenn sie ein grundsätzlich zur Tötung geeignetes Mittel lediglich zu niedrig dosiert hat, wurde in der Rechtsliteratur überwiegend geteilt.[329]

Es gibt aber auch zahlreiche Stimmen, welche die Richtigkeit der Entscheidung in Zweifel ziehen. Die Kritiker beanstanden zum einen die Generalisierung, mit welcher quantitative Untauglichkeit aus der Unverstandsregelung ausgeschlossen wird und weisen darauf hin, dass qualitative und quantitative Irrtümer voneinander nicht unterschieden werden könnten. Vor allem aber wird gegen diese Entscheidung vorgebracht, dass der Irrtum der Angeklagten im BGH-Fall unter den gegebenen Umständen grob unverständig war, so dass § 23 Abs. 3 StGB zur Anwendung hätte kommen müssen.[330]

Diese grob skizzierten Kritikpunkte, auf die im Folgenden im Einzelnen eingegangen wird, verdeutlichen eine doppelte Fragestellung, welche der Insektengift-Fall aufwirft. Zum einen ist zu klären, ob auch „Dosierungsirrtümer" das Merkmal des „groben Unverstandes" erfüllen können (1). Zum anderen ist zu untersuchen, ob der Irrtum der Angeklagten in casu als „völlig abwegig" eingestuft werden kann (2).

(1) Können „Quantitätsirrtümer" grob unverständig sein?

In der Urteilsbegründung unterscheidet der Bundesgerichtshof zwischen Irrtümern schon über die „grundsätzliche Eignung" eines bestimmten Mittels zur

---

328 BGHSt 41, 94, 96.
329 Dem BGH zustimmend z. B. *Erhardt*, Strafrecht für Polizeibeamte, S. 103 Rn. 194; *Fischer*, StGB, § 23 Rn. 7; *Frister*, 23/8; *Geppert*, JK 95, StGB § 23 III/1; *Heinrich*, Jura 1998, 396; *ders.*, AT, Rn. 675; *Jäger*, Rn. 289; *Kühl*, AT, § 15 Rn. 92; *Kudlich*, Fälle, Fall 8; *ders.*, PdW AT Fall 256 (S. 197); *ders.*, JuS 1997, L 69, L 70 ff.; *Lackner/Kühl*, § 23 Rn. 8; Matt/Renzikowski-*Heger*, § 23 Rn. 27; *Otto*, Grundkurs § 18 Rn. 57 ff. 64; *Rengier*, AT, § 35 Rn. 11; *Roxin*, JuS 1973 329, 332; *ders*. AT II § 29 Rn. 370; s. auch *ders*. HRR AT, Fall 57, S. 81 f. und 191. Grundsätzlich auch SSW-StGB/*Kudlich/ Schuhr*, § 23 Rn. 15.
330 Z. B. LK-*Hillenkamp*, § 23 Rn. 70; MK-*Herzberg/Hoffmann-Holland*, § 23 Rn. 48 ff.; *Zaczyk*, in: Kindhäuser/Neumann-StGB, § 23 Rn. 20; *Bloy*, ZStW 113 (2001), 76, 103; *Klesczewski*, Rn. 480; *Marxen*, AT, § 21 S. 192 und *Rey-Sanfiz*, S. 274 f. Zweifelnd auch *Bottke*, in: 50 Jahre BGH IV, S. 145 f. Fn. 12; *Radtke*, JuS 1996, 878, 883 und *T. Schmidt*, JuS 1995, 1042.

Erfolgsherbeiführung bzw. Mitteln, mit welchen „ein Taterfolg generell nicht herbeigeführt werden konnte" auf der einen Seite sowie Irrtümern „über die erforderliche Dosis" bzw. „die Stärke des verwendeten Giftes" auf der anderen Seite. Bei letzteren (sog. „Dosierungsirrtümern") fehle es an einer „für jedermann ersichtlich abwegige(n) Verkennung der Ursachenzusammenhänge."[331] Aus dieser Differenzierung leiten weite Teile der Rechtslehre ab, dass bloß quantitativ untaugliche Versuche nicht der Regelung des § 23 Abs. 3 StGB unterfallen.[332]

Hieran ist richtig, dass vom „groben Unverstand" nicht die Rede sein kann, wenn jemand bei einem Tötungsversuch ein Gift, etwa Zyankali, lediglich zu niedrig dosiert hat. Ein Nicht-Toxikologe kennt die letale Dosis von Giften nicht, ein entsprechender Irrtum ist nicht „völlig abwegig". Charakteristisch für quantitativ untaugliche Versuche ist, dass der untaugliche Versuch bei einer zahlenmäßigen Veränderung bestimmter Faktoren (wie Menge, Reichweite oder Entfernung) tauglich wäre. Zur Bestimmung der „Gefährlichkeitsgrenze" genügt das Allgemeinwissen in aller Regel nicht. Der Bürger weiß zwar, dass viele Düngemittel, Reinigungsmittel, Kosmetika, Farben und Lacke, Kleber, Medikamente, Grillanzünder und Lampenöl an sich lebensgefährlich sind, er weiß aber nicht, in welcher Menge. Bei einer Einschätzung von Gefährlichkeit unterlaufen nichtfachkundigen „Normalbürgern" grobe Irrtümer in beiden Richtungen. Nach dem Tod der vierjährigen Angelina im sog. „Salzpuddingfall" waren viele überrascht, als bekannt wurde, dass der Verzehr bereits eines Esslöffels Kochsalz für das nur 15 kg schwere Kind eine tödliche Menge war.[333] Und auch umgekehrt werden objektiv ungefährlichen Mitteln gefährliche Eigenschaften zugeschrieben. Wie das schweizerische Bundesgericht festgestellt hat, kursiert in der Bevölkerung etwa der Irrtum, dass Spülungen mit Seifenwasser und Senfbäder abortive Wirkung haben.[334]

Allerdings können auch Dosisirrtümer vom Urteil eines Verständigen so weit abweichen, dass sie für eine Wertung als „grob unverständig" in Betracht

---

331 So BGHSt 41, 94, 96 (Hervorh. nicht im Original), in Anschluss an *Roxin*, JuS 1973, 329, 332: Mordversuch mit zu geringer Dosis eines Beruhigungsmittels.
332 Z. B. *Fischer*, StGB, § 23 Rn. 7; *Heinrich*, AT, Rn. 675; *Kühl*, AT, § 15 Rn. 92; *Rengier*, AT, § 35 Rn. 11; *Roxin*, HRR AT, Fall 57, S. 81 f. und 191; *ders.*, JuS 1973, 329, 332. Hins. Reichweite-Irrtum etwa *Dreßler*, S. 49. S. auch Begr. E 1962 – BT-Drucks. IV/650 S. 143 sowie Begr. zu § 23, BT-Drucks. V/4095, S. 12 (jedoch war in dem vom Sonderausschuss gebildeten Schützen-Fall der Irrtum keineswegs offensichtlich).
333 BGHSt 51, 18 – Urt. v. 16.3.2006: 0,5–1g Kochsalz pro 1 kg Körpergewicht können tödliche Wirkung haben.
334 So BGE 70, IV 49 ff.; vgl. auch RG LZ 1915, 302 f.

kommen. In derartigen Fällen stößt die Forderung nach einem generellen Ausschluss dieser Kategorie aus § 23 Abs. 3 StGB auf Bedenken in mehrfacher Hinsicht. Zur Verdeutlichung der Problematik kann uns der Fall „Prager Köchin" dienen, die versucht hatte, ein Stubenmädchen in die Luft zu sprengen, indem sie eine Prise Schießpulver unter dem Bett der Magd angezündet hatte. Es erfolgte eine belanglose Explosion, nach der das Mädchen unversehrt blieb. Das Prager Landgericht, bei dem Anklage wegen versuchten Mordes erhoben wurde, sprach die Köchin wegen ihrer „exquisiten Dummheit" frei.[335] Nach dem Verständnis der herrschenden Meinung in Deutschland müsste zwingend eine mindestens 3-jährige Freiheitsstrafe folgen (§§ 23 Abs. 2, 49 Abs. 1 Nr. 1 StGB), denn, wie jeder weiß, eine Schießpulverexplosion ist ein zur Tötung von Menschen grundsätzlich taugliches Mittel.

So wie Gifte und Schießpulver sind auch Alkohol, Medikamente und Chemikalien (etwa Chlor) bekanntlich prinzipiell tötungstaugliche Mittel. Dennoch wird ein Vergiftungsversuch mit einem Glas Bier, Wein, einem Teelöffel (z.B. codein-haltigen) Hustensafts, versalzener Suppe oder mit einer Schlaftablette aus der Sicht eines „Normalbürgers" als völlig abwegig angesehen. Folgt man der herrschenden Auffassung uneingeschränkt, so könnte nicht einmal dann grober Unverstand angenommen werden, wenn die Ehefrau im Insektengift-Fall versucht hätte, ihren Mann mit einem ungewaschenen Apfel zu töten. Denn, wie jeder weiß, Obstbäume werden mit Schädlingsbekämpfungs- und Pflanzenschutzmitteln besprüht.

Gleiches gilt bei einer Fehleinschätzung der *Reichweite* von Schusswaffen. Auch hier stellt sich die Frage, wie viel fundiertes Wissen einem Durchschnittsbürger im Umgang mit Waffen unterstellt werden kann. Wer noch nie etwas von McMillan TAC-50 gehört hat, der kann nicht wissen, ob man damit eine Person, welche sich in 2000 m Entfernung befindet, erschießen kann.[336] Dass man auf diese Distanz eine Person mit Luftgewehr, Schrotflinte, Steinschleuder oder Pfeil und Bogen nicht erreichen kann, dazu genügt „Allgemeinverständlichkeit".[337]

---

335 Dieser Fall wird bei *v. Rohland*, Strafrechtsfälle, S. 22 geschildert. Dazu auch schon *Geyer*, ZStW 1 (1881), 30, 33 f., der solches Handeln als „Ausgeburt nichtigen Aberwitzes" bezeichnet, die nicht zum Strafrichter, sondern nach „Wolkenkukuksheim" zu verweisen sei.
336 Mit diesem Präzisionsgewehr hat ein Scharfschütze aus einer Entfernung von 2430 m einen Menschen erschossen, s. z.B. *Dall'au*, World's longest sniper kill (URL).
337 Solche Versuche in § 23 Abs. 3 StGB einbeziehen wollen auch *Jescheck/Weigend*, § 50 I 5 b) bb); *Kühl*, AT, § 15 Rn. 92; Matt/Renzikowski-*Heger*, § 23 Rn. 27; NK-GS-*Ambos*, § 23 Rn. 5; *Roxin*, AT II, § 29 Rn. 364.

Hinsichtlich der (geringen) Tragfähigkeit dieser Waffen konnte sich ein gewisses Allgemeinwissen bilden. Der Ausschluss solcher absurden Tötungsversuche aus der Unverstandsregelung ist nicht gerechtfertigt, weil sie die Merkmale des § 23 Abs. 3 StGB erfüllen und im Hinblick auf die Ratio der Unverstandsregelung im Vergleich zu anderen (untauglichen) Versuchen als minderstrafwürdig und -strafbedürftig einzustufen sind. Denn die wesentlichen (v. a. versuchsbezogenen) strafzumessungsrelevanten Umstände treten bei qualitativ und quantitativ untauglichen grob unverständigen Versuchen im gleichen Umfang auf.[338]

Zudem ist eine Abgrenzung zwischen „an sich" tauglichen und „schon ihrer Art nach" untauglichen Mitteln oder – um mit den Worten des Bundesgerichtshofs zu sprechen – zwischen „generell" untauglichen Mitteln und solchen, die „grundsätzlich geeignet" sind, den erstrebten Erfolg zu bewirken, nicht möglich. Zum einen führt eine derartige Differenzierung de facto zur Wiederbelebung des gescheiterten Abgrenzungsversuchs zwischen absolut und relativ untauglichen Versuchen.[339] Ist ein Tötungsversuch mittels Champignons oder Hustensaft schon „an sich" untauglich, wenn es auch gefährliche Pilze und Arzneimittel gibt? Zum anderen gibt es die schon „ihrer Art nach" harmlosen Mittel eigentlich gar nicht. Gerade im Bereich der Tötungs- und Körperverletzungsdelikte kann nahezu jedes Mittel, in der „richtigen" Dosis verabreicht, den erstrebten Erfolg bewirken. Der Verzehr von bereits einer halben Zigarre bzw. fünf Zigaretten,[340] einer Tube fluoridierter Zahnpasta[341] oder drei zerriebenen Muskatnüssen[342] soll tödliche Wirkung für erwachsene Menschen haben können. Selbst Stoffe, welche im Bewusstsein der Bürger als „ihrer Art nach" ungefährlich gelten wie Trinkwasser,

---

338 Vgl. oben S. 59 ff.
339 So auch *Bloy*, ZStW 113 (2001), 76, 103, der darüber hinaus darauf hinweist, dass quantitative Irrtümer in qualitative umformuliert werden können. Zust. *Maiwald*, in: Koriath u.a., Grundfragen, 159, 168 Fn. 34. Zur Differenzierung zwischen absolut und relativ untauglichen Versuchen S. 23 f. und S. 77.
340 Als akute letale Dosis bei oraler Einnahme gilt bei erwachsenen Menschen 40–60 mg Nikotin, s. GESTIS-Stoffdatenbank, „Akute Toxizität" (Abruf am 26.6.2014). In einer Zigarette sind ca. 10 mg, in einer Zigarre ca. 100 mg Nikotin enthalten. S. auch den Artikel von *Drösser*, Gefährliche Mahlzeit, in „Die Zeit" (URL).
341 Z.B. *Zentrum der Gesundheit* vom 30.6.2014 (URL) oder *Hartmann*, in: Bergedorfer Zeitung vom 10.11.2011 (URL). Natriumfluorid enthält eine LD50 von 52 mg/kg (Rate), GESTIS-Stoffdatenbank (abgerufen am 26.6.2014).
342 S. z.B. *Marquardt/Schäfer*, S. 932.

Kochsalz[343] oder Nahrungs- und Genussmittel[344] (Alkohol und Koffein sind Nervengifte, Himbeeren enthalten das Gift Cumarin und Tonic Water das giftige Chinin[345]), können, in entsprechend hoher Dosis verabreicht, tödlich sein: *dosis facit venenum*.[346] Das macht sie jedoch nicht zu generell „verständigen" Mitteln. Denn dann gäbe es grob unverständige Versuche faktisch gar nicht. Ein Vergiftungsversuch mit einem Glas Trinkwasser ist völlig abwegig, auch wenn Wasser bei Aufnahme von 10 Litern im kurzen Zeitraum zu einem tötungstauglichen Mittel wird[347] bzw. auch wenn es zum Zwecke der Entkeimung chloriert wurde.

Diese Ausführungen dürften deutlich gemacht haben, dass die Evidenz eines Irrtums nur einzelfallbezogen bewertet werden kann. Wer urteilen soll, ob ein Versuch gefährlich ist, muss nicht nur wissen, was überhaupt und wie es eingesetzt wurde, sondern auch *wie viel* davon. Auch die Menge kann einen Irrtum zum grob unverständigen machen. Es ist deshalb in einer Einzelfallbetrachtung zu fragen, ob das *konkret* eingesetzte Mittel in der *konkret* verwendeten Menge und Konzentration nach dem Urteil eines Durchschnittsmenschen offensichtlich untauglich ist. Kann dies bejaht werden, so ist der Versuch grob unverständig im Sinne des § 23 Abs. 3 StGB.[348]

(2) Unverstandskomponente im „Insektengift"-Fall

Nachdem festgestellt wurde, dass auch Quantitätsirrtümer der Unverstandsregelung unterfallen, ist zu klären, ob der Irrtum der Angeklagten im „Insektengift"-Fall nach durchschnittlichem Erfahrungswissen offenkundig war.

Die *extreme Unterdosierung* als solche spricht für die Evidenz des Irrtums noch nicht, da diese einem Laien nicht bekannt ist. Wie stark das Gift Fenitrothion ist

---

343 S. dazu Fn. 333.
344 Eine Auflistung von gifthaltigen Nahrungsmitteln findet sich z.B. bei *H. Kaufmann*, Chemieunterricht, S. 20. Ausf. zu Lebensmitteltoxinen *Marquardt/Schäfer*, S. 1138 ff.
345 Deshalb urteilte der österreichische OGH, dass Chinin niemals, auch nicht bei völlig ungefährlichen Mengen, ein absolut untaugliches Abtreibungsmittel sei, EvBl 1948 Nr. 147; EvBl 1962 Nr. 104, 124. Dazu *Burgstaller*, JBl 1969, 521, 526.
Die TD_{Lo} (d. h. die geringste bekannte toxische Dosis) bei oraler Einnahme beträgt 74 mg/kg (Frau), s. Datenbank ChemID, Stichwort: „Chinin" oder „Quinine" (abgerufen am 20.8.2014).
346 „Die Dosis macht das Gift" (Paracelsus, dritte defensio, 1538).
347 Vgl. z.B. die *Spiegel Online*-Meldung (o.V.) vom 8.7.2008, England: 44-Jähriger stirbt nach Wasser-Überdosis (URL) oder die Meldung in *Hamburger Abendblatt* (o.V.) vom 5.2.2005, Student stirbt an Überdosis Wasser (URL).
348 Auch der Sonderausschuss für die Strafrechtsreform hat unterdosierte Vergiftungsversuche als Fall des § 23 Abs. 3 StGB angesehen, vgl. BT-Drucks. V/4095, S. 11 f.

und wie viel davon in der Spraydose enthalten ist, weiß ein durchschnittlicher Bürger nicht. Allerdings wurde erkennbar eine nur sehr kleine Menge des Mittels verwendet: *zwei kurze Sprühstöße aus einer 500 ml Sprühdose* eines Produkts, welches zum Abtöten von Mücken, Fliegen, Schaben und anderen *Insekten bestimmt* ist. Wenn man das Tatgeschehen so formuliert, so befremdet in der Tat die Vorstellung der Täterin, dass die gleiche Menge, welche bei der Bekämpfung von Fliegen eingesetzt wird, auch einen erwachsenen Menschen töten könnte. Zudem argumentieren einige Gegner der Entscheidung damit, dass Insektizide *im freien Handel erhältlich* sind und in *(Wohn-)Räumen versprüht* und von Menschen dabei eingeatmet werden. Auch der nichtfachkundige Normalbürger könne davon ausgehen, dass solche Mittel heute so beschaffen sind, dass sie für Menschen keine gesundheitsschädlichen Risiken bedeuten.[349]

Vor allem die *Zweckbestimmung* eines Insektizids als Mittel zur Insektenbekämpfung wird vielerorts als Argument für die Evidenz des Irrtums herangezogen. *Marxen* führt in diesem Zusammenhang an, dass bei der Beurteilung der Tauglichkeit eines bestimmten Mittels aus der Sicht eines durchschnittlichen Bürgers dem generellen Verwendungszweck des Mittels eine besondere Bedeutung zukomme. Quantitative Unterschiede in der Dosierung können mit einer Änderung der Zwecksetzung verbunden sein. So wie zwischen Feuerwerkskörpern und Sprengsätzen trotz ähnlicher chemischer Zusammensetzung auch qualitative Unterschiede bestehen, so werden auch Gifte zu unterschiedlichen Zwecken verwendet; in kleinen Mengen werden sie zu Heilmitteln verarbeitet. Die Annahme, dass durch das zweisekündige Besprühen des Brotes mit einem der Insektenvernichtung dienenden Mittel eine Giftmenge freigesetzt wird, welche nicht nur Mücken, sondern auch Menschen töten kann, laufe der Alltagserfahrung derart zuwider, dass sie als völlig abwegig erscheinen muss.[350]

Den Verwendungszweck bezieht auch *Rey-Sanfiz* in seine Überlegungen ein. Nach den der Angeklagten zuzuschreibenden Kenntnissen über Insektizide (welchen?) habe sie kommunikativ ausgedrückt, dass sie ihrem Mann ein Brot mit einem für Insekten (nicht aber für Menschen) tödlichen Gift besprüht hat. Das sei eine versuchte Körperverletzung; für eine Einstufung als Mord gäbe es keine kommunikativ relevanten Anhaltspunkte.[351]

Auch wenn diese Argumente zunächst einleuchten, halten sie einer kritischen Überprüfung nicht stand. Fehl gehen sowohl das Argument bei *Rey-Sanfiz*, dass

---

349 Derartige Überlegungen finden sich z. B. bei *Radtke*, JuS 1996, 878, 883; *Marxen*, AT, § 21 S. 192; MK-*Herzberg/Hoffmann-Holland*, § 23 Rn. 49 und *Rey-Sanfiz*, S. 275.
350 *Marxen*, AT, § 21 S. 192. Ähnlich *Radtke*, JuS 1996, 878, 883.
351 *Rey-Sanfiz*, S. 274 f.

bei der Verwendung eines Insektengiftes nur eine (versuchte) Körperverletzung eine kommunikativ relevante Stütze finde, als auch *Marxens* Behauptung, die Vorstellung sei abwegig, dass zwei einsekündige Spritzer mit einem Mittel, welches Mücken und Fliegen abtöten solle, Menschen töten könnte, und zwar *weil es solche Mittel tatsächlich gibt.* Bei dem Giftgas „Zyklon B" („Blausäure"), welches in der NS-Zeit in Konzentrationslagern zum Massenmord eingesetzt wurde, handelte es sich nach seiner primären Zweckbestimmung auch „nur" um ein Insektizid.[352] Dieses Mittel ist für Warmblütler sogar noch gefährlicher als für Insekten[353] und wirkt schon in geringen Mengen tödlich für Menschen (LD[354] < 1,5 mg/kg Körpergewicht (Mensch)[355]). Das Insektizid E 605 („Schwiegermuttergift" genannt) wurde ebenfalls häufig als Suizid- und Mordmittel missbraucht. Die letale Dosis des darin enthaltenen Parathion entspricht mit LD50 von 3 mg/kg (Mensch)[356] ungefähr der Stärke von Zyankali. Das Insektenvertilgungsmittel „Decis flüssig" enthält 25g/l des Wirkstoffes Deltamethrin. Die LD50 dieses Wirkstoffes liegt bei 9,36 mg/kg (Rate).[357] Dementsprechend würden bereits 26 ml, also ca. 2 Esslöffel des fertigen Produktes „Decis" ausreichen, um einen 70 kg schweren Mensch zu töten. Das im „Detmol" enthaltene Fenitrothion ist bei LD50 von 250 mg/kg (Rate)[358] vergleichsweise schwach. Jedoch ist Fenitrothion als Insektenvertilgungsmittel auch in 95-prozentiger Konzentration erhältlich. Zwar nicht zwei kurze Sprühstöße, aber doch schon ein gut gefülltes Schnapsglas (ca. 42 ml) davon würde zur Tötung des Mannes im BGH-Fall ausreichen.[359]

Um beurteilen zu können, *welche* Schädlingsbekämpfungsmittel bereits in kleinen Mengen auch für Menschen gefährlich sind, genügt das allgemeine Erfahrungswissen nicht. Wird ein Insektengift zur Tötung von Menschen pervertiert, so kann ein Nichttoxikologe die Wirkung des freigesetzten Giftes auf den

---

352 S. z. B. *Forschungsgruppe Zyklon B,* S. 13 ff.
353 S. z. B. *Langowski,* Holocaust Referenz, 2.1 (URL).
354 LD: letale Dosis; LD50: letale Dosis bei 50 % der untersuchten Tierart. Sofern nicht anderes explizit genannt ist, beziehen sich alle LD-Werte in dieser Arbeit auf eine *orale* Exposition.
355 Laut GESTIS-Stoffdatenbank wurde die letale Dosis auf 1 mg/kg festgesetzt (abgerufen am 24.6.2014).
356 GESTIS-Stoffdatenbank – Akute Toxizität (abgerufen am 24.6.2014).
357 GESTIS-Stoffdatenbank (abgerufen am 20.3.2014).
358 GESTIS-Stoffdatenbank (abgerufen am 20.3.2014). Für Menschen gilt nach GESTIS eine Dosis von 50-500 mg/kg als tödlich.
359 Laut Sachverständigengutachten lag die tödliche Dosis im BGH-Fall bei 40 g, s. BGHSt 41, 94 ff.

menschlichen Organismus nicht abschätzen. Von grobem Unverstand kann man bei Vergiftungen mit Insektiziden in aller Regel nicht sprechen, wo doch unzählige Menschen durch solche Mittel gestorben sind.[360]

Faktoren, wie die *Zweckbestimmung* als Mittel zum Abtöten von Insekten, nicht aber von Menschen sowie die *Freiverkäuflichkeit* solcher Mittel sagen zu wenig über die Gefährlichkeit eines Mittels aus. Einerseits gibt es Produkte, welche zwar freiverkäuflich und zur Verwendung im Mundbereich bestimmt, aber dennoch bei einem Verzehr relativ kleiner Mengen lebensgefährlich sind. Wie bereits erwähnt ist dies etwa bei Zahnpasta, Kochsalz oder Tabakprodukten der Fall.[361] Andererseits sind unter den Mitteln, welche prinzipiell als gefährlich gelten, viele völlig ungefährlich – wie auch der Insektengift-Fall zeigt. Zudem sind viele Insektizide gerade nicht freiverkäuflich und dürfen nur an gewerbliche Anwender mit Sachkundennachweis (GefStoffVO, TRGS 523) geliefert werden. Ob das im „Insektengift-Fall" eingesetzte „Detmol" freiverkäuflich war, lässt sich nicht mehr ermitteln.[362]

Daneben wird ein weiterer wesentlicher Faktor übersehen – die *Art und Weise der Verwendung*. Zwischen dem Besprühen des Körpers und der direkten unverdünnten Einnahme eines bestimmten Mittels besteht ein Unterschied. Viele Kontaktgifte sind bei oraler Einnahme giftiger als beim Körperkontakt bzw. beim Einatmen eines im Raum bereits versprühten Wirkstoffes.[363] Diese Information kann zwar nicht als „Gemeingut" eingestuft werden, dennoch ist sich der „Durchschnittsmensch" der unterschiedlichen Wirkung bei oraler Einnahme

---

360 S. z. B. *Leonhardt*, S. 395 f. Vgl. auch *Süddeutsche.de* (o. V.) vom 11.5.2010, Tod durch Insektenspray (URL) und *Zeit online* (o. V.) vom 20.7.2013, Insektizid für Tod indischer Kinder verantwortlich (URL).
361 Vgl. oben Fn. 333, 340, 341, 342, 343.
362 Das Produkt wurde vom Markt genommen, weil Fenitrothion in der EU nicht mehr zugelassen ist. Nach Auskunft mehrerer Insektizid-Hersteller, welche in der Vergangenheit Fenitrothion eingesetzt haben, (darunter auch einer, der Insektenbekämpfungsmittel mit dem Markennamen „Detmol-" vertreibt), wurde dieser Wirkstoff in Deutschland grundsätzlich im Profibereich eingesetzt. Ein freiverkäufliches fenitrothion-haltiges „Detmol"-Insektizid konnte jedenfalls nicht ermittelt werden. Anmerkung: Es konnte nur ein Mittel ermittelt werden, welches sowohl den Markennamen „Detmol" trägt als auch Fenitrothion enthielt. Dabei handelt es sich jedoch um ein 20-prozentiges Spritzmittelkonzentrat zur Wasserverdünnung.
363 So beträgt z. B. die dermale LD50 (Rate) von „Lindan" ca. 1000 mg/kg; bei einer oralen Einnahme ist dieser Insektizid-Wirkstoff bereits bei einem LD50-Wert von 90–160 mg/kg akut toxisch, vgl. *Marquardt/Schäfer*, S. 686 f. Gleiches gilt für DDT, s. GESTIS-Stoffdatenbank – Hinweise für den Arzt (Abruf am 04.04.2014).

und bloßem Körperkontakt bewusst. Hätte die Frau ihren Mann mit einem Fliegenspray zwei Sekunden lang besprüht, so hätte zweifellos grober Unverstand angenommen werden können. Welche Folgen aber die gleiche Menge bei oraler Einnahme auslöst, das kann ein toxikologischer Laie nicht eindeutig beurteilen. Zwar wird die Mehrheit der Bürger vermutlich eher mit mehr oder weniger starken Gesundheitsbeschwerden (wie Übelkeit, Erbrechen) rechnen als mit einem tödlichen Ausgang. Dennoch kann eine tödliche Wirkung nicht sicher ausgeschlossen werden, zumal es bekanntlich auch sehr gefährliche, hoch konzentrierte Schädlingsbekämpfungsmittel gibt. Selbst Insektizide, welche im Umgang mit Lebensmitteln verwendet werden, gelten nach allgemeinem Wissen als gefährlich – hört man doch immer wieder von Dioxin-Skandalen wegen Pestizidrückständen und Rückrufaktionen im Lebensmittelbereich.[364]

Es gibt Stoffe, von denen man weiß, dass sie nur in größeren Mengen giftig bzw. gefährlich sind (etwa Salz oder Alkohol) und Stoffe, deren Gefährlichkeit ein Laie überhaupt nicht einschätzen kann. Dazu gehören vor allem Gifte, welche man nicht einmal dem Namen nach kennt – wie Fenitrothion. Die Überlegungen des Bundesgerichtshofs sind also zutreffend, wenn der Senat darauf hinweist, dass viele Insektizide auch für Menschen gefährlich sind und ein Normalbürger dies weiß. Es steht auch auf dem Behälter. Auf der Packung von handelsüblichen Insektiziden stehen Hinweise wie „von Nahrungsmitteln fernhalten", „bei Verschlucken sofort Arzt aufsuchen und Verpackung oder Etikett vorzeigen", „als gefährlichen Abfall entsorgen".[365] Auf einigen Packungen ist sogar der Totenkopf abgebildet.[366] *Dass* Insektengifte auch für Menschen gefährlich sind, weiß jeder; *wie* gefährlich sie sind, das weiß nur ein Toxikologe.

Die Argumentation des Strafsenats, dass das Tatgericht zur Feststellung der benutzten Giftmenge und der letalen Dosis die Befragung von Sachverständigen für erforderlich gehalten hat, ist zwar ein zusätzliches Indiz für eine fehlende Evidenz des Irrtums. Diese Tatsache führt jedoch nicht zwingend zur Ablehnung groben Unverstandes. Das Landgericht konnte das Sachverständigengutachten auch zur Vermeidung einer Aufklärungsrüge (§ 244 Abs. 2 StPO) wegen vermeintlicher Offenkundigkeit eingeholt haben.[367]

---

364 S. z.B. die *Spiegel Online*-Meldung (o. V.) vom 6.1.2011, Dioxinskandal: Behörden sperren mehr als 4700 Bauernhöfe (URL).
365 Solche Hinweise stehen etwa auf den freiverkäuflichen Insektensprays „Biolit" und „Raid".
366 Etwa die Insektizide „Carbofuran" oder „Killgerm Wespenspray 750 Profi".
367 So auch schon *Radtke*, JuS 1996, 878, 882 f.

Auch wenn in diesem hochumstrittenen Fall Einiges für „groben Unverstand" spricht, so zeigen doch schon die Uneinigkeit in der Strafrechtslehre sowie die vielen Pro- und Contra-Argumente, dass der Irrtum der Angeklagten zumindest nicht ganz so *offensichtlich* war, wie es die strenge Regelung des § 23 Abs. 3 StGB verlangt. Die Erfolgserwartung der Täterin befremdet, der Versuch trägt aber nicht den „Stempel" der Untauglichkeit. Der Bundesgerichtshof hat in dem vorliegenden Fall mit Recht nur einen „einfachen" Unverstand angenommen. Aufgrund der Nähe zum grob unverständigen Versuch ist allerdings bei der Strafbemessung eine deutlich abgesenkte Strafe nach der „normalen" Versuchsmilderung des § 23 Abs. 2 i. V. m. § 49 Abs. 1 StGB angebracht.

(3) Fazit

Als Ergebnis ist damit festzuhalten: Auch quantitative Irrtümer fallen unter § 23 Abs. 3 StGB, wenn sie aus der Sicht eines „Durchschnittsbürgers" offenkundig sind. Der Irrtum im Insektengift-Fall war es nicht.

c) Grob unverständige Rechtsbeurteilung

Der Grund für die Nichtvollendbarkeit eines Versuchs kann prinzipiell auch auf eine Fehleinschätzung im rechtlichen Bereich zurückgehen. Somit stellt sich die Frage, ob § 23 Abs. 3 StGB zum Zuge kommen kann, wenn ein Täter in völlig abwegiger Weise über die rechtliche Bedeutung von (normativen) Tatbestandsmerkmalen irrt. Dabei ist allerdings zu beachten, dass Irrtümer bei der Rechtsbeurteilung häufig dem Bereich des straflosen Wahndelikts angehören. Die Frage nach einer möglichen Besserstellung nach § 23 Abs. 3 StGB stellt sich aber nur dann, wenn das Täterverhalten überhaupt als strafbarer Versuch eingestuft werden kann.

Relevant ist diese Problematik vor allem bei *Irrtümern im Vorfeld des Tatbestandes* (sog. „Vorfeldirrtümer"), welche die außerstrafrechtliche Bewertung eines Sachverhaltes betreffen. Die irrige Vorstellung bezieht sich dabei auf Rechtsnormen außerhalb eines bestimmten Straftatbestandes, auf welche der Tatbestand jedoch Bezug nimmt.[368] So stellen beispielsweise Fehlvorstellungen über die Zuständigkeit zur Eidesabnahme im Rahmen der Aussagedelikte solche Vorfeldirrtümer dar, weil

---

368 Der Vorfeldirrtum wird als ein Unterfall des Irrtums über normative Tatbestandsmerkmale verstanden. Da er die am meisten umstrittene Fallgruppe dieser Irrtumsart darstellt, wird er hier besonders erwähnt. Vgl. zu Vorfeldirrtümern LK-*Hillenkamp*, § 22 Rn. 210 ff. und SSW-StGB/*Kudlich/Schuhr*, § 22 Rn. 31 ff.

zur Ausfüllung der §§ 153 ff. StGB Rechtsnormen außerhalb dieser Straftatbestände (wie z. B. Art. 44 II GG, § 22 BNotarO) heranzuziehen sind.[369]

aa) Die Anwendbarkeit der Versuchsvorschriften setzt also voraus, dass es sich bei dieser Art des Irrtums überhaupt um einen strafbaren Versuch handelt. Die strafrechtliche Behandlung von (Vorfeld-)Irrtümern über normative Tatbestandsmerkmale ist sehr umstritten.[370] Einige Autoren nehmen stets ein Wahndelikt an, wenn der Täter einem Rechtsirrtum unterlegen ist, in dessen Folge er annimmt, sein Verhalten würde von einem Deliktstatbestand erfasst.[371] Nach der Gegenposition ist der Irrtum im Vorfeld des Straftatbestandes vorsatzbegründend, so dass immer ein untauglicher Versuch vorliegt.[372] Zwischen diesen Extrempositionen liegen viele differenzierende Ansichten.[373]

Dieser komplexe Meinungsstreit soll hier nicht aufgerollt und entschieden werden. An dieser Stelle ist die Problematik nur insoweit von Bedeutung, als sie sich auf die Anwendbarkeit der Unverstandsklausel des § 23 Abs. 3 StGB bezieht. Dies ist nur dann der Fall, wenn und sofern bei tatbestandsbezogenen

---

369 Aus der Rspr. z. B. RGSt 60, 25 ff.; BGHSt 1, 13 ff.; 10, 272 ff. Eingehend zum Zuständigkeitsirrtum *Heidingsfelder*, S. 51 f., 58 ff., 82 f. Weitere Fallkonstellationen behandelt *Roxin*, AT II, § 29 Rn. 388 ff.
370 Ausführlich dazu *Maier*, Objektivierung, S. 90 ff.; *Schroth*, Vorsatz, S. 77 ff.; *Rath*, JuS 1999, 32, 33 f.; *Walter*, Kern des Strafrechts, S. 380 ff. sowie *Bachmann*, S. 91 ff. jeweils mit weiteren Nachweisen. Vgl. auch die Fundstellen in nachfolgenden Fußnoten.
371 So z. B. BayObLG JZ 1981, 715 m. Anm. *Burkhardt*, JZ 1981, 681 ff.; OLG Düsseldorf NStZ 1989, 370, 372; *Dencker*, NStZ 1982, 458, 459; *Jakobs*, AT 25/42 und Schönke/Schröder/*Eser/Bosch*, § 22 Rn. 89.
372 Z. B. *Blei*, JA 1973, 601, 604; ihm zustimmend *Herdegen*, in: 25 Jahre BGH, 195, 205 f.
373 Überwiegend wird die sog. „Lehre vom Umkehrschluss" angewendet, so etwa *Jescheck/Weigend*, § 50 II 2; *Krey/Hellmann/Heinrich*, BT/1, § 8 Rn. 750; *Kühl*, AT, § 15 Rn. 98 ff. und SK-*Rudolphi*, § 22 Rn. 32a.
Herzberg, JuS 1980, 469, 472 ff. unterschied zunächst zwischen Irrtum im Verweisungsbereich (untauglicher Versuch) und Irrtum über eine gesetzgeberische Grundentscheidung (Wahndelikt). Später differenzierte *Herzberg* (GS-Schlüchter, S. 189, 190 ff., 204 ff.) zwischen Definitionsirrtum (Wahndelikt) und dem Irrtum unterhalb der Definition (Versuch). *Roxin*, JZ 1996, 981, 986; *ders.*, AT II, § 29 Rn. 409 ff. unterscheidet zwischen Verweisungen auf Sammelbegriffe (Wahndelikt) und Verweisungen auf Einzelbegriffe (Versuch). *Heidingsfelder*, S. 146 ff., 152 ff. unterteilt Vorfeldnormen in normbereichsneutrale (Versuch) und normbereichsbestimmende (Wahndelikt). Weitere Lösungsansätze finden sich z. B. bei *Kuhlen*, Die Unterscheidung, S. 558 ff.; *Haft*, JuS 1980, 588, 590 ff. und *Schünemann*, GA 1986, 293, 312 ff. Aus der Rechtsprechung s. z. B. RGSt 60, 25 ff.; BGHSt 1, 13 ff.; 10, 272 ff.; KG wistra 1982, 196 ff.; OLG Stuttgart, NJW 1962, 65.

Rechtsirrtümern mit der überwiegenden Ansicht[374] zumindest in bestimmten Fällen von einer Versuchsstrafbarkeit ausgegangen wird. Sofern hingegen mit den wenigen Gegenstimmen generell ein strafloses Wahndelikt angenommen wird, stellt sich die Frage nach einer möglichen Besserstellung gem. § 23 Abs. 3 StGB ohnehin nicht.

bb) Nehmen wir also mit der herrschenden Meinung an, auch Irrtümer über normative Tatbestandsmerkmale unterfallen dem § 22 StGB, so ergeben sich in zweierlei Hinsicht Zweifel an deren Einbeziehung in die Unverstandsklausel. Zum einen hat der Gesetzgeber in der amtlichen Begründung den Begriff „grober Unverstand" auf Fehlvorstellungen über „gemeinhin bekannte Ursachenzusammenhänge"[375] beschränkt (nomologischer Irrtum). Irrtümer bei der rechtlichen Beurteilung beruhen auf der Verkennung der Rechtsordnung, niemals aber können sie aufgrund einer Fehlvorstellung über Naturgesetze entstehen. Dem gesetzgeberischen Willen zufolge wären sie also von vornherein aus dem Anwendungsgebiet der Privilegierungsvorschrift auszuklammern (1). Zum anderen sind Rechtskenntnisse in der Bevölkerung gerade nicht allgemein verbreitet. Deshalb kann bezweifelt werden, ob Fehlvorstellungen im rechtlichen Bereich überhaupt als aus der Sicht eines juristisch nicht vorgebildeten Bürgers „völlig abwegig" angesehen werden können (2).

(1) Der erste Einwand kann mit Blick auf die bereits erfolgten Feststellungen schnell ausgeräumt werden. Im ersten Abschnitt dieses Kapitels wurde festgestellt, dass eine einseitige Besserstellung nomologischer Irrtümer im Rahmen des § 23 Abs. 3 StGB als sachwidrig abzulehnen ist.[376] Alle Versuche, die dem Normwortlaut entsprechend als „grob unverständig" bezeichnet werden können, müssen der Privilegierung zugänglich sein – also auch dann, wenn die Tätervorstellung die Rechtsbeurteilung betrifft. Wenn eine falsche Rechtsansicht einen strafbaren Versuch begründen kann, so muss konsequenterweise auch die Möglichkeit bestehen, die Strafe nach § 23 Abs. 3 StGB abzumildern, wenn der Täter die Untauglichkeit seines Tuns aus grobem Unverstand verkannt hat. Denn auch in diesem Bereich gilt es, die Härten abzuschwächen, welche die Strafbarkeit wegen untauglichen Versuchs mit sich bringt.

Dass § 23 Abs. 3 StGB prinzipiell auch bei einer rechtlichen Fehlbeurteilung anwendbar sein kann, setzt auch der Bundesgerichtshof voraus. In einer Entscheidung aus dem Jahre 1996 hat sich ein wegen versuchten Betrugs angeklagter

---

374 Vgl. Nachweise in Fn. 372 und 373.
375 Begr. E 1962 – BT-Drucks. IV/650 S. 145.
376 S. 86 ff.

Arzt vorgestellt, dass wegen einer fehlerhaften Behandlung bzw. Patientenaufklärung ein Schadenersatzanspruch gegen ihn entstanden sein könnte. Diesen (tatsächlich unbegründeten) Anspruch versuchte er im Zivilprozess durch falsche Behauptungen und durch die Vorlage manipulierter Beweismittel abzuwehren. Da er irrig davon ausging, dass der durch diese Täuschungshandlung erstrebte Vermögensvorteil möglicherweise rechtswidrig i. S. d. § 263 StGB war, lag ein untauglicher Betrugsversuch vor. Die Anwendbarkeit des § 23 Abs. 3 StGB hat der Bundesgerichtshof mit der Begründung abgelehnt, dass die geschilderten Vorstellungen des Angeklagten nicht völlig abwegig waren.[377] Obwohl also der Irrtum des Täters im rechtlichen (und nicht im naturgesetzlichen) Bereich angesiedelt war, prüft der Bundesgerichtshof allein, ob die Unverstandsmerkmale vorliegen, ohne die Anwendbarkeit dieser Vorschrift bei Rechtsirrtümern in Frage zu stellen. Dieser Entscheidung kann deshalb entnommen werden, dass der Bundesgerichtshof die Reichweite des § 23 Abs. 3 StGB allein anhand der aus dieser Vorschrift ablesbaren Vorgaben misst, nicht aber den in der amtlichen Gesetzesbegründung zum Ausdruck gebrachten gesetzgeberischen Willen zugrunde legt.

(2) Dieses Urteil verdeutlicht zugleich das zweite Bedenken im Hinblick auf eine Erstreckung des § 23 Abs. 3 StGB auf Rechtsirrtümer. Grob unverständig ist nur eine aus der Sicht eines durchschnittlichen Bürgers offensichtlich falsche Vorstellung. Eine richtige rechtliche Bewertung eines Sachverhalts erfordert jedoch regelmäßig ein Fachwissen und kann von einem Laien nicht erwartet werden. Nur äußerst selten wird ein auf fehlerhaften Rechtsansichten beruhender untauglicher Versuch als „grob unverständig" eingestuft werden können. In dem vom *Walter* angeführten Fall, in dem ein Verkehrssünder glaubt, ein Verkehrspolizist sei eine zur Eidesabnahme „zuständige Stelle" (§§ 154, 22, 23 StGB), ist der Irrtum über die Kompetenzzuweisung nicht als *grob* unverständig zu bewerten.[378] Der Irrtum muss sich nicht jedem Durchschnittsbürger aufdrängen,

---

377 BGHSt 42, 268, 273 f.
378 Anders jedoch *Walter*, Kern des Strafrechts, S. 382.
An dieser Stelle kann eine sehr umstrittene Entscheidung aus der Praxis schweizerischer Gerichte angeführt werden: Das Appellationsgericht Basel (BJM 1959, 129) hat die Vorstellung des Gemeinschuldners, er könne durch eine gegenüber Dritten unwirksame Sicherungsübereignung eine Gläubigerbegünstigung (Art. 167 schw. StGB) begehen, als grob unverständig i. S. d. Art. 23 Abs. 2 schw. StGB klassifiziert. Dies ist nicht nachvollziehbar, wenn die schweizerische Regelung – ebenso wie § 23 Abs. 3 dStGB – nur nach allgemeinem Erfahrungswissen *offensichtlich* untaugliche Versuche erfasst (s. z. B. *Trechsel*, § 23 Rn. 8 m. w. N.). Hier hat sich der Angeklagte die

zumal Polizeibeamte in der Öffentlichkeit als Ermittlungspersonen bekannt sind und der Verkehrspolizist dieser Berufsgruppe angehört.

Gleichwohl sind „völlig abwegige" Irrtümer auf der Grundlage eines fehlerhaften Rechtsverständnisses denkbar. So z. B. wenn ein Ladendieb den Kaufhausdetektiv für zur Abnahme von Eiden befugt hält und den Eigentumserwerb der gestohlenen Ware beschwört (§§ 154, 22, 23 StGB). Zu dem Begriff „fremd" i. S. d. §§ 242, 303 StGB kann folgendes Beispiel gebildet werden: A glaubt der scherzhaften Behauptung, dass sein Nachbar B das Haus des A per SMS an C „übereignet" hat. A, verärgert über den Eigentumsverlust, beschmiert die Außenwände des Hauses mit Öl und Farbe (§ 303 Abs. 2 und 3, §§ 22, 23 StGB). Auch wenn die Kenntnis der Voraussetzungen eines Eigentumsüberganges an Immobilien keineswegs als allgemein bekannt vorausgesetzt werden kann, so kann doch auch ein juristisch nicht kundiger Mensch ohne weiteres erkennen, dass eine SMS von irgendjemandem hierzu nicht genügen kann. Der offensichtlich untaugliche Sachbeschädigungsversuch (untaugliches Objekt) verdient die Nachsicht des § 23 Abs. 3 StGB.

Sofern man also bei einer grob unverständigen Rechtsbewertung nicht ohnehin zu einem Wahndelikt gelangt, ist der Anwendungsbereich des § 23 Abs. 3 StGB eröffnet.[379]

d) Grob unverständige Motivation des Täters – das Merkmal der Konnexität

Schließlich ist noch der Frage nachzugehen, ob § 23 Abs. 3 StGB anwendbar ist, wenn der Täter in grob unverständiger Weise zur Tat motiviert wird.

Gehen wir von zwei Beispielen aus:

Beispiel 1: Ein Ehemann will seine an Krebs erkrankte Frau erschießen, weil er Krebs für ansteckend hält.[380]

Beispiel 2: Ein junger Mann glaubt seine Freundin durch einen Kuss geschwängert zu haben und unternimmt deshalb an ihr Abtreibungshandlungen.[381]

Zulässigkeit seiner Handlung sogar durch einen Anwalt bestätigen lassen! Kritik an dieser Entscheidung üben auch *Albrecht*, S. 58 und *Bloy*, ZStW 113 (2001) 76, 105 f.

379 Für (analoge) Heranziehung von § 23 Abs. 3 StGB bei Rechtsirrtümern auch *Bloy*, ZStW 113 (2001) 76, 105 f.; *Burkhardt*, Rücktritt, S. 102; *Herzberg*, JuS 1980, 469, 476; LK-*Hillenkamp*, § 23 Rn. 66 und *Zaczyk*, in: Kindhäuser/Neumann-StGB, § 23 Rn. 20. Andere Ansicht *Roxin*, AT II, § 29 Rn. 367: ohnehin strafloses Wahndelikt. Diese Auffassung bedarf einer Begründung, zumal *Roxin* bestimmte Vorfeldirrtümer als strafbare Versuche einstuft (s. Rn. 409 ff.).

380 Beispiel nach LK-*Hillenkamp*, § 23 Rn. 62.

381 Beispiel bei *Roxin*, AT II, § 29 Rn. 368.

Laut amtlicher Begründung[382] wollte der Gesetzgeber mit § 23 Abs. 3 StGB Fälle unverständiger Motivation nicht erfassen, weil sie nicht dem untauglichen Versuch zugerechnet werden können. Den Gesetzesmaterialien folgend verneint die Strafrechtswissenschaft einmütig die Anwendbarkeit der Unverstandsklausel, wenn allein das Motiv des Täters, welches seinen Tatentschluss hervorgerufen hat, grob unverständig war.[383]

Dieser Auffassung ist zuzustimmen. Nach dem insoweit eindeutigen Wortlaut des § 23 Abs. 3 StGB muss der Täter in grob unverständiger Weise verkennen, *dass* der Versuch nicht zur Vollendung führen konnte. Der Unverstand muss sich also auf die *Nichtvollendbarkeit* der Tat beziehen.[384] Zwischen der Untauglichkeit des Versuchs und der unverständigen Vorstellung muss dementsprechend insoweit eine Konnexität bestehen, als die Untauglichkeit die zwingende Folge der unverständigen Fehlvorstellung sein muss: Die Tathandlung muss gerade wegen der unverständigen Vorstellung (zum Beispiel von der Giftigkeit von Kamillenblüten) untauglich sein. In Fällen, in denen allein die Motivation des Täters unverständig ist, fehlt es an dieser Voraussetzung. Der Versuch ist in solchen Fällen entweder tauglich (etwa wenn der Ehemann im Beispiel 1 seine Frau nicht trifft) oder es handelt sich um einen gewöhnlichen untauglichen Versuch (zum Beispiel wenn die Pistole nicht geladen war). Im Beispiel 1 ist nicht unverständig, *was* der Täter tut (Versuch), sondern *warum* er das tut (Beweggrund) Der grobe Unverstand hat sich auf die Realisationsmöglichkeit des Vorhabens nicht ausgewirkt. So wenig ein unverständiges Tatmotiv das Strafbedürfnis bei vollendeten Taten mindert, so wenig tut es das bei den lediglich versuchten.[385]

Klarstellend ist noch darauf hinzuweisen, dass § 23 Abs. 3 StGB natürlich unproblematisch zur Anwendung kommen kann, wenn neben die unverständige Motivation zusätzlich Unverstand im Hinblick auf die fehlende Möglichkeit der Tatverwirklichung tritt – etwa wenn der Ehemann in unserem Beispielsfall seine Frau mit Lindenblütentee zu vergiften versucht.[386]

---

382 BT-Druck V/4095 S. 12.
383 Z. B. *Heinrich*, Jura 1998, 393, 396; *Jakobs*, AT 25/84; *Krey/Esser*, AT, Rn. 1255; LK-*Hillenkamp*, § 23 Rn. 62; LK-*Vogler*[10], § 23 Rn. 35; *Maier*, Objektivierung, S. 76; NK-GS-*Ambos*, § 23 Rn. 5; *Roxin*, AT II § 29 Rn. 368; Schönke/Schröder/*Eser/Bosch*, § 23 Rn. 17. So auch *Timpe*, S. 123 f., der jedoch in Fällen „doppelter Unvernunft" unverständige Motive bei der Wahl der Rechtsfolge berücksichtigen will (S. 124).
384 Vgl. Schönke/Schröder/*Eser/Bosch*, § 23 Rn. 17; LK-*Vogler*[10], § 23 Rn. 35.
385 In diesem Sinne auch LK-*Hillenkamp*, § 23 Rn. 62.
386 Allgemeine Auffassung, s. z.B. *Heinrich*, Jura 1998, 393, 396 f. mit Fn. 39, *Maier*, Objektivierung, S. 76.

Über den Ausschluss grob unverständiger Motive aus der Unverstandsklausel ist sich die Strafrechtswissenschaft also einig. Erhebliche Meinungsdiskrepanzen bestehen jedoch darüber, wie der zweite Einleitungsfall zu behandeln ist.[387] Stellt die Vorstellung des „abtreibenden" jungen Mannes, dass er durch einen Kuss eine Frau geschwängert hat, einen Fall des § 23 Abs. 3 StGB dar, oder handelt es sich lediglich um ein unbeachtliches Motiv zur Tat? Die Ansichten, ob der Freund der vermeintlich Schwangeren in den Genuss der milderen Rechtsfolgen des § 23 Abs. 3 StGB kommen kann, sind geteilt. Einige Autoren sehen darin einen bloßen Motivirrtum, so dass der Täter privilegierungslos zu bestrafen ist. *Heinrich*, argumentiert dabei damit, dass die grob unverständige Annahme, durch einen Kuss eine Schwangerschaft bewirkt zu haben, lediglich den Tatentschluss hervorgerufen habe; die nachfolgende Tatausführung sei aber verständig. Zwar habe der Mann naturgesetzliche Zusammenhänge verkannt, diese betreffen jedoch nicht die Tatausführung, sondern lediglich die Motivation für sein Handeln.[388]

Dem ist zu widersprechen. Zwar hat der Mann in grob unverständiger Weise angenommen, dass seine Freundin schwanger geworden ist und diese Annahme bildet den Grund und somit das Motiv für die nachfolgende Abtreibungshandlung. Der Mann befindet sich aber auch in dem davon untrennbaren Irrtum, dass durch den Kuss eine Leibesfrucht entstanden ist. Der evidente nomologische Irrtum betrifft hier also nicht nur das bloße Motiv zur Tat, sondern gleichzeitig die Annahme der Existenz eines tauglichen *Tatobjektes* – der Leibesfrucht. Auch diese Tatmodalität ist von § 23 Abs. 3 StGB erfasst, so dass der Umstand, dass die konkrete Begehungsweise (Tatmittel) an sich „verständig" oder gar prinzipiell tauglich war, der Anwendbarkeit der Unverstandsregelung nicht im Wege steht. Die Annahme des Täters, dass ein taugliches Tatobjekt vorhanden ist, resultiert hier aus grobem Unverstand. Der notwendige innere Zusammenhang zwischen der Untauglichkeit und der unverständigen Vorstellung liegt vor. § 23 Abs. 3 StGB ist somit auf diesen Fall anwendbar.[389]

---

387 Im Schrifttum wird überwiegend das Beispiel einer versuchten Abtreibung durch die vermeintlich Schwangere selbst angeführt (s. z.B. *Roxin*, JuS 1973, 329, 331). Da die Schwangere nach heute geltendem § 218 Abs. 4 S. 2 StGB straflos bleibt, wurde das Beispiel zu einem Abtreibungsversuch durch Dritte abgewandelt.

388 *Heinrich*, Jura 1998, 393, 396 mit Fn. 39. Ähnlich *Maier*, Objektivierung, S. 76.

389 I. Erg. ebenso LK-*Hillenkamp*, § 23 Rn. 63 und *Roxin*, AT II, § 29 Rn. 368. Auch der Gesetzgeber wollte lt. Begr. E 1962 – BT-Drucks. IV/650 S. 145 den Fall, in dem, „eine Täterin an sich selbst eine Abtreibung versucht, obwohl ihr bei Kenntnis der allereinfachsten Naturgesetze hätte offenbar sein müssen, daß sie gar nicht schwanger war" mit § 23 Abs. 3 StGB erfassen. Der Schwangerschaftsabbruch (an) einer

Fazit: Das erste Beispiel ist kein Fall des § 23 Abs. 3 StGB. Der Abtreibungsversuch im zweiten Beispiel ist grob unverständig im Sinne dieser Norm.

3. Weit verbreitete Irrtümer

Der letzte Teil dieses Kapitels beschäftigt sich mit der Problematik, ob auch Irrtümer, welche sich in der Bevölkerung weit verbreitet haben, grob unverständig sein können. Bei der Beurteilung „grober Unverständigkeit" kommt es darauf an, ob der Irrtum des Täters nach „durchschnittlichem" Erfahrungswissen als offensichtlich eingestuft werden kann. Daraus ergeben sich Zweifel, ob eine Vorstellung auch dann als „völlig abwegig" angesehen werden kann, wenn sie von Vielen in der Gesellschaft geteilt wird.

Ausgelöst wurde die Diskussion um die „Unverständigkeit" weit verbreiteter Irrtümer durch die Rechtsprechung schweizerischer Gerichte, die in solchen Fällen die Anwendbarkeit der Unverstandsklausel (§ 23 Abs. 2 schw. StGB a. F.[390]) verneint. In einem vom Bundesgericht entschiedenen Fall hat eine Frau versucht, durch Senfbäder und Spülungen mit Seifenwasser abzutreiben.[391] Nach wissenschaftlicher Erkenntnis handelt es sich dabei um eine untaugliche Abtreibungsmethode. Allerdings werden solche Abbruchpraktiken nach den Feststellungen des Gerichts in weiten Bevölkerungskreisen als taugliche Mittel angesehen und sogar von etlichen Medizinern für geeignet gehalten. Deshalb sei der Irrtum nicht unverständig.[392]

In der deutschen Strafrechtsliteratur wird die Rechtslage uneinheitlich beurteilt. Einigen Stimmen zufolge berührt verbreiteter Unverstand die Anwendbarkeit des § 23 Abs. 3 StGB nicht. Dabei hat vor allem *Jakobs* eine klare Position bezogen: Dass der Irrtum des Täters im Einzelfall eine verbreitete Erscheinung darstellt, mache ihn nicht zu einem verständigen, weil „Unverstand durch weite Verbreitung nicht zum Verstand wird."[393]

Nichtschwangeren wird nach h. M. dem Versuch am untauglichen Objekt zugeordnet; zum Meinungsstand s. Fn. 269.
390 S. Fn. 998.
391 BGE 70, IV 49 ff. Über einen Abtreibungsversuch durch heiße Bäder mit Senfkörnern urteilte auch das Reichsgericht in RG LZ 1915, 302 f. – allerdings vor der Einführung des § 23 Abs. 3 StGB.
392 BGE 70, IV 49, 50.
393 *Jakobs*, AT 25/83; ihm zustimmend *Heinrich*, Jura 1998, 393, 397. In diesem Sinne auch *Fischer*, StGB, § 23 Rn. 7, der den Fall (Abtreibungsversuch mit Seifenwasser) als grob unverständig bezeichnet.

Die Mehrheit der Strafrechtswissenschaftler bezweifelt die Anwendbarkeit der Unverstandsregelung auf weit verbreitete Irrtümer.[394] Nach *Roxin* ist verbreiteter Unverstand oft gerade nicht „grob". Der Autor empfiehlt ein differenzierendes Vorgehen: Wenn die „Unverständigen" etwa einem bestimmten „Zirkel" angehören, der von dem „verständigen" Teil der Bevölkerung nicht ernstgenommen wird, dann sei § 23 Abs. 3 StGB anwendbar. Gibt es auch Fachleute, welche die betreffende Vorstellung teilen, so liege kein grober Unverstand vor.

Der vom Bundesgericht entschiedene Versuchsfall wäre danach kein grob unverständiger. Auch Mediziner hielten die besagte Abtreibungsmethode für geeignet.[395] Allerdings berücksichtigt *Roxins* differenzierende Sichtweise gerade den dazwischen liegenden Fall nicht, wo der Irrtum nur unter nicht-fachkundigen Bürgern verbreitet ist, die jedoch keiner absonderlichen Gruppe angehören und deshalb prinzipiell von den verständigen Mitbürgern ernstgenommen werden (z. B. ein Abtreibungsversuch mit Rotwein).

Tatsächlich handelt es sich bei der Beurteilung von weit verbreiteten Irrtümern nur um ein Scheinproblem. Die Fälle lassen sich anhand der in diesem Kapitel[396] genannten Charakterisierungsmerkmale groben Unverstandes lösen und erfordern keine Sonderbehandlung.

a) Ist der Unverstand nur in einem bestimmten „*Zirkel*" verbreitet (etwa in einer Sekte, welche Milchprodukte für gesundheitsschädlich hält), so hat diese Verbreitung auf die Beurteilung grober Unverständigkeit keinen Einfluss. Die Mitglieder einer Splittergruppe können nicht als Repräsentanten der Durchschnittsbevölkerung angesehen werden.

b) Ragt eine bestimmte Fehlvorstellung in *Fachkreise* hinein, so bedarf es zu ihrer abschließenden Klärung des Fachwissens. Ein Irrtum, der nur durch Expertenwissen restlos aufgeklärt werden kann, ist nicht grob unverständig. Wenn sogar die Angehörigen der einschlägigen Fachdisziplin die Tauglichkeit nicht eindeutig beurteilen können, so kann die Vorstellung nicht als „völlig abwegig" eingestuft werden. Dies gilt unabhängig davon, ob eine Annahme in der Bevölkerung weit verbreitet ist oder nicht. Erst recht ist grober Unverstand abzulehnen, wenn ein sogar unter Fachleuten vorzufindender Irrtum zusätzlich auch noch ein in der Gesellschaft weit verbreitetes Phänomen darstellt.

---

394 *Bloy*, ZStW 113 (2001) 76, 102 Fn. 89; *Preisendanz*, StGB, § 23/6a; *Roxin*, AT II, § 29 Rn. 366; *Stratenwerth*, AT³, Rn. 695; *Timpe*, S. 126. Zweifelnd auch Schönke/Schröder/Eser/Bosch, § 23 Rn. 17.
395 *Roxin*, AT II, § 29 Rn. 366.
396 S. 85.

c) Ist eine bestimmte Vorstellung nur in der *nicht-fachkundigen* Bevölkerung weit verbreitet, so kann sie solange als grob unverständig angesehen werden, wie sie aus der Sicht eines „Normalmenschen" als offensichtlich vollendungsuntauglich eingestuft werden kann. Es hat sich etwa die Legende verbreitet, dass Rotwein, am besten in heißer Badewanne getrunken, ein wirksames Abtreibungsmittel ist. Eine entsprechende Abtreibungshandlung ist für jeden Menschen mit durchschnittlichem Wissen offenkundig untauglich. Mag sich diese Fama auch noch so weit verbreitet haben – auch ein weit verbreitetes Gerücht wird nicht von jedem, dem es zu Ohren kommt, für wahr gehalten. Die Vorstellung, mittels eines Glases oder auch einer Flasche Rotwein einen Fruchtabgang bewirken zu können, ist nach allgemeinem Erfahrungswissen völlig abwegig und ein entsprechender Versuch ist grob unverständig. Insoweit ist *Jakobs* zuzustimmen, dass Unverstand nicht allein dadurch zum Verstand wird, dass er in Umlauf gekommen ist.

Ähnlich kursiert in der Bevölkerung die Vorstellung, dass zu Mehl zermahlenes Glas (keine Glassplitter) hochgiftig ist.[397] Eine solche Vorstellung befremdet, sie ist jedoch nicht völlig abwegig. Ein Laie kennt die chemische Zusammensetzung von Glas nicht und selbst, wenn er wüsste, dass u. a. Siliziumdioxid, Natriumdioxid und Kalziumdioxid enthalten sind, so weiß ein toxikologisch bzw. chemisch nicht vorgebildeter Bürger nicht, ob diese Grundelemente von Glas giftig sind oder nicht.[398] In einem vom Prager Gericht entschiedenen Fall las der Täter über die Möglichkeit einer Vergiftung mit solchem Glasmehl sogar in medizinischen Fachzeitschriften. Er handelte also keineswegs wie ein Trottel, sondern rational![399]

Ein Vergiftungsversuch mit Glaspulver wäre auch dann kein grob unverständiger, wenn der Irrtum nicht in Fachkreise gelangen würde, weil er aus der Sicht eines Normalbürgers nicht evident unsinnig ist. Eines kann der Prager Fall dennoch verdeutlichen: Bei der Beurteilung der Offenkundigkeit eines Irrtums hat der Ursprung der Tätervorstellung eine große *indizielle* Bedeutung. Wenn die entsprechende Tätervorstellung der Fachliteratur oder anderen Quellen entstammt, auf die man sich zu verlassen pflegt (etwa Auskunft von Fachleuten), dann kann ein entsprechendes Handeln regelmäßig nicht als völlig irrational bezeichnet werden.

---

397 Wegen eines solchen Vergiftungsversuchs musste sich ein Tagelöhner im Jahr 1853 vor dem Preußischen Obertribunal verantworten, s. ArchCrim 35 (1854) S. 498.
398 Zumal die ähnlich lautenden Natriumhydroxid und Kaliumhydroxid gefährliche Ätzgifte sind, s. *Schwedt*, S. 8 (Stichwort: „Ätzgifte").
399 So auch *Rális*, ZStW 61 (1942), 1, 50 und 52.

Fazit: Weit verbreitete Irrtümer stellen kein Sonderproblem dar. Sie lassen sich unter Anwendung der Unverstands-Grundsätze widerspruchsfrei lösen: Ist die Tätervorstellung aus der Sicht eines Durchschnittsbürgers völlig abwegig, so bleibt sie auch dann grob unverständig, wenn viele diese Vorstellung teilen. Bedarf es eines besonderen Sachverstandes zur Ungefährlichkeitsfeststellung – so war es (aus damaliger Sicht) im eingangs geschilderten Senfbad-Fall des Bundesgerichts[400] – kann von grobem Unverstand nicht die Rede sein.

4. Ergebnis

Die Untersuchung hat in diesem Kapitel gezeigt, dass eine Beschränkung des § 23 Abs. 3 StGB auf bestimmte Arten von Vorstellungen nach seinem Sinn und Zweck nicht gerechtfertigt ist. Ein aus der Sicht eines durchschnittlichen Menschen völlig abwegiger Deliktsversuch ist immer minderstrafwürdig – unabhängig davon, ob die Tätervorstellung Kausalgesetze, tatsächliche oder rechtliche Umstände betrifft oder aus einer qualitativen oder quantitativen Fehleinschätzung resultiert. In allen Fällen, die nach §§ 22 f. StGB als Versuch strafbar sind, muss zugleich die Möglichkeit bestehen, die Strafe nach § 23 Abs. 3 StGB abzumildern, wenn seine Voraussetzungen erfüllt sind. Nur dann kann die Unverstandsregelung die „unbilligen Härten" abschwächen, welche durch die Anordnung der Strafbarkeit untauglicher Versuche entstehen, wie es der Wille des Gesetzgebers war. Etwaige Einschränkungen bei der Anwendbarkeit ergeben sich nur aus dem Wortlaut der Norm selbst. Aus diesem Grunde wird in die Privilegierungsvorschrift lediglich ein unverständiges Tatmotiv nicht einbezogen.

Die Evidenz des Irrtums kann dabei nur einzelfallbezogen bewertet werden. Dieses Ergebnis kollidiert jedoch mit der Begriffsdeutung „groben Unverstandes" in E 1962, worunter eine „völlig abwegige Vorstellung von gemeinhin bekannten *Ursachenzusammenhängen*" verstanden werden soll. Die Analyse der möglichen Irrtumsarten hat gezeigt, dass der Begriff viel komplexer ist als diese Definition zulässt. Es ist schwierig, eine allgemeine, umfassende Definition „groben Unverstandes" zu entwickeln, welche alle denkbaren Irrtumskonstellationen sachgemäß erfasst. Mit Blick auf die bisherigen Ergebnisse können jedoch drei Grundelemente grober Unverständigkeit ausgemacht werden:

---

[400] Der Fall wurde im Jahre 1944 abgeurteilt; damals waren entsprechende Spülungen und Bäder eine gängige „Abtreibungsmethode". Aus heutiger Sicht wäre ein derartiger Versuch als grob unverständig zu werten.

1. der Irrtum des Täters über die Vollendungstauglichkeit muss auf *Unverstand* beruhen, also auf intellektuellen Mängeln,
2. die Fehlvorstellung muss nach allgemeinem Erfahrungswissen *offensichtlich* sein,
3. die Maßstabperson ist dabei ein „*Durchschnittsmensch*", also eine mit durchschnittlichem Erfahrungswissen ausgestattete fiktive Person.

Versucht man diese Aussagen in einer Definition zusammenzufassen, so könnte folgende Begriffsbestimmung verwertbar sein: Unter grobem Unverstand ist jede nach durchschnittlichem Erfahrungswissen offensichtlich falsche Vorstellung über ein Tatbestandsmerkmal zu verstehen, die auf intellektuellen Mängeln beruht.

E. Rechtsfolge des § 23 Abs. 3 StGB

Nach der Gesetzeslage ist auch der Versuch „aus grobem Unverstand" als ein Fall des untauglichen Versuchs strafbar. Mit der Regelung des § 23 Abs. 3 StGB hat der Gesetzgeber jedoch eine außerordentliche Privilegierung für den grob unverständig handelnden Versuchstäter eingeführt: Das Gericht *kann* von Strafe absehen oder sie nach seinem freien Ermessen nach der Maßgabe des § 49 Abs. 2 StGB mildern. Das Voranstellen der Absehens-Möglichkeit vor die bloße Milderung soll ausdrücken, dass der Tatrichter von dem Strafverzicht vorrangig Gebrauch machen soll.[401] Aufgrund der *Kann*-Formulierung lässt der Normwortlaut allerdings auch die Deutung zu, dass die Rechtsfolgenanordnung nur fakultativ gelten soll. Damit stehen dem Gericht prinzipiell vier denkbare Entscheidungsmöglichkeiten zur Verfügung:

(1) das Absehen von Strafe,
(2) die Milderung der Strafe gem. §§ 23 Abs. 3, 49 Abs. 2 StGB,
(3) unter Ablehnung der Möglichkeiten des § 23 Abs. 3 StGB die normale Versuchsstrafmilderung nach §§ 23 Abs. 2, 49 Abs. 1 StGB und schließlich
(4) eine ungemilderte Bestrafung, also eine Strafe aus dem Regelstrafrahmen.

Im Folgenden wird dieser Katalog möglicher Rechtsfolgen näher untersucht. Dabei wird anhand juristischer Auslegungsregeln überprüft, ob Sanktionen bzw. welche von den möglichen bei grob unverständigen Versuchen tatsächlich zweckmäßig sind, sowie der mögliche Anwendungsbereich der verschiedenen Rechtsfolgemöglichkeiten erörtert.

---

401 BT-Drucks. V/4095, S. 12.

I. Fakultative oder obligatorische Rechtsfolgenanordnung?

Besonders schwierige und kontrovers diskutierte Aspekte wirft dabei vor allem die Frage auf, ob das Gericht auf das grob unverständige Handeln auch mit einer Strafe aus dem *Regelstrafrahmen* reagieren kann. Denn das bedeutet die gleiche Bestrafung wie bei einem vollendeten Delikt. Diese Kontroverse wurde durch zwei Aspekte veranlasst: Primär durch die – nach einer der möglichen Deutungen des Gesetzestextes – nur fakultative Milderungsanordnung in § 23 Abs. 3 StGB. Gestützt werden kann die Möglichkeit einer Nichtmilderung zudem darauf, dass die in § 23 Abs. 3 StGB ausdrücklich vorgesehene Strafmilderung nach § 49 Abs. 2 StGB die Obergrenze der Strafe unberührt lässt. Damit wäre prinzipiell also auch bei der Anwendung des gemilderten Strafrahmens die Höchststrafe zulässig.

Da die aufgezeigte Variationsbreite der möglichen Rechtsfolgen, die vom Strafverzicht bis hin zur lebenslangen Strafe reichen kann,[402] durch die Kann-Regelung ausgelöst wurde, wird zunächst der Frage nachgegangen, wie das Fakultativum in § 23 Abs. 3 StGB zu verstehen ist.

1. Gesetzestext und Meinungsstand

Auf der einen Seite könnte der *Normwortlaut* des § 23 Abs. 3 StGB „kann das Gericht von Strafe absehen oder die Strafe nach seinem Ermessen mildern (§ 49 Abs. 2)", so zu verstehen sein, dass dem Tatrichter freisteht, ob er die Strafe mildert oder nicht. Da nach dieser Interpretation die „große" Strafmilderung gem. § 23 Abs. 3 i. V. m. § 49 Abs. 2 StGB nur *fakultativ* angeordnet wäre, könnte der Richter auch § 23 Abs. 2 StGB gelten lassen und die „kleine" Milderung nach § 49 Abs. 1 StGB aussprechen („erweiterte" Deutung), oder aber, da auch diese Rechtsfolge nur fakultativ gilt, könnte er die Strafe aus dem ungemilderten Normalstrafrahmen entnehmen („extensive" Deutung). Nach dieser Leseart treten die Rechtsfolgen des dritten Absatzes also *neben* die des zweiten Absatzes und des Regelstrafrahmens.

Auf der anderen Seite könnte das Fakultativum „kann" aber auch im Sinne einer „entweder-oder"-Lösung zu lesen sein, also dass das Gericht nur entweder von Strafe absehen oder diese gem. § 49 Abs. 2 StGB mildern kann. Damit wäre, wenn der Richter die Absehensmöglichkeit ablehnt, die „große" Strafmilderung nach § 49 Abs. 2 StGB *zwingend* („enge" Deutung). Dem Normwortlaut nach kann die Milderungsanordnung sowohl fakultativ als auch obligatorisch

---

402 S. 40 f.

verstanden werden.⁴⁰³ Nach der sprachlichen Fassung des § 23 Abs. 3 StGB sind beide Interpretationen in gleichem Umfang möglich.

In *systematischer* Hinsicht bringt das Gesetz eine Unrechtsabstufung zwischen verständigen und unverständigen Versuchen zum Ausdruck. Wenn das Gesetz für grob unverständige Versuche einen gegenüber normalen Versuchen (§ 23 Abs. 2 i. V. m. § 49 Abs. 1 StGB) weiteren, nach unten ausgedehnten Strafrahmen in § 23 Abs. 3 i. V. m. § 49 Abs. 2 StGB eröffnet, so bewertet es die grob unverständigen Versuche – verglichen mit anderen Versuchen – als weniger strafwürdig. Allerdings geht aus dem Vergleich der Absätze der Versuchsregelung nicht hervor, ob aus dieser gesetzlichen Wertung der Schluss gezogen werden kann, dass bei grob unverständigen Versuchen eine Bestrafung aus dem Regelrahmen oder aus dem nur nach § 49 Abs. 1 StGB gemilderten Strafrahmen generell versperrt sein soll.

Den geschilderten möglichen Interpretationen des Normwortlautes entspricht die Meinungsvielfalt, die in der Rechtslehre zu der Rechtsfolgenproblematik beim § 23 Abs. 3 StGB waltet.

Die „extensive" Deutung, die auch das Höchstmaß der Vollendungsstrafe erlaubt, fügt sich nahtlos in das System der subjektiven Theorie ein. Danach ist schon die Betätigung des rechtsfeindlichen Willens strafwürdig; die Möglichkeit einer ungemilderten Bestrafung bei einem jeden Versuch ist von diesem Standpunkt nur konsequent. Für die weiteste Auslegung setzen sich demnach vor allem Subjektivisten wie etwa *Gallas*, *Hillenkamp* und *Lackner/Kühl* ein.⁴⁰⁴ Weitere Autoren verweisen allein auf die „Kann"-Formulierung der Norm als Grund für ein nur fakultatives Verständnis der Milderungsanordnung in § 23 Abs. 3 StGB.⁴⁰⁵

Gegen diese extensive Leseart wenden sich zunehmend immer mehr Stimmen. So sagt z. B. *Rudolphi*, dass die Anwendung des Normalstrafrahmens „nach dem Sinn und Zweck des Gesetzes ausgeschlossen" ist.⁴⁰⁶ Nach *Ambos* ist wegen

---

403 Zu den möglichen Deutungsarten s. auch MK-*Herzberg/Hoffmann-Holland*, § 23 Rn. 60 ff.
404 *Gallas*, in Niederschriften 4, S. 365; *Lackner*/Kühl, § 49 Rn. 6 sowie LK-*Hillenkamp*, § 23 Rn. 72 f., s. auch *ders*. § 22 Rn. 188.
405 Etwa *Baumann/Weber/Mitsch*, AT, § 26 Rn. 61; *Blei*, AT, S. 233; LK-*Theune*, § 49 Rn. 19; *Maiwald, in:* Koriath u.a., Grundfragen, 159, 169; *Seier/Gaude,* JuS 1999 456, 457; *Valerius,* JA 2010, 113, 116.
406 SK-*Rudolphi,* § 23 Rn. 10. MK-*Herzberg/Hoffmann-Holland,* § 23 Rn. 61 kritisieren daran, dass sich *Rudolphi* mit der Ratio der Norm nicht auseinandergesetzt habe. Eine ungemilderte Bestrafung ist mit der von *Rudolphi* vertretenen Eindruckstheorie

der im Vergleich zu tauglichen Versuchen wesentlich geringeren Rechtsgutsgefährdung eine Strafmilderung zwingend.[407] Da der Richter vorrangig das Absehen von Strafe zu erwägen hat und ein Strafbedürfnis ohnehin nur schwer zu begründen sei, müsse nach *Eser/Bosch* die Milderungsanordnung obligatorisch verstanden werden.[408] Nach *Herzberg/Hoffmann-Holland* könne eine Nichtmilderung niemals angemessen sein, weil der grobe Unverstand nach der Wertung des Gesetzes stets die Strafwürdigkeit der Tat mindere.[409] Auch nach *Roxin* ist die Vorschrift verfassungskonform im Sinne einer zwingenden Milderung auszulegen.[410] Innerhalb dieser Meinungsgruppe besteht jedoch Uneinigkeit, ob auch die „kleine" Strafmilderung nach § 23 Abs. 2 i. V. m. § 49 Abs. 1 StGB möglich sein soll (erweiterte Auslegung)[411] oder ob der Richter nur zwischen Absehen von Strafe und Milderung nach § 49 Abs. 2 StGB wählen kann (enge Auslegung)[412].

2. Historische Auslegung

Der historische Gesetzgeber ging in älteren Gesetzesmaterialien und Entwürfen von der Möglichkeit einer ungemilderten Bestrafung in Fällen des § 23 Abs. 3 StGB aus. Laut der Niederschriften über die Sitzungen der Großen Strafrechtskommission solle bei einem grob unverständigen Versuch sowohl das „Wie" (also das Maß der Milderung), als auch das „Ob" der Milderung in das tatrichterliche Ermessen gestellt werden. Dies bringe das Wort „Ermessen" zum Ausdruck.[413] Im Entwurf 1962 ist an zwei Stellen von der bloßen „*Möglichkeit*, die Strafe nach seinem Ermessen zu mildern [...] oder von Strafe abzusehen"[414], die Rede. Die Ersteller dieser Materialien haben jedoch keine Gründe für das

---

in der Tat schwer vereinbar, da ein grob unverständiger Versuch keinen bzw. jedenfalls nur einen geringen rechtserschütternden Eindruck hinterlässt, s. S. 34 ff. und S. 51 ff.
407 NK-GS-*Ambos*, § 23 Rn. 12.
408 Schönke/Schröder/*Eser/Bosch*, § 23 Rn. 18.
409 MK-*Herzberg/Hoffmann-Holland*, § 23 Rn. 63 f.
410 *Roxin*, AT II § 29 Rn. 370. Für eine obligatorische Strafmilderung auch LK-*Vogler*[10], § 23 Rn. 36. Für zwingende Milderung bei jedem untauglichen Versuch *Frisch*, in Spendel-FS, 381, 404 f.
411 Z. B. *Bergmann*, Milderung, S. 162 f.; Matt/Renzikowski-*Heger*, § 23 Rn. 28; SK-*Rudolphi*, § 23 Rn. 10; *Wolters*, Unternehmensdelikt, S. 278 f.
412 So etwa *Heinrich*, Jura 1998, 393; *Jescheck/Weigend*, § 50 I 5 b) bb); MK-*Herzberg/Hoffmann-Holland*, § 23 Rn. 62 ff.; SSW-StGB/*Kudlich/Schuhr*, § 23 Rn. 17.
413 *Gallas*, Niederschriften, Bd. 4 (1958), S. 365.
414 Begr. E 1962 – BT-Drucks. IV/650 S. 144 und S. 145 (Hervorhebung nicht im Original).

Festhalten an einer nur fakultativen Strafmilderung in § 23 Abs. 3 StGB genannt. Die im E 1962 mehrfach angeführte mögliche Wiederholungsgefahr mit tauglichen Mitteln als Anlass für eine Bestrafung grob unverständiger Versuche[415] ist in unserem tatstrafrechtlichen Rechtssystem ein unzulässiges Kriterium.[416] Dieser Aspekt darf deshalb nicht als Argument für eine ungemilderte Bestrafung herangezogen werden. Der Sonderausschuss für die Strafrechtsreform wollte mit § 23 Abs. 3 StGB eine „flexible" Regelung schaffen, um auf alle denkbaren Fälle angemessen reagieren zu können.[417] Allerdings hat er zur nur fakultativ zu verstehenden Rechtsfolgenanordnung in § 23 Abs. 3 StGB nichts gesagt;[418] diese Aussage könnte deshalb durchaus auch bedeuten, dass die Regelung Flexibilität innerhalb der Spannweite zwischen Absehen von Strafe und einer nach § 49 Abs. 2 StGB gemilderten Bestrafung schaffen soll.[419] In Bezug auf grob unverständige Versuche ist im Bericht des Sonderausschusses stets nur von den in Abs. 3 ausdrücklich genannten Rechtsfolgenarten die Rede. So z. B. will der Sonderausschuss grob unverständige Versuche entgegen dem Vorschlag im Alternativ-Entwurf nicht in allen Fällen straflos lassen, sondern es „der Entscheidung des Richters überlassen [...], ob er von Strafe absieht oder die Strafe nach seinem Ermessen mildert (vgl. § 49 Abs. 2 StGB)".[420] Und nur wenig später hat er die Priorität des Absehens von Strafe vor der bloßen Milderung betont.[421] Hierzu hat *Herzberg* treffend angemerkt: Wenn der Gesetzgeber dem Richter daneben die für „normale" Versuche geltenden Sanktionsmöglichkeiten offen lassen wollte, so hätte er hierzu an diesen Stellen wohl nicht geschwiegen.[422]

Die Gesetzesmaterialien sind nicht eindeutig. Aus ihnen lassen sich Textstellen ablesen, die sowohl für eine nur fakultative Milderungsanordnung als auch für eine Beschränkung auf die in Abs. 3 geregelten Rechtsfolgen sprechen.

---

415 Begr. E 1962 – BT-Drucks. IV/650 S. 144 f.
416 S. 42 ff.
417 BT-Drucks. V/4095, S. 12; *Corves*, in: Prot. V, S. 1751.
418 Der Sonderausschuss spricht zwar an einer Stelle vom Festhalten an fakultativer Strafmilderung (BT-Drucks. V/4095, S. 11), allerdings betreffen seine Ausführungen nur die Milderung nach Abs. 2 des § 23 StGB.
419 Wobei auch schon diese Strafrahmenskala bedenklich breit ist, vgl. die Ausführungen auf S. 130 f.
420 BT-Drucks. V/4095, S. 11 f.
421 BT-Drucks. V/4095, S. 12.
422 So MK-*Herzberg/Hoffmann-Holland*, § 23 Rn. 62 betr. erstes Zitat.

3. Teleologische Auslegung

Da Wortlaut, Systematik und Entwicklungsgeschichte bei der Lösung der Rechtsfolgenproblematik wenig ergiebig sind, muss der Normzweck des § 23 Abs. 3 StGB zeigen, ob bei grob unverständigen Versuchen auch eine ungemilderte Bestrafung angezeigt sein kann.

Mit der besonderen Strafzumessungsregelung des § 23 Abs. 3 StGB wollte der Gesetzgeber unbillige Härten kompensieren, welche sich aus der Anordnung der Strafbarkeit untauglicher Versuche ergeben.[423] Deshalb ist zu untersuchen, ob Fallkonstellationen denkbar sind, in denen ein grob unverständiger Versuch uneingeschränkt strafwürdig erscheint, die volle Bestrafung also keine unbillige Härte bedeuten würde.

Das Schrifttum zu dieser Frage ist sehr karg. Soweit aus der strafrechtlichen Literatur ersehen werden kann, hat nur ein Autor ein konkretes Beispiel angeführt, bei dem ein grob unverständiger Versuch aus dem Regelrahmen bestraft werden solle. *Hillenkamp* nennt den Vergiftungsversuch mit einem Speisepilz („Totentrompete"), bei dem der Täter statt eines einzigen für letal giftig gehaltenen Pilzes, um ganz sicher zu gehen, gleich ein Dutzend davon in das Essen eines anderen untergemischt hat.[424] Ein solcher Versuch ist nach der in dieser Abhandlung zugrunde gelegten Begrifflichkeit nicht grob unverständig, weil ein nichtfachkundiger Normalbürger regelmäßig nicht weiß, ob Totentrompeten essbare Pilze sind oder nicht.[425] Man kann sich den Fall aber so denken, dass der Täter den Vergiftungsversuch mit – als solchen erkannten – Champignons unternommen hat.

Eine Gleichsetzung der Tatschwere in diesem Beispiel mit einem Vollendungsunrecht steht jedoch völlig außer Verhältnis zum Unrechts- und Schuldgehalt der Tat. Zwar kann das „Auf-Nummer-Sicher-Gehen" als ein Indiz für eine Erhöhung der kriminellen Intensität bewertet werden. Dieser Aspekt allein kann jedoch niemals das Ausbleiben der Vollendung aufwiegen.

Gemessen an den für die Unrechtsklassifizierung maßgeblichen (v. a. versuchsbezogenen) Gründen ist die Höhe der unrechtsbezogenen Schuld und die Strafbedürftigkeit im Prinzip genauso niedrig zu bewerten, wie bei allen anderen grob unverständigen Versuchen. Die verbrecherische Energie kann in casu

---

423 Begr. E 1962 – BT-Drucks. IV/650 S. 144 f.
424 LK-*Hillenkamp*, § 23 Rn. 72.
425 *Hillenkamp* will unter § 23 Abs. 3 auch lediglich objektiv abwegige Vorstellungen subsumieren, die nicht offenkundig sein müssen, s. LK-*Hillenkamp*, § 23 Rn. 72; vgl. ferner *ders.*, Schreiber-FS, 135, 148 Fn. 72.

nicht als versuchsspezifisch i. S. d. Lehre von den versuchsbezogenen Gründen eingestuft werden, weil sich die kriminelle Intensität auf die Beurteilung der Gefährlichkeit des Versuchs nicht auswirkt.[426] Es spielt keine Rolle, ob der Täter das Essen aus einem einzigen oder aus zwölf Champignons zubereitet hat – die Fälle erreichen nicht die gleiche Unrechtsintensität wie ein gefährlicher „verständiger" Versuch und schon gar nicht die Unwerthöhe der Vollendungsfälle. Das „Auf-Nummer-Sicher-Gehen" kann ein der Vollendungstat gleichstehendes Strafbedürfnis und damit eine Milderungsversagung bei grob unverständigen Versuchen niemals rechtfertigen.[427]

In dieser Arbeit wurde festgestellt, dass bei Versuchen i. S. d. § 23 Abs. 3 StGB das Unrecht und Strafbedürfnis stets gemindert sind,[428] so dass eine Strafe aus dem für vollendete Taten vorgesehenen Strafrahmen niemals der Tatschuld angemessen sein kann. Aus dem Gesichtspunkt eines verminderten Handlungs- und Erfolgsunrechts sowie einer erheblich reduzierten Strafbedürftigkeit ist die Strafe bei grob unverständigen Versuchen *obligatorisch* zu mildern.

Aber auch die Möglichkeit einer „kleinen" Milderung nach § 23 Abs. 2 i. V. m. § 49 Abs. 1 StGB ist abzulehnen, weil grob unverständige Taten immer weniger strafwürdig sind als die „normalen" tauglichen und untauglichen Versuche, für die diese Milderungsmöglichkeit gilt. Da der hier aufgezeigte Grund der Privilegierung gem. § 23 Abs. 3 StGB bei grob unverständigen Versuchen stets gegeben ist, kommen nach dem geltenden Recht nur die in § 23 Abs. 3 StGB ausdrücklich genannten Rechtsfolgen in Betracht. Der Richter kann nur *entweder* von Strafe absehen *oder* die Strafe nach der Maßgabe des § 49 Abs. 2 StGB mildern.

Als Zwischenergebnis ist Folgendes festzuhalten: Eine Strafe aus dem Normalstrafrahmen bzw. aus dem nur nach § 23 Abs. 2 i. V. m. § 49 Abs. 1 StGB gemilderten Strafrahmen steht in Fällen des § 23 Abs. 3 StGB außer Verhältnis zur Tatschuld. Nach dem Sinn und Zweck des § 23 Abs. 3 StGB kommen als Rechtsfolgen nur das Absehen von Strafe und die Strafmilderung gem. § 49 Abs. 2 StGB in Betracht („Entweder-Oder"-Lösung).

Als Nächstes werden diese zwei Rechtsfolgenmöglichkeiten in Grundzügen näher erörtert, soweit sie für die weitere Untersuchung bedeutsam sind.

---

426 S. oben, S. 63. Das ist anders bei „verständigen" untauglichen Versuchen, vgl. Fn. 168.
427 Ein so konstruiertes Strafbedürfnis lässt sich auch bei irrealen Versuchen denken, etwa wenn ein Täter statt einer einzigen für ausreichend gehaltenen Nadel gleich Dutzend Nadeln in eine Voodoo-Puppe sticht.
428 S. 61 ff.

II. Absehen von Strafe

Das Gericht kann von Strafe absehen. Das bedeutet, dass der Täter zwar schuldig gesprochen und mit Verfahrenskosten belastet wird (§§ 260 Abs. 4 S. 1, § 465 Abs. 1 Satz 2, Var. 2 StPO), dass aber in der Urteilsformel von der Verhängung einer Strafe ausdrücklich abgesehen wird (§ 260 Abs. 4 S. 4 StPO).[429] Hier erfolgt also ein sog. „Schuldspruch ohne Strafausspruch"; das Absehen von Strafe hat einen sanktionsähnlichen Charakter.[430] Das Urteil führt nicht zu einer Eintragung in das Bundeszentralregister.[431] Die Entscheidung für das Absehen von Strafe bzw. – bei einem entsprechenden Antrag – für die Ablehnung dieser Rechtsfolge ist zu begründen (§ 267 Abs. 3 S. 4 Hs. 2 StPO). Die Beschränkung eines Rechtsmittels auf die Ablehnung des Absehens von Strafe ist möglich, wenn sie von der Schuldfrage losgelöst und daher einer selbständigen Prüfung unterzogen werden kann.[432] Da der Angeklagte aber auch beim Absehen von einer Bestrafung durch die Verurteilung[433] beschwert ist, kann er sich dagegen mit einem Rechtsmittel wehren.[434]

Auch die Staatsanwaltschaft hat bereits im Ermittlungsverfahren die Möglichkeit, mit Zustimmung des zuständigen Gerichts von der Anklageerhebung abzusehen (§ 153b Abs. 1 StPO). Ist die Klage bereits erhoben, kann das Gericht mit Zustimmung des Angeschuldigten und der Staatsanwaltschaft bis zum Beginn der Hauptverhandlung das Verfahren einstellen (§ 153b Abs. 2 StPO). In den Einstellungsfällen trägt die Staatskasse die Kosten.[435]

III. Strafrahmen bei der Milderung nach Ermessen, § 49 Abs. 2 StGB

Entscheidet sich das Gericht, von der Bestrafung nicht abzusehen, so kann es die Strafe aus dem nach § 49 Abs. 2 StGB gemilderten Strafrahmen wählen. Diese Milderungsnorm reicht weiter als die nach § 49 Abs. 1 StGB, weil die Strafuntergrenze bis zum gesetzlichen Mindestmaß (§§ 38 Abs. 2, 40 Abs. 1 Satz 2 StGB) fällt und der Richter anstatt einer Freiheitsstrafe eine Geldstrafe verhängen kann. Obwohl die *Strafobergrenze* nach dem Gesetzeswortlaut unberührt bleibt, ist

---

429 *Fischer*, StGB, § 23 Rn. 8.
430 Dazu *Gräfe*, S. 160 ff. m. w. N. und *Wagner*, GA 1972, 33, 41, vgl. auch *Jescheck/Weigend*, § 81.
431 *Bockelmann/Volk*, AT, § 42 S. 277, *v. Weber*, MDR 1956, 705 ff., 707.
432 Vgl. BGHSt 10, 320, 321.
433 Auch beim Absehen von Strafe wird der Täter verurteilt, vgl. § 465 Abs. 1 Satz 2 StPO.
434 *V. Weber*, MDR 1956, 705, 707.
435 *Tröndle/Fischer*, StGB[52], § 23 Rn. 8.

eine Reduktion der Höchststrafen nach dem Maßstab des § 49 Abs. 1 StGB bzw. der Obergrenze etwaiger minder schwerer Fälle, geboten. Wenn schon die „kleine" Milderung gem. § 49 Abs. 1 StGB einen abgesenkten Strafrahmen vorsieht, dann muss eine Reduzierung der Höchststrafen erst recht für die „große" Milderung nach § 49 Abs. 2 StGB gelten. Das Fehlen einer Limitierung im Gesetzestext erklärt sich daraus, dass der Gesetzgeber vermutlich nicht daran gedacht hat, dass ein Richter bei der Anwendung einer derart weit reichenden Milderungsnorm die Strafe aus dem oberen Bereich des Regelstrafrahmens wählen würde.[436] Die Verhängung einer Höchststrafe wäre ja keine Strafmilderung und für diese hat sich doch das Gericht entschieden, wenn es § 49 Abs. 2 StGB anwendet.[437] Eine zwingende Reduktion der Strafobergrenze leuchtet um so mehr gerade bei grob unverständigen Versuchen ein. Wenn schon bei normalen Versuchen bei der Anwendung eines nach § 23 Abs. 2 i. V. m. § 49 Abs. 1 StGB gemilderten Strafrahmens eine Absenkung der Obergrenze vorgeschrieben ist, so muss diese erst recht bei grob unverständigen Versuchen – die nach gesetzlicher Wertung als weniger strafwürdig eingestuft wurden[438] – limitiert werden.[439] Schließlich wollte der Gesetzgeber mit § 23 Abs. 3 StGB eine Privilegierungsnorm für Fälle schaffen, in denen die Milderung nach § 49 Abs. 1 StGB nicht ausreicht.[440] Die Verhängung einer Strafe aus dem obersten Bereich des Regelstrafrahmens wäre jedoch keine Privilegierung, sondern das Gegenteil: Die Anwendung des § 49 Abs. 2 StGB könnte eine Schlechterstellung gegenüber einer Milderung nach § 49 Abs. 1 StGB zur Folge haben, weil Abs. 1 Höchstgrenzen vorsieht.

In dieser Abhandlung wurde festgestellt, dass bei grob unverständigen Versuchen eine Strafe aus dem ungemilderten Normalstrafrahmen nicht schuldangemessen ist.[441] Die Verhängung einer Strafe aus seinem obersten Bereich wäre demnach eine völlig verfehlte Rechtsfolge.

Der veränderte Strafrahmen des § 49 Abs. 2 StGB sieht demnach so aus: Eine lebenslange Freiheitsstrafe darf nicht verhängt werden, statt dieser tritt eine Höchststrafe von 15 Jahren (§ 49 Abs. 1 Nr. 1 i. V. m. § 38 Abs. 2 StGB) bzw.

---

436 Sachlich übereinstimmend *Frisch*, JR 1986, 89, 93.
437 Vgl. auch MK-*Herzberg/Hoffmann-Holland*, § 23 Rn. 65.
438 Vgl. S. 124 f.
439 I. Erg. ebenso MK-*Herzberg/Hoffmann-Holland*, § 23 Rn. 65. Für Absenkung der Obergrenze auch *Jescheck/ Weigend*, § 83 VI 2 a); *Lackner/Kühl*, § 49 Rn. 5; Schönke/Schröder/*Stree/Kinzig*, § 49 Rn. 11. Ausf. dazu *Bergmann*, Milderung, S. 32–52. A. A. *Schäfer/Sander/van Gemmeren*, Rn. 1090 und MK-*Maier*, § 49 Rn. 30.
440 Begr. E 1962 – BT-Drucks. IV/650 S. 145.
441 S. 124 ff. (129).

10 Jahren (§ 81 Abs. 2 StGB). Bei Geld- und zeitiger Freiheitsstrafe darf höchstens eine Strafe von drei Viertel des angedrohten Höchstmaßes verhängt werden (§ 49 Abs. 1 Nr. 2 StGB).

IV. Die Rechtsfolgenwahl – eingeschränkte Ermessensentscheidung

Die vorangehenden Erörterungen haben gezeigt, dass dem Gericht nur die in § 23 Abs. 3 StGB ausdrücklich genannten Rechtsfolgen zur Verfügung stehen: das Absehen von Strafe und eine nach der Maßgabe des § 49 Abs. 2 StGB gemilderte Bestrafung. Die Entscheidung, welche von diesen Sanktionsmöglichkeiten letztendlich angewandt wird, ist vom Schuld- und Unrechtsgehalt der Tat abhängig. Die Wahl des Reaktionsmittels und die konkrete Straffestsetzung bei der Milderungsalternative sind eine Frage des Einzelfalles, die anhand einer Gesamtbetrachtung aller tat- und täterbezogenen Strafzumessungsgesichtspunkte zu prüfen ist (§ 46 Abs. 2 StGB). Nach der Lehre von den versuchsbezogenen Gründen haben dabei vor allem versuchsspezifische Gründe eine maßgebende Bedeutung, weil sie die wichtigsten Kriterien für die Beurteilung von Unrechts- und Schuldgehalt einer nur versuchten Tat sind.[442] Daraus folgt, dass allein Gründe, die in keinerlei Zusammenhang zum Versuch stehen (wie z.B. das kriminelle Vorleben), nicht zur Ablehnung der milderen Rechtsfolge führen dürfen.[443] Zu verwerfen sind daher Ansichten, welche bei grob unverständigen Versuchen etwa aus rein spezialpräventiven Gründen das Absehen von Strafe versagen wollen.[444]

Neben diesen strafzumessungsrechtlichen Erwägungen gilt es eine maßgebende Grundregel zu beachten. Durch das unübliche[445] Vorziehen der günstigeren Rechtsfolge hat der Gesetzgeber zum Ausdruck gebracht, dass der Richter bei

---

442 Zur Lehre von den versuchsbezogenen Gründen S. 61 ff. mit zahlreichen Nachweisen in Fn. 160 f.
SK-*Rudolphi*, § 23 Rn. 10 und *Wolters*, Unternehmensdelikt, S. 279 wollen bei der Sanktionswahl nur versuchsbezogene Gründe berücksichtigen.
443 Bei der Versuchsmilderung gem. § 23 Abs. 2 StGB ist dieser Grundsatz anerkannt, s. z.B. BGH Urt. v. 28.09.2010 – 3 StR 261/10 sowie BGH, Urt. v. 15.02.1995 – 2 StR 482/94 – NStZ 1995, 285, wo der BGH beanstandet, dass eine Strafmilderung allein aus nicht-versuchsbezogenen Gründen versagt worden war.
444 So aber z.B. *Gräfe*, S. 168 sowie *Fischer*, StGB, § 23 Rn. 8, soweit er auf eine Wiederholungstat abstellt.
445 Anders etwa die Vorschriften zur tätigen Reue, wie z.B. §§ 83a Abs. 1, 306e Abs. 1, 320 Abs. 2 StGB.

der Sanktionswahl als Erstes das Absehen von Strafe erwägen muss.[446] Das tatrichterliche Ermessen ist also insoweit eingeschränkt, als das Absehen von Strafe die Regel und die Milderungsalternative nur die Ausnahme bildet. Die Priorität des Absehens vor der bloßen Milderung entspricht auch der hier vertretenen Ratio der Unverstandsregelung. Da eine Gesamtschau wesentlicher, v. a. versuchsbezogener Strafzumessungstatsachen einen – im Vergleich zum Normalfall des Versuchs – generell niedrigeren Unrechts- und Schuldgehalt der Tat ergibt und eine strafrechtliche Reaktion aus kriminalpolitischen Gründen nicht bzw. nur in einem geringen Umfang notwendig ist,[447] hat der Richter von dem Verzicht auf eine Bestrafung vorrangig Gebrauch zu machen.

Das Absehen von Strafe sollte jedenfalls dann zur Anwendung kommen, wenn die Fehlvorstellung des Täters über Ursachenzusammenhänge im Grenzbereich zum abergläubischen Versuch angesiedelt ist (so zum Beispiel der Versuch, den Antipoden durch kräftiges Auftreten mit dem Fuß in die Luft zu sprengen[448]) oder sich dem straflosen Wahndelikt nähert (denkbar vor allem bei sog. „Vorfeldirrtümern"[449]).

Die bloße Strafmilderung wurde in der Literatur für Fälle vorgeschlagen, welche sich – wegen erhöhten Strafwürdigkeitsgehalts – für einen Verzicht auf eine Bestrafung nicht eignen.

Fischer nennt in diesem Zusammenhang den Täter, der z. B. durch häufig wiederholte Deliktsbegehungen in der Vergangenheit oder in sonstiger Weise besondere kriminelle Energie manifestiert hat.[450] Nach der Lehre von den versuchsbezogenen Gründen können jedoch rein spezialpräventive bzw. andere versuchsfremde oder versuchsneutrale Aspekte allein die Versagung der milderen Rechtsfolge (Absehen von Strafe) nicht rechtfertigen.

Nach *Herzberg/Hoffmann-Holland* sei diese Sanktionsart „wie geschaffen" für Fälle, in denen der Täter durch den Versuch (fahrlässig) ein Folgeunrecht verursacht hat, etwa wenn er die Skulptur, die er in grob unverständiger Weise stehlen wollte, fahrlässig zerstört.[451] Bei der Annahme, dass ein „Folgeunrecht"

---

446 BT-Drucks. V/4095, S. 12.
447 Ausf. dazu oben, S. 59 ff.
448 Beispiel bei *zu Dohna,* Aufbau, S. 57 und *ders.,* Güterbock-FS, S. 59. Mit diesem Beispiel auch schon *Kohler,* Studien I, S. 13.
449 Vgl. dazu oben, S. 112 ff.
450 *Fischer,* StGB, § 23 Rn. 8.
451 MK-*Herzberg/Hoffmann-Holland,* § 23 Rn. 63 f.

die Strafwürdigkeit des grob unverständigen Versuchs erhöhen könnte, handelt es sich jedoch um eine sehr zweifelhafte Konstruktion.[452]

Timpe differenziert danach, ob die unverständige Tat aus verständigen Motiven begangen wurde (dann nur Strafmilderung gem. § 49 Abs. 2 StGB) oder ob auch das Motiv der Tat unverständig war (dann Absehen von Strafe).[453] Ein sachlich überzeugender Grund für eine solche Differenzierung ist nicht ersichtlich, zumal eine unverständige Motivation die Tat keineswegs in einem milderen Lichte erscheinen lässt.[454]

Hillenkamp will unter § 23 Abs. 3 StGB auch lediglich objektiv abwegige Vorstellungen subsumieren, die nicht offenkundig sein müssen, und in diesen Fällen die bloße Milderung anwenden.[455] Nach dem hier zugrunde gelegten Normverständnis sind aber solche Vorstellungen nicht grob unverständig. Deshalb kann die Strafe in diesen Fällen nur nach § 23 Abs. 2 i. V. m. § 49 Abs. 1 StGB gemildert werden.

Diese kurze Erörterung macht deutlich, dass es schwierig ist, für die Milderungs-Alternative überhaupt einen relevanten Anwendungsbereich zu finden. Mit Blick auf den Bagatellcharakter des Angriffs, die Priorität des Absehens von Strafe vor der Strafmilderung sowie der Maßgeblichkeit versuchsbezogener Gründe, welche sich in Fällen des § 23 Abs. 3 StGB sämtlich erheblich unrechtsmindernd auswirken, dürfte die bloße Milderungs-Alternative in der Rechtspraxis kaum je zur Anwendung gelangen.

V. Zusammenfassung und Ausblick

Bei grob unverständigen Versuchen kann das Gericht nur *entweder* von Strafe absehen *oder* die Strafe gemäß § 49 Abs. 2 StGB mildern. Bei der Wahl zwischen diesen zwei Rechtsfolgen hat das Absehen von Strafe Vorrang. Entscheidet sich der Richter für die bloße Milderung, so hat er bei der Straffestsetzung die Obergrenze des § 49 Abs. 1 StGB bzw. etwaiger minder schwerer Fälle zu beachten.

Die Untersuchung hat die Notwendigkeit einer restriktiven Auslegung auf der Rechtsfolgenseite des § 23 Abs. 3 StGB gezeigt. Daraus ergeben sich jedoch weitere Fragen: Welche Fallkonstellationen sind es, die eine Strafverhängung zwingend erfordern? Worin liegt überhaupt das strafwürdige Unrecht eines grob

---

452 Ausf. dazu S. 227 f.
453 *Timpe*, S. 124.
454 S. 116 f.
455 LK-*Hillenkamp*, § 23 Rn. 67 ff., 72. Vgl. auch *Hillenkamp*, in Schreiber-FS, S. 151 Fn. 86 betr. BGH 41, 94.

unverständigen Versuchs? Und ist das Unrecht wirklich so hoch, dass eine Verurteilung unbedingt notwendig ist?

Die Vielzahl an offenen Fragen macht deutlich, dass die Untersuchung mit der Feststellung der nach dem Gesetz möglichen Rechtsfolgen nicht stehen bleiben darf. Es wird in einem eigenen Kapitel untersucht, ob im Wege einer verfassungskonformen Auslegung oder *de lege ferenda* eine weitere Reduktion der Sanktionsmöglichkeiten oder eine gänzliche Entkriminalisierung grob unverständiger Versuche sinnvoll wäre bzw. geboten ist.[456]

F. Erweiterter Anwendungsbereich des § 23 Abs. 3 StGB

Nachdem in den vorangehenden Kapiteln geklärt wurde, was „grober Unverstand" ist und welche Rechtsfolgen § 23 Abs. 3 StGB auslöst, können an dieser Stelle die Geltungsgrenzen der Vorschrift bestimmt werden.

§ 30 StGB erweitert die Geltung des § 23 Abs. 3 StGB auf den Versuch der Beteiligung (I.). Über die §§ 26, 27 Abs. 2 S. 1 StGB gilt er für die Teilnehmer an einem grob unverständigen Versuch (II.). Daneben stellt sich die Frage, ob die Unverstandsregelung auf andere – nicht ausdrücklich geregelte – Fälle eine entsprechende Anwendung findet (III.).

I. Versuch der Beteiligung, § 30 StGB

Gem. § 30 Abs. 1 Satz 3 StGB gilt § 23 Abs. 3 StGB entsprechend für grob unverständige Versuche der Beteiligung. Satz 3 dient nur der Verdeutlichung. Auch ohne eine ausdrückliche Anordnung wäre die Unverstandsregelung anwendbar, weil in Fällen des § 30 StGB nach Satz 1 Versuchsvorschriften heranzuziehen sind.[457] Die Anwendbarkeit gilt sowohl für die versuchte (Ketten-)Anstiftung des § 30 Abs. 1 StGB als auch für die Verbrechensverabredung nach § 30 Abs. 2 StGB, wie die Wendung „ebenso" zeigt. Die Erweiterung der Geltung des § 23 Abs. 3 StGB auf Fälle der Beteiligung nach § 30 StGB ergibt sich aus folgender Wertung: Wenn auch *untaugliche* Anstiftungsversuche und Verbrechensverabredungen tatbestandsmäßig sind,[458] dann gebührt dem Täter die Privilegierung des § 23 Abs. 3 StGB, wenn er die Untauglichkeit aus grobem Unverstand verkannt hat.

---

456 Teil 3, S. 225 ff.
457 Vgl. auch BT-Drucks. V/4095, S. 13.
458 Str., s. dazu *Roxin*, AT II, § 28 Rn. 23 und *Thalheimer,* S. 41 ff. jew. m. w. N. Für Strafbarkeit z. B. LK-*Schünemann,* § 30 Rn. 32 sowie die Rspr., z. B. BGHSt 50, 142 (Bestimmungsversuch gegenüber verdeckt ermittelnden Polizeibeamten). Dagegen z. B. NK-GS-*Letzgus,* § 30 Rn. 25 f.; ausf. *Letzgus,* S. 185 ff.

Ein Beteiligter kommt zum einen dann in den Genuss der milderen Rechtsfolgen des § 23 Abs. 3 StGB, wenn die i. S. d. § 30 StGB *versuchte Beteiligung* selbst (also die Vorbereitungshandlung) grob unverständig war; die vorgestellte Bezugstat kann dabei auch „verständig" sein.

Eine versuchte Anstiftung ist zum Beispiel dann grob unverständig, wenn der Handelnde verkennt, dass der Anzustiftende offensichtlich bereits zur Tat entschlossen ist oder bei einem Sonderdelikt augenscheinlich nicht als Täter in Betracht kommen kann.[459] Gleiches gilt etwa, wenn der Anstiftungsversuch *inhaltlich* evident ungeeignet ist, beim Anzustiftenden einen Tatentschluss zu erwecken (Beispiel: Terrorist T wird kurz vor einem Sprengstoffanschlag auf eine Botschaft durch die Polizei gefasst. T fordert die Polizeibeamten auf, die Bombe an seiner Stelle zu zünden) oder wenn die *Art und Weise* des Bestimmens offensichtlich nicht geeignet ist, einen Tatentschluss hervorzurufen (z. B. ein Anstiftungsversuch durch Versenden einer verschlüsselten Nachricht, die der Empfänger evident nicht entschlüsseln kann).

Darüber hinaus kommen die milderen Rechtsfolgen des § 23 Abs. 3 StGB dann zur Geltung, wenn bei einem hypothetischen Versuch der geplanten Tat die Unverstandsmerkmale vorliegen würden. Es genügt also, wenn der Handelnde die Untauglichkeit der *zu begehenden Haupttat* aus grobem Unverstand verkannt hat;[460] seine Beteiligungshandlung im Sinne von § 30 StGB kann dabei auch verständig sein (etwa wenn zwei Täter sich verabreden, ein Verkehrsflugzeug mit einem Luftgewehr abzuschießen).

Mit der Anwendbarkeit des § 23 Abs. 3 StGB auf Beteiligungsversuche i. S. d. § 30 Abs. 1 StGB hat sich der Bundesgerichtshof in zwei Entscheidungen befasst. Zum einen urteilte der Bundesgerichtshof über einen Versuch, einen verdeckten Ermittler der Polizei zur Tötung anzustiften.[461] Zum anderen ging es um einen erfolglos gebliebenen Versuch, einen Mörder im „Rotlichtmilieu" anzuwerben.[462] In beiden Fällen wurde grober Unverstand verneint. Im ersten Fall lag schlichtes Nichtwissen vor, der zweite Anstiftungsversuch war sogar objektiv tauglich. Da der Irrtum des Täters bei grob unverständigen (Beteiligungs-)Versuchen aus objektiver Sicht evident sein muss, überrascht es, dass

---

459 So Matt/Renzikowski-*Heger*, § 30 Rn. 23. Weitere Anwendungsfälle bei *Jakobs*, AT 27/14.
460 So z. B. *Maiwald*, ZStW 88 (1976), 712; Schönke/Schröder/*Heine/Weißer*, § 30 Rn. 9; Fischer, StGB, § 30 Rn. 19; LK-*Roxin*[11], § 30 Rn. 68. Vgl. aber auch MK-*Joecks*, § 30 Rn. 33 f.
461 BGH, Urt. vom 02.03.2005 – 5 StR 518/04.
462 BGH, Beschl. vom 07.12.2004 – 1 StR 487/04.

der Bundesgerichtshof bei diesen Sachverhalten § 23 Abs. 3 StGB überhaupt in Erwägung zog.

Naheliegend und wohl zu bejahen wäre grober Unverstand in einem in den fünfziger Jahren vom Bundesgerichtshof entschiedenen Fall, in dem eine Schwangere aufgefordert wurde, „das Kind bei der Geburt im Becken stecken zu lassen, bis es sterbe."[463] Das Verhalten der Angeklagten sei „eine Aufforderung zum Totschlag, kein bloßer abergläubischer ‚Versuch'."[464] § 23 Abs. 3 StGB war zum Zeitpunkt dieser Entscheidung noch nicht in Kraft; nach heutiger Gesetzeslage wären seine Rechtsfolgen auf diesen Fall anzuwenden.

Die Rechtsfolgen des § 23 Abs. 3 StGB gelten auch bei einer versuchten Beteiligung im Sinne des § 30 StGB *obligatorisch*. Das Gericht kann entweder von Strafe absehen, oder die Strafe *ist* gem. § 49 Abs. 2 StGB zu mildern.[465]

Selbst wer mit der Gegenauffassung annimmt, dass das Absehen von Strafe und die Strafmilderung nach § 49 Abs. 2 StGB in § 23 Abs. 3 StGB nur fakultativ angeordnet wurden,[466] sollte eine Beschränkung auf diese Rechtsfolgemöglichkeiten zumindest bei einer in grob unverständiger Weise versuchten Beteiligung gem. § 30 StGB anerkennen.[467] Dies ergibt sich aus der mit der Milderung nach § 30 Abs. 1 S. 2 i. V. m. § 49 Abs. 1 StGB verbundenen ratio legis. Die zwingende Strafmilderungsanordnung in § 30 Abs. 1 S. 2 StGB für den „verständigen" Versuch der Teilnahme rechtfertigt sich dadurch, dass § 30 StGB die Verbrechensstrafbarkeit unabhängig von einer konkreten Rechtsgutsgefährdung in das Planungsstadium vorverlegt.[468] Dieser Umstand sollte auch bei einem grob unverständigen Teilnahmeversuch berücksichtigt werden. Würde man die Anordnung der Rechtsfolgen in § 23 Abs. 3 StGB nur fakultativ begreifen, so könnte der tatsächlich durchgeführte grob unverständige Versuch im Prinzip die gleiche Strafe nach sich ziehen wie der nur vorbereitete. Aus der Wertung des § 30 Abs. 1 S. 2 StGB ergibt sich aber, dass die bloße Vorbereitung von Deliktstäterschaft und Teilnahme weniger strafwürdig ist als der tatsächlich ausgeführte Versuch.

---

463 BGH, Urt. v. 19. 2. 1954 – 1 StR 523/53.
464 BGH, Urt. v. 19. 2. 1954 – 1 StR 523/53 (Leitsatz).
465 „Entweder-oder"-Lösung, str., s. S. 124 ff. (129).
466 In Fällen des § 30 StGB müsste man dann wegen § 30 Abs. 1 S. 2 StGB zwingend die Obergrenze des nach § 49 Abs. 1 StGB gemilderten Strafrahmens beachten.
467 Soweit ersichtlich für obligatorische Geltung in § 30 StGB nur *Fischer*, StGB, § 23 Rn. 6 (ohne Begr.).
468 Vgl. *Meyer*, ZStW 87 (1975), 598, 614; *Letzgus*, S. 225; *Schäfer/Sander/van Gemmeren*, Rn. 1082.

II. Teilnahme an einem grob unverständigen Versuch, §§ 26, 27 StGB

Über den Verweis in §§ 26, 27 Abs. 2 S. 1 StGB auf prinzipiell gleiche Bestrafung wie beim Haupttäter kommt § 23 Abs. 3 StGB auch bei Teilnehmern an grob unverständigen Versuchen zur Anwendung. Im Hinblick auf den Sinn und Zweck der Unverstandsregelung muss bei Teilnehmern in doppelter Hinsicht grober Unverstand vorliegen. Zum einen muss der tatsächlich durchgeführte Versuch die Unverstandsmerkmale erfüllen. Darüber hinaus muss auch der Teilnahmebeitrag selbst grob unverständig sein, der Anstifter bzw. Gehilfe muss also die Umstände, welche die grobe Unverständigkeit begründen, kennen.

Beispiel: A stiftet den H an, den O mit Rizinusöl zu vergiften. B, der in den Tatplan eingeweiht ist, besorgt das Öl. H führt die Tat wie geplant durch.

Bei allen Tatbeteiligten kommt bei der Strafzumessung § 23 Abs. 3 StGB zur Anwendung.

Ist nur der Versuch grob unverständig, ohne dass der Vorsatz des Teilnehmers die Unverständigkeit umfasste (z.B. bei einer gewöhnlichen Anstiftung zum Mord), so bleibt § 23 Abs. 3 StGB bei der Bemessung seiner Strafe unberücksichtigt. Die Strafe ist für jeden Beteiligten individuell zu bemessen. § 23 Abs. 3 StGB – als Strafzumessungsregelung – kommt deshalb nur bei demjenigen Beteiligten zur Anwendung, bei dem die Voraussetzungen dieser Norm vorliegen. Der Unverstand des Haupttäters bei der Tatausführung kommt dem Teilnehmer nicht zugute. In diesem Fall kann der Anstifter bzw. Gehilfe also letztlich schärfer bestraft werden als der Täter, weil die spezifische Gefährlichkeit der Teilnahmehandlung ausnahmsweise höher ist als die des Haupttäters. Dies ist mit Blick auf den Rechtsgedanken der §§ 28, 29 StGB recht und billig.

Es genügt aber auch nicht, wenn nur der Beitrag des Teilnehmers als grob unverständig eingestuft werden kann, der Haupttäter jedoch einen „normalen" Versuch unternimmt. Setzt H im obigen Beispiel bei der Tatbegehung statt dem vereinbarten Rizinusöl letztlich Arsen ein, so löst der „grobe Unverstand" von A und B im Planungs- bzw. Vorbereitungsstadium nicht die Anwendbarkeit der Unverstandsregelung aus. Bei gefährlichen Versuchen oder gar bei vollendeten Straftaten ist für § 23 Abs. 3 StGB kein Raum; nach dessen Wortlaut müssen bei dem *Versuch* die Unverstandsmerkmale erfüllt sein. Der Einsatz eines anderen (sogar noch geeigneteren) als des vereinbarten Mittels stellt im Hinblick auf die Strafbarkeit des Teilnehmers eine nur unwesentliche Abweichung vom vorgestellten Kausalverlauf dar. Seine Naivität in Bezug auf die vorgestellte Tat könnte jedoch im Rahmen der Strafmilderung nach § 23 Abs. 2 i. V. m. § 49 Abs. 1 StGB berücksichtigt werden.

Bei der Strafbarkeit wegen Beihilfe nach § 27 StGB gilt im Prinzip das Gleiche, was bereits bei dem Versuch der Beteiligung gesagt wurde. Der in § 27 Abs. 2 S. 2 StGB zum Ausdruck gebrachten minderen Strafwürdigkeit des Beihilfenbeitrags sollte – auch wenn man die hier bevorzugte „entweder-oder-Lösung" nicht teilt[469] – durch eine zwingende Beschränkung auf die Rechtsfolgemöglichkeiten des § 23 Abs. 3 StGB Rechnung getragen werden.[470]

III. Weitere Vorschläge in der Literatur

Im ersten Teil dieser Arbeit wurde festgestellt, dass § 23 Abs. 3 StGB neben den dort explizit genannten Untauglichkeitsgründen auch beim untauglichen Subjekt und bei untauglichen Tatmodalitäten (analog) angewendet werden kann.[471]

Darüber hinaus finden sich in der Strafrechtsliteratur vereinzelt Vorschläge, die Rechtsfolge des § 23 Abs. 3 StGB analog auf andere als grob unverständige Versuche auszuweiten, z. B. auf (alle) Versuche mit bedingtem Vorsatz[472] oder auf grob unverständige Taten, die keine Versuche sind, wie Delikte mit vorverlagerter Vollendung[473] sowie echte[474] und unechte[475] Unternehmensdelikte.

---

469 S. 124 ff.
470 Zur Begründung vgl. die Ausführungen zum § 30 StGB entsprechend, S. 137.
471 S. 69 ff. und S. 75.
472 *Herzberg*, NStZ 1990, 311, 314 ff., 317; *ders.*, NJW 1991, 1633, 1635. Vgl. auch *ders.*, JZ 1989, 470, 477 f. Abl. *Zaczyk*, in: Kindhäuser/Neumann-StGB, § 23 Rn. 22; Schönke/Schröder/*Eser/Bosch*, § 23 Rn. 12; LK-*Hillenkamp*, § 23 Rn. 76. Vgl. auch den Vorschlag von *Modrey*, S. 163 und MK-*Herzberg/Hoffmann-Holland*, § 22 Rn. 78 und § 23 Rn. 51 zur Erweiterung auf alle untauglichen Versuche. An dieser Stelle muss an die Undurchführbarkeit einer Unterscheidung untauglicher von tauglichen Handlungen erinnert werden.
473 So aber *Jakobs*, AT 25/85. Zust. *Roxin*, AT II, § 29 Rn. 367. Abl. LK-*Hillenkamp*, § 23 Rn. 75 und *Zaczyk*, in: Kindhäuser/Neumann-StGB, § 23 Rn. 22.
474 Für eine analoge Anwendung des § 23 Abs. 3 StGB *Arzt/Weber*, Strafrecht BT, Lehrheft 4, Rn. 397; SK-*Rudolphi*, § 11 Rn. 42; *Wolters*, Unternehmensdelikt, S. 274 ff., 277. Die hM äußert sich dagegen, s. z. B. *Baumann/Weber/Mitsch*, AT, § 26 Rn. 34 Fn. 136 a.E.; *Geppert*, Jura 1995, 310, 312; *Günther*, JZ 1987, 16, 18; *Jakobs*, AT 25/5; *Jescheck/Weigend*, § 49 VIII 1, 2, LK-*Hillenkamp*, Vor § 22 Rn. 124; *Maurach/Gössel/Zipf*, AT 2, § 40 Rn. 82; *Sowada*, GA 1988, 195, 197 f., *Zieschang*, ZStW 115 (2003) 395, 399. S. auch Begr. E 1962 – BT-Drucks. IV/650 S. 144.
475 Für analoge Anwendung des § 23 Abs. 3 StGB auf diese Deliktsform *Seelmann*, JuS 1983, 32, 34 (hins. § 257 StGB) und *Arzt/Weber*, Strafrecht BT, Lehrheft 4, Rn. 397. Vgl. auch *Binding*, Lb. 2.2, S. 655.

Eine solche Erweiterung *de lege lata* ist mit den Regeln richterlicher Rechtsschöpfung nicht in Einklang zu bringen, weil die aufgeführten Deliktskategorien mit grob unverständigen Versuchen nicht vergleichbar sind. Ihre Strafbarkeit ist durch andere (Strafgrund-)Überlegungen legitimiert als die des untauglichen Versuchs und daraus folgen unterschiedliche Schutzrichtungen. Der Regelungszweck dieser Delikte könnte unterlaufen werden, würde man § 23 Abs. 3 StGB auf sie unreflektiert anwenden. Zudem wurde in dieser Arbeit festgestellt, dass der Grund für die erhebliche Strafreduzierung bei grob unverständigen Versuchen primär auf *versuchs*bezogenen Strafzumessungsfaktoren beruht. Die diese Privilegierung tragenden Überlegungen lassen sich auf die vorgeschlagenen Deliktskategorien nicht übertragen. Bei Delikten mit vorverlagerter Vollendung und Unternehmensdelikten liegen versuchsspezifische Aspekte – da es sich um vollendete Taten handelt – naturgemäß nicht vor. Bei Versuchen mit Eventualvorsatz kann man in generalisierender Weise keine Aussagen zur Tauglichkeit, Grad der Gefährdung, Vollendungsnähe, Gründen für das Scheitern u. s. w. machen, weil sich die Art des Vorsatzes auf diese Kriterien nicht auswirkt. Auch ist zu beachten, dass das bestehende strafrechtliche Instrumentarium in vielen Fällen Möglichkeiten bietet, weniger strafwürdige Fälle angemessen zu erfassen. Einer gegebenenfalls vorliegenden evidenten Harmlosigkeit einer Tat kann z. B. durch Übergehen auf den Sonderstrafrahmen für minder schwere Fälle Rechnung getragen werden, wie ihn die meisten Unternehmenstatbestände vorsehen. Sollte dennoch bei bestimmten Taten die Anwendung der Unverstandsregelung wünschenswert erscheinen, so ist eine solche nur *de lege ferenda* möglich – etwa durch einen Verweis auf § 23 Abs. 3 StGB. Ob die Strafschärfe in diesen Fällen im künftigen Recht gelockert werden soll, ist eine Frage, die einer eigenen Untersuchung würdig ist.

G. Ergebnisse des ersten Teils

Die Darstellung der historischen Entwicklung hat gezeigt, dass die geringere Strafbedürftigkeit grob unverständiger und abergläubischer Versuche bereits früh erkannt wurde. Diese Erkenntnis hat die Diskussion um die Grenze strafbarer Versuche begleitet und den Reformverlauf beeinflusst. Obwohl sich die Gesetzesväter über die Geltung der subjektiven Versuchstheorie einig waren, wurde in sämtlichen Gesetzesentwürfen des 20. Jahrhunderts für diese Fälle eine Sonderregelung vorgeschlagen, welche schließlich in der Gestalt des heute geltenden § 23 Abs. 3 StGB durch das 2. Strafrechtsreformgesetz in das Strafbesetzbuch eingeführt wurde. In formeller Hinsicht bestehen keine durchgreifenden Bedenken gegen diese Regelung; in materieller Hinsicht ist jedoch zweifelhaft, ob in Fällen des § 23 Abs. 3 StGB ein hinreichend strafwürdiges Unrecht besteht (A.). Gemessen an der Anzahl veröffentlichter Entscheidungen wurde die Praxisrelevanz der Unverstandsregelung zwar als sehr niedrig eingestuft. Ihre mittelbaren praktischen Auswirkungen sollten dennoch nicht unterschätzt werden (B.). Weshalb der Gesetzgeber die Fälle des § 23 Abs. 3 StGB als minder strafbedürftig eingestuft hat, hat er nicht ausdrücklich gesagt. Die im Schrifttum vorgebrachten Argumente sind nicht geeignet, eine Sonderbehandlung des grob unverständigen gegenüber anderen (untauglichen) Versuchen plausibel zu machen. Die Ungefährlichkeit der Tat bzw. des Täters, ihre Erkennbarkeit oder bestimmte rein strafzweckorientierte Überlegungen rechtfertigen allein für sich noch nicht eine so weitreichende Strafbarkeitsreduzierung, wie sie in Abs. 3 vorgesehen ist. Nur die Eindruckstheorie, sofern sie psychologisch-normativ verstanden wird, führt vom Ansatz her zu einer Strafeinschränkung in Unverstandsfällen, weil solche Taten keinen rechtserschütternden Eindruck bei der Allgemeinheit hinterlassen. Allerdings ist der Strafgrund des Versuchs noch nicht abschließend ausdiskutiert worden, so dass es verfrüht wäre, endgültige Ergebnisse allein auf diese Lehre zu stützen. Zudem müsste von diesem Ansatz her eigentlich ein völliger Wegfall der Strafbarkeit erfolgen, nicht nur eine bloße Möglichkeit einer Strafbarkeitsreduzierung, wenn der Legitimationsgrund für die Versuchsstrafe nicht gegeben ist. Nach dem hier entwickelten Erklärungsansatz trägt die erhebliche Strafreduzierung in Fällen des § 23 Abs. 3 StGB dem minimalen Unrecht und der erheblich verminderten, allenfalls in spezialpräventiver Hinsicht bestehenden Strafbedürftigkeit Rechnung (Schuldprinzip). Die Unrechts- und Schuldminderung im Vergleich zu anderen Versuchen ergibt sich dabei aus einer Gesamtschau wesentlicher (v. a. versuchsbezogener) Strafzumessungskriterien (C.).

Neben den in § 23 Abs. 3 StGB ausdrücklich genannten Modalitäten („Art des Gegenstandes, an dem, oder des Mittels, mit dem die Tat begangen werden sollte") kann die Vorschrift auch beim untauglichen Subjekt sowie bei untauglichen Tatmodalitäten zur Anwendung kommen. Eine eingehende Auseinandersetzung mit denkbaren Irrtumsarten im Rahmen des § 23 Abs. 3 StGB hat zudem ergeben, dass die Regelung bei *allen* „völlig abwegigen" Versuchen anwendbar ist. Es erfolgt weder eine Differenzierung zwischen „normaler" und „gesteigerter" Untauglichkeit noch wird nach der Quelle bzw. Art des Irrtums unterschieden. Der Normzweck rechtfertigt eine normeinschränkende Auslegung nicht. Von vornherein nicht erfasst wird lediglich eine grob unverständige Motivation zur Tat, weil sich der Unverstand in diesen Fällen nicht auf die Untauglichkeit bezieht (Merkmal der „Konnexität"). Der Begriff des „groben Unverstandes" ist somit auf jegliches Allgemeinwissen zu erweitern (D.).

Obwohl nach dem Gesetzestext im Prinzip alle denkbaren Reaktionsmittel in Betracht kommen („kann"-Regelung), erfordert der Normzweck eine Beschränkung auf die in § 23 Abs. 3 StGB ausdrücklich genannten Rechtsfolgemöglichkeiten. Das Gericht kann nur zwischen Absehen von Strafe und einer Strafmilderung nach § 49 Abs. 2 StGB wählen, wobei bei der Milderungsalternative eine Reduzierung des Höchstmaßes nach Maßgabe des § 49 Abs. 1 StGB geboten ist (E.).

§ 23 Abs. 3 StGB gilt nicht nur für den Versuchstäter, sondern über §§ 26, 27 und 30 StGB für alle, die an dem grob unverständigen Versuch beteiligt sind, sofern ihr Vorsatz die grobe Unverständigkeit der Haupttat umfasst. Außerhalb grob unverständiger Versuche ist die Regelung nicht (analog) anwendbar (F.).

Insgesamt zeigte die Untersuchung im ersten Hauptteil die Notwendigkeit einer extensiven Auslegung der Voraussetzungen und einer restriktiven Auslegung der möglichen Rechtsfolgen des § 23 Abs. 3 StGB, welche sich primär aus dem Gedanken des geringen tatbezogenen Unrechts ergibt.

2. Teil: Der abergläubische oder irreale Versuch

Anders als der grob unverständig handelnde Versuchstäter macht sich der Täter beim „abergläubischen" bzw. „irrealen" Versuch nach fast einhelliger Ansicht in der Rechtswissenschaft nicht strafbar. In diesem Hauptteil geht es darum aufzuzeigen, welche Konstellationen mit dem Begriff „abergläubischer" Versuch gemeint sind (A.) sowie mit welchen Argumenten die Wissenschaft und Praxis ihre Straflosigkeit begründet (B.).

A. Begriff

Im ersten Kapitel wird geklärt, welche Sachverhalte unter dem Begriff „abergläubischer" bzw. „irrealer" Versuch zu verstehen sind (I. und II.) und wie diese Fallgruppe von den strafbaren untauglichen Versuchen abzugrenzen ist (III.).

I. Begriffsanalyse und Verwendung im Schrifttum

Die Bezeichnung „abergläubischer Versuch" geht, wie der Name schon erkennen lässt, auf „Aberglauben" zurück. Was ist darunter zu verstehen?

Der Begriff „Aberglaube" wurde zunächst religiös geprägt und hatte die Bedeutung eines von der offiziellen theologischen Lehre abweichenden, falschen Glaubens bzw. Irrglaubens.[476] Laut *Handwörterbuch des Deutschen Aberglaubens* ist das „der Glaube an die Wirkung und Wahrnehmung naturgesetzlich unerklärter Kräfte, soweit diese nicht in der Religionslehre selbst begründet sind."[477] Da „Aberglaube" also als irriger Glaube aufgefasst wird, hängt sein konkreter Bedeutungsgehalt vom religiösen und weltanschaulichen Standpunkt der jeweiligen Kultur ab. Eine allgemeingültige, präzise Definition ist deshalb nicht möglich.

Dennoch ist der Begriffskern eindeutig. Es geht um das Vertrauen auf wissenschaftlich nicht erklärbare Vorgänge. Diese Bedeutung liegt auch dem strafrechtlichen „abergläubischen Versuch" zu Grunde, allerdings ist sein Sinngehalt weiter als der des „Aberglaubens", da er sich von dem Gedanken des „richtigen" Glaubens löst. Der abergläubische Versuch erfasst den Willen zur Tatbestandsverwirklichung

---

476 *Gerlach*, Lexikon des Aberglaubens, S. 12.
477 *Bächtold-Stäubli*, Handwörterbuch des Deutschen Aberglaubens, Bd. 1, S. 66. Darstellung verschiedener Begriffsinterpretationen bei *Schäfer*, Okkulttäter, S. 17 ff. und *Gaupp*, in H. Gross'Archiv 28 (1907), 20 f.

durch den Einsatz *jeglicher* Kräfte, deren Existenz nach derzeitigem wissenschaftlichen Stand nicht nachweisbar ist. Die religiösen Anschauungen der Mehrheit werden dabei also nicht ausgeklammert. Insoweit sind sich Rechtslehre und Praxis einig. Diskrepanzen bestehen jedoch über den konkreten Erfassungsbereich des Begriffs und über seine Beziehung zu der Wendung „irrealer" Versuch. Diese Termini werden in der Strafrechtslehre nicht einheitlich gebraucht.

Ursprünglich verwendete man in Rechtskreisen nur den Ausdruck „abergläubischer" Versuch und verstand darunter allein Handlungen, welche auf die Erfolgsherbeiführung mit Hilfe übernatürlicher Elemente hinzielten, wie Totbeten oder Hexerei.[478] Nach Auffassung des Reichsgerichts zeichnet sich der Versuch durch Anwendung sog. „Sympathiemittel" dadurch aus, dass der Täter „immaterielle Kräfte" einsetzt, die „nicht in der wissenschaftlichen Erkenntnis und Erfahrung des Lebens begründet" seien und „sowohl außerhalb der physischen als auch der psychischen Kausalität liegen."[479]

Im Laufe der Zeit haben einige Autoren diese Begrifflichkeit erweitert auf alle Fälle, in denen der Täter auf eine „absonderliche" Art und Weise den tatbestandlichen Unrechtserfolg zu erreichen versucht, wie z.B. den Tötungsversuch durch lautes Naseputzen oder Suppenversalzen,[480] den Vergiftungsversuch mit Zucker,[481] Abtreibungshandlungen einer jungen Frau, die glaubt, infolge eines Kusses schwanger geworden zu sein,[482] den Versuch, durch kräftiges Auftreten mit dem Fuß den Antipoden in die Luft zu sprengen[483] oder in dem bekannten „Erbonkelfall", in dem der Betreffende beim Gewitter in der Vorstellung zum Spaziergang geschickt wird, dass er möglicherweise vom Blitz getroffen wird.[484] Die Tätervorstellungen in diesen Beispielen haben irdische Zusammenhänge zum Gegenstand und sind deshalb keineswegs „abergläubisch", doch können sie durchaus als „irrational", bzw. „irreal im weiten Sinne" bezeichnet werden. So wurde der Terminus „abergläubischer" Versuch teilweise durch den umfassenderen Ausdruck „irrealer" Versuch *ersetzt*, teilweise wurde „irreal" als *Oberbegriff* für alle Versuche verwendet, bei denen der Täter auf eine äußerst befremdliche

---

478 Etwa *Delaquis*, S. 186 und 227; *Frank*, StGB, § 43 Anm. III (S. 90); *v. Gemmingen*, S. 163 f.
479 RGSt 33, 321, 322 f.
480 Beide Beispiele bei Baumann/Weber/*Mitsch*, AT, § 26 Rn. 33 ff. 36 f.
481 *Kuhrt*, S. 56 (Fall 1).
482 *Schönwandt*, S. 27.
483 *Sancinetti*, S. 200 f.; vgl. auch sein Rosmarin-Beispiel a. a. O.
484 So *Alwart*, S. 205; vgl. auch *Ha*, Untauglicher Versuch, S. 57 mit Fn. 116.

Art und Weise die Vollendungstauglichkeit seines kriminellen Vorhabens angenommen hat. Diese Erweiterung der Begrifflichkeit ist in erster Linie auf die Bemühung dieser Autoren zurückzuführen, die – nach ihrer Ansicht – „strafunwürdigen" Fälle dem Versuchsbereich von vornherein zu entziehen.[485]

Schließlich wird in Teilen der Literatur der abergläubische von dem irrealen Versuch begrifflich und in der Rechtsfolge unterschieden. Unter einem straflosen „abergläubischen" Versuch wird nur derjenige im herkömmlichen Sinne verstanden, also wenn sich der Täter zur Erfolgsverwirklichung übersinnlicher Kräfte bedient. Als „irreal" sollen hingegen *alle* Versuche bezeichnet werden, denen die Verkennung von Naturgesetzen zugrunde liegt. Diese Fälle sollen grundsätzlich strafbar sein.[486]

Die meisten Strafrechtswissenschaftler haben die ursprüngliche Wortdeutung des abergläubischen Versuchs beibehalten und den Ausdruck „irrealer Versuch" synonym verwendet. Abergläubisch bzw. irreal ist danach nur der Versuch der Tatbestandsverwirklichung mit übernatürlichen Mitteln oder an übernatürlichen Objekten. In allen anderen Versuchskonstellationen, also wenn die falsche Tätervorstellung den Bereich anerkannter Naturgesetze betrifft, soll ein untauglicher Versuch vorliegen.[487]

---

485 Vgl. z.B. *Sancinetti*, S. 201: Es genüge nicht, allein das „Abergläubische" auszuklammern; *Fiedler*, Vorhaben und Versuch, S. 85 bezeichnet auch „extrem 'törichte' Handlungen" als sozial irreal. Vgl. zu der Begriffserweiterung auch *Stratenwerth/Kuhlen*, AT I, 11/60.

486 So bezeichnet z.B. *Bloy*, ZStW 113 (2001) 76, 101 auch den grob unverständigen Versuch als „irreal", wobei nur der abergläubische, als Unterfall des grob unverständigen obligatorisch straflos bleiben soll (S. 108 f.). Ebenso will *Schmidhäuser*, AT², 11/45 a. E. den Begriff des „irrealen" Versuchs auf die Fälle des § 23 Abs. 3 StGB beschränken, den abergläubischen Versuch versteht er jedoch im herkömmlichen Sinne. Auch *Alwart*, S. 202 ff. will diese Termini ausdrücklich nicht gleichbedeutend verwenden (S. 204) und will nur „irreale" Versuche der Unverstandsklausel unterstellen (S. 231). Vgl. auch *Sancinetti*, S. 200 f. und S. 223 Anm. 103. Gegen eine Gleichbehandlung abergläubischer und irrealer Fälle wendet sich auch *Kuhrt*, S. 56 ff. (allerdings kann das von ihm angeführte Beispiel keineswegs als „irrealer" Versuch bezeichnet werden: Bei einem Vergiftungsversuch ergreift der Täter versehentlich Zucker statt Zyankali (*Kuhrt*, S. 56)).

487 Z.B. *Fischer*, StGB, § 23 Rn. 9; *Gössel*, GA 1971, 225, 232 ff., *Jescheck/Weigend*, § 50 I 6; *Kühl*, AT, § 15 Rn. 93 f.; *LK-Hillenkamp*, § 23 Rn. 50; *MK-Herzberg/Hoffmann-Holland*, § 22 Rn. 86; *Malitz*, S. 159 mit Fn. 630; *Roxin*, JuS 1973, 929, 331; *ders.*, AT II, § 29 Rn. 371; *Schönke/Schröder/Eser/Bosch*, § 23 Rn. 13; *Seier/Gaude*, JuS 1999, 456, 460; *Zaczyk*, Unrecht, S. 242 Fn. 21.

Dieses Begriffsverständnis wird auch dieser Abhandlung zugrundegelegt. Zum einen lässt sich eine Abgrenzung zwischen real existierenden und übernatürlichen Mitteln im Prinzip durchführen, da sie an bekannte wissenschaftliche Erkenntnisse anknüpft. Eine Abgrenzung zwischen nur seltsamen und äußerst befremdlichen irrealen Vorstellungen ist hingegen völlig konturenlos. Zum anderen ist es Anliegen dieser Abhandlung zu untersuchen, ob die unterschiedlichen Rechtsfolgen, die nach der ganz herrschenden Meinung an abergläubische und grob unverständige Handlungen geknüpft werden, gerechtfertigt sind. Dabei ist es aber zwingend erforderlich, dass auch die Begrifflichkeit dieser Auffassung der Untersuchung zugrunde gelegt wird. Auf die abweichenden Begriffsinterpretationen wird deshalb nur insoweit eingegangen, als sie für diese Untersuchung von Bedeutung sind.

II. Begriff des „abergläubischen Versuchs" in dieser Arbeit

Wenn in der Folge der Begriff „abergläubischer" oder „irrealer" Versuch gebraucht wird, so ist damit ausschließlich ein Fall gemeint, in welchem der Täter mit übernatürlichen – also nach derzeitigen wissenschaftlichen Erkenntnissen nicht verifizierbaren und willentlich nicht steuerbaren – *Mitteln* (Zauberkugel) oder Einflüssen (Totbeten, Zauberei) den tatbestandlichen Erfolg herbeizuführen versucht, oder bei dem sich das Handeln gegen ein übernatürliches – also empirisch nicht nachweisbares – *Tatobjekt* richtet.[488] Dabei ist es unerheblich, ob der Täter die Erfolgsbewirkung von anderen übersinnlichen Subjekten erwartet (etwa von guten oder bösen Geistern) oder ob er sich selbst die übernatürliche Macht zuschreibt (Telepathie). Dies gilt grundsätzlich auch unabhängig davon, ob das Verhalten des Handelnden nach Außen in Erscheinung tritt oder nicht.[489]

Allerdings genügt es nicht, wenn der Versuch irgendwelche magischen Elemente aufweist. Eine notwendige Voraussetzung ist, dass der Versuch gerade wegen der Inanspruchnahme paranormaler Einflüsse untauglich sein muss.[490] Diese Voraussetzung entspricht dem Merkmal der „Konnexität" bei grob unverständigen Versuchen.[491] Auszuklammern ist deshalb zum einen der „*tauglich-irreale*" Versuch (ein schlechter Schütze will ein bestimmtes Ziel treffen, das sich noch *innerhalb* der Reichweite seiner Schusswaffe befindet; er glaubt jedoch, dass

---

488 In Anlehnung an *Gössel*, GA 1971, 225, 232 ff.
489 So auch *Kretschmer*, JR 2004, 444, 445.
490 Vgl. *Gössel*, GA 1971, 225, 232.
491 Dazu oben S. 116 ff.

nur Zauberkräfte die Kugel zum Ziel führen können).[492] Nicht darunter fällt zum anderen das Handeln aus lediglich *abergläubischen Motiven*: Der profan ausgeführte Mordversuch an einem Diktator in der Hoffnung auf ewigen Lohn ist kein abergläubischer Versuch.[493] Gleiches gilt, wenn ein Täter glaubt, dass seine vor Kälte zitternde Frau vom Teufel besessen ist und er sie zur Seelenrettung zu erschlagen versucht.[494] Bei tauglichen oder aufgrund anderer Umstände als der Übersinnlichkeit untauglichen Versuchen (etwa wenn die Schusswaffe im ersten Beispiel nicht geladen war) kommt eine Privilegierung wegen Irrealität nicht in Betracht, unabhängig davon, ob magische Elemente im Spiel waren oder nicht. In solchen Fällen hat der Täter ein reales Verletzungsrisiko geschaffen; sie gehören nicht in den Kontext ungefährlicher irrealer Versuche.

Unter den abergläubischen Versuch fällt etwa Hexerei, Zauberei,[495] Teufelsbeschwörung,[496] der Versuch mit parapsychologischen Kräften (wie Telepathie oder Psychokinese)[497] ein Messer in das Herz eines anderen zu befördern oder ein Flugzeug zum Absturz zu bringen, das „Krontalerstecken",[498] das Praktizieren von schwarzer Magie, Voodoorituale (z. B. ein Tötungsversuch durch Verbrennen einer das Opfer verkörpernden Puppe oder seines Fotos) und andere symbolische Zeremonien, wie z. B. Tötungsversuch durch Vergraben eines Kleidungsstücks auf dem Friedhof, durch Ausräuchern der Fußstapfen des

---

492 *Gössel*, GA 1971, 225, 232, 233 f. And. Ansicht *Albrecht*, S. 57 und *v. Buri*, ZStW 1 (1881), 185, 205: es bestehe kein wesentlicher Unterschied „zwischen der zweckwidrigen abergläubischen Anwendung eines tauglichen Mittels und der abergläubischen Anwendung eines untauglichen Mittels." Zur Strafbarkeit dieses Versuchs de lege ferenda *Wolter*, Zurechnung, S. 308 Fn. 851.
493 Entlehnt einem Beispiel von *Jakobs*, AT 25/22.
494 Beispiel bei *Heinrich*, Jura 1998, 393, 396; s. auch *Roxin*, AT II, § 29 Rn. 368.
495 Fälle praktizierten Schadenszaubers schildert *Kretschmer*, Der Grab- und Leichenfrevel, S. 442 f.
496 RGSt 33, 321 ff. (Ehefrau will mit Beschwörungsformel aus 7. Buch Moses den Teufel kommen lassen, damit dieser ihren Ehemann holt).
497 Dazu *Hillenkamp*, JuS 2003 157, 164 m. Fn. 53; *ders.*, Schreiber-FS, S. 135 ff.; *Wimmer*, NJW 1976, 1131 ff.
498 Also eine Münze in der Erde einpflanzen im Glauben, dass daraus ein Geld tragender Baum wächst. Hier ist jedoch zweifelhaft, ob dies als Versuch der Geldfälschung bezeichnet werden kann (so z. B. *Hillenkamp*, Schreiber-FS, 135, 148 Fn. 70), weil der Täter ja „echtes" Geld pflücken will.

Feindes[499] oder durch Zerstreuen von „pulverisierten Totenknochen" im Bett.[500] Im Jahre 1899 musste sich eine Frau vor dem oberbayerischen Schwurgericht in München wegen versuchten Mordes verantworten, nachdem sie in die Socken ihres Mannes Enzianwurzel gestreut hatte.[501]

Diese Beispiele beziehen sich sämtlich auf die Irrealität des *Tatmittels*. Denkbar sind aber auch Konstellationen, in denen der Handelnde ein – reales oder irreales – Mittel gegen ein *irreales Tatobjekt* einsetzt, also gegen ein Objekt, dessen Existenz wissenschaftlich nicht nachweisbar ist und der Täter seine Entstehung auf das Wirken übernatürlicher Kräfte zurückgeführt hat.[502] Beispiele zu dieser Fallgruppe hat *Gössel* genannt:

(1) Der bei einem spiritistischen Treffen herbeizitierte Verstorbene wird zu töten versucht.

(2) Eine Abtreiberin glaubt, dass übernatürliche Kräfte („reine Liebe") um die Zeugung ihres Kindes bemüht waren.

(3) Ein Tier wird für einen verzauberten Wilderer gehalten und erschossen.[503]

In allen diesen Beispielen sind magische Elemente in Hinblick auf das Tatobjekt vorhanden. Dennoch ist fraglich, inwieweit diese Fälle als Versuch am abergläubischen Objekt bezeichnet werden können.

Im Beispiel 1 liegt zwar in der Tätervorstellung ein mit wissenschaftlicher Methodologie nicht nachweisbares, also irreales Tatobjekt vor (Geist). Dementsprechend richtet sich der Vorsatz aber gerade nicht gegen einen lebenden „Menschen" i. S. d. §§ 211 f. StGB. An diesem irrealen Objekt ist kein strafbarer Tötungsversuch möglich. Glaubt der Täter, dass auch der Beschuss von Verstorbenen, Geistern und anderen unmenschlichen Wesen einen Tötungsversuch im Sinne des Strafgesetzbuches darstellt, so liegt ein Wahndelikt vor.

In dem zweiten Beispiel hat zwar die „reine Liebe" in der Vorstellung der Täterin ein taugliches Tatobjekt i. S. d. §§ 218 ff. StGB entstehen lassen (Leibesfrucht), so dass daran im Prinzip ein (untauglicher) Versuch möglich ist. Jedoch handelt es sich hierbei – auch in der Vorstellung der Handelnden – um ein *real* existierendes Objekt (ob sie ein Kind erwartet oder nicht, lässt sich feststellen), welches sie mit *realen* Mitteln abzutreiben versucht. Dieser „magisch-*reale*" Versuch

---

499 S. *Seeger*, GA 18 (1870), 227, 243 Fn. 8 (Fall aus der Gerichtspraxis).
500 Von einem solchen Fall der württembergischen Kammer berichtet *Häberlin*, Grundsätze (1845), S. 49.
501 Diesen Fall schildert *v. Schrenck-Notzing*, in H. Gross'Archiv 5 (1900), 1, 15 ff.
502 Vgl. *Gössel*, GA 1971, 225, 234.
503 *Gössel*, GA 1971, 225, 234.

kann nicht als abergläubischer Versuch bezeichnet werden. Die Vorstellung der Frau, dass sie auf eine übernatürliche Weise schwanger wurde, stellt nur ein *Motiv* für die Tat dar.[504] Da die Frau aber in objektiv völlig abwegiger Weise angenommen hat, dass ein reales Tatobjekt entstanden ist, kommt § 23 Abs. 3 StGB zur Anwendung.

Nur der „Wildererfall" (Beispiel 3) kann als Versuch am irrealen Objekt bezeichnet werden. Ob es sich bei der Tiergestalt tatsächlich um einen verwunschenen Menschen handelt, ist wissenschaftlich nicht verifizierbar.

III. Abgrenzung untauglicher – abergläubischer Versuch

Die letzte im Zusammenhang mit dem Begriff des abergläubischen Versuchs zu erörternde Frage ist die nach seiner Abgrenzung von sonstigen untauglichen Versuchen. Wegen der ungleichen Rechtsfolgen, welche nach nahezu einhelliger Rechtsauffassung an grundsätzlich strafbare „nur" untaugliche und straflose irreale Versuchshandlungen geknüpft werden, hat die Grenzziehung nicht nur einen akademischen Charakter.[505]

Nach der dieser Arbeit zugrunde gelegten Begrifflichkeit missachtet der Täter beim *abergläubischen Versuch* naturgesetzliche Zusammenhänge und vertraut „auf die Wirksamkeit nicht existierender oder nach dem Stand der wissenschaftlichen Erkenntnis jedenfalls nicht nachweisbarer magischer Kräfte."[506] Dabei soll der tatbestandliche Erfolg durch übernatürliche Kräfte herbeigeführt werden bzw. der Versuch richtet sich gegen ein irreales Tatobjekt. Übernatürlich bzw. irreal sind die Faktoren dann, wenn sie nach derzeitiger wissenschaftlicher Erkenntnis der menschlichen Einwirkung entzogen sind und mit wissenschaftlicher Methodologie nicht verifizierbar sind.[507]

---

504 Um ein irreales Tatobjekt würde es sich etwa dann handeln, wenn die Frau glaubt, dass sie nicht ein Kind, sondern z. B. eine „Fee" erwartet. In diesem Fall fehlt es jedoch – wie im Beispiel 1 – am Vorsatz im Hinblick auf einen (werdenden) „Menschen".
505 Die hier zugrunde gelegte Abgrenzung erfolgt in Anlehnung an *Gössel*, GA 1971, 225, 232 ff. In diesem Sinne auch z. B. *Joecks*, StGB, § 23 Rn. 8; *Maurach/Gössel/Zipf*, AT 2, § 40 Rn. 142; *Radtke*, JuS 1996, 878, 881; Schönke/Schröder/*Eser/Bosch*, § 23 Rn. 13a; *Seier/Gaude*, JuS 99, 456, 459; SK-*Rudolphi*, § 23 Rn. 8.
506 *Heinrich*, Jura 1998, 393, 397; ähnlich LK-*Hillenkamp*, § 23 Rn. 50.
507 *Gössel*, GA 1971, 225, 232 ff. Vgl. auch RG 33, 321, 322 f. Näheres zum Begriff S. 146.

Beim (grob unverständigen) *untauglichen Versuch* verkennt der Täter hingegen tatsächlich existierende naturgesetzliche[508] Zusammenhänge.[509] Die Existenz bzw. Nichtexistenz der verwendeten Mittel *und* der angegriffenen Tatobjekte sind empirisch nachweisbar, insofern sind sie *real*. Die vorgestellten Wirkungen sind wissenschaftlich verifizierbar (Giftigkeit eines Stoffes, Wirkweise bzw. Reichweite von Schusswaffen).

Bei einer Abgrenzung kommt es also darauf an, ob sich die Tätervorstellung in Hinblick auf die Versuchsrealisierung innerhalb des Bereichs empirisch nachweisbaren Erfahrungswissens bewegt (untauglicher Versuch) oder ob sie diesen Bereich zugunsten metaphysischer Kausalverläufe verlässt (abergläubischer Versuch).[510]

An einer Unterscheidbarkeit zwischen beiden Versuchsarten zweifeln immer mehr Autoren.

1. So lässt sich etwa nach *Stratenwerth* nicht eindeutig bestimmen, ob ein Versuch mit übernatürlichen oder mit realen Mitteln gegeben ist, wenn jemand mittels Telepathie zu veranlassen versucht, dass ein Autofahrer die Kurve verfehlt.[511]

Nach der hier zugrunde gelegten Terminologie handelt es sich zweifelsohne um einen abergläubischen Versuch. Zwar ist das Auto ein real existierender Gegenstand, entscheidend ist aber, dass die dahinterstehenden Kräfte, die den Erfolg herbeiführen sollen, nach wissenschaftlicher Erkenntnis nicht existent, bzw. nicht nachweisbar und willentlich nicht steuerbar, also irreal sind. Auch bei abergläubischen Versuchen können real existierende Gegenstände verwendet werden (Stab, Glaskugel, Rosenkranz, Getränk), ihnen werden jedoch die in der Vorstellung des Täters eigentlich wirksamen „Zauberkräfte" zugeschrieben.[512]

2. Auch nach *Kudlich* bestehen vor allem im Bereich von Telepathie (Gedankenübertragung) und Telekinese (Ortsveränderung von Gegenständen durch geistige Kräfte) schwierige Abgrenzungsprobleme.[513]

Worin sollen sie bestehen? Solange es keine wissenschaftlich gesicherten Belege für die Existenz solcher Fähigkeiten gibt,[514] gilt der Versuch der Erfolgsbewirkung mittels solcher Kräfte als „irreal". Bei dem von *Kudlich* gebrachten

---

508 Zur Erweiterung auf Tatsachen und Rechtsirrtümer vgl. S. 86 ff. und 112 ff. Insoweit stellt sich jedoch kein Abgrenzungsproblem zu abergläubischen Versuchen.
509 *Roxin*, AT II § 29 Rn. 371.
510 Vgl. *Hillenkamp*, in Schreiber-FS, 135, 148; NK-*Zaczyk* (2003), § 22 Rn. 11.
511 *Stratenwerth*, AT³, Rn. 695.
512 Vgl. dazu auch *Gössel*, GA 1971, 225, 233.
513 *Kudlich*, JZ 2004, 72, 76 Fn. 31.
514 S. z. B. *Mahner*, in Skeptiker 2/2010, S. 79 f. m. w. N., vgl. auch BGH NJW 1978, 1207.

Beispiel, in dem ein Täter in das Kopfkissen eines anderen Gesteinsbrocken in der Vorstellung einnäht, diese würden schädliche Strahlungen verursachen,[515] liegt ein untauglicher (grob unverständiger) Versuch vor. Der Täter will keineswegs magische Kräfte in seinen Dienst nehmen, sondern Naturgesetze (physikalische Felder, z. B. Radioaktivität); er verkennt jedoch ihre Wirkung. Die falsche Tätervorstellung betrifft also eine Erfolgsherbeiführung auf *realem* Wege.

3. Ein Unterscheidungsproblem sieht *Rath* bei dem Fall, in dem jemand im Zimmer eines anderen eine Maske aus dem Bereich schwarzer Magie in der Vorstellung aufhängt, der Bewohner werde durch den Anblick versterben. Hier lasse sich nicht sagen, ob das Opfer durch die Herbeiführung eines Herzinfarktes sterben soll (untauglicher Versuch) oder ob finstere Mächte tätig werden sollen (abergläubischer Versuch).[516]

Ohne die Kenntnis der Tätervorstellung lässt sich der Versuch natürlich nicht einordnen. Es kommt darauf an, was der Täter sich vorgestellt hat. Glaubt er, dass finstere Mächte den Tod bewirken werden, so liegt ein abergläubischer Versuch vor. Will er etwa bei einem herzkranken Menschen durch die Auslösung eines schweren Schocks (wozu er auch den Aberglauben des Opfers ausnutzen kann) den Erfolg herbeiführen, so hat er sich einen „realen" Wirkungszusammenhang vorgestellt.[517] Hierbei handelt es sich also nicht um ein Abgrenzungsproblem zwischen irrealen und „normal" untauglichen Versuchen, sondern um die Problematik der Feststellung des Vorsatzinhaltes. Gleiches gilt in dem Fall, wo das Opfer durch den Hauch einer Blume versterben soll.[518] Die Einordnung hängt von der konkreten Tätervorstellung ab: Schreibt der Täter der Pflanze hochtoxische Ausdünstungen zu, so liegt grober Unverstand vor. Glaubt er, dass sie verhext wurde, ist der Versuch irreal.

4. Auch *Kühl* weist auf mangelnde Unterscheidbarkeit zwischen beiden Versuchsarten hin, indem er fragt, ab welchem Ungefährlichkeitsgrad ein zur tödlichen Vergiftung eingesetztes Mittel irreal ist und wann der Einsatz nur als grob unverständig zu bewerten ist.[519]

---

515 *Kudlich,* JZ 2004, 72, 76. Vgl. aber auch Fall 5 a) weiter unten (Uran-Fall).
516 *Rath,* JuS 1998, 1106, 1113.
517 Dieser kann sogar tauglich sein. Zur Strafbarkeit dieses Versuchs v. *Buri,* Ueber Causalität und deren Verantwortung, S. 23; *ders.* ZStW 1 (1881), 185, 187 in Bezug auf *Geyer,* ZStW 1 (1881), 30, 33 f.; *Germann,* Versuch, S. 151 sowie *Meyer/Allfeld,* Lb., S. 176 Fn. 27 (1907).
518 Bei *Kohler,* Studien I, S. 12.
519 *Kühl,* AT, § 15 Rn. 94. Neben diesen Autoren zweifeln an der Abgrenzbarkeit auch *Heinrich,* Jura 1998, 393, 398; *ders.,* AT, Rn. 680; *Stratenwerth/Kuhlen,* AT I, 11/62;

Jedoch liegt auch hier kein Differenzierungsproblem vor. Bei einem zur tödlichen Vergiftung eingesetzten untauglichen Mittel hat sich der Täter toxische, also wissenschaftlich nachweisbare (reale) Wirkungen vorgestellt. Das ist ein untauglicher Versuch. Der Grad der Ungefährlichkeit kann eine Rolle spielen bei der Abgrenzung zwischen tauglichen und untauglichen Versuchen, nicht aber bei der Unterscheidung zwischen realen und irrealen Versuchen.

5. Schließlich verneint auch *Satzger* eine Unterscheidbarkeit zwischen irrealen und nur untauglichen Versuchen. Die Abgrenzungsproblematik verdeutlicht er an zwei Beispielen.

a) Zum einen schildert *Satzger* einen Anfang des 19. Jahrhunderts stattfindenden Tötungsversuch mittels „magischer" Steine, welche der Täter einem anderen in das Kopfkissen einnäht. Später (in heutiger Zeit) stellt sich heraus, dass von den eingesetzten Steinen – da uranhaltig – eine geringe radioaktive Strahlung ausging, welche zum Tatzeitpunkt in den Naturwissenschaften unbekannt war. Nach Auffassung des Autors unterliege die Einordnung der Tat „zeitlichem Wandel". Der Versuch wäre zum Tatzeitpunkt als ein irrealer, aus heutiger Sicht jedoch als ein bloß untauglicher (ggf. grob unverständiger) Versuch einzustufen.[520]

Dem kann nicht zugestimmt werden. Für die Einordnung ist der *Vorsatzinhalt* maßgeblich, und dieser richtet sich auf eine Tatbegehung mittels übernatürlicher Kräfte. Gleich ob der geschilderte Fall aus der Sicht des 19. oder des 21. Jhdts. beurteilt wird, es handelt sich um einen abergläubischen Versuch. Ein unheilbringender „böser Blick" wird auch nicht etwa dadurch zu einem realen Versuch, weil sich später herausstellt, dass der Täter zufällig an einer ansteckenden Krankheit litt, die nach dem medizinischen Stand zum Tatzeitpunkt noch nicht bekannt war.[521] Auch wenn die Nähe zu dem unter 2. geschilderten Fall augenscheinlich ist (Vorstellung einer „magischen" bzw. einer „radioaktiven" Energie), eine wissenschaftlich verifizierbare Wirkung hat sich der Täter in dem Uran-Fall gerade nicht *vorgestellt*.

Schönwandt, S. 185 und *Bloy*, ZStW 113 (2001) 76, 109, jedoch ohne näheres Eingehen auf die Problemfälle. S. auch Niederschriften 2, S. 188 und Begr. E 1962 – BT-Drucks. IV/650 S. 143. *Sancinetti*, S. 202 und *Jescheck/Weigend*, § 50 I 5 b aa) sind der Ansicht, dass § 23 Abs. 3 flexibel genug ist, um in Grenzfällen zu „annehmbaren Lösungen" zu gelangen.

520 *Satzger*, Jura 2013, 1017, 1020 f. (Fall 7).
521 Ebenso wird ein Tötungsversuch mit einem Zauberstab nicht dadurch zu einem bloß grob unverständigen, weil sich später herausstellt, dass das Material, aus dem der Stab gebaut wurde, Uran-Spuren enthält.

b) Als zweites Beispiel nennt *Satzger* den Fall, in dem ein Hobby-Hypnotiseur den Probanden zum Sprung von einer 3 m hohen Bühne zu veranlassen versucht, jedoch kurz vor dem Sprung seine Macht über den Hypnotisand verliert.[522] Da die Wirkweise von Hypnose von den Naturwissenschaften bis heute nicht geklärt werden konnte, könne nicht eindeutig gesagt werden, ob es sich um einen magischen oder um einen nur untauglichen Versuch handelt.

So wie der Fall gebildet wurde, liegt jedoch weder die eine noch die andere Variante, sondern ein *tauglicher* Versuch vor. Als die Suggestivkraft nachließ, stand der Hypnotisand bereits kurz vor dem Sprung; die Gefahr der Hypnosebehandlung hat sich beinahe verwirklicht. Die Tatsache, dass Wissenschaftler auf die Frage der Funktionswirkung von Hypnose keine klare Antwort haben, macht die Tat nicht zu einem straflosen irrealen Versuch. Denn wichtig ist, dass wir wissen, dass man durch eine Hypnosebehandlung tatsächlich bestimmte Suggestionen bewirken und Verhalten beeinflussen kann.[523] Das wurde bereits in zahlreichen internationalen Studien *nachgewiesen*.[524] Nicht ohne Grund gehört Hypnose ausdrücklich zu den verbotenen Vernehmungsmethoden i. S. d. § 136a StPO. Die Vorstellung des Täters richtet sich also auf einen *realen* Kausalverlauf. Das gilt natürlich auch dann, wenn man sich den Fall als einen untauglichen Versuch vorstellt, etwa wenn der Versuchstäter die Hypnose-„Kunst" nicht beherrscht. Auch wenn Wissenschaftler die neurobiologischen Vorgänge im Gehirn (noch) nicht exakt beschreiben bzw. sie bekannten Naturgesetzen zuordnen können, handelt es sich bei der Tätigkeit z. B. von Hypno-Therapeuten keineswegs um „Zauberei". Die Erklärungslücke in der Wissenschaft ist darauf zurückzuführen, dass sich die Hirnforschung erst in ihren Anfängen befindet. Ein „Graubereich" zwischen realen und übernatürlichen Vorstellungen liegt aber auch hier nicht vor.

Nachdem alle in der Literatur vorgefundenen „Abgrenzungsproblemfälle" doch eindeutig unter die einzelnen rechtlichen Kategorien eingeordnet werden konnten, erweist sich die mangelnde Unterscheidbarkeit als ein Scheinproblem. Im Prinzip ist eine Grenzziehung zwischen abergläubischen und real untauglichen Versuchen anhand der in diesem Kapitel erfolgten Charakterisierung möglich.

---

522 *Satzger*, Jura 2013, 1017, 1021 (Fall 8).
523 Sie wird z. B. als Therapieform, etwa zur Schmerzlinderung oder zum Lösen von Erinnerungsblockaden eingesetzt.
524 Vgl. z. B. *Revenstorf*, Forschungsarbeiten zur Wirksamkeit der Hypnose (URL).

B. Rechtsfolge, Dogmatische Ansätze zur Begründung der Straflosigkeit

Die Straflosigkeit des abergläubischen Versuchs ist heute trotz wenigen Einzelstimmen im Schrifttum[525] anerkannt. Über den Begründungsweg besteht jedoch Uneinigkeit.

Die herrschende Meinung sieht darin eine eigenständige Fallgruppe, welche von der Versuchsstrafbarkeit nicht erfasst wird (I.). Bei ihren vielfältigen Begründungsansätzen lässt sich – beeinflusst durch die übergeordnete Frage nach dem Grund der Versuchsstrafe – eine grobe Zweiteilung vornehmen.

a) Vor allem Anhänger der subjektiven Theorie verneinen bei abergläubischen Aktionen bereits das Vorliegen von Versuchsvoraussetzungen, weshalb sie auch die Bezeichnung „abergläubischer *Versuch*" als unrichtig ansehen[526] (1.).

b) Eine andere Strömung nimmt an, dass abergläubische Taten durchaus Versuche im Rechtssinne sind; das Fehlen eines rechtserschütternden Eindrucks (Eindruckstheorie) (2.) bzw. kriminalpolitische (3.) oder rechtshistorische (4.) Gründe sollen jedoch das Versuchsunrecht bzw. das Strafbedürfnis entfallen lassen.

Eine wachsende Mindermeinung sieht in irrealen Versuchen einen (ausnahmsweise straflosen) Unterfall des § 23 Abs. 3 StGB (II.).

Die einzelnen im Laufe der Zeit entwickelten Begründungsmodelle werden im Folgenden detailliert erläutert und auf ihre Plausibilität überprüft. Die Analyse der einzelnen Ansätze zur Begründung der Straflosigkeit abergläubischer Versuche stellt eine wichtige Vorarbeit für die Kernfrage dieser Untersuchung dar. Sollte sich bestätigen, dass bei irrealen Versuchen tatsächlich bereits Versuchsvoraussetzungen bzw. Strafwürdigkeitsmerkmale, die bei anderen Versuchen gegeben sind, nicht vorliegen, so würde bereits darin ein hinreichender Grund für die ungleichen Rechtsfolgen bei abergläubischen und grob unverständigen Versuchen liegen.

I. Abergläubischer Versuch außerhalb der Versuchsregelung

Die erste Hauptströmung erblickt in irrealen Versuchen eine eigene – außerhalb der Versuchsstrafbarkeit liegende – Kategorie. Für die Ablehnung der Strafbarkeit

---

525 Dazu S. 211 f.
526 So z. B. *Baumann/Weber/Mitsch,* AT, § 26 Rn. 34; *Schmidhäuser,* AT², 11/45; *Seier/Gaude,* JuS 1999, 456, 457 sowie *Struensee,* ZStW 102 (1990), 21, 31.

wird eine Vielzahl von Erklärungen angeboten, die sich grob in zwei Richtungen einteilen lassen: Ansätze, welche die Versuchsvoraussetzungen ablehnen (1.) und solche, die zwar die formellen Versuchsmerkmale als erfüllt ansehen, jedoch die Strafwürdigkeit der Tat i. w. S. verneinen (2.–4.).

1. Fehlende Versuchsqualität – die subjektive Theorie

Es herrscht die Auffassung, dass der irreale Versuch gar kein „Versuch" im Sinne der §§ 22, 23 Abs. 3 StGB ist. Mangels einer Strafnorm stehe das Verhalten demnach nicht unter Strafandrohung. Allerdings wird die fehlende Versuchsqualität in der Strafrechtslehre unterschiedlich begründet, wobei die Begründungen auch innerhalb der einzelnen Meinungsgruppen teilweise sehr verschieden ausfallen. Bevor die einzelnen, in der Rechtslehre vertretenen Ansätze analysiert werden, ist zunächst die Sicht der Rechtsprechung darzustellen.

a) Die Rechtsprechung – RGSt 33, 321 ff.

Seit langem bestrafen deutsche Strafgerichte keine abergläubischen Versuche mehr. Den Weg für ihre Straflosigkeit hat das Reichsgericht in seiner Grundsatzentscheidung aus dem Jahre 1900 freigegeben.

Nach dem Sachverhalt hat die Angeklagte eine andere Frau dazu aufgefordert, mit „Hilfe des Teufels oder von Sympathiemitteln", also durch Beschwörungen, ihren Ehemann zu töten. Die gefragte Frau hat entsprechende Handlungen (in Betrugsabsicht) vorgenommen. Das Landgericht Nürnberg hatte die Angeklagte wegen versuchter Anstiftung zum Mord verurteilt. Das Reichsgericht hat das Urteil aufgehoben und sprach die Angeklagte frei. In den Urteilsgründen wird ausgeführt:

> „Die Aufforderung hatte also die Vornahme von Handlungen zum Gegenstande, die immaterielle Kräfte erregen sollten zum Zwecke physischer Wirkungen. Man kann von der Frage, ob dies überhaupt möglich sei, ganz absehen; denn jedenfalls ist die Existenz der hier fraglichen Kräfte nicht beweisbar, sondern lediglich dem Glauben oder Aberglauben, der Vorstellung oder dem Wahne angehörig; sie können, als nicht in der wissenschaftlichen Erkenntnis und Erfahrung des Lebens begründet, vom Richter nicht als Quelle realer Wirkungen anerkannt werden, sondern sind in rechtlicher Beziehung weder als taugliche noch als relativ oder absolut untaugliche, d. h. überhaupt nicht als ‚Mittel' zur Herbeiführung irgendwelcher Veränderung in der Welt des Tatsächlichen anzusehen. So wenig der noch im Inneren des Menschen verschlossene böse Wille Gegenstand des Strafrechts ist, ebenso wenig können solche Handlungen als strafbare Äußerung desselben gelten, die völlig sowohl außerhalb der physischen als auch der psychischen Kausalität liegen. Wie tatsächlich, so sind sie auch rechtlich indifferent, sie

fallen aus dem Kreise kausaler Veranstaltungen ganz hinaus und haben nur Bedeutung für die Sphäre des Sittlichen, der Moral."[527]

Auch wenn diese Entscheidung auch heute noch sehr interessant ist, liefert das Reichsgericht keine klare Antwort auf die Frage, wie sich die Straflosigkeit abergläubischer Versuche dogmatisch begründen lässt. Betrachtet man die Ausführungen des Senats kritisch, so fällt vor allem auf, dass dieser in der Urteilsbegründung allein auf *objektive* Kriterien abstellt.

aa) Zum einen verneint der Strafsenat die Beweisbarkeit immaterieller Kräfte. Da solche Kräfte der wissenschaftlichen Erkenntnis und der Lebenserfahrung widersprechen, könnten sie auch nicht als Ursache realer Wirkungen anerkannt werden. In rechtlicher Hinsicht bediene sich der Täter überhaupt keiner Tatmittel.

Bereits bei diesem ersten Argument verlässt das Reichsgericht seine subjektive Konzeption. Wenn es vom subjektiven Standpunkt aus nur auf die Vorstellung des Täters von der Tauglichkeit des verwendeten Mittels ankommt, müsste doch auch der abergläubische Versuch bestraft werden.[528] Denn aus seiner Sicht wendet ein auf magische Zusammenhänge vertrauender Täter zweifellos ein „Mittel" zur Erfolgsbewirkung an. Bedient er sich dabei eines physischen Gegenstandes (z. B. „Zauberkugel" oder Nadeln beim Voodoo-Stechen), so kann seine Existenz auch aus objektiver Sicht nicht geleugnet werden. Nur die vorgestellte Wirkung des Mittels bleibt aus – wie bei allen Versuchen mit untauglichen Mitteln.

Auf rein objektiven Kriterien fundiert auch die Aussage, dass dem eingesetzten Mittel reale Kräfte innewohnen müssen, welche geeignet seien, „Veränderungen in der Welt des Tatsächlichen" hervorzurufen. Dieser These hat *Kuhrt* zu Recht entgegengehalten, dass das Reichsgericht z. B. in Abtreibungsfällen nicht erläutert hat, ob es Abbruchmittel wie Lindenblütentee als „Quelle realer Wirkungen" und „wissenschaftlicher Erkenntnis" ansehen wolle.[529]

bb) Zum anderen hat das Reichsgericht angeführt, dass sich der verbrecherische Wille des Abergläubischen nicht hinreichend in der Außenwelt manifestiert habe. Die magische Handlung könne deshalb ebenso wenig wie ein im Innern eines Menschen verborgener böser Wille Gegenstand des Strafrechts sein.

Das mag bei stillen Gebeten und äußerlich neutralen Handlungen (wie Zusammenkneifen der Augen bei Telepathie) zutreffen. Wenn jedoch der Täter beispielsweise um das Haus eines anderen mit einer schwarzen Maske herumläuft

---

527 RGSt 33, 321, 322 f.
528 So auch schon *Frank*, in: VDA V, 1908, S. 256. Ähnlich *Binding*, Normen III, S. 533 f.
529 *Kuhrt*, S. 41 mit Verweis auf v. *Liszt-Schmidt*, Lb.[26], S. 311.

oder die mit Nadeln durchgestochene Voodoopuppe in den Briefkasten des „Opfers" steckt, tritt der böse Wille unzweifelhaft in Erscheinung.[530] Aus objektiver Sicht ist das Geschehen im Reichsgerichtsfall eindeutig als ein Auftragsmord (wenn auch mit völlig untauglichen Mitteln) zu werten.

cc) Als entscheidendes Argument führt der Senat an, dass irreale Handlungen rechtlich unbeachtlich seien, weil sie aus dem Rahmen der (objektiven) Kausalität herausfielen.

Diese Aussage trifft jedoch auf *alle* untauglichen Versuche zu, dennoch sind sie nach §§ 22 f. StGB strafbar. Es ist widersprüchlich, wenn das Reichsgericht bei abergläubischen Versuchen auf das Fehlen der objektiven Kausalität abstellt, bei *realen* untauglichen Versuchen (etwa bei einer Abtreibung mit völlig untauglichen Mitteln[531]) aber in ihrem Nichtvorliegen kein Hindernis sieht, das Verhalten zu bestrafen.[532]

In dem Fall zum abergläubischen Versuch entschied das Reichsgericht also anders als in seinen früheren und späteren Entscheidungen. In anderen Fällen zu untauglichen Versuchen stellt das Gericht allein auf die Vorstellungen des Täters und seinen „verbrecherischen Willen" ab.[533] Im Hinblick darauf ist eine Sonderbehandlung irrealer Versuche inkonsequent und im Lichte der vom Reichsgericht vertretenen subjektiven Theorie systemwidrig. Die vom Strafsenat angeführten objektiven Argumente stehen zudem nicht im Einklang mit der auf die subjektive Tätersicht abhebenden Versuchsregelung (§§ 22 f. StGB).

Auch wenn die Entscheidung des Reichsgerichts in der Sache keine befriedigende Erklärung für die Begründung einer Sonderstellung abergläubischer gegenüber anderen untauglichen Versuchen bringen konnte, stellt sie dennoch einen wichtigen Schritt dar. Die lange diskutierte Strafbarkeitsfrage wurde endlich zumindest im Ergebnis höchstrichterlich entschieden und die Entscheidung hat Verurteilungen in Aberglaubensfällen Einhalt geboten. Zudem dient sie als Grundlage für weitere Lösungsvorschläge im Schrifttum. Eine Auseinandersetzung mit diesen Begründungsmodellen erfolgt in nachfolgenden Abschnitten.

---

530 Außerdem ist zweifelhaft, ob nach der subjektiven Theorie der verbrecherische Wille als solcher erkennbar sein muss, vgl. dazu die Ausführungen auf S. 182.
531 Vgl. z. B. RGSt 1, 439 ff.
532 In diesem Sinne auch schon *Schallenberg*, S. 52 und *Kuhrt*, S. 41.
533 Z. B. RGSt 1, 439, 441 ff.; 34, 217, 219. Später auch der Bundesgerichtshof, z. B. BGHSt 11, 324 ff., 327.

b) Vorsatzlösungen

Die herrschende Lehre lehnt eine Strafbarkeit abergläubischer Versuche mit der Begründung ab, dass es beim „Wunderglauben" am Tatentschluss fehle. Allerdings divergieren innerhalb dieser Meinungsgruppe die Ansichten darüber, ob der Vorsatz aus faktischen oder aus rechtlichen Gründen abzulehnen ist. Einer eingehenden Untersuchung bedarf deshalb die Frage, ob der abergläubische Täter mit strafrechtlichem Vorsatz handelt.

(1) Psychologische Erklärungen

Zahlreiche Autoren verneinen bei abergläubischen Versuchen bereits den *faktischen* Tatbegehungswillen. Wer übersinnliche Mittel einsetze, habe keinen Willen zur Deliktsverwirklichung. Vorsätzliches Handeln erfordere, dass sich der Täter eines Mittels bedient, das er durch seine eigenen körperlichen und geistigen Kräfte steuern könne. Kann der Täter die Erfolgsbewirkung nicht als genügend abhängig von seinem Willen betrachten, erhoffe er den angestrebten Erfolg nur, könne diesen aber nicht verwirklichen wollen.[534] Die mangelnde Steuerungsfähigkeit hinsichtlich des Geschehensablaufs grenze einen Wunsch vom Willen ab.[535] Der Einsatz übernatürlicher Kräfte stelle deshalb ein bloßes Wünschen, Hoffen oder Bitten dar, begründe aber keinen Tatvorsatz.[536] Diese Position findet eine Stütze in der amtlichen Gesetzesbegründung des E 1962. Dort heißt es, dass „Handlungen, die allein von unwirklichen Hoffnungen und Wünschen getragen

---

534 Vgl. *Wessels/Beulke/Satzger*, AT, Rn. 620; *v. Heintschel-Heinegg*, Prüfungstraining, Rn. 509; *Hillenkamp*, JuS 2003, 157, 164; LK-*Hillenkamp*, § 22 Rn. 190 und § 23 Rn. 50; *Bringewat*, Rn. 571; *Brockhaus*, Dogmatik, S. 483; *Ebert*, AT, S. 125; *Kindhäuser*, AT, § 30 Rn. 16; *ders.*, LPK-StGB, § 22 Rn. 6; *Maier*, Objektivierung, S. 45 ff.; *Rath*, JuS 1998, 1106, 1113; *Rengier*, AT, § 35 Rn. 13; *Schneider*, GA 1955, 265, 266 f.; *Treplin*, ZStW 76 (1964), 441, 444. Vgl. auch die Ausführungen von *Engisch*, Untersuchungen, S. 154 f.; *Vehling*, S. 129 f. und *Blei*, AT, S. 232 f.
535 Dazu z. B. *Beling*, Grundzüge, § 28 III sowie *Maier*, Objektivierung, S. 48 m. w. N. Zur Unterscheidung aus philosophischer Sicht *Anscombe*, § 36 (S. 106).
536 In diesem Sinne z. B. *Alwart*, S. 206 ff.; *v. Bar*, Versuch, S. 18; *v. Buri*, ZStW 1 (1881), 185, 205; *Coenders*, S. 105; *Frank*, StGB, § 43 III (S. 90); *Havenstein*, GA 1888, 33, 63; *Haft*, Fallrepetitorium, § 3 Fall 525; *Jescheck/Weigend*, § 50 I 6 („in der Regel"); *Kohler*, Studien I, S. 11 und 13; *Kretschmer*, JR 2004, 444, 445; *Schallenberg*, S. 69 f.; *Schmidhäuser*, AT[2], 11/45; wohl auch *Waiblinger* ZStW 69 (1957) 189, 218 Fn. 105. S. auch *v. Liszt/Schmidt*, Lb.[26], S. 311 Anm. 2 und Schönke/Schröder/*Eser/Bosch*, § 23 Rn. 13a (offen gelassen). V. Buri, GS 32 (1880) 321, 369 ff. will in den Fällen abergläubischen Versuchs grundsätzlich die Ernsthaftigkeit des Willens verneinen, bei einem „festen Willen" sei jedoch der Versuchswille anzunehmen.

sind und noch kein rechtserhebliches Wollen enthalten, für den ‚Vorsatz, die Tat zu vollenden', nicht genügen."[537]

Andere Vertreter dieser Meinungsgruppe stehen auf dem Standpunkt, dass die Überzeugung des Täters von der Geeignetheit der übersinnlichen Tathandlung bzw. der Wille, den Erfolg zu bewirken, zu schwach seien, als dass sie zur Bejahung eines strafrechtlichen Tatentschlusses genügten. So meint zum Beispiel *Waiblinger*, dass der Täter durch den Verzicht auf die Verwendung mehr geeigneter Mittel einen „lahmen Auflehnungswillen" zeige.[538] Dem Handelnden fehle der Mut und die kriminelle Entschlusskraft, taugliche Tatmittel einzusetzen[539] – sei es aus Angst vor der Strafe oder vor dem Verbrechen selbst, sei es, weil er selbst die Verantwortung für die Tat nicht tragen wolle.[540] Wenn ein Verbrecher wirklich erfolgreich sein wolle, greife er von vornherein zu realen Mitteln. In einer Notwehrsituation würde sich doch auch niemand auf das Totbeten als Abwehrmittel beschränken.[541]

Die Unzulänglichkeit des Willens bestätige die Tatsache, dass bei einer sympathetischen Tatausführung keine Wiederholungsgefahr mit tauglichen Mitteln bestehe. Der Wille des Täters habe sich auf die Vornahme mit irrealen Mitteln konkretisiert.[542] Nach *Germann* sei ein solcher *Wille* nicht gefährlich. Wer bei einem Straftatversuch eine abwegige Tathandlung vornehme, sei belehrbar und greife das nächste Mal zu tauglichen Mitteln. Der Aberglaubenstäter sei es nicht, er belasse es auch in der Zukunft nur bei irrealen Handlungen.[543] Das Ausbleiben des Erfolges sei deshalb nicht auf die Ungunst tatsächlicher Umstände zurückzuführen, sondern auf den mangelnden Willen des Täters.[544] Anschließend relativiert *Germann* jedoch seinen Standpunkt durch die Bemerkung, dass die Bestimmung der Gefährlichkeit des Willens nach seiner Methode nur eine Vermutung erlaube. Ausnahmsweise könne der Täter bei seiner nächsten Tat

---

537 Begr. E 1962 – BT-Drucks. IV/650 S. 145.
538 *Waiblinger* ZStW 69 (1957) 189, 221.
539 S. z. B. *V. Bar*, Versuch, S. 18 mit Fn. 1 und *Kuhrt*, S. 57.
540 *Schallenberg*, S. 70. Ähnlich *Jescheck*, in Niederschriften 2, S. 194.
541 *V. Bar*, Versuch, S. 18. S. dazu auch Fn. 546 dieser Arbeit.
542 So z. B. *Waiblinger* ZStW 69 (1957) 189, 221; *Germann*, Versuch, S. 149 ff. und *Kuhrt*, S. 57. Vgl. auch *Kohler*, Studien I, S. 10 f und *Westpfahl*, Zum Unrecht im Versuch, S. 121 mit Anm. 275.
543 *Germann*, Versuch, S. 149 ff. *Waiblinger*, aaO. schließt hingegen auch bei unverständigen Mitteln eine Wiederholungsgefahr aus.
544 *Germann*, Versuch, S. 150.

taugliche Mittel einsetzen bzw. der Wille des mit „natürlichen" Mitteln handelnden Versuchstäters könne unter Umständen ungefährlich sein.[545]

Diesen Begründungsversuchen ist insoweit zuzustimmen, als sie zum Ausdruck bringen, dass bloße Wünsche und Hoffnungen noch kein willentliches Handeln darstellen und somit für die Annahme eines strafbaren Vorsatzes nicht genügen. Dabei ist vor allem an Fälle zu denken, in welchen sich der Handelnde des „wunschhaften Charakters" seines Tuns bewusst ist. Wenn eine verzweifelte Ehefrau zu Gott betet, er möge ihren Mann zu sich nehmen, oder wenn sie im Zorn ausruft „Der Teufel soll dich holen!", so kann man von solchen Wünschen und Bitten sprechen, nicht aber von einem betätigten verbrecherischen Willen. Die Hemmschwelle zur Tatausführung ist noch nicht überschritten, wenn der Täter erkennt, dass das Geschehen außerhalb seines Machtbereichs liegt.

Auch der Standpunkt, dass abergläubische Täter häufig von der Tauglichkeit ihrer Praktiken nicht voll überzeugt sind, leuchtet ein, zumal sie ja kaum positive Erfahrungen mit der Wirksamkeit ihrer magischen Praktiken gesammelt haben können. Wer seinen Feind durch Aussprechen von Beschwörungsformeln oder mittels Telepathie töten will, weiß genau, dass er ihn auch erschießen oder erstechen könnte, davon lässt er aber bewusst ab. Er wählt eine weniger offenkundige Methode, nämlich das abergläubische Unterfangen, welches ihn in der Gesellschaft bzw. vor seinem eigenen Gewissen nicht eindeutig als Verursacher entlarvt. Er weiß, dass ihm der erstrebte Erfolg – sollte er eintreten – nicht nachzuweisen ist. Das dürfte die primäre Motivation dafür sein, warum sich der abergläubische Täter gerade für eine Tatbestandsverwirklichung mit einem irrealen Mittel entschieden hat.[546] Dies ist jedoch kein Argument für eine generelle Verneinung des Tatbestandsvorsatzes in Aberglaubensfällen.

Die psychologisierenden Thesen haben nicht hinreichend berücksichtigt, dass abergläubische Täter in vielen Fällen unerschütterlich an die Wirksamkeit ihrer übersinnlichen Handlungen glauben. Ungeachtet aller Gesetze der Logik und jeder Erfahrung zuwider sind sie fest überzeugt, ihr Ziel durch magische Kräfte in die Realität umsetzen zu können. In organisierten okkulten Gruppierungen werden solche Praktiken geradezu mit Fanatismus betrieben. Einige Täter halten die Zielerreichung mit solchen Mitteln für sicherer oder zumindest für einfacher als beim Einsatz eines profanen Mittels. Womöglich vertraut der Abergläubische auf die Wirkung von Magie mehr als der eigenen Schießkunst. Dem

---

545 *Germann*, Versuch, S. 153.
546 Darin dürfte auch die Erklärung dafür liegen, warum sich der Notwehrübende nicht auf das Mittel des Totbetens beschränken würde (S. 159 mit Fn. 541): In einer Notwehrlage muss er nicht „verdeckt" handeln.

Mystizismus verfallene Menschen opfern ihr gesamtes Vermögen für die Dienste von Medizinmännern, Hellsehern und Wahrsagern, welche ihnen heilende oder andere magische Kräfte vorgaukeln.[547] Aus Aberglauben und unter dem Einfluss irrealer Vorstellungen sind sie bereit andere[548] oder sich selbst[549] zu töten oder in einer anderen Weise erheblich zu schädigen.[550] Darin wird deutlich, wie stark die Überzeugung eines Abergläubischen von der Wirksamkeit bzw. der Existenz des „Übernatürlichen" sein kann. Dem Handeln generell die Bedeutung eines bloßen Wunsches beizumessen oder den Willen als nicht stark bzw. ernstlich genug zu bezeichnen, wird der Realität nicht gerecht. Wer beim Kerzenschein durch Verlesen von Beschwörungsformeln jemanden töten will, misst dieser Handlung die entsprechende Wirkung bei – sonst hätte er sie doch nicht gewählt. In psychologischer Hinsicht unterscheidet sich der Wille des Abergläubischen nicht von dem anderer Täter.[551]

Darüber hinaus missachtet dieser Ansatz, dass der Wille im deutschen Strafrecht grundsätzlich nicht einen bestimmten Intensitätsgrad erreichen muss. Für den Versuch genügt die gleiche Vorsatzform, welche auch bei der vollendeten Tat ausreichend wäre. Wer einen Menschen aus einer großen Entfernung erschießen will, hat den Tötungsvorsatz auch dann, wenn er sich der geringen Erfolgschance seiner Handlung bewusst ist.[552]

Sofern behauptet wird, dass die mangelnde Beherrschbarkeit des Kausalgeschehens den Vollendungswillen ausschließt, ist anzumerken, dass „Nicht-Wollen" und „Nicht-Können" zwei verschiedene Sachen sind. Das eine schließt das andere nicht aus. Aus der Regelung des § 23 Abs. 3 StGB geht hervor, dass ein strafbarer Tatentschluss unabhängig von der Verletzungsmacht besteht. Bei einem grundsätzlich strafbaren Vergiftungsversuch mit Traubenzucker ist eine Möglichkeit zur Veränderung der Außenwelt genauso wenig gegeben, wie bei einem Tötungsversuch mit einem Zauberstab.[553] Die mangelnde objektive Steuerungsfähigkeit des Geschehens oder die Abwegigkeit der Tätervorstellung berührt den

---

547 Darauf hat schon *Schallenberg*, S. 50 hingewiesen.
548 Vgl. z.B. BGHSt 35, 347 – 4 StR 352/88 (Katzenkönigfall). In Südafrika finden auch heute noch Hexentötungen statt, vgl. *Kaetzler*, S. 103 ff.
549 BGHSt 32, 38 (Siriusfall).
550 Zahlreiche Rechtsprechungsnachweise folgen auf S. 166 ff.
551 So auch *Kuhrt*, S. 40. Ähnlich *Engisch*, Untersuchungen, S. 157 und 168 und *Hardwig*, AT, S. 474.
552 Beispiel von *Welzel*, S. 67.
553 Dies hat z.B. *Rath*, JuS 1998, 1106, 1113 nicht beachtet.

Vorsatz in keiner Weise. Letztendlich ist das Fehlen einer objektiven Verletzungsmächtigkeit das Charakteristikum eines jeden untauglichen Versuchs.

Sofern die Autoren ihre Auffassung auf das Fehlen einer Wiederholungsgefahr mit tauglichen Mitteln gründen, wird erneut darauf hingewiesen, dass es sich hierbei um ein rechtsstaatlich unzulässiges Kriterium handelt. Das Bestehen oder Nichtbestehen einer Wiederholungswahrscheinlichkeit darf keine Auswirkungen auf das „Ob" der Strafbarkeit haben.[554] Überdies ist eine sichere Prognostizierung, ob bei bestimmten Versuchshandlungen die Gefahr einer erneuten Deliktsbegehung besteht, nicht möglich. *Germann* hat in seiner Abhandlung angenommen, dass bei unverständigen Versuchen eine Wiederholungsgefahr anzunehmen sei, nicht aber bei irrealen Versuchen. *Waiblinger* geht hingegen davon aus, dass eine solche Gefahr auch bei grob unverständigen Versuchen zu vereinen ist. In Wahrheit kann sie aber bei keiner dieser Versuchsarten generell ausgeschlossen werden. Es gibt Fälle, in denen sich der Wille des abergläubischen Täters auf die Verwirklichung des Erfolges mit jeglichem Mittel erstreckt. Wenn das Warten auf den Erfolg zu lange dauert, greift er zu tauglichen Mitteln.[555] Diese Tatsache hat auch *Germann* erkannt, indem er eingeräumt hat, dass von seiner These zur Bestimmung der Un-/Gefährlichkeit des Willens Ausnahmen in beiden Richtungen denkbar sind. Somit hat er die Gründe für die Ungeeignetheit seines Ansatzes zur Erklärung einer generellen Straflosigkeit irrealer Versuche selbst angeführt. Zudem ändert die möglicherweise fehlende Gefahr einer Wiederholung nichts an der Tatsache, dass der Täter *jetzt* den Erfolg herbeiführen *will*. Der Tatbegehungswille für die konkret ausgeführte Tat liegt unabhängig von einer eventuellen Gefährlichkeit für die Zukunft vor.

Aus psychologischen Gründen lässt sich der Vorsatz nicht generell verneinen.

(2) Normative Ansätze

Eine weitere Literaturströmung unterscheidet zwischen einem natürlichen und einem normativen (rechtlichen) Vorsatz. Die Vertreter dieser Differenzierung erkennen, dass auch der abergläubische Täter strafrechtlich geschützte Werte verletzen will, also eine Absicht im faktischen Sinne gegeben ist. Dieses „Wollen" erklären sie jedoch mit unterschiedlichen Begründungen für *strafrechtlich irrelevant*.

---

554 Dazu bereits oben, S. 42 ff.
555 *Seeger*, GA 18 (1870), 227, 243 Fn. 8 berichtet von einem Fall aus der Praxis des Württembergischen Schwurgerichtshofs, in dem die Angeklagten ihren Widersacher vergiftet haben, nachdem sie erkannt hatten, dass das Ausräuchern der Fußstapfen des zu tötenden Opfers keinen Erfolg brachte.

aa) Kein verbrecherischer Wille

Einige Autoren stehen auf dem Standpunkt, dass der Wille des Abergläubischen nicht verbrecherisch ist im Sinne der subjektiven Versuchstheorie. Nach *Köstlin* liege allenfalls ein unmoralischer, keineswegs aber ein krimineller Wille vor. Das Verhalten sei einem Wahndelikt gleichzustellen, weil es im Ergebnis keinen Unterschied mache, ob das Erlaubte in dem Glauben, dass es verboten ist, ausgeführt werde, oder ob der Täter mit *erlaubten* Mitteln das tatsächlich Unerlaubte auszuführen sich nur einbilde.[556] Mit einer ähnlichen Begründung verneinen *Gropp* und *Tofahrn* einen strafrechtlichen Tatentschluss bei irrealen Versuchen: Der Täter stelle sich schon kein strafbares Geschehen vor.[557] *Engisch* lehnt Vorsatz mit dem Argument ab, dass die Tathandlung aufgrund völliger Untauglichkeit nicht strafrechtlich verboten sei.[558] Dem pflichtet *Albrecht* bei und ergänzt, dass man insoweit vom Wahndelikt sprechen könne.[559] Nach Meinung von *Klee* und *Gallas* führe die Ungefährlichkeit des Tatplans zu der Annahme, dass der Wille des Täters nicht kriminell und daher strafrechtlich bedeutungslos sei.[560] *Kohler* vertritt den Standpunkt, dass der Täter nur den verbrecherischen Erfolg wolle, nicht aber die ihn bewirkende Tätigkeit, da sein Wille auf die Vornahme mit abergläubischen Mitteln beschränkt sei. Deshalb sei der Wille „ohne deliktuose Bedeutung".[561] *Salm* ist der Auffassung, dass der *Wille* des Abergläubischen generell erfolgsunfähig sei. Es bestehe keine „Willensgefahr", da dem Wollen jegliche rationale Komponente fehle. Dabei geht der Autor von dem Standpunkt aus, dass nur ein vernünftiger Wille – da er gefährlich ist – strafrechtlich relevant sei.[562]

Zunächst muss bereits die These verworfen werden, dass bei irrealen Versuchen kein *verbrecherischer* Wille vorliege. Beim Willen handelt es sich um ein rein subjektives Merkmal. Die Übersinnlichkeit des Tatmittels hat auf den kriminellen Charakter der Vorstellung keinen Einfluss. Entscheidend ist, ob der Täter das von ihm eingesetzte Mittel für geeignet hält, den erstrebten tatbestandlichen Erfolg zu bewirken. Gilt ein auf die Vollendung einer Straftat gerichteter Wille als verbrecherisch, so muss der Wille des Aberglaubenstäters als verbrecherisch

---

556 *Köstlin*, System I, S. 228 f. Auch *Struensee* ZStW 102 (1990) 21, 30 ff., 36 ff. verneint das Vorliegen vom Vorsatz und nimmt ein Wahndelikt an, vgl. S. 80 f.
557 *Gropp*, AT, § 9 Rn. 26; *Tofahrn*, Rn. 13.
558 *Engisch*, Untersuchungen, S. 168 f.
559 *Albrecht*, S. 32.
560 *Klee*, S. 34 f. Ähnlich auch *Gallas*, Niederschriften 2, S. 195. S. auch *Albrecht*, S. 32.
561 *Kohler*, Studien I, S. 10 f.
562 *Salm*, Versuch, S. 79 ff. In diesem Sinne auch *Albrecht*, S. 47 und *Kadečka*, MonKrimPsych 19 (1928), 129, 140. S. auch *Krümpelmann*, S. 91: mangels Erfolgstendenz kein Unrecht.

bezeichnet werden – mag die Tätervorstellung unserem rational-naturwissenschaftlich geprägten Weltbild auch völlig zuwiderlaufen.

Da es bei der Prüfung des Tatentschlusses allein auf die Sicht des Täters ankommt, wäre es verfehlt mit *Engisch* und *Albrecht* aus der Untauglichkeit, mit *Klee* und *Gallas* aus der objektiven Ungefährlichkeit oder mit *Salm* aus der Irrationalität des Willens auf das Fehlen des Vorsatzes zu schließen. Die Behauptung, dass ungefährliche bzw. unvernünftige Handlungen nicht strafrechtlich relevant sind, ist durch Blick in die geltende Versuchsregelung (v. a. § 23 Abs. 3 StGB) widerlegt. Sofern *Kohler* mit Hinweis auf Nichtvorliegen einer Wiederholungsgefahr bei abergläubischen Versuchen einen „deliktuosen Willen" verneint, so handelt es sich um kein tragfähiges Argument; dies wurde im vorherigen Abschnitt bereits dargelegt.[563]

Aber auch eine Gleichstellung abergläubischer Versuche mit einem Wahndelikt, wofür sich *Köstlin, Gropp und Tofahrn* eingesetzt haben, verdient keine Zustimmung. Die Autoren setzen als Argument ein, was gerade die Frage ist: ob abergläubische Versuche *erlaubt* sind oder nicht. Das ist keine Begründung, sondern ein Zirkelschluss.

Vom verbrecherischen Willen her lässt sich ein Ausnahmecharakter irrealer Versuche nicht begründen. Der Wille des auf magische Zusammenhänge vertrauenden Täters ist in gleichem Maße kriminell wie bei anderen tauglichen oder untauglichen Versuchen.

bb) Generelle Außerrechtlichkeit

Andere Wissenschaftler vertreten die Auffassung, dass nur ein *reales* Geschehen Gegenstand des Vorsatzes bzw. rechtlicher Normen überhaupt sein könne. Paranormale Kräfte gelten in unserer Welt als nicht existent und sollen deshalb auch für das Strafrecht nicht existieren. In einer aufgeklärten Rechtsordnung seien sie außerrechtlich.[564] Vorstellungen mit einem übernatürlichen Bezug könnten weder eine Verantwortung begründen, noch sie aufheben; sie hätten überhaupt keine strafrechtlichen Auswirkungen.[565] Empirisch nicht nachweisbare Vorgänge und Einbildungen sollen deshalb nicht unter Gesetzesbegriffe subsumiert

---

563 S. 162.
564 In diesem Sinne *Hirsch*, in Vogler-GS, S. 44; *Salditt*, Strafrecht und Aberglaube, S. 14; *Lammasch*, S. 78; *Frischknecht*, S. 288. Ha, Untauglicher Versuch, S. 57 stellt ebenfalls auf das Überschreiten der Realitätsgrenze als Grund der Straflosigkeit ab.
565 In der Strafrechtslehre ist eine zunehmende Tendenz zu verzeichnen, *alle* Vorstellungen mit einem irrealen Hintergrund als rechtlich unbeachtlich zu behandeln, s. etwa *Salditt*, 5 ff., 14; *Herzberg*, Jura, 16 ff. (v. a. S. 18); *Kretschmer*, JR 2004, 444,

werden, bei der Rechtsanwendung seien sie hinwegzudenken.[566] Dieser Prozess wird von *Kudlich* als „normative Ausblendung" bezeichnet.[567] Übersinnliche Handlungen seien als nicht existent, d. h. als nicht durchgeführt worden zu betrachten, weil das Strafrecht sich mit solchem „Humbug" nicht befassen solle.[568] Sie seien „ein *Nichts* und nicht nur ein verkanntes *Etwas*", wie die sonstigen untauglichen Handlungen.[569] Das Recht solle im Leben wirken.[570] Es fehle zwar nicht an einem faktischen, doch aber an einem *normativ* relevanten Tatentschluss.[571]

Sancinetti und *Hirsch* stehen auf dem Standpunkt, dass sich der Wille des Täters – aufgrund des magischen Charakters des Tuns – nicht auf die Verwirklichung des objektiven Tatbestandes richte.[572] Nach *Roxin* werden irreale Täterannahmen vom Gesetz nicht als Vorstellung einer Rechtsgutsgefahr anerkannt; es fehle an einer Täterintention, welche der Gesetzgeber als eine Gefahrvorstellung werte.[573] Ähnlich will *Herzberg* den Gesetzgeber nicht als eine „lächerliche und abergläubische Person" sehen, der Rechtsgüter vor Katzenkönigen und Hexen schützen will. Die von ihm geschaffenen Gesetzesbegriffe dürften deshalb nur in einem rationalen Sinne gedeutet werden.[574] *Herzberg/Hardtung* befürchten, dass durch die Einbeziehung paranormaler Kausalabläufe ins Strafrecht eine Verursachungsart für möglich erklärt werden würde, welche in der Rechtspraxis niemals bewiesen werden könnte.[575]

In diese Begründungskategorie fällt auch die Rechtsauffassung von *Jakobs*, wonach ein auf magische Zusammenhänge vertrauender Täter keine „wirklich vorhandene Norm" breche. Alle Straftatbestände beschränkten sich auf den Einsatz – zumindest in der Vorstellung des Täters – „natürlich-kausaler" Mittel gegen „natürlich-reale" Objekte. Der Wille des Täters, einen Erfolg mit übernatürlichen Mitteln herbeizuführen, begründe deshalb keinen *Vorsatz* und die

---

447; weitgehend auch *Kudlich*, JZ 2004, 72 ff. Kritik daran üben *Roßmüller/Rohrer*, Jura 1990, 582, 583 ff.
566 *Salditt*, S. 14; ähnlich *Herzberg*, Jura 1990, 16, 18.
567 *Kudlich*, JZ 2004, 72 ff., 76.
568 Vgl. *Kudlich*, JZ 2004, 72 ff., 76; *Herzberg*, Jura, 16, 18.
569 *Maier*, Objektivierung, S. 47 f.
570 *Herzberg/Hardtung*, Fall 200 b.
571 Vgl. auch *Streng*, ZStW 109 (1997) 862, 868; *Zaczyk*, Unrecht, S. 245 u. 252.
572 *Sancinetti*, S. 193 ff., 199 und 228; *Hirsch*, in Vogler-GS, S. 44. Das Vorliegen von Versuchsvoraussetzungen verneinen auch *Lackner/Kühl*, § 22 Rn. 14 und § 23 Rn. 5.
573 *Roxin*, Jung-FS, 829, 837. S. auch *Roxin*, JuS 1973, 329, 331.
574 *Herzberg*, Jura 1990, 16, 18.
575 *Herzberg/Hardtung*, Fall 200 b.

Handlung sei kein Versuch im Sinne des Strafgesetzbuches.[576] Der Gedanke einer Außerrechtlichkeit von magischen Praktiken klingt schließlich auch in der Grundsatzentscheidung des Reichsgerichts zum abergläubischen Versuch an. Die Beschwörung übersinnlicher Kräfte mag „für die Sphäre des Sittlichen, der Moral" relevant sein, für das Recht seien solche Handlungen „indifferent".[577]

Auch die Position, dass der abergläubische Täter den Erfolg nicht in einem rechtserheblichen Sinne gewollt habe, ist einer Reihe von Einwänden ausgesetzt.

Die Richtigkeit der These von *Jakobs* u.a., dass Straftatbestände nur den Einsatz (zumindest subjektiv) naturgesetzlich kausaler Mittel gegen natürlich reale Objekte regeln, erscheint sehr fraglich. Eine bestimmte Art der Deliktsbegehung oder eine bestimmte Beschaffenheit des Tatmittels bzw. des Tatobjekts wird vom Strafgesetzbuch gerade nicht gefordert. Auch in den Gesetzesmaterialien werden irreale Versuche als prinzipiell rechtlich erheblich eingestuft; die Väter des Strafgesetzbuches zeigen darin sogar die Tendenz, diese Fälle als grundsätzlich strafbare untaugliche Versuche in § 23 Abs. 3 StGB einbeziehen zu wollen.[578] Angesichts dessen steht die Annahme *Roxins*, dass abergläubische Versuche vom Gesetz her nicht als Gefahrvorstellung anerkannt werden, auf keinem festen Fundament. Gleiches gilt für die Argumentation *Herzbergs*, wonach Begriffe, die von einem rational denkenden Gesetzgeber stammen, nur mit rationalen Inhalten ausgefüllt werden dürften. So macht es den Gesetzgeber auch nicht zur lächerlichen Person, wenn er gleichwohl eindeutig lächerliche Versuche unter Strafe gestellt hat (s. § 23 Abs. 3 StGB). Bei der Deutung des Gesetzes geht es zudem weniger darum, ob der Gesetzgeber selbst abergläubisch war oder nicht, als vielmehr um die Schutz- und Strafwürdigkeit von Opfer und Täter. Entgegen der Annahme von *Herzberg/Hardtung* würde man durch eine Bestrafung irrealer Versuche nicht etwas Unmögliches für möglich erklären, sondern – wie bei allen anderen Versuchen – lediglich die Missbilligung darüber zum Ausdruck bringen, dass der Täter den Willen hatte, einen tatbestandlichen Erfolg durch die entsprechende Handlung zu bewirken. Aus dem Gesetz und den Gesetzesmaterialien lässt sich die Annahme, dass der Vorsatz eines auf übersinnliche Zusammenhänge vertrauenden Täters rechtlich irrelevant sein soll, jedenfalls nicht ableiten.

Noch zweifelhafter wird die These der Außerrechtlichkeit, wenn sie aus der Theorie von der *generellen Irrelevanz* abergläubischer Vorstellungen abgeleitet

---

576 *Jakobs*, AT 25/22, 36. Ihm zust. *Frister*, 23/22; *Grupp*, S. 98; *Herzberg*, Jura 1990, 16, 19, LK-*Hillenkamp*, § 22 Rn. 190 und § 23 Rn. 50; NK-GS-*Ambos*, § 23 Rn. 9; *Salditt*, Strafrecht und Aberglaube, S. 14.
577 RGSt 33, 321, 323; das Reichsgericht verneint jedoch nicht den Vorsatz.
578 Begr. E 1962 – BT-Drucks. IV/650 S. 145; ausf. dazu S. 207 ff.

wird. Dass Aberglaube und sonstige irreale Vorstellungsinhalte nicht von den Tatbestandsmerkmalen erfasst seien, ist eine Behauptung, die mit rechtlichen Argumenten nicht hinreichend belegt wurde. Aus dem Gesetzeswortlaut lässt sich das nicht ableiten, Gesetzesmaterialien lassen dies zumindest stark bezweifeln[579] und die forensische Realität zeigt das Gegenteil. Es entspricht der gängigen Praxis der Gerichte, dass sie auch Sachlagen mit einem übernatürlichen Bezug unter Tatbestandsmerkmale subsumieren. Irreale Tathandlungen werden insbesondere in der Konstellation des *abergläubischen Opfers*[580] als rechtserheblich angesehen. Der Missbrauch fremden Aberglaubens dient auch in unserer modernen Gesellschaft als Geldquelle für betrügerische Machenschaften. Hellseher, Wahrsager und Wunderheiler lassen sich für ihre Dienste teuer bezahlen. In sog. „Hellseherprozessen" wird eine für § 263 StGB relevante Irrtumserregung nicht etwa mit der Begründung verneint, dass der Geschädigte die Bewirkung des versprochenen Erfolges allenfalls erhoffen, nicht aber daran glauben könne bzw. dass eine aufgeklärte Rechtsordnung solche Einbildungen nicht erfasse.[581] Der auf magische Zusammenhänge vertrauende Geschädigte wird von den Gerichten und der herrschenden Lehre als schutzwürdig angesehen und der Täter wird wegen Betrugs bestraft.[582] Ebenso haben Strafgerichte wiederholt betont,

---

579 Der Gesetzgeber wollte abergläubische Versuche in § 23 Abs. 3 StGB einbeziehen, s. Begr. E 1962 – BTDrucks. IV/650 S. 144 f.; dazu S. 207 f. dieser Arbeit.
580 Dazu gibt es eigene Untersuchungen, so z. B. *Schäfer*, Okkulttäter, S. 1 ff.; *Hillenkamp*, Schreiber-FS, S. 135 ff., *Kudlich*, JZ 2004, 72, 76 ff. Weitere Nachweise bei LK-*Hillenkamp*, § 23 Rn. 49 mit Fn. 74 sowie bei *Wessels/Hillenkamp*, BT/2 Rn. 487.
581 Allerdings will eine literarische Mindermeinung – ausgehend von dem Eigenverantwortlichkeitsprinzip – die Strafbarkeit gem. § 263 StGB bei Torheit und Lebensfremdheit einschränken, z. B. *Naucke*, Peters-FS, 1974, 109, 117 und *Hirsch*, ZStW 74, 1962, 78, 130. Diesen Vorschlägen sollte man nicht entsprechen. Der Umstand, dass der Getäuschte es dem Täter besonders leicht gemacht hat, lässt weder seine Schutzwürdigkeit, noch die Strafwürdigkeit des Täterverhaltens entfallen. Im Gegenteil – das Opfer kann sich zu dem durch das Strafrecht gewährten Schutz nicht selbst verhelfen und eine Nichtbestrafung würde zu einem „Freibrief" für Betrüger auf dem Gebiet des Glaubens und Aberglaubens u. ä. führen, vgl. auch *Loos/Krack*, JuS 1995, 204, 208 m. w. N. Dieser Bereich darf nicht zum straffreien Raum werden, zumal gerade alte, intellektuell beschränkte und unerfahrene Personen auf Täuschungen in diesen Bereichen besonders anfällig sind und gerade sie des Schutzes am meisten bedürfen. Nur durch eine Bestrafung kann dem Schutzgedanken des § 263 StGB Rechnung getragen werden, das Vermögen vor trickreichen Angriffen – auf *jedem* Gebiet – zu schützen.
582 Z. B. BGH wistra 1987, 255 (Wahrsagerei u. ä.); BGHSt 13, 233 = NJW 1959, 1787 (Heilung durch Wünschelruten- und Pendelkunde); LG Mannheim, NJW 1993, 1488,

dass Heilkunde im Sinne des Heilpraktikergesetzes auch dadurch ausgeübt werden könne, „daß angebliche übernatürliche Gewalten mit vermeintlichen oder vorgetäuschten übersinnlichen Kräften bekämpft werden".[583] Auch im sog. „Sirius-Fall"[584] haben irreale Vorstellungen (u.a. Glaube an außerirdisches Leben, Körpertausch und Seelenwanderung) nicht die Schutzwürdigkeit der leichtgläubigen Frau bzw. die Strafwürdigkeit des diesen Glauben zu kriminellen Zwecken ausnutzenden Hintermannes aufgehoben.

Die strafrechtliche Relevanz übersinnlicher Elemente bei einer Subsumtion unter die Tatbestandsmerkmale wird vor den Gerichten auch bei *abergläubischen Tätern* anerkannt. Wenn beispielsweise der des Betrugs beschuldigte „Hellseher" von der Wirkung seiner magischen Kräfte überzeugt ist (sog. „echter Okkulttäter"[585]), entfällt der Betrugsvorsatz.[586] Für § 16 StGB ist es unerheblich, auf welchen Gründen die Unkenntnis der Tatumstände beruht. Selbst eine abergläubische Vorstellung lässt den Vorsatz entfallen.[587] Ein Wieder-Hinzudenken des gem. § 16 StGB entfallenen Vorsatzes aufgrund von Generalisierungen wäre eine unzulässige Analogie zum Nachteil des Täters. § 16 StGB stellt allein darauf ab, ob der Täter einen Tatumstand erkannt hat und nicht darauf, ob er ihn

---

mit Bespr. *Loos/Krack*, JuS 1995, 204 ff. (Teufelsaustreibung); LG Mannheim v. 19.12. 1972, 5 KMs 5/70 (Hellseherei); RG JW 1938, S. 503 (Heilung durch „Abschirmen von Erdstrahlen"). Auch in dem vom BGHSt 32, 38 abgeurteilten „Siriusfall" wurde der Angeklagte vom LG u.a. wegen Betrugs verurteilt. Ebenso ist in RG 33, 321, 322 davon die Rede, dass die zur Tötung durch Sympathiemitteln bestimmten Frauen wegen Betrugs verurteilt wurden. Zu weiteren Fällen aus der Praxis *Grochtmann*, S. 269 f.; *Hellwig*, in H. Gross'Archiv 58 (1914), 303 ff. (Heilung durch Sympathiemitteln); *Auhofer*, Aberglaube und Hexenwahn heute, S. 152 ff. Weitere Nachweise bei *Hillenkamp*, Schreiber-FS, 135, 143 in Fn. 34. Dazu auch *Geerds*, S. 341 ff. m.w.N.; *Salditt*, Strafrecht und Aberglaube, S. 9 ff.; *Schäfer*, Okkulttäter, S. 33 ff., 52 ff.

583 So BGHSt 8, 237, 239 = NJW 1956, 313; vgl. auch z.B. OLG Bremen MDR 1957, 310.
584 BGHSt 32, 38 - Urt. v. 05.07.1983 - 1 StR 168/83.
585 Zur Unterscheidung zwischen „echten" und „unechten" Okkulttätern *Schäfer*, Okkulttäter, S. 5 und 247 ff.
586 Es bleibt aber Raum für eine Bestrafung wegen Fahrlässigkeit (§§ 222, 229 StGB) oder nach Nebengesetzen (z.B. § 4 UWG oder §§ 1, 5 Heilpraktikergesetz). S. z.B. BGH NJW 1978, 599 m.w.N. Vgl. dazu auch *Arzt*, Hirsch-FS, 1999, S. 431, 432 f.; *Geerds*, S. 347 ff.; *Grochtmann*, S. 269 ff.; *Haack*, Hexenwahn und Aberglaube, S. 8 ff.; *Hillenkamp*, Schreiber-FS, 135, 142 sowie *Schäfer*, Okkulttäter, S. 253 ff.
587 S. *Jakobs*, in Armin Kaufmann-GS, 271, 281; *Roßmüller/Rohrer*, Jura 1990, 582, 584. Zust. *Heuchemer*, Erlaubnistatbestandsirrtum, S. 253 f. Fn. 444. Vgl. auch *Kudlich*, JZ 2004, 72, 76; ferner *Deubner*, Anm. zum BVerfG, Beschluß vom 19.10.1971 - 1 BvR 387/65, in: NJW 1972, 814 (zum § 330 c StGB).

hätte erkennen können. Betrachtet man einen untauglichen Versuch als einen „umgekehrten Tatbestandsirrtum"[588], so dürfte es prinzipiell auch hier keine Rolle spielen, auf welchen Aspekten der Tatentschluss begründet wurde.
Die Palette der Fälle, in denen irreale Vorstellungen vor Gerichten als rechtlich bedeutsam angesehen wurden, ist breit. Dem Bundesgerichtshof zufolge sind auch Drohungen mit Übelzufügung auf paranormalem Wege tatbestandsmäßig im Sinne des § 253 StGB.[589] Das Landgericht Mannheim hat in Fällen, in denen Personen grundlos der Hexerei bezichtigt werden, die Notwendigkeit einer Bestrafung wegen Beleidigung nach § 185 StGB dargelegt.[590] Das Bundesverfassungsgericht hat im Hinblick auf eine Strafbarkeit nach § 323c StGB entschieden, dass wegen Art. 4 Abs. 1 GG niemandem der Vorwurf einer unterlassenen Hilfeleistung gemacht werden kann, der einen Hilfsbedürftigen nicht von der Unrichtigkeit seiner Glaubensentscheidung aufgeklärt hat, wenn diese auch seiner Glaubenshaltung entspricht.[591] Im sog. „Katzenkönigfall" zeigte der Bundesgerichtshof inzident, dass irreale Täterannahmen einen rechtsbeachtlichen Erlaubnistatbestandsirrtum[592] sowie einen (vermeidbaren) Verbotsirrtum nach § 17 S. 2 StGB[593] begründen können.

---

588 Vgl. statt aller Schönke/Schröder/*Eser/Bosch*, § 22 Rn. 68.
589 BGH wistra 1987, 255, 256. Das ist jedoch angesichts der Voraussetzung der „Empfindlichkeit" des Übels sehr zweifelhaft. Von dem Drohungsadressaten kann erwartet werden, dass er der Drohung „in besonnener Selbstbehauptung standhält" – s. zu diesem Kriterium BGHSt 31, 195, 201; 32, 165, 174; NStZ 92, 278. Abl. auch Schönke/Schröder/*Eser/Eisele* § 240 Rn. 9 und Vor § 234 Rn. 24 sowie *Geilen*, JZ 1970, 521, 527.
590 LG Mannheim, NJW 1979, 504 ff.; dies sei die „einhellige Meinung der Okkultkriminalistik" (S. 505). Zust. *Auhofer*, Aberglaube und Hexenwahn heute, S. 151 ff.; *Schöck*, Hexenglaube in der Gegenwart, S. 289. Zur Strafbarkeit gem. §§ 185 ff. bei Verbreitung der Vorwürfe der Hexerei auch *Baschwitz*, Hexen und Hexenprozesse, S. 471; *Hellwig*, in H. Gross'Archiv 19 (1905), 279 ff. *Grochtmann*, S. 269 f. schildert einen Fall des OLG Koblenz v. Sept. 1955, in dem ein „Hellseher" wegen übler Nachrede verurteilt wurde, nachdem er einen Falschen als Täter bezeichnete.
591 BVerfGE 32, 98. Vgl. ferner Beschl. v. 07.04.2005 – 2 BvR 336/05, wo das BVerfG allerdings zwischen einer bloß „religiösen Motivation" und einer „unausweichlichen Gewissensnot" unterscheidet. Eine Unzumutbarkeit i. S. d. § 323c StGB aus religiösen Gründen nahm auch z. B. LG Mannheim, NJW 1990, 2212 an.
592 BGHSt 35, 347 – 4 StR 352/88 (im Fall scheiterte dieser jedoch an Unabwägbarkeit von Leben). Zust. z. B. *Heuchemer*, Erlaubnistatbestandsirrtum, S. 248 ff.; *Roßmüller/Rohrer*, Jura 1990, 582 ff.; *Roxin*, AT I § 14 Rn. 52 Fn. 69; s. auch *Frischknecht*, S. 290 ff. Ablehnend z. B. *Kretschmer*, JR 2004, 444, 446 f.; *Herzberg*, Jura 1990, 16, 18 f.; *Schumann* NStZ 1990, 33 f.; *Salditt*, Strafrecht und Aberglaube, S. 15 ff.
593 Näheres dazu *Roxin*, AT II § 25 Rn. 76 ff. m. Fn. 90.

Auch das Strafverfahren ist von Beschäftigung mit Irrealität nicht frei. Im Jahre 1998 hat der Bundesgerichtshof selbstbelastende Angaben von Beschuldigten gegenüber einer in der Untersuchungshaft mitgefangenen „Wahrsagerin" für unverwertbar erklärt. Die nach eigenem Bekunden hellseherisch begnadete Frau machte den Einsatz ihrer „übersinnlichen Kräfte" (Zukunft lesen und Bewirken von Strafrabatt) von der „rückhaltlosen", schriftlich niederlegten Offenbarung des Tatherganges abhängig. Im Weigerungsfalle drohte sie mit der Bestrafung durch „höhere Mächte". Der Bundesgerichtshof hat darin „eine nicht unerhebliche Beeinflussung der Willensfreiheit" im Sinne des § 136a StPO gesehen.[594]

Diese Aufzählung, die fortgeführt werden könnte, zeigt eine Rechtserheblichkeit von Okkultismus und Aberglauben in der Strafrechtspraxis. Auf der Grundlage abergläubischer Annahmen konnten sowohl Tatbestandsmerkmale begründet werden als auch Strafbarkeitsmerkmale entfallen, der Glaube an Übersinnliches wirkt sich auch auf das Prozessrecht aus. Müsste man aus dieser Gerichtspraxis nicht eher auf eine Strafbarkeit abergläubischer Versuche schließen?

Es soll nicht behauptet werden, dass die Gerichte in allen diesen Fällen „richtig" entschieden haben, wenn sie irreale Vorstellungen bei der Rechtsanwendung berücksichtigt haben. Diese Frage kann nicht beantwortet werden, ohne mit Blick auf die Ratio der einschlägigen Vorschriften die Straf- und Schutzwürdigkeit der Protagonisten zu untersuchen. In Bezug auf eine „normative Ausblendung" drängen sich zudem verfassungsrechtliche Bedenken auf – vor allem wenn eine solche Rechtspraktik zur Täterbelastung führen würde, Art. 103 Abs. 2 GG (etwa bei §§ 16, 20, 21 StGB oder bei irriger Annahme eines Rechtfertigungsgrundes). So würde eine generelle Ausgrenzung übersinnlicher Elemente aus strafrechtlichen Normen z.B. dazu führen, dass einem Täter, der infolge einer irrealen Einbildung im an sich schuldausschließenden Zustand (z.B. aufgrund schizophrener Wahnvorstellungen oder Schwachsinn) eine Straftat begeht, Schuldfähigkeit zu unterstellen wäre. Das verträgt sich nicht mit dem Schuldprinzip. Ebenso kann es – etwa bei religiöser Überzeugung und Gewissensfragen – zu einer Kollision mit Grundrechten kommen (v. a. Art. 4 GG). Auch ist zu berücksichtigen, dass man sich teilweise im Bereich vollendeter Straftaten bewegt. Ein schematischer Ausschluss abergläubischer Vorstellungen

---

594 BGHSt 44, 129, 136 – Urt. vom 21.07.1998 – 5 StR 302/97. Zust. *Hillenkamp*, Schreiber-FS, 135, 136 ff., der die Auffassung vertritt, dass auch Vorgehensweisen mit einem abergläubischen Hintergrund zu den verbotenen Vernehmungsmethoden zählen – mögen die Täuschungen auch leicht durchschaubar, die Versprechen bei vernünftiger Überlegung unerfüllbar und die Drohungen lächerlich sein.

aus dem Erfassungsbereich strafrechtlicher Normen, d. h. ohne jegliche Wertung, verbietet sich jedenfalls, weil die Vorschriften verschiedene Zwecke verfolgen und unterschiedliche Schutzrichtungen im Auge haben und die Angriffsobjekte in einem unterschiedlichen Ausmaß schutzwürdig sein können.

Dass irreale Einbildungen von Rechts wegen nicht anerkannt werden, muss mit Blick auf die angeführten Gerichtsentscheidungen also als widerlegt gelten. Dass diese Rechtspraxis generell falsch ist, müsste erst bewiesen werden. Das dürfte in Anbetracht der eben geäußerten Bedenken eher zu bezweifeln sein. Aufgrund der Komplexität des Problemkreises kann auf diese Problematik nicht näher eingegangen werden. Die Themen sind eigener Analysen würdig.

Für die vorstehende Untersuchung kann daraus der Schluss gezogen werden, dass die Annahme, irreale Einbildungen lägen generell außerhalb des Regelungsbereiches des Strafgesetzbuches, nicht auf einem festen Fundament steht. Es hat sich gezeigt, dass der abergläubische Versuch in der deutschen Strafrechtskultur keinen Fremdkörper darstellt. Auch in anderen Bereichen – außerhalb der §§ 22, 23 StGB – werden irreale Vorstellungsinhalte unter (straf)rechtliche Normen subsumiert. Wenn also feststeht, dass irreale Elemente rechtserheblich sein können, so darf ein Strafbarkeitsausschluss für abergläubische Versuche jedenfalls nicht auf den Gesichtspunkt einer generellen Außerrechtlichkeit gestützt werden. Auch ein Täter, der mit Hilfe übersinnlicher Kräfte einen tatbestandlichen Erfolg herbeiführen will, handelt somit mit einem strafrechtlich relevanten Vorsatz. Deshalb erlaubt auch eine normative Sichtweise nicht einen Ausschluss irrealer Versuche aus dem Versuchstatbestand.

(3) Beteiligungslehre

Eine weitere Meinungsgruppe leitet ihren Begründungsgang aus der Beteiligungslehre ab. *Seier/Gaude* argumentieren dabei wie folgt: Der Abergläubische wolle die Tat nicht selbst begehen, er bediene sich bei der Tatausführung bestimmter übernatürlicher Subjekte (Teufel, Geister), welche nach seiner Vorstellung die Tathandlung eigenhändig vornehmen sollen. Da er jedoch diese „Tatmittler" nicht beherrsche und sich der eigenen Herrschaftslosigkeit bewusst sei, scheide eine Strafbarkeit in mittelbarer Täterschaft aus. Dem Täter fehle der *Tatherrschaftsvorsatz*. Er habe allenfalls einen Anstiftervorsatz.[595]

---

595 *Seier/Gaude,* JuS 1999, 456, 460. Zust. *Bloy,* ZStW 113 (2001) 76, 90 Fn. 46. Dieser Gedanke findet sich auch bei *v. Buri,* GA 25 (1877), 265, 312 f.; *Engisch,* Untersuchungen, S. 154 f.; *Frank,* in: VDA V, 1908, S. 256; *Hertz,* S. 37; *Kuhrt,* S. 58 ff.; *Lammasch,* (1879), S. 78; *Havenstein,* GA 1888, 33, 63 und *v. Liszt,* ZStW 25 (1905), 24, 77 mit Fn. 70.

Ähnlich argumentiert *Jakobs*, dass die Beeinflussung irrealer Subjekte keine *Täterschaft* begründe, weil dem Handelnden die Tatherrschaft fehle. Es könne nicht geklärt werden, wer als Zentralgestalt des Geschehens auftrete. In Ermangelung einer Haupttat (übernatürliche Wesen seien nicht Normadressaten) scheide aber auch eine *Teilnahme*strafbarkeit aus.[596]

Auch *Roxin* will die Aberglaubens-Problematik mit der Tatherrschaftslehre lösen. Ein hypothetisch eingetretener Erfolg wäre dem Täter nicht als sein Werk zurechenbar, wenn sich das von ihm in Gang gesetzte Kausalgeschehen seiner Steuerungsmacht entziehe. Es liege außerhalb seiner *Tatherrschaft*. Ebenso wenig könne also wegen Versuchs bestraft werden, wenn der Erfolg nicht eintrete.[597]

Diesem dogmatischen Erklärungsmodell kann insoweit zugestimmt werden, als dass das Bewusstsein der eigenen Herrschaftslosigkeit die Täterschaft ausschließt und das Fehlen einer Haupttat einer Teilnahmestrafbarkeit im Wege steht. Sein Schwachpunkt liegt jedoch darin, dass es sich auf Konstellationen beschränkt, in denen der Handelnde auf die Macht und Mitwirkung *fremder* Mächte vertraut. In anderen Fällen abergläubischer Versuche, etwa wenn der Täter glaubt, er selbst könne den Erfolg durch seine *eigene* Willenskraft herbeiführen (Zauberei, Voodoo-Praktiken, parapsychologische Kräfte wie Telepathie oder Psychokinese), kann am Tatherrschaftswillen nicht gezweifelt werden. Gleiches gilt in Fällen, in denen der Handelnde überzeugt ist, dass die fremden übersinnlichen Subjekte auf seine Aufforderung hin tätig werden, er ihnen also nach seinem Belieben befehlen kann bzw. sie durch ein bestimmtes Ritual zwingen kann.

Zudem sehen zwar die Vertreter dieses Standpunktes, dass in Fällen, in denen fremde Mächte um Mitwirkung gebeten werden, der Vorsatz, übernatürliche Wesen zur Tatbegehung zu *bestimmen*, gegeben ist; eine Teilnahmestrafbarkeit lehnen sie folgerichtig in Ermangelung einer Haupttat ab. Es fehlt jedoch eine Erklärung dafür, weshalb – wenn man die fremden Subjekte schon personalisieren will – bei Verbrechen eine Strafbarkeit wegen versuchter Teilnahme gem. § 30 StGB nicht gegeben sein sollte. Denn eine tatsächlich begangene Haupttat setzt diese Regelung gerade nicht voraus.

Konsensbildend ist dabei auch nicht die Argumentation *Roxins*. Eine fehlende Zurechenbarkeit aufgrund Herrschaftslosigkeit steht zwar einer Vollendungsstrafbarkeit entgegen, nicht aber der wegen Versuchs. In diesem Zusammenhang

---

596 *Jakobs*, AT 25/22 Fn. 33. Zust. *Rau*, S. 67 Fn. 284. I. Erg. a. *Waiblinger* ZStW 69 (1957) 189, 218 Fn. 105.
597 *Roxin*, Täterschaft, S. 456. Zust. *Albrecht*, S. 46 f. Vgl. auch *Baumann/Weber/Mitsch*, AT, § 26 Rn. 36 f., die mit dieser Begründung den Handlungsvorsatz verneinen.

ist z.B. an Fälle zu denken, in welchen ein Dritter den vom Täter in Gang gesetzten Kausalverlauf eigenverantwortlich unterbricht.[598] In diesen Fällen ist trotz objektiv fehlenden Beherrschungsvermögens des Täters wegen Versuchs zu bestrafen. Der hypothetische Fall eines Erfolgseintritts, bei dem eine Strafbarkeit wegen vollendeter Straftat ausscheiden müsste, schließt die Versuchsstrafbarkeit nicht aus.

Generell spricht gegen diesen Begründungsweg, dass auch er außer Acht lässt, dass der Tatentschluss aus der Sicht des Täters zu beurteilen ist. Die *vermeintliche* Tatherrschaft, die bei allen anderen untauglichen Versuchen eine Strafbarkeit begründet, liegt auch bei abergläubischen Versuchen vor. Ein genereller Ausschluss irrealer Versuche aus dem Strafbarkeitsbereich lässt sich deshalb auch mit der Beteiligungslehre nicht erzielen.

(4) Fehlende Kausalität bzw. Zurechenbarkeit

Nach einer weiteren, in der Rechtslehre sehr verbreiteten Auffassung ist die Vorstellung des abergläubischen Täters nicht auf eine kausale und zurechenbare Verwirklichung eines Straftatbestandes gerichtet. Wer übernatürliche Kräfte zur Tatbestandsverwirklichung einsetze, habe daher keinen strafrechtlichen Tatentschluss.

aa) Kausalität

Zunächst ist zu erörtern, ob in Aberglaubens-Fällen aus der Täterperspektive ein ursächlicher Zusammenhang zwischen der Tathandlung und dem vorgestellten Erfolgseintritt besteht. Über die Begründung der Kausalität besteht in der Strafrechtslehre Uneinigkeit.

Einigen Stimmen zufolge erfasst der strafrechtliche Kausalitätsbegriff nur eine (versuchte) Erfolgsverursachung auf einem *naturwissenschaftlich* feststellbaren Wege. Der Täter müsse sich einen *naturgesetzlich* möglichen Kausalzusammenhang vorstellen, was bei abergläubischen Versuchen gerade nicht der Fall sei.[599] Diese Sichtweise ist vor allem der sog. „Lehre von der gesetzmäßigen Bedingung" eigen, wonach der (vorgestellte) Erfolg mit der Tathandlung durch eine Reihe von Außenweltveränderungen nach bekannten Naturgesetzen notwendig verbunden sein

---

598 So z.B. wenn nach einer Stichverletzung dem herbeigerufenen Arzt ein grober Behandlungsfehler unterläuft.
599 *Blei*, AT, S. 232; *Jakobs*, AT 25/22, 8/44, 67; *Kohler*, Studien I, S. 11; *Lammasch*, S. 77 f.; *Rotsch/Nolte*, S. 286, 294; *Schumann*, NStZ 1990, 32, 33 f. und *Struensee*, ZStW 102 (1990), 21, 29, 36 ff.

muss.⁶⁰⁰ Wendet man diese Formeln auf irreale Versuche an, so fehlt es an einem Tatentschluss des Abergläubischen hinsichtlich des Kausalnexus. Einen empirisch nachweisbaren Bedingungszusammenhang zwischen seiner magischen Handlung und dem Eintritt des angestrebten Erfolges hat sich der Täter gerade nicht vorgestellt.⁶⁰¹ Auch er weiß, dass die in Anspruch genommene irreale Kraft nicht von „dieser Welt" ist.

Wird hingegen mit der herrschenden „Äquivalenztheorie" danach gefragt, ob die Handlung des Täters nicht hinweggedacht werden kann, ohne dass der Erfolg in seiner konkreten Gestalt entfiele,⁶⁰² so ist die Vorstellung des magische Praktiken anwendenden Täters von der Ursächlichkeit seiner Handlung für den angestrebten Erfolg zu bejahen.⁶⁰³ Beim Hinwegdenken der Tathandlung, etwa des Totbetens, würde der vorgestellte Erfolg nicht eintreten. Aus Tätersicht ist auch das Totbeten eine (todes-)ursächliche Handlung.

Unabhängig von der Streitfrage um den Kausalitätsbegriff (d. h. auch nach Auffassung einiger Autoren, welche an sich der „conditio sine qua non"-Theorie anhängen) werden von den Verfechtern dieser Begründungsrichtung weitere Argumente für die Ablehnung einer rechtlich relevanten Ursächlichkeitsvorstellung bei irrealen Versuchen aufgeführt. Im neueren Schrifttum wird dabei oft mit einem hypothetischen Fall der Vollendung argumentiert: Wie hätte der Richter urteilen müssen, wenn der erstrebte Erfolg tatsächlich einträte, wenn also z. B. das Opfer nach dem Gebet tatsächlich aus nicht festgestellten Gründen stirbt? Unabhängig davon, wie auffällig die Zusammenhänge und wie fest die Überzeugung des Täters oder anderer Menschen von der Verursachung auch sein mögen, bei einer rechtlichen Beurteilung sei es ausgeschlossen, den eingetretenen Erfolg auf die Gottesanbetung zurückzuführen. Wenn also die vollendete Tat nach dem geltenden Recht unbestraft bleibe, dann erst recht die

---

600 Z. B. Jescheck/Weigend, § 28 II 4 a. E. m. w. N. in Fn. 25; *Erb* JuS 1994, 449, 452; *Hilgendorf*, Jura 1995, 514, 515; *Roxin* AT I, § 11 Rn. 15 ff.; Schönke/Schröder/*Eisele*, Vor § 13 Rn. 75.
601 So auch MK-*Herzberg/Hoffmann-Holland*, § 22 Rn. 89; *Schumann*, NStZ 1990, 33 f.; *Grupp*, S. 117 f.
602 Auch Bedingungstheorie genannt, z. B. BGHSt 39, 195, 197; 45, 270, 294 f.; 49, 1, 3; BGH NJW 2000, 443, 448. Literaturvertreter sind z. B. *Frister* 9/15 ff. (4. Aufl. 2009); *Schlüchter*, JuS 1976, 312 ff.; LK-*Walter*, Vor § 13 Rn. 73 f.; *Puppe*, NStZ 2004, 554 f.; *Roxin*, StV 2004, 484; *Saliger*, JZ 2004, 975.
603 Vgl. MK-*Herzberg/Hoffmann-Holland*, § 22 Rn. 89.

unvollendete.⁶⁰⁴ *Modrey* formuliert teilweise übereinstimmend, dass nur eine solche Vorstellung rechtserheblich sei, welche – unterstellt sie wird erfolgreich in die Realität umgesetzt – eine kausale Verwirklichung des objektiven Tatbestandes eines Delikts darstellen würde.⁶⁰⁵

Die Idee des Nichtvorliegens einer strafrechtlich relevanten Kausalitätsvorstellung findet sich schon bei *v. Buri*. Der Autor leitet diese Annahme daraus ab, dass der abergläubische Täter keine konkrete Vorstellung über den Kausalverlauf habe, weil er den Ursache-Wirkung-Zusammenhang nicht beschreiben könne.⁶⁰⁶ Schließlich entspricht dieses Lösungsmodell im Ergebnis auch der Urteilsbegründung, mit der das Reichsgericht im Jahre 1900 die Anklage gegen eine Frau verwarf, die ihren Ehemann „mit Hilfe des Teufels oder von Sympathiemitteln" durch sachkundige Frauen töten lassen wollte. Solche Handlungen liegen „sowohl außerhalb der physischen als auch der psychischen Kausalität [...], sie fallen aus dem Kreise kausaler Veranstaltungen ganz hinaus" und seien deshalb strafrechtlich irrelevant.⁶⁰⁷

Mit der Beschränkung relevanten Vorsatzes auf naturgesetzlich feststellbare Kausalabläufe lässt sich vom Ansatz her widerspruchsfrei die Straflosigkeit irrealer Versuche begründen. Denn die mangelnde empirische Nachweisbarkeit der vorgestellten Zusammenhänge ist abergläubischen Versuchen gerade immanent. Allerdings ist eine naturgesetzbezogene Interpretation des Ursächlichkeitsbegriffs nicht zwingend. Ein entsprechendes Kausalitätsverständnis folgt aus der Annahme, dass sich alle Ereignisse nach dem Ursache-Wirkung-Prinzip erklären lassen. Diese Vorstellung gilt in den modernen Naturwissenschaften als überholt und rechtfertigt für sich allein noch nicht eine abweichende Behandlung abergläubischer und grob unverständiger Versuche.⁶⁰⁸ Darüber hinaus ist diese Konzeption auch angesichts ihrer bekannten Schwächen in Fällen psychisch vermittelter Kausalität bedenklich. Etwa bei der Anstiftung oder bei einer Irrtumserregung beim Betrug lässt sich ein Ursachenzusammenhang nach den bekannten Naturgesetzen ebenfalls nicht erklären, dennoch sind diese Handlungen nach dem geltenden Recht strafbar.⁶⁰⁹

---

604 In diesem Sinne etwa *Heinrich*, Jura 1998, 393, 397, *ders.*, AT, Rn. 679; Matt/Renzikowski-*Heger*, § 23 Rn. 13; MK-*Herzberg/Hoffmann-Holland*, § 22 Rn. 88 und *Kretschmer*, JR 2004, 444, 445.
605 *Modrey*, S. 159 f.
606 *V. Buri*, GS 40 (1888) 503, 529.
607 RGSt 33, 321, 323 – Urt. v. 21.06.1900 – Rep. 1983/00.
608 So SSW-StGB/*Kudlich/Schuhr*, § 22 Rn. 25.
609 Dazu *Walter*, Kern des Strafrechts, S. 48 und *Otto*, Grundkurs, § 6 Rn. 37 m. w. N.

Was bei vollendeten Erfolgsdelikten als selbstverständlich klingen mag (mangels Nachweisbarkeit der Erfolgsverursachung keine Strafbarkeit), leuchtet bei Versuchstaten nicht ohne weiteres ein. § 22 StGB lässt die Vorstellung des Täters von der Tatbestandsverwirklichung genügen – ohne Rücksicht darauf, ob eine solche naturgesetzlich möglich ist oder nicht. Auch ein Erschießungsversuch mit ungeladener Pistole ist an sich kausalgesetzlich unmöglich und dennoch nach Versuchsvorschriften zu bestrafen. Zwar weiß der Täter, dass die beanspruchte magische Kraft nicht von dieser Welt, also *irreal* ist; er hält sie aber für *real wirksam*. Die Vorstellung eines Abergläubischen, mit einem bestimmten Ritual einen tatbestandlichen Erfolg herbeizuführen, könnte man durchaus als Vorstellung eines Kausalzusammenhangs im rechtlichen Sinne genügen lassen.[610] Wie schon *Germann* diesem Lösungsansatz zutreffend entgegengehalten hat: Es kommt nicht darauf an, wie der Kausalismus, den der Täter sich vorgestellt hat, beschaffen ist, sondern darauf, *dass* er sich einen vorgestellt hat.[611]

Dieser Lösungsansatz kann deshalb nur dann überzeugen, wenn die von seinen Befürwortern vorgebrachten sachlichen Argumente einen Ausschluss irrealer Vorstellungen aus dem Kausalitätsbegriff tragen.

Mit Blick auf einen hypothetischen Vollendungsfall gewinnt man jedoch keine schlüssige Erklärung. Bei einem jeden untauglichen Versuch würde es beim fiktiven Hinzudenken des Erfolgseintritts an der objektiven Ursächlichkeit und somit an einer *Vollendungs*strafbarkeit fehlen, dennoch sind entsprechende Handlungen nach den *Versuchs*vorschriften zu bestrafen. Dieses Argument ist deshalb mit §§ 22 f. StGB unvereinbar. Auch schließt eine fehlende Nachweisbarkeit der Ursächlichkeit im Erfolgsfall entsprechenden Vorsatz nicht aus.

Ebenso wenig vermag die Argumentationsführung *v. Buris* zu überzeugen. Eine genaue Vorstellung der Wirkzusammenhänge wird doch auch bei realen Versuchen oder bei Vollendungstaten nicht verlangt; die Kausalitätskette kann oft – z.B. bei wissenschaftlich wenig erforschten und komplexen Abläufen – sogar von Spezialisten nicht exakt und lückenlos benannt werden.[612] Sowohl bei Taten mit einem realen als auch bei solchen mit einem irrealen Hintergrund genügt es, wenn der Täter sich vorstellt, mit seiner Handlung eine

---

610 S. SSW-StGB/*Kudlich/Schuhr*, § 22 Rn. 25.
611 *Germann*, Versuch, S. 62.
612 Vgl. z.B. nur BGHSt 37, 106 ff. („Lederspray-Fall"). Zu denken ist in diesem Zusammenhang insb. auch an neurobiologische Vorgänge, wie z. B den sog. Placebo-Effekt oder die Hypnose (vgl. dazu S. 153).

tatbestandsverwirklichende Ursachenkette auszulösen.⁶¹³ Eine solche Vorstellung hat der abergläubische Täter allemal.

Etwas überraschend und wie eine Verlegenheitslösung wirkt schließlich die Begründung des Reichsgerichts. In der Urteilsbegründung stellt das Gericht auf rein *objektive* Kriterien ab, was angesichts der von ihm vertretenen subjektiven Versuchstheorie systemwidrig ist und sich mit den heute geltenden §§ 22 f. StGB nicht vereinbaren lässt.⁶¹⁴ Es ist zudem widersprüchlich, wenn das Reichsgericht mit dem Fehlen *objektiver* Kausalität einen Strafbarkeitsausschluss bei irrealen Versuchen begründet, bei realen untauglichen Versuchen jedoch darin kein Hindernis sieht, das Verhalten zu bestrafen: Auch eine Abtreibung mit völlig untauglichen Mitteln⁶¹⁵ ist kausalgesetzlich unmöglich. Wenn der Gesetzgeber nur kausalgesetzlich mögliche Versuche strafen wollen würde, müssten alle untauglichen Versuche straflos sein – unabhängig davon, ob sich die fehlende Ursächlichkeit tatsächlich nachweisen lässt (realer untauglicher Versuch) oder ob sie aus der Sicht der Wissenschaft als nicht gegeben gilt (abergläubischer Versuch). Diesen Widerspruch aufzulösen versucht *Koriath* mit folgender Begründung: Versucht jemand ein Flugzeug mit Pfeil und Bogen abzuschießen, so sei nur die konkrete Handlung kausal unmöglich; das „Abschießen" als solches falle jedoch in einen generell möglichen Kausalzusammenhang. Dagegen handele es sich bei der Tötungsart „jemanden vom Teufel holen zu lassen" sowohl generell als auch individuell um ein kausalgesetzlich unmögliches Vorgehen.⁶¹⁶

Jedoch verhilft auch diese Argumentation nicht zu einer schlüssigen Erklärung. Beim Schießen auf ein Foto des Feindes in der Vorstellung, dieser werde danach tot umfallen („Bildzauber"), liegt ebenfalls eine in diesem Sinne generell taugliche („Erschießen") und nur individuell kausal unmögliche Handlungsart. Da in beiden Beispielen ein parallel laufendes Begründungsmuster vorliegt, handelt es sich auch bei dem Gedankengang *Koriaths* um kein die unterschiedlichen Rechtsfolgen bei realen und irrealen Versuchen tragendes Argument.

Die vorangehenden Betrachtungen haben gezeigt, dass sich das Ausscheiden abergläubischer Vorstellungen aus dem Begriff der Kausalitätsvorstellung weder in dogmatischer Hinsicht noch mit den angeführten sachlichen Argumenten überzeugend begründen lässt. Auch derjenige, der an – nach derzeitiger

---

613 Krit. auch schon *Delaquis*, S. 181 und *Germann*, Versuch, S. 63, die darauf hinweisen, dass die Vorstellung der Kausalbeziehungen in Grundzügen für den Tatentschluss ausreichend ist.
614 Ausf oben, S. 155 ff.
615 Vgl. etwa RGSt 1, 439, 441.
616 *Koriath*, Arbeitsbuch 2, S. 10.

wissenschaftlicher Erkenntnis – naturgesetzwidrige Kausalbeziehungen glaubt, kann Rechtsgutsverletzungen durch derartige Wirkzusammenhänge verursachen *wollen*.[617] Auch Vorstellungen, die irreale Kausalitätsglieder enthalten, sind deshalb als Vorstellung der Tatbestandsverwirklichung i. S. d. § 22 StGB anzusehen.

bb) Objektive Zurechenbarkeit

Zu untersuchen ist weiterhin, ob dem abergläubischen Versuchstäter der vorgestellte Erfolg nach allgemeinen Grundsätzen zugerechnet werden kann. Nach der Grundformel der Lehre von der objektiven Zurechnung ist ein Erfolg dann objektiv zurechenbar, wenn der Täter durch die Tathandlung verbotswidrig eine Gefahr des Erfolgseintritts geschaffen oder erhöht hat und gerade diese rechtlich missbilligte Gefahr sich in dem konkreten Erfolg realisiert.[618]

Nach einigen Stimmen fehlt bei irrealen Versuchen die objektive Zurechenbarkeit des angestrebten Erfolges, weil sie auch im hypothetischen Fall der Vollendung ausscheiden würde. Selbst wenn der Erfolg einträte, so würde man diesen niemals als das „Werk" des magische Praktiken anwendenden Täters ansehen, weil die vom ihm gerufenen Kräfte nicht beherrschbar und gar nicht wissenschaftlich nachweisbar sind und deshalb außerhalb der Rechtsordnung stünden.[619] Dieses Ergebnis bestätige auch eine „Gegenprobe" im umgekehrten Fall des *guten* Erfolges, der gleichfalls nicht als „Werk des Täters" und folglich nicht als „Verhindern" der Vollendung i. S. d. § 24 Abs. 1 Satz 1 StGB angesehen werden könne.[620] *Herzberg* spricht sich ferner dafür aus, irreale Versuche als „erlaubtes Risiko" aus dem objektiven Tatbestand auszugrenzen. Zwar stelle sich der Abergläubische vor, ein Rechtsgut in Gefahr gebracht zu haben. Diese Gefahr werde aber auch in seiner Vorstellung nicht von der Rechtsordnung missbilligt und stelle insoweit ein nicht normrelevantes Risiko dar.[621]

Nach *Hillenkamp* schreibe sich der Täter bei einem Appell an übersinnliche Subjekte nicht die Macht zu, das Geschehen selbst beeinflussen zu können.

---

617 So mit Recht *Hilgendorf*, JZ 2009, 139, 143. I. Erg. auch SSW-StGB/*Kudlich/Schuhr*, § 22 Rn. 25 und *Putzke*, JuS 2009, 894, 898.
618 Vgl. Schönke/Schröder/*Eisele*, Vor §§ 13 Rn. 92 m. w. N.
619 So z.B. *Herzberg*, GA 2001, 257, 268 f. und *Kretschmer*, JR 2004, 444, 445. Vgl. auch *Heinrich*, Jura 1998, 393, 397, *ders.*, AT, Rn. 679 und *Roxin*, Täterschaft, S. 456.
620 So *Herzberg*, GA 2001, 257, 268 f.
621 *Herzberg*, GA 2001, 257, 268 f. Ähnlich *Frister*, 23/22. Krit. zu dieser Begr. *Roxin*, AT II § 29 Rn. 374.

Er stelle sich also keine *ihm* rechtlich *zurechenbare* Erfolgsbewirkung vor.[622] Dem Täter fehle folglich die von § 22 StGB vorausgesetzte Vorstellung von der Verwirklichung eines Straftatbestandes.

Das überzeugt nicht. In Bezug auf das Argument des hypothetischen Erfolgseintritts gilt auch hier, was bereits bei der Kausalität[623] gesagt wurde: Bei einem Vergiftungsversuch mit einer Tasse Kamillentee wurde im fiktiven Erfolgsfall auch kein Richter wegen vollendeten Tötungsdelikts strafen, nach den Versuchsvorschriften ist das Verhalten dennoch strafbar. Das Fehlen einer Bestrafung im Vollendungsfall ist noch kein Argument für die Straflosigkeit eines Versuchs. In vielen Fällen scheidet eine Vollendungsstrafbarkeit mangels objektiver Zurechenbarkeit aus, etwa wenn der tatsächliche Kausalverlauf wesentlich von dem vorgestellten abweicht und dem Täter der eingetretene Erfolg deshalb nicht als vorsätzlich bewirkt zugerechnet werden kann. Eine Versuchsstrafe ist dennoch die Folge des Täterverhaltens. Die „Gegenprobe" *Herzbergs* beim Rücktritt bildet in diesem Kontext kein zusätzliches Argument. Sie bestätigt lediglich die allgemeine Rechtsauffassung, dass im Erfolgsfall eine *Vollendungs*strafbarkeit des abergläubisch Handelnden auszuscheiden hat. Seine Vorstellung, zur Verwirklichung des Straftatbestandes angesetzt zu haben, berührt das aber nicht.

Die Einstufung als „erlaubtes Risiko", welches in der Tat sowohl eine Vollendungs- als auch eine Versuchsstrafbarkeit ausschließen würde, passt auf abergläubische Versuche weder strukturell noch inhaltlich. Zum einen ist für irreale Versuche gerade charakteristisch, dass sie nach derzeitiger wissenschaftlichen Erkenntnis *überhaupt keine* (und nicht nur eine von Rechts wegen hinzunehmende) Gefahrenquelle für geschützte Rechtsgüter darstellen. Zum anderen glaubt der Täter, durch seine übersinnliche Handlung eine Rechtsgutsverletzung zu bewirken; er geht also durchaus davon aus, dass sein Tun *unerlaubt* ist. Die Tatsache, dass die Strafrechtspraxis abergläubische Versuche ausnahmsweise nicht bestraft, begründet noch kein erlaubtes Risiko bzw. ein sozialadäquates Verhalten, sondern ist Folge der jeweiligen rechtsdogmatischen Begründung. Die Einstufung als *erlaubtes* Risiko mit einem Hinweis auf Straflosigkeit irrealer Versuche würde sich deshalb im Kreis bewegen: „Die Handlung ist erlaubt bzw. sozialadäquat, weil sie straflos ist; sie ist straflos, weil sie erlaubt bzw. sozialadäquat ist." Eine schlüssige Begründung lässt sich damit nicht gewinnen.

Die Auffassung *Hillenkamps*, der Abergläubische stelle sich lediglich vor, dass sein Gebet erhört wurde, nicht aber eine ihm von Rechts wegen zuzurechnende

---

622 LK-*Hillenkamp*, § 22 Rn. 35 und 190.
623 S. 173 ff.

Erfolgsverursachung, passt nur auf Fälle, in denen der Täter fremde Mächte um ihr Mitwirken bittet. Diese Begründung erfasst jedoch nicht Taten, in denen der Täter glaubt, die fremden Kräfte durch seine Willenskraft oder durch eine bestimmte Zeremonie steuern zu können, bzw. wenn er überzeugt ist, die schädigende übernatürliche Kraft selbst zu besitzen (Telepathie, Magie, Zauberei). Nach der allgemeinen Zurechnungsformel wäre die (subjektive) Zurechenbarkeit in diesen Fällen zu bejahen, weil der Täter glaubt, er könne den Geschehensablauf von seinem Willen abhängig machen. Aus Tätersicht bewirkt auch das „Totbeten", „Tothexen" oder ein Voodoo-Ritual die Realisierung einer unerlaubten Gefahrschaffung.

Nach alledem muss der Vorsatz hinsichtlich einer objektiv zurechenbaren Erfolgsverursachung auch bei abergläubischen Versuchen angenommen werden.

(5) Ergebnis der Vorsatzlösung

Mit welcher Begründung man auch versucht hat, den Vorsatz des Abergläubischen zu verneinen, zu einem generellen Ausschluss dieser Fallgruppe aus dem Versuchstatbestand gelangt man mit keiner von ihnen. Grundsätzlich fehlt es weder am Vollendungs-, Handlungs- oder Tatherrschaftswillen noch am rechtsfeindlichen Willen des Täters. Der gesamte vorsatzorientierte Ansatz lässt außer Acht, dass der Tatentschluss aus der Sicht des Täters beurteilt wird. Die nach § 22 StGB maßgebliche Tätervorstellung darf man weder durch die eigene oder die der Mehrheit ersetzen, noch darf man sie „ausblenden", wo sie nach strafrechtlichen Regeln vorliegt – zumal irreale Vorstellungen sonst in der Rechtspraxis grundsätzlich beachtet werden. Auch fehlt eine Erklärung dafür, warum gerade abergläubische Versuche, und nicht etwa alle unsinnigen, alle evident undurchführbaren, oder gar alle untauglichen Versuche für rechtlich irrelevant erklärt werden. Denn aus dem übersinnlichen Charakter der Tätervorstellung konnte kein rechtlich relevanter Unterschied abgeleitet werden, welcher ihre Außerrechtlichkeit begründen würde. Alle Begründungsmodelle, welche den Tatentschluss leugnen, wirken konstruiert, weil sie die allgemeinen Regeln zu seiner Bestimmung verlassen.

Es ist gleich, aus welchen Gründen der Täter die Gefährlichkeit seiner Tathandlung für geschützte Rechtsgüter angenommen hat. Entscheidend ist, *dass* und nicht *warum* er sich eine Gefahrbegründung vorgestellt hat. Ein Tatentschluss des Abergläubischen liegt vor.

c) Kein unmittelbares Ansetzen

Ein weiterer Lösungsversuch besteht darin, bei irrealen Versuchen bereits eine tatbestandliche Versuchs*handlung* zu verneinen. Wer auf die Wirksamkeit paranormaler Kräfte vertraut, setzt dadurch nicht unmittelbar zur realen Tatbestandsverwirklichung an, weil die jenseits der Realität liegenden Kräfte zunächst in die reale Wirkung umgesetzt werden müssten.[624] Nach *v. Buri* habe sich der Wille des Täters nicht hinreichend in der Außenwelt manifestiert.[625]

Auch diese Begründung überzeugt nicht. Sofern an der Unmittelbarkeit des Ansetzens gezweifelt wird, wenn *andere* übersinnliche Kräfte um Erfolgsbewirkung bemüht werden (etwa bei Beschwörungsformeln, durch die höhere Mächte angerufen werden sollen), so kann auf die Grundsätze des Ansetzens bei einem Versuch in mittelbarer Täterschaft zurückgegriffen werden.[626] Nach der Vornahme der rituellen Handlung hat der Täter aus seiner Sicht das Geschehen aus der Hand gegeben. In Fallgestaltungen, in denen der Täter glaubt, selbst durch *eigene* Willenskraft den tatbestandlichen Erfolg unmittelbar bewirken zu können (Telepathie, Voodoo-Praktiken), liegt ein unmittelbares Ansetzen i. S. d. § 22 StGB[627] zweifelsohne vor.

Das Argument, dass der Wille nicht hinreichend zum Ausdruck gebracht wurde, kann man zwar noch anführen bei Versuchen, die sich nur in der mentalen Welt des Täters abspielen (stilles Gebet). Dieses Argument geht jedoch fehl, wenn der auf magische Zusammenhänge vertrauende Täter beispielsweise unter Aussprechen von Beschwörungsformeln nackt um das Haus eines andern herumläuft,[628] oder eine mit Nadeln durchbohrte Puppe in den Briefkasten eines anderen steckt im Glauben, dieser werde unmittelbar danach tot umfallen.

---

624 *Gössel,* GA 1971, 225, 235. In diesem Sinne auch *Blei,* AT, S. 232; *Gores,* S. 195; NK-GS-*Ambos,* § 23 Rn. 9; LK-*Hillenkamp,* § 22 Rn. 190 und § 23 Rn. 50; *Maurach/Gössel/Zipf,* AT 2, § 40 Rn. 142; SK-*Rudolphi,* § 22 Rn. 35. Auch *Oehler,* Zweckmoment, S. 121 verneint eine tatbestandliche Ausführungshandlung.
625 *V. Buri,* GA 25 (1877), 265, 271; ders. GS 19 (1867), 60, 63; ders. ZStW 1 (1881), 185, 205. Vgl. auch RGSt 33, 321, 323.
626 So auch *Schönwandt,* S. 26. Da es hier um die Grundstruktur geht, muss die Frage nicht beantwortet werden, ob die angerufenen Geister als „Tatmittler" angesehen werden können.
627 Zu der herrschenden sog. „Ansatzformel" s. Schönke/Schröder/*Eser/Bosch,* § 22 Rn. 32 ff. mit Nachweisen.
628 *Kaetzler,* S. 272 berichtet von einem Fall in Uganda 1941 (R. v. Fabiano Kinene, 8 EACA 96), wo ein „Hexer" nach einer ähnlichen Zeremonie durch die Gemeinschaft getötet wurde.

Hier ist der böse Wille deutlich nach Außen in Erscheinung getreten und die entsprechende Tathandlung soll nach dem Tatplan unmittelbar in die Verwirklichung des Tatbestandes einmünden. Zudem kann bezweifelt werden, ob die Sichtbarkeit des bösen Willens eine notwendige Voraussetzung der Strafbarkeit ist. Die dieser Lösung zugrunde liegende subjektive Theorie verlangt nur, dass der rechtsfeindliche Wille betätigt wird;[629] er muss aber nicht unbedingt eindeutig nach Außen hin als solcher erkennbar sein. Wer einem anderen in Vergiftungsabsicht einen Kamillentee serviert (§ 23 Abs. 3 StGB), lässt seinen bösen Willen genauso wenig erkennen, wie derjenige, der mit einem bösen Vorsatz in der Kirche eine Kerze anzündet.

Insgesamt ist in diesem Zusammenhang *Niepoth* zuzustimmen, dass mit dem Hinweis auf die Übersinnlichkeit ein unmittelbares Ansetzen zur Tatbestandsverwirklichung nicht geleugnet werden kann, weil hierbei die Tätervorstellung die maßgebliche Beurteilungsbasis bildet.[630]

Auch diese Konzeption bringt damit keine plausible Erklärung für den Ausschluss abergläubischer Handlungen aus dem Bereich strafbarer Versuche.

d) Straflose Vorbereitungshandlungen und fehlende Verfügungsmacht

Bemerkenswert ist noch der Lösungsversuch von *Kuhrt*, der ausgehend von der subjektiven Theorie für die Straflosigkeit abergläubischer Versuchshandlungen eine rein dogmatische Erklärung liefert.[631] Dabei unterscheidet der Autor zwischen

aa) einem „passiv-abergläubischen" Täter, welcher nicht an die eigene Macht glaubt, die übernatürlichen Kräfte steuern zu können, diese vielmehr zu der Tat lediglich anregen will; sein Verhalten entspräche strukturell einer *versuchten Anstiftung* (Fallgruppe 1)[632]

bb) und einem „aktiv-abergläubischen" Täter, welcher glaubt, die magischen Kräfte beherrschen zu können. Dabei ist er entweder davon überzeugt, mittels Magie die *fremden* übersinnlichen Kräfte zu dem von ihm gewünschten Verhalten *zwingen* zu können; nach seinem Plan habe er also die Rolle des *mittelbaren*

---

629 Nach *v. Buri*, ZStW 1 (1881), 185, 205 muss sich der böse Wille nur irgendwie in der Außenwelt vergegenständlicht haben.
630 *Niepoth*, S. 106 Fn. 378; *Stopfkuchen*, S. 70.
631 *Kuhrt*, S. 58 ff.
632 *Kuhrt*, S. 59 f. Dieser Gedanke ist schon im älteren Schrifttum geäußert worden, s. *v. Buri*, GA 25 (1877), 265, 312 f.; *Frank*, in: VDA V, 1908, S. 256; *Havenstein*, GA 1888, 33, 63, *Hepp*, NArchCrim (1836), 230, 258; *Hertz*, S. 37; *Lammasch*, S. 78 und Eduard *v. Liszt*, ZStW 25 (1905), 24, 77 mit Fn. 70.

Täters (Fallgruppe 2).[633] Alternativ kann der Täter davon ausgehen, dass er *selbst* die paranormale Fähigkeit besitzt, mit der er *eigenhändig* den Erfolg herbeiführen kann (z. B. Bilderzauber oder Hexerei, Fallgruppe 3).[634]

Lediglich diese dritte Konstellation könne als „Versuch" bezeichnet werden, der jedoch mangels Beherrschbarkeit des Geschehensablaufs straflos bleiben müsse.[635] In den ersten beiden Fallgruppen ergebe sich die Straflosigkeit schon daraus, dass mangels physischen Kontakts zwischen Anstifter bzw. mittelbarem Täter und dem Adressaten bzw. Tatmittler nur straflose Vorbereitungshandlungen vorlägen.[636]

Kuhrts differenzierender Ansatz hält einer kritischen Überprüfung ebenfalls nicht stand. Nicht nur in der dritten Konstellation, sondern in *allen* drei fehlt dem Täter die reale Möglichkeit, den Kausalverlauf beeinflussen zu können. Wäre das Fehlen der objektiven Beherrschungsmacht tatsächlich ein hinreichender Grund für die Begründung der Straflosigkeit in Aberglaubensfällen, so wäre die obige Unterscheidung innerhalb irrealer Versuche überflüssig. In allen Fällen könnte man allein darauf verweisen. Allerdings muss schon die Ausgangsthese *Kuhrts* verworfen werden, wonach das Fehlen der Verfügungsmacht die Straflosigkeit bestimmter untauglicher Versuche trägt. Nach den geltenden §§ 22, 23 StGB[637] kommt es allein darauf an, ob der Täter subjektiv von der eigenen Macht zur Beeinflussung des Kausalverlaufs ausgeht. Die objektiv fehlende Möglichkeit dazu schließt weder den Tatentschluss noch ein unmittelbares Ansetzen zur Tat aus.[638] Diese Begründung kann also eine Straflosigkeit abergläubischer Versuche nicht tragen.

Aber auch die Argumentation *Kuhrts* zur Straflosigkeit der versuchten Anstiftung (§ 30 Abs. 1 StGB) bzw. beim Versuch in mittelbarer Täterschaft (§ 25 Abs. 1 Alt. 2 StGB) ist zu kritisieren. Bei beiden Rechtsfiguren ist ein tatsächlich erfolgter physischer Kontakt zwischen den Beteiligten gerade nicht erforderlich, um die Strafbarkeitsvoraussetzungen zu erfüllen. Nach heute allgemeiner Rechtsauffassung ist für eine versuchte Anstiftung bzw. für einen Versuch in mittelbarer

---

633 *Kuhrt*, S. 64.
634 *Kuhrt*, S. 66 f.
635 *Kuhrt*, S. 74.
636 *Kuhrt*, S. 61 und 65 f.
637 Ausgangspunkt der Erörterungen *Kuhrts* war § 43 Abs. 1 StGB a. F., der noch das eher objektive Merkmal „Anfang der Ausführung" enthielt. Unter der Prämisse, dass nur ein tatsächlich steuerbarer Geschehensablauf strafwürdig ist, folgert *Kuhrt* z. B. auch die völlige Straflosigkeit grob unverständiger Versuche (S. 76).
638 Dazu S. 158 ff.

Täterschaft die Vornahme einer kommunikativen Beeinflussungshandlung ausreichend,[639] die aus der Sicht des Täters auch bei irrealen Subjekten im Sinne der ersten und der zweiten Fallgruppe *Kuhrts* gegeben ist. Der Umstand, dass die Aufforderung an einen untauglichen Adressaten gerichtet ist, ist unerheblich, wie sich aus § 30 Abs. 1 S. 3 StGB ergibt.

Insgesamt gewinnt man mit der Dreiteilung abergläubischer Versuche keine in sich geschlossene Gesamtkonzeption, weil sich die darunter fallenden Fälle nicht immer zu einer der drei Gruppen zuordnen lassen. Nicht selten sind die Vorstellungen der Täter zu wirr und unbestimmt, um sie eindeutig einer der Fallgruppen zuordnen zu können. Vielfach stellt sich der Täter lediglich vor, dass eine bestimmte Zeremonie zu dem gewünschten Erfolg führt, ohne sich genaue Vorstellungen zum Ablauf zu machen. Etwa beim Verlesen von Formeln aus dem 7. Buch Moses oder beim „Vernageln"[640] macht sich der Täter kaum konkrete Gedanken darüber, ob er den angestrebten Erfolg *selbst* direkt durch den „Zauberspruch" bzw. durch die symbolische Handlung herbeiführt, oder ob durch die Zeremonie Kontakt zu *fremden* übersinnlichen Kräften aufgenommen wird, die ihrerseits tätig werden sollen. Eine eigene und fremde Einwirkung lässt sich in den Vorstellungen eines Abergläubischen häufig nicht trennen. Aber selbst in Fällen, in denen eine Einordnung prinzipiell möglich wäre, befremdet die Dreiteilung der magischen Elemente in Quasi-Angestifteter, Quasi-Tatmittler sowie tätereigene Macht, weil es sich in allen Fällen letztlich um abstrakte, nicht personifizierbare Kräfte handelt. Und in welche Kategorie soll etwa das „Krontalerstecken"[641] eingereiht werden? Ganz passt keine der drei Fallgruppen. Sicherlich, angesichts gleicher Rechtsfolge muss eine klare Abgrenzungslinie nicht gezogen werden. Allerdings zeigt eine kritische Betrachtung von *Kuhrts* Thesen die Konturenlosigkeit seines Begründungsmodells. Und überhaupt nicht unter eine der Kategorien einordnen lässt sich die Fallgruppe des irrealen Objekts, da ein Täter, dessen Vorgehen sich gegen ein wissenschaftlich nicht real existierendes Handlungsobjekt richtet,[642] weder jemanden anstiften (Fallgruppe 1) oder zwingen will

---

639 S. z. B. Schönke/Schröder/*Heine/Weißer,* § 30 Rn. 18 m. w. N; vgl. auch *Roxin,* AT II, § 26 Rn. 74 ff. (80) und LK-*Schünemann,* § 26 Rn. 51.
640 Auch „Einpflöcken" genannt: Unter Anrufen heiliger Dreifaltigkeit wird um Mitternacht ein Baum des Feindes beschädigt im Glauben, dass sein Eigentümer danach verstirbt, vgl. *Hellwig,* in H. Gross' Archiv 39 (1910), 277, 291. Von einem solchen Fall aus der Praxis des Zürcherischen Obergerichts berichten *Germann,* Versuch, S. 63 Fn. 77 und *Zachariä,* Die Lehre vom Versuche I, S. 243 Fn. 1.
641 Vgl. dazu Fn. 498.
642 S. 148.

(Fallgruppe 2), noch die Vorstellung besitzt, selbst übersinnliche Fähigkeiten zu haben (Fallgruppe 3).

Auch wenn die Idee der „Anstiftung Gottes" vereinzelt noch Erwähnung findet,[643] so hat *Kuhrts* Lösungsansatz mit Recht keine Anhänger in der Rechtslehre gewinnen können.[644]

e) Wahndelikt

Schließlich wird noch die Ansicht vertreten, dass der abergläubische Versuch seiner strafrechtsdogmatischen Konstruktion nach nicht „Versuch", sondern strafloses Wahndelikt ist.

Eine Abgrenzung dieser Rechtsfiguren erfolgt danach, ob sich der Irrtum des Täters auf tatsächliche Umstände oder auf rechtliche Wertungen bezieht. Bei einem *Wahndelikt* nimmt der Täter irrig an, sein in tatsächlicher Hinsicht richtig erkanntes Verhalten verwirkliche einen Straftatbestand, der entweder gar nicht existiert oder der zwar existiert, den der Täter aber infolge einer falschen rechtlichen Wertung zu seinem Ungunsten überdehnt.[645] Dagegen liegt ein *untauglicher Versuch* vor, wenn sich der Täter irrig tatsächliche Umstände vorstellt, bei deren wirklichem Vorliegen sein Verhalten einen Straftatbestand erfüllen würde.[646]

Es ist deshalb zu untersuchen, ob ein Täter, welcher glaubt, mithilfe übernatürlicher Kräfte einen Erfolg bewirken zu können, im tatsächlichen oder im rechtlichen Bereich irrt.

Nach *Sancinetti* richte sich der Wille des abergläubischen Täters nicht auf die Verwirklichung eines Tatbestandes. Wenn dieser dennoch annimmt, dass sein Verhalten einen bestimmten Deliktstatbestand verwirklicht, so liege eine *unzutreffende Subsumtion* unter einen wirklich existierenden Straftatbestand vor, indem der Täter den Geltungsbereich einer bestehenden Strafnorm überdehnt; es liege also ein Wahndelikt vor.[647] An einer anderen Stelle führt *Sancinetti* an, der irreale Versuch könne als ein Fall des umgekehrten Irrtums über normative Tatbestandsmerkmale angesehen werden und sei damit *tatbestandlos*. Dies folge daraus, dass der Täter nicht bestimmen könne, wann sein Verhalten die

---

643 Z. B. *Seier/Gaude*, JuS 1999, 456, 460; *Bloy*, ZStW 113 (2001) 76, 90 Fn. 46.
644 Kritik an diesem Ansatz üben z.B. auch *Niepoth*, S. 104 Fn. 371 und *Stopfkuchen*, S. 70.
645 *Kindhäuser*, AT, § 30 Rn. 23 m. w. N.
646 *Wessels/Beulke/Satzger*, AT, Rn. 621 m. w. N. Zu der komplizierten Rechtslage bei Irrtümern über normative Tatbestandsmerkmale s. oben, S. 112 f.
647 *Sancinetti*, S. 199 f., 212.

Merkmale der „Verursachung" oder der „verbotenen Tat" erfüllt.[648] Nach *Jakobs* breche der abergläubische Täter keine wirklich existierende Strafnorm.[649] Da das Verhalten mangels „kommunikativer Relevanz" nicht unter die Straftatbestände falle, handele es sich nicht um einen Versuch, sondern um ein Wahndelikt.[650] *Struensee* will irreale Versuche als Unterfall von „Wahnkausalität" aus dem Bereich des Versuchs herausnehmen und stuft das Verhalten als Wahndelikt ein.[651]

Bei der Erschließung der dogmatischen Grundstruktur von abergläubischen Versuchen ist ein Vergleich mit einigen Beispielen aus dem Bereich des untauglichen Versuchs sehr hilfreich.

Glaubt ein Täter, einen anderen Menschen mit einer unerkannt ungeladenen Schusswaffe („normaler" untauglicher Versuch), mit Lindenblütentee (grob unverständiger Versuch) oder mit einem Zauberstab (abergläubischer Versuch) töten zu können, so irrt er in allen drei Fällen über die *Eignung* des jeweiligen Mittels zur Tötung. Das ist ein Irrtum im *Tatsachenbereich*, keineswegs aber über die strafrechtliche Bewertung der Tat. Die Beschaffenheit des konkret eingesetzten Mittels bzw. die Tatsache, ob sich der vorgestellte Wirkungszusammenhang wissenschaftlich nachweisen lässt oder nicht, ändern nichts an der Einordnung als ein sachverhaltsbezogener Irrtum. Denn der Bezugspunkt der Vorstellung ist in allen drei Beispielen der gleiche: Der Täter misst einem Mittel eine Wirkung bei, welche dieses Mittel nicht hat. In allen drei Fällen hat der Täter nach seiner Vorstellung zur Verwirklichung eines Totschlags unmittelbar angesetzt (§ 22 StGB). In allen drei Fällen liegt also Versuch vor.

Eine Besonderheit des dritten im Vergleich zu den anderen zwei Beispielen besteht allerdings darin, dass der abergläubische Versuchstäter, über den Tatsachenirrtum hinaus, *auch* über die Strafbarkeit seines Verhaltens irrt. Denn die Straflosigkeit dieser Versuchsgattung ist heute anerkannt. Die falsche rechtliche Wertung ist aber nicht – wie bei einem Wahndelikt – die Ursache der Straflosigkeit, sondern ist hier ihre *Folge*.

---

648 *Sancinetti*, S. 212 ff. Allerdings verneint er an einer späteren Stelle eine vollständige Parallelisierung beider Rechtsfiguren, S. 220 ff.
649 *Jakobs*, AT 25/22, 36.
650 *Jakobs*, AT 25/23; s. auch Rn. 36.
651 *Struensee* ZStW 102 (1990) 21, 30 ff., 36 ff., vgl. dazu S. 80 f. Ein Wahndelikt nehmen auch z. B. Baumann/Weber/*Mitsch*, AT, § 26 Rn. 61; *Albrecht*, S. 32; *Köstlin*, System I, S. 228 f. (Gleichstellung mit „Wahnverbrechen", dazu S. 163) an. Schon *v. Liszt*, Lb.[22] (1919) S. 199 und *Krug*, Lehre, S. 22 bezeichneten „absolut untaugliche Versuche" als „Wahnverbrechen". Vgl. auch *Krey/Esser*, AT, Rn. 1254.

Aus dem Vorstehenden soll jedoch nicht der Schluss gezogen werden, dass bei abergläubischen Verletzungshandlungen niemals ein Wahndelikt vorliegen kann. Glaubt etwa ein Täter, dass das Praktizieren von Voodoo-Kult oder Zauberei für sich schon etwa unter dem Tatbestand der „Zauberei" unter Strafandrohung steht,[652] oder stellt er sich vor, dass auch der Besitz einer „Zauberkugel", mithilfe der er andere schädigen will, einen Verstoß gegen § 52 WaffG darstellt, so irrt er im Normbereich. Im ersten Beispiel nimmt er irrtümlich einen tatsächlich nicht existierenden Straftatbestand an, im zweiten Beispiel überdehnt er den Geltungsbereich einer tatsächlich bestehenden Strafnorm.

In den „klassischen" Fällen irrealer Versuche, in denen der Täter glaubt, mittels magischer Praktiken die Tatbestandsmerkmale eines Erfolgsdelikts zu verwirklichen, erfüllt das abergläubische Vorgehen die Versuchsmerkmale.

f) Fazit – subjektive Theorie

Die Vertreter der subjektiven Theorie konnten mit ihren vielfältigen Begründungsansätzen eine Sonderstellung irrealer Versuche nicht begründen. Das Reichsgericht stellt systemwidrig allein auf objektive Kriterien ab (a). Auch ein auf magische Zusammenhänge vertrauender Täter besitzt einen (strafrechtlich relevanten) Tatentschluss (b) und setzt im Sinne des § 22 StGB zur Tatbestandsverwirklichung unmittelbar an (c). Dementsprechend ist das Geschehen als Versuch im Sinne der Versuchsregelung einzustufen, und nicht etwa als eine straflose Vorbereitungshandlung (d) oder ein Wahndelikt (e).

Bei den Versuchsmerkmalen unterscheidet sich ein abergläubischer Versuch also nicht von anderen untauglichen, insbesondere den aus grobem Unverstand begangenen Versuchen. Als Fazit ist somit festzuhalten, dass auch ein irrealer Versuch ein *Versuch im Rechtssinne* ist.

2. Eindruckstheorie

Nach einer zweiten Meinungsgruppe sind abergläubische Versuche ihrer dogmatischen Konstruktion nach Versuche im Sinne der §§ 22 ff. StGB. Sie seien aber dennoch kein strafbarer Unterfall des § 23 Abs. 3 StGB. Mangels Strafwürdigkeit sollen sie von der Versuchsstrafbarkeit ausgenommen werden. Zur Begründung berufen sich die Autoren auf die herrschende Eindruckstheorie. Danach ist ein Versuch nur dann strafwürdig, weil und soweit er geeignet ist, den Eindruck

---

652 Früher gab es den Straftatbestand der „teuflischen Zauberey", bzw. den Übertretungstatbestand der „Gaukelei", s. Fn. 718 und 720.

eines Angriffs auf die Rechtsordnung zu erwecken und dadurch das Vertrauen der Rechtsgemeinschaft in den Rechtsfrieden zu erschüttern.[653]

Aus dem Blickwinkel der Eindruckstheorie wird bei einem irrealen Versuch die Strafwürdigkeitsschwelle nicht erreicht, weil „seine sozialen Auswirkungen irrelevant" seien.[654] Weil es bei solchen Taten „an jeglicher Störung des allgemeinen Rechtsfriedens" fehle,[655] sei „eine strafrechtliche Sanktion [...] sinnlos".[656] Da „solche Erscheinungen [...] keinen ernsthaften Eindruck der Gefährlichkeit beim objektiven Betrachter vermitteln"[657] sowie „keinen schlechten und verderblichen Eindruck bei den Mitmenschen hinterlassen und niemanden beunruhigen",[658] haben sie „keine rechtserschütternde Wirkung".[659] „Handlungen, deren Sinnlosigkeit jeder unvorgebildete Normalbürger erkennt, können [...] niemanden in seiner Überzeugung von der Geltung der Rechtsordnung erschüttern"[660] und rufen „bei den Mitgliedern der Rechtsgemeinschaft eher Mitleid oder Belustigung",[661] „Kopfschütteln und Zweifel an der geistigen Gesundheit des Täters",[662] nicht aber „Angst und Unsicherheit" hervor.[663] Der Verstoß gegen die Normgeltung sei „nicht ernst zu nehmen", weil der Täter „nicht mehr

---

653 Schönke/Schröder/*Eser/Bosch*, § 22 Rn. 65. Näheres dazu S. 34 ff., zahlr. Vertreter in Fn. 63. Teilw. wird die Eindruckstheorie *zusätzlich* zu anderen Erklärungsansätzen herangezogen, z.B. *Bringewat*, Rn. 571; *Jescheck/Weigend*, § 50 I 6; *Kretschmer*, JR 2004, 444, 445; Schönke/Schröder/*Eser/Bosch*, § 23 Rn. 13a.
654 *Roxin*, in Nishihara-FS, S. 161; in diesem Sinne auch *Streng* ZStW 109 (1997) 862, 868.
655 *Niepoth*, S. 104 f.; ähnlich *Bloy*, ZStW 113 (2001), 76, 108 f. und *Lampe*, S. 218.
656 *Stratenwerth/Kuhlen*, AT I, 11/62. Sachlich übereinstimmend MK-*Freund*, Vor §§ 13 ff. Rn. 404.
657 *Wolter*, Zurechnung, S. 79.
658 *Albrecht*, S. 33; s. auch *Stopfkuchen*, S. 68.
659 *Kühl*, AT, § 15 Rn. 93; ebenso z.B. Heintschel-Heinegg-StGB/*Beckemper*, § 23 Rn. 9; *Jescheck/Weigend*, § 50 I 6; *Joecks*, StGB, § 23 Rn. 8; *Maurach/Gössel/Zipf*, AT 2, § 40 Rn. 140; NK-GS-*Ambos*, § 23 Rn. 9; *Roßmüller/Rohrer*, Jura 1990, 582, 585 f.; *Roxin*, AT II § 29 Rn. 373 f.; Schönke/Schröder/*Eser/Bosch*, § 22 Rn. 65; SK-*Rudolphi*, § 22 Rn. 35. Ähnlich auch schon *v. Bar*, Gesetz und Schuld II, S. 533.
660 *Vogler*, ZStW 98 (1986), 331, 333; *Meyer* ZStW 87 (1975), 598, 618.
661 *Ebert*, AT, S. 125; ähnlich *Horn* ZStW 20 (1900), 309, 346; *Seier/Gaude*, JuS 1999 456, 457. Vgl. auch Niederschriften 2, S. 188: die Tat sei „nicht böse, sondern lächerlich".
662 *Roxin*, in Nishihara-FS, S. 161.
663 *Ebert*, AT, S. 125. In diesem Sinne auch *v. Gemmingen*, S. 164 f. und *Schünemann*, GA 1986, 293, 316.

ernst genommen wird".[664] Deshalb fehle dem Versuch die „soziale Realität".[665] Wo die Tathandlung „jeden Boden der Realität" verlasse, dort fehle „dem Willen grundsätzlich jede Strafwürdigkeit". Der Wille könne „die Realität des Rechtes als geistiger Macht nicht erschüttern."[666] Solche Handlungen seien „in einer modernen weltlichen Gesellschaft nicht sozialinadäquat."[667]

Unter dem Strich bedeuten diese Aussagen, dass abergläubische Praktiken in unserem Kulturkreis als nicht sozialrelevant angesehen werden. Das Fehlen einer rechtsfriedensstörenden Wirkung auf die Gesellschaft lässt im Lichte der Eindruckstheorie das Versuchsunrecht entfallen. Abergläubische Versuche seien danach mittels einer *teleologischen Reduktion* von der Tatbestandsmäßigkeit der Versuchsvorschriften auszuschließen.[668]

Von den Gegnern der Eindruckstheorie wird gegen diese Begründung vorgebracht, dass eine rechtserschütternde Wirkung nicht in allen Fällen irrealer Versuche ausbleibt. Denkbar seien auch Versuche, die geeignet seien, den Rechtsfrieden zu erschüttern. Angeführt wird in diesem Zusammenhang immer der Fall eines Geistlichen, der im Gottesdienst um den Tod eines Menschen betet, etwa um den Tod eines als Abtreibungstäter bekannten Arztes.[669] Ebenso als rechtsfriedensstörend empfunden werden sollen entsprechende Praktiken „in bestimmten ländlichen Gegenden"[670] oder in Gegenden, wo viele Migranten leben, die an übersinnliche Wirkkräfte glauben (etwa afrikanischer[671] oder

---

664 MK-*Freund*, Vor §§ 13 ff. Rn. 404; so auch SK-*Rudolphi*, § 22 Rn. 35. Vgl. auch *Alwart*, S. 205, der bei irrealen Versuchen ebenfalls auf Strafwürdigkeitserwägungen abstellt, jedoch aus dem Blickwinkel der von ihm entwickelten „Theorie des intentionalen und des gefährlichen Versuchens".
665 *Fiedler*, Vorhaben und Versuch, S. 85 f., 106 f.
666 *Welzel*, S. 193, der beim abergläubischen Versuch aufgrund einer gesteigerten Untauglichkeit die „verbrecherische Energie" verneint; kritisch zu diesem Ansatz *Lampe*, S. 95 und *Schönwandt*, S. 25.
667 *Kretschmer*, JR 2004, 444, 445; ähnlich *v. Gemmingen*, S. 164 f. *Haft*, AT, S. 233 f. verneint aus diesem Grund die Handlungsqualität.
668 Vgl. z. B. *Ebert*, AT, S. 125; *Bringewat*, Rn. 571; *Schönwandt*, S. 188; SK-*Rudolphi*, § 22 Rn. 35.
669 MK-*Herzberg/Hoffmann-Holland*, § 22 Rn. 87; s. auch Rn. 19. Ähnliche Beispiele bei *Jakobs*, AT 25/22; *Kudlich*, PdW AT Fall 213 (S. 166); *ders.* JZ 2004, 72, 75; SSW-StGB/*Kudlich/Schuhr*, § 22 Rn. 25 sowie *Modrey*, S. 159. Zustimmend *Grupp*, S. 104 und *Rey-Sanfiz*, S. 95.
670 *Rey-Sanfiz*, S. 95.
671 Zum Hexenglauben und Ausübung schwarzer Magie in Südafrika *Kaetzler*, S. 35, 50 ff., 60 ff. Zur Bestrafung der Hexen und Ablauf der Hexenprozesse nach dem

südamerikanischer Herkunft).[672] *Mayer* geht noch weiter, indem er betont, dass bei einem sichtbar gewordenen bösen Willen die Möglichkeit des Entstehens eines derartigen Eindrucks immer vorliege.[673]

Auf den ersten Blick macht die Eindruckstheorie vor allem Eindruck wegen ihrer bestechenden Überzeugungskraft in Aberglaubensfällen: Ein rechtserschütternder Eindruck liegt nicht vor, wenn der Täter die Tatbestandsverwirklichung durch den Einsatz übernatürlicher Kräfte herbeiführen will. Nach der Darstellung der gegnerischen Position stellt sich allerdings die Frage, ob die Eindruckstheorie den vorgebrachten Einwänden standhalten kann. Gibt es tatsächlich irreale Versuche, von denen man behaupten kann, dass auf sie das Ausbleiben einer rechtserschütternden Wirkung nicht zutrifft?

Gewiss ist es möglich, dass einzelne Personen oder Gruppierungen an die Macht der Menschen glauben, übersinnliche Kräfte beeinflussen zu können, und sich durch entsprechende Praktiken verunsichert fühlen. Nur stellt die Eindruckstheorie nicht auf die Empfindungen einzelner Personen ab, sondern auf die *Allgemeinheit*. Gemeint ist damit der „Durchschnittsmensch", der die Mehrheit in der Bevölkerung repräsentiert. Wie schon *Niepoth* in diesem Zusammenhang zutreffend entgegnete: Ein rechtsstaatliches Strafrecht regelt soziale Beziehungen nach „Durchschnittsmaßstäben".[674] Nicht erforderlich ist deshalb eine hundertprozentig übereinstimmende Ansicht in der Gesellschaft, die in Rechtsfragen ohnehin kaum je erreicht wird. Dass in bestimmten Gegenden mit einem noch so hohen Ausländeranteil eine rechtsfriedensstörende Wirkung vermutet werden könnte, ist also kein tragfähiges Gegenargument. Die dazugehörenden Personen(gruppen) bilden nicht den Maßstab, nach dem sich Aussagen über das Weltbild der Durchschnittsbevölkerung richten.

In dem Priester-Beispiel kann allerdings in der Tat auf eine missbilligende Reaktion in der Gesellschaft geschlossen werden. Dieser Umstand spricht jedoch nur dann gegen den an der Eindruckstheorie orientierten Begründungsansatz, wenn man den Begriff des „rechtserschütternden Eindrucks" rein psychologisierend interpretiert; d. h. wenn man für das Vorhandensein des erforderlichen Eindrucksmoments (irgend-)ein psychologisch feststellbares oder zu vermutendes

---

       traditionellen Banturecht, S. 157 ff. Zu Hexentötungen in Afrika auch *Seidman*, Modern Law Review 28 (1965) S. 46 ff.
672 *Hilgendorf*, JZ 2009, 139, 143; ähnlich Matt/Renzikowski-*Heger*, § 22 Rn. 12 und § 23 Rn. 12.
673 *H. Mayer*, AT (1953), S. 288.
674 *Niepoth*, S. 105.

Unwohlgefühl genügen lässt.[675] Die Eindruckslehre will jedoch nicht wegen einer möglichen Erschütterung strafen, sondern wegen eines bestimmten Deliktsversuchs. Richtig ist deshalb ein psychologisch-normatives Verständnis. *Psychologisch*, weil diese Lehre auf seelische Gefühlzustande (wie Beunruhigung, Angst, Empörung) aufbaut. *Normativ* bedeutet, dass diese Wirkung immer im Zusammenhang mit dem Schutzgut des jeweiligen Straftatbestandes stehen muss. Der in der Rechtsgemeinschaft vermutete psychologische Effekt muss als Reaktion auf einen *rechtsgutsbezogenen* Angriff entstanden sein. M. a. W. die Missbilligung in der Gesellschaft muss darauf zurückgeführt werden können, dass der Täter (wenn auch mit ungeeigneten Mitteln) ein geschütztes Rechtsgut verletzen wollte.[676]

Das ist in dem Priester-Beispiel gerade nicht der Fall. Hier folgt die mögliche Empörung allenfalls daraus, dass eine Person öffentlichen Lebens ethisch nicht vertretbare Äußerungen verbreitet. Sich für den Tod eines Menschen auszusprechen gilt allgemein als verwerflich. Gleiche Missbilligung in der Bevölkerung wäre doch auch dann zu vermuten, wenn etwa der Staatspräsident in der Öffentlichkeit oder ein Lehrer in der Schule entsprechende Äußerungen tätigen würde – und bei diesen Personen handelt es sich gerade nicht um solche, bei denen jemand an eine besondere Nähe zu Gott glauben würde. Was die Bürger in dem Priester-Fall empört, ist also nicht der „verbrecherische Entschluss", sondern die *Moralwidrigkeit der* Äußerung. Denn ein Durchschnittsmensch glaubt nicht an Zauberei und Hexerei und auch der gläubige Teil der Bevölkerung schreibt Priestern keine übernatürlichen Fähigkeiten zu. Sollte der Erfolg tatsächlich eintreten, würden ihn auch religiöse Menschen eher als Gotteswillen, weniger aber als Gebetserhörung (nach dem christlichen Glauben erhört Gott ohnehin nur Gebete, die seinem Willen entsprechen) und schon gar nicht als „Werk" des Priesters ansehen. Um das Leben des Arztes bangt nach dem Gebet aber niemand; von Besorgnis, Unsicherheit und einem ernstzunehmenden Angriff auf das Rechtsgut Leben kann hier nicht die Rede sein.

Daher wird dem Priester also nicht eine *rechtliche*, sondern eine bloß *moralische* Verfehlung vorgeworfen. Unmoralisches Verhalten pönalisiert das Strafrecht aber nicht, solange das friedliche Zusammenleben nicht gestört wird.[677]

---

675 So z. B. *Seier/Gaude,* JuS 1999 456, 457. Vgl. auch *Kudlich*, JZ 2004, 72, 75 und *Jakobs*, AT 25/20.
676 Dazu bereits oben, S. 39.
677 *Matt*, NJW 2005, 389 ff.; *Roxin*, AT I, § 2 Rn. 17 ff. Zum Spannungsverhältnis zwischen Strafrecht und Moral z. B. *M. Heinrich*, Roxin-FS (2011), S. 131 ff.; *Alonso*, Roxin-FS

Da die Mehrheit der Bürger nicht an Zauberei glaubt, werden sie, entgegen *Modreys* Auffassung, gerade nicht erschüttert sein, wenn sie in einem Boulevardblatt lesen, dass eine „Frau in einer schwarzen Messe mehrfach Dämonen darum angerufen hat, sie mögen in den Körper eines Bekannten fahren und ihm schweren Schmerz zufügen" selbst, wenn „der Bekannte sich tatsächlich immer schlechter fühlt, aber kein Arzt ihm helfen kann."[678] Zwar kann prinzipiell auch nach der Vornahme magischer Praktiken eine Verunsicherung, Angst und Empörung auftreten, beispielsweise wenn jemand nachts mit einer schwarzen Maske um das Haus eines anderen herumläuft. Die Beunruhigung entsteht jedoch auch hier nicht aufgrund des eben stattfindenden „Tötungsversuchs" bzw. infolge des in ihm manifestierten Rechtsbruchswillens, sondern aus Angst vor diesem unheimlichen Menschen. Das Herumlaufen kann als Drohung bzw. als Ankündigen eines bevorstehenden realen Angriffs aufgefasst werden. Das Herumlaufen wird aber nicht als eine *Tötungshandlung* empfunden.

Dadurch konnten Einwände, welche gegen die an der Eindruckslehre orientierte Begründung der Straflosigkeit irrealer Versuche aufgeführt wurden, widerlegt werden. Die Eindruckstheorie führt auf dem Gebiet des Aberglaubens also doch zu überzeugenden Ergebnissen. Von der Prämisse aus, dass nur ein das Rechtsvertrauen erschütternder Versuch strafwürdig ist, gelingt es ihr die Straflosigkeit abergläubischer Versuche zu erklären.

Dieses – nach mehr als ein Jahrhundert lang andauernden vergeblichen Bestrebungen, diese Fälle dem Bereich strafbarer Versuche zu entziehen – schon fast erstaunliche Ergebnis war jedoch kein Zufall. Die Eindruckstheorie entstand aus der Erklärungsnot der subjektiven Versuchslehre in Aberglaubensfällen und wurde bewusst zur Einschränkung der Strafbarkeit gerade auf diesem Gebiet entwickelt.[679] Nicht zuletzt aus diesem Grund hatte sie auch einen so großen Zulauf. Bedenken bestehen jedoch nach wie vor gegen die Eindruckstheorie als allgemeiner Versuchslehre. Der von dieser Theorie ausgehende Begründungsansatz (allein) kann deshalb erst dann als eine hinreichende Erklärung der Straflosigkeit angesehen werden, wenn die Eindruckstheorie in Rechtskreisen, vor allem in der Rechtsprechung, anerkannt wird. Dies ist bis heute mit guten Gründen nicht geschehen.[680]

(2011), S. 245 ff.; *Hörnle*, Grob anstößiges Verhalten, S. 52 ff.; *dies.*, Rechtsgutstheorie, S. 268 ff. mit Nachweisen.
678 So aber *Modrey*, S. 159.
679 Vgl. z. B. die Ausführungen bei *Horn* ZStW 20 (1900), 309 ff., 346 f.; sowie bei *v. Gemmingen*, S. 160 ff.
680 Vgl. dazu S. 34 ff.

Zudem wurde bei diesem Erklärungsansatz nicht hinreichend berücksichtigt, dass aus dem Blickwinkel der Eindruckstheorie auch grob unverständige Versuche an sich nicht strafwürdig sind,[681] dennoch sind sie nach der gesetzlichen Konzeption strafbar. Es bedarf deshalb einer eingehenden Untersuchung der Frage, ob mit Blick auf eine mögliche Rechtserschütterung Unterschiede zwischen abergläubischen und grob unverständigen Versuchen ausgemacht werden können. Diese Frage ist von großer Bedeutung für die Zielsetzung dieser Untersuchung, Unterschiede dieser beiden Versuchsarten zu analysieren. Sie wird deshalb an einer späteren Stelle Gegenstand von Erörterungen sein.[682]

3. Strafzwecklehre

Nach einigen Stimmen aus der Wissenschaft folgt die Straflosigkeit abergläubischer Versuche daraus, dass die anerkannten Strafzwecke ihre Bestrafung nicht legitimieren. Der aus dieser Warte bedeutendste Diskussionsbeitrag stammt aus dem Jahre 1951 von *Schallenberg*. Der Autor hat als einziger der Vertreter dieses Begründungsmodells ausführlich untersucht, inwiefern eine Sanktionierung abergläubischer Versuche zur Erfüllung der einzelnen Strafziele beitragen kann.[683] Sein Beitrag wird deshalb die Grundlage für die Beleuchtung einer Strafbarkeit irrealer Versuche aus einem rechtspolitischen Standpunkt bilden.

a) Der rechtspolitische Standpunkt – Schallenberg

Nach *Schallenberg* erlaubt die absolute Straftheorie, nach der die Strafe in gerechter Weise die Schuld des Täters ausgleichen und ein vergangenes Verbrechen sühnen soll, nicht eine Sanktionierung untauglicher Versuche. Diese Lehre basiert auf dem sog. „Talionsprinzip", wonach sich eine Bestrafung an den Folgen des Verbrechens orientiert und durch die Höhe des verursachten Unrechts begrenzt ist („Auge für Auge"). Aus dem Vergeltungsgedanken folge, dass die Strafe nicht an etwaige subjektive (Schuld-)Merkmale, sondern an die durch die Tat verursachten objektiven Schäden anknüpfe.[684] Die zu sühnende Schuld könne nur als Einzeltatschuld aufgefasst werden, da der Täter nach der Vergeltungsidee

---

681 Zur fehlenden Eindruckswirkung bei grob unverständigen Versuchen z.B. S. 15 f. und 27 ff.
682 S. 231 f.
683 *Schallenberg*, S. 58 ff. I. Erg. auch *Meyer*, ZStW 87 (1975), 598, 618; *Hoyer*, S. 195 und *Armin Kaufmann*, Welzel-FS, 393, 403; *ders.* Strafrechtsdogmatik, S. 161; *ders.* ZStW 80 (1969) 34, 50; allerdings ohne nähere Erläuterungen.
684 *Schallenberg*, S. 61 f.

nur die für seine Tat „verdiente" Strafe zu tragen habe. Würde man auch die in einem untauglichen Versuch zutage getretene rechtsfeindliche Gesinnung des Täters berücksichtigen, so würde man seine allgemeine Gefährlichkeit strafen, nicht aber seine Einzeltatschuld ausgleichen.[685]

Demgegenüber sei die Spezialpräventionstheorie rein subjektiv ausgerichtet – sie will den *Täter* von der Begehung weiterer Straftaten abhalten. Eine elementare Voraussetzung der Strafbarkeit bilden danach die kriminellen Neigungen des Täters und seine allgemeine Gefährlichkeit für die Rechtsordnung. In dieser Strafzwecklehre wurzle die Strafbarkeit untauglicher Versuchshandlungen.[686] Allerdings sei eine Bestrafung untauglicher Versuche im Lichte der Individualprävention nur dann gerechtfertigt, wenn gerade die vorgenommene Tat*handlung* vermuten lasse, dass der Täter rückfällig wird und künftig zu gefährlichen Angriffen übergehen könnte. Dies sei bei einem irrealen Versuch zu verneinen. Zwar sei es auch bei einem Aberglaubenstäter nicht von vornherein ausgeschlossen, dass er in Zukunft erneut straffällig wird. Jedoch könne man auf eine eventuelle Wiederholungsgefahr bzw. auf seine kriminelle Veranlagung nicht aus der begangenen übernatürlichen Versuchs*handlung* selbst schließen.[687] *Schallenberg* vertritt die Position, dass gerade irreale Versuche symptomatisch für eine mangelnde verbrecherische Energie und fehlende Tätergefährlichkeit sind. Unter Berufung auf eine Aussage des Psychologen *Zucker*, wonach zum Aberglauben gerade entschlussunsichere Personen neigen,[688] meint *Schallenberg*, dass einem abergläubischen Täter die kriminelle Entschlussfähigkeit fehlt, taugliche Mittel einzusetzen. Gerade die Wahl eines übersinnlichen Tatmittels in Verbindung mit der „charakterlichen Eigentümlichkeit" (gemeint ist die Entschlussunfähigkeit) beweise, dass die Täter von dem Einsatz tauglicher Mittel zurückschrecken. Ihre Hemmungen, zur Tatbestandsverwirklichung wirksame Mittel einzusetzen, seien unüberwindbar.[689] Ein derartige Merkmale aufweisender verbrecherischer Wille sei nicht stark genug, um eine Bestrafung wegen Versuchs zu rechtfertigen.[690] Nach *Schallenberg* besteht bei einem jeden untauglichen, auch noch so unverständigen, Versuch die Gefahr einer Wiederholung mit tauglichen Mitteln,

---

685 *Schallenberg*, S. 62 f. unter Berufung auf *Gallas*, Kriminalpolitik, S. 14. Zum (Einzel-) Tatstrafrecht S. 42 f. Zum Begriff *Roxin*, AT I § 6.
686 *Schallenberg*, S. 63 f.
687 *Schallenberg*, S. 65 und 71.
688 *Zucker*, Psychologie des Aberglaubens, S. 296.
689 *Schallenberg*, S. 67 f.
690 *Schallenberg*, S. 69.

nur bei einem abergläubischen Versuch nicht,[691] bzw. es könne auf eine solche zumindest nicht aus der Tathandlung selbst geschlossen werden.[692]

Das Strafziel der Generalprävention bezweckt eine generelle Kriminalitätsverhütung in der Allgemeinheit. *Schallenberg* geht davon aus, dass sich eine generalpräventiv orientierte Strafdrohung in ihrer Höhe nach dem Unrechtsgehalt richtet, der in den einzelnen unter Strafe gestellten Verhaltensweisen enthalten ist. Den Maßstab für die Einstufung des Schweregrades des Unrechts bilde dabei der objektiv zugefügte Schaden. Daraus folge, dass sich der Strafzweck der Generalprävention nicht auf den Täter, sondern auf seine *Tat* beziehe. Vom generalpräventiven Standpunkt her, der auf eine Einübung der Rechtstreue abziele, sei es sinnlos, die Rechtsgemeinschaft auf die Strafbarkeit objektiv ungefährlicher Handlungen – wie den untauglichen Versuch – hinzuweisen. Denn die Allgemeinheit könne nur dann wirksam von Verbrechensbegehung abgehalten werden, wenn gefährliche Handlungen unter Strafe stehen.[693] Dabei beruft sich der Autor auf *Gallas*, der die Auffassung vertritt, dass Generalprävention eine Bestrafung untauglicher Versuche nicht legitimiert. Es fehle nämlich an einer „Gefährdungshandlung", deren Vornahme zu unterbinden einen Sinn hätte. Zur Begründung führt *Gallas* an: Wer einen Menschen töten will, werde – wenn er weiß, dass er sich auch dann strafbar macht, *wenn er das Opfer mit einem Baumstrumpf verwechseln würde* – durch diese Kenntnis nicht wirksamer abgeschreckt, als wenn er nur die generelle Strafbarkeit von Tötungshandlungen kennt.[694] Nach Ansicht beider Autoren ist aus generalpräventiver Sicht eine Pönalisierung untauglicher, also auch abergläubischer, Versuche sinnlos.[695]

In seiner Zusammenfassung stellt *Schallenberg* fest, dass eine Bestrafung abergläubischer Versuche unter keinem Strafzweckgesichtspunkt gerechtfertigt ist. Deshalb könne auch eine die einzelnen Strafziele vereinigende Theorie nicht zu einem anderen Ergebnis gelangen, als diese Versuchsgattung straflos zu lassen.[696]

Auf den ersten Blick besticht *Schallenbergs* Lösungsmodell durch seine innere Geschlossenheit. In vollem Umfang zuzustimmen ist jedoch nur seiner Begründung im Lichte der absoluten Straftheorie. Seine Argumentationslinie ist logisch nachvollziehbar und das Ergebnis überzeugend. Innerhalb einer Strafzwecklehre,

---

691 *Schallenberg*, S. 72 f.
692 *Schallenberg*, S. 71.
693 *Schallenberg*, S. 74 f.
694 *Gallas*, Kriminalpolitik, S. 38 Anm. 114.
695 *Schallenberg*, S. 75; *Gallas*, Kriminalpolitik, S. 38 Anm. 114.
696 *Schallenberg*, S. 75.

welche eine „Spiegelstrafe" fordert, ist für die Bestrafung folgenloser Taten, wie des abergläubischen Versuchs, kein Raum.

Bedenken bestehen jedoch in Bezug auf die Ausführungen des Autors unter präventiven Gesichtspunkten. Hier zeigen sich teilweise erhebliche Unstimmigkeiten. Insbesondere die Erläuterungen zur Spezialprävention sind in zweierlei Hinsicht angreifbar.

Der erste Einwand richtet sich gegen die Annahme, dass abergläubischen Personen eine Entschlussunfähigkeit und unüberwindbare Hemmungen im Hinblick auf eine Straftatbegehung mit tauglichen Mitteln eigen seien. Dass diese These nicht stimmt, wird deutlich, wenn man sich die Aberglaubens-Fälle vor Augen hält, die der Praxis – anders als der abergläubische Versuch – wirklich Sorgen bereiten. Gemeint ist die abergläubisch bzw. religiös motivierte schwere Kriminalität. Zu denken ist vor allem an Sektierer, die ihren finsteren Kult treiben. Medial bekannt wurden in Deutschland beispielsweise der kürzlich abgeurteilte „Durst auf Blut"-Mordfall (2013),[697] der „Passauer Satansmord" (2007) und der „Satansmord von Witten" (2001). Eine unrühmliche Weltberühmtheit erlangten z.B. die Untaten der Manson-Bande, die 1969 in den USA innerhalb von drei Wochen acht Morde im Namen des Satans begangen haben. Aus Irrglauben werden vermeintliche Hexen und Vampire hingerichtet,[698] dem „Katzenkönig" werden Menschen geopfert,[699] nicht selten haben sich Ermittlungsbehörden mit okkulten Sexualverbrechen und ritueller Gewalt befasst,[700] sehr häufig wurde in den letzten Jahren von religiös motivierten Anschlägen der Terrornetzwerke berichtet und vieles mehr. Der kriminelle Aberglaube ist auch heute und in

---

697 S. z.B. *Spiegel Online* (o. V.) vom 28.5.2014, Mord an Prager Taxifahrer: Höchststrafen für junge Männer aus Baden-Württemberg (URL).
698 Z. B. „*Der Spiegel*" (o. V.) 14/1951, „Hexerei. Bis das Blut kommt", berichtete von den Lüneburger Hexenprozessen (URL). Weltweit finden noch in heutiger Zeit Hexentötungen statt, z.B. in Südafrika, vgl. *Kaetzler*, S. 103 ff. sowie die *Spiegel Online*-Meldung (o.V.) vom 12.1.2012, Südafrika: Mob lyncht Paar wegen angeblicher Hexerei (URL), oder in Papua-Neuguinea, s. z.B. *Spiegel Online* (o. V.) vom 8.4.2013, Zwei Frauen in Papua-Neuguinea geköpft (URL). In Saudi-Arabien wurde eine Frau noch 2011 wegen Hexerei verurteilt und offiziell hingerichtet, s. die *Spiegel Online*-Meldung (o. V.) vom 12.12.2011, Urteil in Saudi Arabien: Frau wegen „Hexerei" hingerichtet (URL).
699 So in BGHSt 35, 347 ff.
700 Zur rituellen Gewalt vgl. z.B. *Wagner/Bosse*, Datenerhebung rituelle Gewalt in Rheinland-Pfalz (URL).

unseren Breitengraden weit verbreitet und hat verschiedene Formen.[701] Die der Begründung *Schallenbergs* zugrundeliegende psychologische Prämisse, dass Abergläubische größere Skrupel vor einer Straftatbegehung hätten und für sie „Entschlussunfähigkeit" charakteristisch wäre, entspricht nicht der Wirklichkeit. Die einen bleiben bei übernatürlichen Tatmitteln, die anderen nicht. Die angeführten Fälle machen deutlich, dass nicht selten gerade der Aberglauben Menschen zu Verbrechern werden lässt.

Auf eine erhöhte Hemmschwelle bei Abergläubischen schließt der Autor zudem aus der Art des verwendeten Mittels. In dieser Arbeit wurde dargelegt, dass die Gründe, warum Abergläubische zur Tatbestandsverwirklichung gerade übersinnliche Wirkkräfte einsetzen, vielfältig sind. Die einen wollen sich mit dem Mantel der Unbeweisbarkeit decken, die anderen wollen ihr Gewissen beruhigen und wieder andere greifen zu magischen Mitteln, weil sie glauben, dass gerade diese schneller, wirksamer oder einfacher einzusetzen sind als die real existierenden.[702] Beim Einsatz paranormaler Kräfte muss sich der Täter nicht einmal in räumlicher Nähe des Handlungsobjektes befinden – sie „funktionieren" nach seiner Vorstellung auch per Fernwirkung. Einigen Tätern fehlt vielleicht tatsächlich der Mut, mit realen Mitteln zu handeln. Das ist jedoch nur einer von vielen möglichen Gründen, warum sich abergläubische Täter für eine Erfolgsherbeiführung auf einem transzendenten Wege entschieden haben und erlaubt deshalb keinen Schluss auf etwaige unüberwindbare Hemmungen des Täters. Die Art des Vorgehens sagt nichts über die allgemeine Gefährlichkeit eines Täters aus und – wie die angeführten Fälle aus der Praxis zeigen – es gibt keine psychologisch fundierte charakterliche Eigenschaft eines Abergläubischen, welche eine unterschiedliche strafrechtliche Beurteilung seiner Handlungen gegenüber den Taten nicht abergläubischer Personen rechtfertigen würde.

Der zweite grundsätzliche Einwand richtet sich gegen die Ausgangsthese dieser Erklärung, dass man in spezialpräventiver Hinsicht auf die Gefährlichkeit des Täters für die Zukunft aus der vorgenommenen Tat*handlung* selbst schließen können muss. Diese Behauptung entbehrt jeglicher Begründung des Autors und ist auch in sachlicher Hinsicht unbegründet. Die spezialpräventive Straftheorie ist viel komplexer, als dass sie bei der Prognostizierung allein an die Tathandlung

---

701 Ausführlich zu den verschiedenen Formen kriminellen Aberglaubens mit vielen Beispielen aus der Praxis *Groß/Seelig* II, S. 125 ff. Zum „Verbrechensaberglauben" s. auch *Hellwig*, in H. Gross'Archiv 19 (1905), 286, 287; *ders.*, in H. Gross'Archiv 39 (1910), 296 ff. Von älteren Fällen berichtet *Kretschmer*, Der Grab- und Leichenfrevel, S. 443 ff.
702 S. 158 ff.

anknüpfen würde; sie ist ja gerade *täter*bezogen. Eine aus individualpräventiver Sicht begründete Einwirkungsnotwendigkeit kann sich aus unterschiedlichen Umständen ergeben, wie zum Beispiel aus einschlägigen Vorstrafen, dem Vorleben oder aus bestimmten Vorbereitungshandlungen. Im Grunde muss noch nicht einmal eine bestimmte Tat*handlung* vorgenommen worden sein. Aus spezialpräventiven Gründen ist eine Bestrafung schon dann zweckmäßig, wenn sich der Täter auf irgendeine Weise als „kriminalitätsgefährdet" gezeigt hat,[703] etwa bei der Ankündigung, eine bestimmte Straftat auf jeden Fall begehen zu wollen.

Zum anderen kann man aus gar keiner Handlung, auch nicht aus einer noch so tauglichen und erfolgreichen, mit hinreichender Wahrscheinlichkeit auf eine mögliche Wiederholung mit tauglichen Mitteln in der Zukunft schließen. Die Unmöglichkeit einer derartigen Prognose wird heute nicht mehr angezweifelt.[704] Woran soll man bei jemandem, der einen anderen versucht hat zu erschießen, erkennen, dass er es in der Zukunft wieder tun werde? Vielleicht ist der Täter froh, dass nichts passiert ist. Die Ausgangsthese, dass die Gefährlichkeit des Täters vom spezialpräventiven Standpunkt her an der Tathandlung erkennbar sein muss, ist unzutreffend. Damit ist die Grundlage von *Schallenbergs* spezialpräventiver Straflosigkeitsbegründung entfallen. Festzuhalten bleibt danach, dass aus Gründen der Individualprävention prinzipiell auch bei einem abergläubischen Versuch eine strafrechtliche Reaktion zweckmäßig sein kann.

Auch gegen die vom Strafziel der Generalprävention ausgehende Begründung bestehen erhebliche, vor allem strafrechtstheoretische Bedenken. *Schallenberg* meint, dass sich die Strafdrohung nach der generalpräventiven Strafzwecklehre an dem Unrechtsgehalt der Tat orientiere, der anhand des erwarteten objektiven Schadens zu bestimmen sei. Dem kann nicht zugestimmt werden, denn eine solche Sichtweise führt zurück zu der „Vergeltungstheorie". Eine rein generalpräventiv ausgerichtete Strafdrohung richtet sich vielmehr primär danach, wie hoch *aktuell* die Erforderlichkeit einer Einwirkung auf die Allgemeinheit eingestuft wird, m. a. W. in welchem Maße die Unterbindung bestimmter Verhaltensweisen zweckmäßig erscheint. Einen Einfluss darauf haben können auch situative Erscheinungen (wie z. B. gemeine Notlagen) oder eine Sensibilisierung der Bevölkerung durch bestimmte „krasse" Einzelfälle. Bei sich wiederholt ereignenden Terroranschlägen oder vermehrten Amok-Taten können für unerlaubten Sprengstoff- bzw. Waffenbesitz oder für die (auch fahrlässige) Ermöglichung

---

703 *Roxin*, AT I, § 3 Rn. 16.
704 Vgl. etwa *Stopfkuchen*, S. 87; *Spendel*, NJW 1965, 1881, 1883.

darauf unbefugt zuzugreifen, sehr hohe Strafen verhängt werden.[705] In früheren Hungersnot-Zeiten wurde auf einen Mundraub mit Todesstrafe reagiert, um einen Abschreckungseffekt bei der Bevölkerung zu erzielen. Diese Beispiele machen deutlich, dass eine generalpräventiv ausgerichtete Strafdrohung in keinerlei Relation zu dem Unrechtsgehalt der Tat stehen muss; etwa zur Statuierung eines Exempels können danach „drakonische" Strafen verhängt werden. Die rein generalpräventive Straftheorie ist vor allem aus diesem Grunde heftiger Kritik ausgesetzt. Sie enthält keinen Maßstab für die Begrenzung der Strafhöhe und kann somit den Verhältnismäßigkeitsgrundsatz verletzen.[706] *Schallenbergs* Erklärung baut also auf einem unzutreffenden Verständnis der generalpräventiven Strafzwecktheorie auf. Dementsprechend kann seine Begründung die Straflosigkeit abergläubischer Versuche nicht tragen.

Angreifbar ist auch die Behauptung von *Schallenberg* und *Gallas*, dass nur eine Abschreckung von gefährlichen Handlungen einen Sinn mache. Dass die in diesem Bezug angeführte Argumentation von *Gallas* die Straflosigkeit untauglicher Versuche nicht begründen kann, wird deutlich, wenn man in seinem Beispielsfall den Bezugspunkt für die Strafdrohung[707] abwandelt. Ebenso wie im Beispiel von *Gallas* wird ein Tatgeneigter von seinem Tötungsvorhaben etwa auch dann nicht wirksamer (als bei der Kenntnis des generellen Tötungsverbots) abgeschreckt, wenn er weiß, dass er sich selbst dann strafbar machen würde, *wenn er das Opfer nicht trifft*. Ist etwa diese an sich zutreffende Argumentation ein hinreichender Grund, den Versuch generell straflos zu lassen? Nicht entscheidend ist, ob ein Tatgeneigter bei der Kenntnis der Strafbarkeit untauglicher Versuche *wirksamer* abgeschreckt wird als bei der Kenntnis des generellen Verbots, sondern, dass er möglicherweise *weniger wirksam* von seinem Vorhaben abgeschreckt wird, wenn er weiß, dass objektiv ungefährliche Taten straflos sind. Denn ein tatgeneigter Täter, der weiß, dass er sich nur dann strafbar macht, wenn er ein Rechtsgut tatsächlich verletzt oder zumindest konkret gefährdet, muss sich doch geradezu ermutigt fühlen, sein Vorhaben auszuführen. Er weiß dann: Entweder er erreicht sein Ziel oder er hat keine oder kaum strafrechtliche Nachteile zu befürchten.

Noch deutlicher wird die Zweckdienlichkeit einer Strafbarkeit untauglicher Versuche aus der Blickrichtung der positiven Variante der Generalprävention. Auch eine gescheiterte Versuchshandlung kann negative Auswirkungen auf das

---

705 Vgl. in diesem Zusammenhang ferner auch die neuen Straftatbestände § 52a WaffG und § 89a StGB.
706 Z. B. *Rengier*, AT, § 3 Rn. 17; *Roxin*, AT I § 3 Rn. 32; *Wessels/Beulke/Satzger*, AT, Rn. 12.
707 In Beispielen von *Gallas* sowie hier *kursiv* hervorgehoben.

Rechtsbewusstsein der Bürger haben, wenn sie unbestraft bleibt. Denn das Bedürfnis nach einem schützenden Eingreifen der Strafrechtsordnung entsteht auch dann, wenn bei einem Tötungsversuch die verwendete Waffe nicht geladen ist oder wenn der Täter statt Zyankali versehentlich Zucker eingesetzt hat. In solchen Fällen ist eine Bestrafung des Täters zur Vertrauensbildung in die Geltungskraft der Rechtsordnung zwingend erforderlich. Durch eine erfolgte Bestrafung des Täters kann die Generalprävention zudem ihre Befriedigungswirkung entfalten. Zur Erfüllung ihrer generalpräventiven Funktion ist eine Strafdrohung für untaugliche Versuche also prinzipiell sinnvoll.

Anders ist es jedoch bei abergläubischen Versuchen. Hier gilt aus generalpräventiver Sicht im Prinzip das Gleiche, was schon für den grob unverständigen Versuch festgestellt wurde.[708] Von solchen Taten sind keine schädlichen Auswirkungen auf die Normtreue der Bevölkerung zu erwarten, weil magische Praktiken von „normal" denkenden Mitbürgern nicht ernstgenommen werden und das Rechtsbewusstsein gar nicht erst gestört wird. Im Hinblick auf die Gewährung der Rechtssicherheit bzw. zur Stärkung des Normvertrauens der Bevölkerung ist deshalb eine strafrechtliche Reaktion nicht erforderlich. Zur Abschreckung potenzieller Täter kann eine Bestrafung mediumistischer Versuchstäter nicht beitragen, weil deren übersinnliche Praktiken ohnehin nicht als Vorbild für das eigene Handeln der Bürger dienen.[709]

Im Ergebnis ist *Schallenbergs* Feststellung, dass irreale Versuche in generalpräventiver Hinsicht keiner Strafe bedürfen, zuzustimmen. Zu verwerfen ist jedoch seine auf unzutreffenden rechtlichen Annahmen beruhende Begründung.

b) Ergebnis der Strafzwecktheorie

Die Analyse der einzelnen Strafzwecke hat ergeben, dass die absolute sowie die generalpräventive Straftheorie eine Strafe bei abergläubischen Versuchen nicht rechtfertigen. Allerdings kann die Strafe ihre individualpräventive Funktion prinzipiell auch bei einem „kriminalitätsgefährdeten" mediumistischen Versuchstäter erfüllen; von dieser Warte aus erscheint die Erforderlichkeit einer Einwirkung auf den Täter nicht generell ausgeschlossen. Bei den heute herrschenden *Vereinigungstheorien*[710] kommt es deshalb darauf an, welches Gewicht dem spezialpräventiven Strafzweck innerhalb der Strafzwecklehre beigemessen wird. Dies

---

708 S. 66.
709 Zur fehlenden Nachahmungswirkung auch *Kretschmer*, JR 2004, 444, 445.
710 Nachweise in Fn. 173.

wird nicht einheitlich bewertet. Die Bedeutung der einzelnen Strafziele sowie ihr Verhältnis zueinander sind noch nicht abschließend ausdiskutiert worden.[711]

Über Eines besteht jedoch Einigkeit: Allein aus individualpräventiven Gründen darf Strafe nicht angedroht werden. Eine rein spezialpräventiv ausgerichtete, an etwaige kriminelle Neigungen des Täters anknüpfende Strafdrohung darf es in einem am Tatschuldprinzip und am Gleichheitssatz orientierten Strafrechtssystem nicht geben.[712] Eine solche Strafdrohung würde im Widerspruch zur allgemein anerkannten Ablehnung des Gesinnungsstrafrechts und der Verdachtsstrafe stehen. Der Täter ist für seine Tat zu bestrafen, nicht aber für seine Persönlichkeit oder etwaige – ohnehin nur zu vermutende – Neigungen.[713] Das zu bestrafende Unrecht muss zudem zum Tatzeitpunkt bereits vorliegen und darf nicht erst durch spezialpräventive Erwägungen vom Richter nachträglich hinzugefügt werden. Damit kann als gesichert festgehalten werden, dass eine „Vereinigungstheorie", unabhängig davon, ob diese das Schwergewicht auf präventive oder auf vergeltende Gesichtspunkte legt, eine strafrechtliche Sanktionierung abergläubischer Versuche nicht legitimiert.

Ob daraus der Schluss gezogen werden kann, dass abergläubische Versuche zwingend straflos bleiben müssen, ist allerdings zweifelhaft. In dieser Abhandlung wurde festgestellt, dass eine Bestrafung *grob unverständiger* Versuche zur Erfüllung der Strafzwecke ebenfalls kaum beitragen kann und nur aus spezialpräventiven Gründen einleuchtet,[714] dennoch stellen sie nach der gesetzlichen Wertung ein grundsätzlich strafbares Unrecht dar. Darin wird deutlich, dass der gesamte strafzweckorientierte Ansatz nicht hinreichend zum Unrechtscharakter und der Schwere des Unrechts bei irrealen Versuchen Stellung nimmt. Zwar fordert die „Vergeltungstheorie" gerechten Unrechts- und Schuldausgleich, jedoch ist der Unrechtsbegriff der absoluten Strafzwecklehre zu sehr *erfolgsbezogen*, weil ihm das objektive „Talionsprinzip" zugrunde liegt. Nach dem heutigen Verständnis bedeutet „Unrecht" jedoch mehr als nur rechtswidrig verursachte objektive Folgen oder Schäden.[715] Auch folgenlose Taten, wie untaugliche oder gescheiterte Versuche stellen nach der gesetzlichen Konzeption

---

711 Vgl. zu den unterschiedlichen Ansichten *Roxin*, AT I § 3 Rn. 33 ff.
712 Etwaige spezialpräventive Bedürfnisse werden erst bei der Strafzumessung i. e. S. berücksichtigt, vgl. dazu *Roxin*, AT I § 3 Rn. 42 f.
713 Zum Tatstrafrecht S. 42 f.
714 S. 65 ff.
715 Zum Unrechtsbegriff z. B. *Suarez Montes,* Welzel-FS, S. 379 ff.; *Walter*, Kern des Strafrechts, S. 81 ff. Zu der heute fast durchweg akzeptierten personalen Unrechtslehre *Ebert/Kühl*, Jura 1981, 225, 231 ff.; *Jescheck/Weigend*, S. 240 ff.; *Kratzsch*,

ein strafwürdiges unrechtes Verhalten dar. Diesen Umstand haben die Verfechter des auf den Sinn der Strafe abhebenden Erklärungsversuchs außer Acht gelassen. Insofern ist die Frage von Bedeutung, ob sich das Unrecht bei irrealen Versuchen von dem bei anderen Versuchen qualitativ oder quantitativ unterscheidet. An dieser Stelle kann die Antwort jedoch noch offen bleiben.[716] Nach dem bisher Gesagten führt der von der Strafzwecklehre ausgehende Ansatz bei irrealen und grob unverständigen Versuchen zu *gleichen* Ergebnissen. Eine Sonderstellung irrealer Versuche innerhalb des Versuchs lässt sich mit dieser Konzeption jedenfalls nicht belegen.

4. Historische Erklärung – Gewohnheitsrecht

Für eine Nichtberücksichtigung irrealer Versuche im Strafrecht werden schließlich historische Gründe angeführt. Die Vertreter dieses Ansatzes haben erkannt, dass sich die in Rechtskreisen mehrheitlich gewollte Straflosigkeit irrealer Versuche mit rechtlichen Argumenten nicht begründen lässt – strukturell liegt ein strafbarer Versuch vor. Die fehlende Strafbarkeit erklären sie aus rechtshistorischer Sicht. Im Laufe der Aufklärung ist erkannt worden, dass Zauberei und Hexerei keine strafwürdigen Handlungen sind. Es wurde eingesehen, dass magische Praktiken nicht sozialschädlich, sondern schlichtweg unsinnig sind.[717] Entsprechende Straftatbestände sind im Laufe des 18. Jahrhunderts abgeschafft worden.[718] Als Reaktion auf jahrhundertelange Hexenprozesse[719] wurde schwarze Magie quasi zur „straffreien Zone" erklärt.[720] Darin liege der Grund, warum die

---

    Verhaltenssteuerung, S. 89 ff.; *Lampe*, Das personale Unrecht, passim; Schönke/Schröder/*Eisele*, Vor §§ 13 ff. Rn. 52/53 ff.
716 Ausführungen dazu folgen im 3. Teil, S. 233 ff.
717 *Otto*, Grundkurs, § 18 Rn. 60; ihm zust. *Jäger*, Rn. 289.
718 Noch z. B. im bayerischen Strafgesetzbuch von 1751 wurde für „Bündnis und fleischliche Vermischung mit dem Teufel" die Verbrennung angedroht. Erst das bayerische Strafgesetzbuch von 1813 verzichtete auf eine Strafandrohung für „Zauberei", s. dazu *Simson*, Einer gegen alle, S. 106.
719 Aus der reichhaltigen Literatur zu diesem Thema z. B. *Auhofer*, Aberglaube und Hexenwahn heute; *Baschwitz*, Hexen und Hexenprozesse; *Lehmann*, Aberglaube und Zauberei; *Simson*, Einer gegen alle; *Soldan/Heppe,* Geschichte der Hexenprozesse; *Schöck*, Hexenglaube in der Gegenwart. Vgl. auch die Schriftenreihe des *Kriminalmuseums Rothenburg*: Justiz in alter Zeit, S. 88 ff. und 249 ff.
    Noch heute fallen z.B. in Südafrika Menschenleben dem Hexenwahn zum Opfer, s. *Kaetzler*, S. 103 ff.
720 In einigen Bundesländern gab es jedoch den Übertretungstatbestand für „Gaukelei." Vgl. etwa Art. 54 des Polizeistrafgesetzes für Bayern aus dem Jahre 1871: „Wer

Strafrechtswissenschaftler und das Reichsgericht schon vor der Strafrechtsreform diese Fälle nicht bestrafen wollten. Es war klar, dass man durch die Neuregelung der Versuchsvorschriften die Hexenverfolgung nicht wiederaufnahm – nur unter einer anderen Bezeichnung (als untauglichen Versuch) und gestützt auf andere Rechtsgrundlagen.[721] Denn eine Pönalisierung abergläubischer Versuche würde de facto einer Bestrafung wegen Zauberei gleichkommen.[722] Die mühsam erworbene Rechtssicherheit auf diesem Gebiet dürfe keine Einbußen erleiden. Einen Schritt zurück ins Mittelalter will heute niemand wagen. Besonders treffend hat das *Bockelmann* zum Ausdruck gebracht:

> „Wir bestrafen die Zauberei nicht mehr, und daraus folgt, dass wir auch die versuchte Zauberei nicht strafen dürfen. Dämonen anzurufen, die Unterwelt zu beschwören oder den Zorn des Himmels auf einen anderen herabzuflehen, steht jedermann frei. Den Strafgesetzgeber geht nichts an, was der Böse zum Inhalt seines Gebetes oder seines Fluches macht."[723]

Dieser Auffassung zufolge würde also eine Bestrafung irrealer Versuche dem Willen des historischen Gesetzgebers zuwiderlaufen. Nachdem Zauberei, Hexerei und dergleichen als Straftaten abgeschafft wurden, sei der Versuch, die Tatbestandsverwirklichung auf paranormalem Wege herbeizuführen, von unserem Strafrecht nicht (mehr) umfasst. Insoweit könne die Straflosigkeit auf *Gewohnheitsrecht* zurückgeführt werden.[724]

Dieser Erklärungsansatz verdient große Anerkennung und zwar zum einen, weil er auf alle irrealen Versuche zutrifft, und zum anderen, weil er glaubhaft ist. Er versucht nicht, die rechtlichen Regeln zur Beurteilung von Versuchsvoraussetzungen zu verändern oder in einer anderen Weise an das vorgefasste Ergebnis anzupassen, wie es bei einigen anderen hier erörterten Begründungsmodellen zu sein scheint.

---

gegen Lohn oder zur Erreichung eines sonstigen Vorteils sich mit gemeinen Zaubereien oder Geisterbeschwörungen, wie Wahrsagen, Kartenschlagen, Schatzgraben, Zeichen- und Traumdeuten oder anderen derartigen Gaukeleien abgibt, wird mit Geldstrafe bis 150 DM oder Haft bestraft." Eine ähnliche Regelung enthielt Art. 28 b Abs. 1 des Württembergischen Polizeistrafgesetzes; vgl. dazu die Entsch. des Staatsgerichtshofs für das Land Baden-Württemberg, in JZ 1964, 501, 502 – Urt. v. 15.2.1964 – 1/63. S. auch *Hellwig*, in H. Gross' Archiv 58 (1914), 303, 310 ff. und 317.

721 Vgl. *Seier/Gaude*, JuS 1999, 456, 459, *Hardwig*, AT, S. 474; *Otto*, Grundkurs, § 18 Rn. 60 und SSW-StGB/*Kudlich/Schuhr*, § 22 Rn. 25.
722 *H. Mayer*, AT (1953), S. 288; *Krause/Thoma*, AT, S. 81.
723 *Bockelmann*, Strafrechtliche Untersuchungen, S. 160 f. und ders., in Niederschriften 2, S. 177. Zust. *Roxin*, JuS 1973, 329, 331.
724 *Seier/Gaude*, JuS 1999, 456, 459.

Er akzeptiert die Tatsache, dass sich eine Sonderstellung irrealer Versuche innerhalb versuchter Delikte mit rechtlichen Argumenten nicht begründen lässt und nennt einen plausiblen Grund dafür, warum eine Bestrafung in der Sache verfehlt wäre.

Wie sehr der historische Ansatz von der Grundidee her auch einleuchtet, so kann er doch allein eine Straflosigkeit abergläubischer Versuche nicht begründen. Zum einen ist eine rein geschichtliche Begründung in rechtsdogmatischer Hinsicht zur Herleitung der Straflosigkeit unzureichend. Der Ansatz nennt zwar den Grund, warum man in der Strafrechtslehre und Praxis – trotz Versuchsqualität – abergläubische Versuche nicht bestrafen *will*. Das ändert aber nichts daran, dass das Vorgehen prinzipiell als Versuch strafbar *ist* (§§ 22 f. StGB). Zum anderen hat der wissenschaftliche Fortschritt im Laufe der Zeit auch bei grob unverständigen Versuchen zu der allgemeinen Erkenntnis geführt, dass das Vorgehen schlichtweg „unsinnig" und die von solchen Taten ausgehenden sozialen Auswirkungen irrelevant sind, dennoch sind auch diese Deliktsversuche nach geltendem Recht strafbar.[725] Nach den §§ 22 f. StGB steht der Versuch als solcher unter Strafdrohung, auf die Beschaffenheit des eingesetzten Mittels kommt es dabei nicht an.

Von einem täterbegünstigenden Gewohnheitsrecht kann schon deshalb nicht ausgegangen werden, weil es an einer allgemeinen Rechtsüberzeugung als Voraussetzung für eine gewohnheitsrechtliche Anerkennung mangelt. Zwar geht die nahezu einhellige Auffassung davon aus, dass irreale Versuche straflos sind. Das wird jedoch mit positiv-rechtlichen Argumenten (und nicht mit einer gewohnheitsrechtlichen Überzeugung) begründet, wobei v. a. das Vorliegen von Versuchsmerkmalen geleugnet wird. Die andere Position, welche sich für eine Anwendung von § 23 Abs. 3 StGB auf diese Fälle ausspricht, gelangt ja auch gerade nicht zur völligen Straflosigkeit – selbst wenn einige ihrer Vertreter die Rechtsfolge dieser Norm auf das zwingende Absehen von Strafe modifizieren wollen.[726] An einer *opinio iuris* lässt sich auch deshalb zweifeln, weil der in den Gesetzesmaterialien zum Ausdruck gebrachte gesetzgeberische Wille ein anderer war[727] und es auch heute vereinzelte Stimmen gibt, welche diese Fälle für strafbar halten.[728] In Bezug auf die Tatsache, dass deutsche Gerichte irreale Versuche in „langdauernder Übung" nicht bestrafen, kann man aus diesen Gründen

---

725 Auf diesen Widerspruch hat bereits *Otto*, Grundkurs § 18 Rn. 60 hingewiesen.
726 Ausf. zu dieser Auffassung S. 205 ff.
727 Der Gesetzgeber wollte abergläubische Versuche in § 23 Abs. 3 StGB einbeziehen, s. Begr. E 1962 – BTDrucks. IV/650 S. 144 f.; dazu S. 207 f. dieser Arbeit.
728 Nachweise in Fn. 745–750.

lediglich von einer Gewohnheit sprechen, die bekanntlich allein noch kein Recht schaffen kann.

Die historische Erklärung nennt zwar in der Sache einen einleuchtenden Grund, der gegen eine Bestrafung irrealer Versuche spricht; sie allein kann die Straflosigkeit aber nicht tragen.

5. Zwischenergebnis

Auch der abergläubische Versuch erfüllt alle Versuchsmerkmale, ein Versuch im formellen Sinne liegt also vor. Vom subjektiven Standpunkt aus lässt sich deshalb ein Wegfall der Strafbarkeit in diesen Fällen nicht begründen (1.). Die herrschende Eindruckstheorie führt auf dem Gebiet des Aberglaubens zur Verneinung der Verssuchsstrafe. Ein rechtserschütternder Eindruck bei der Rechtsgemeinschaft entsteht nicht, wenn ein Täter die Deliktsverwirklichung vom Mitwirken übernatürlicher Elemente abhängig macht (2.). Auch rechtspolitische (3.) und historische (4.) Gründe sprechen bis zu einem gewissen Grade gegen eine Bestrafung dieses Versuchs. Allerdings konnte mit keinem dieser Lösungsmodelle eine Sonderstellung des irrealen gegenüber anderen strafbaren Versuchen begründet werden. Die ihnen zugrunde liegenden Prämissen treffen auch auf grob unverständige Versuche zu, so dass ein Konflikt mit § 23 Abs. 3 StGB besteht.

II. Abergläubischer Versuch als Unterfall des § 23 Abs. 3 StGB

1. Modifizierte Rechtsfolge

Zahlreiche Autoren erkennen, dass sich das Fehlen von Versuchsvoraussetzungen bei abergläubischen Versuchen nicht widerspruchslos begründen lässt.[729] Sie wollen deshalb auch irreale Versuche unter die Begriffsbestimmung des § 22 StGB subsumieren und votieren für die Anwendung der Unverstandsklausel auf diese Fälle.[730] Das wird jedoch nicht etwa mit einer Strafwürdigkeit übersinnlicher Praktiken begründet, sondern mit formellen Argumenten.

---

729 So ausdrücklich etwa *Valerius*, JA 2010, 113, 116 und *Putzke*, JuS 2009, 894, 898.
730 *Arzt*, LdR, S. 1143 f.; *Bloy* ZStW 113 (2001), 74, 108 f.; *Burkhardt*, Rücktritt, S. 101 f.; *Fischer*, StGB, § 23 Rn. 10; *Guhra*, S. 41 f.; *Heinrich*, Jura 1998, 393, 398 (diff.); *ders*, AT, Rn. 680; *Hilgendorf*, JZ 2009, 139, 143; MK-*Freund*, Vor §§ 13 ff. Rn. 404; *Murmann*, Strafrecht, § 28 Rn. 56; *Otto*, Grundkurs § 18 Rn. 60 ff.; *Putzke*, JuS 2009, 894, 898; *Stratenwerth/Kuhlen*, AT I, 11/62; *Schmidhäuser*, AT¹, 15/50; *Valerius*, JA 2010, 113, 116; *Wege*, S. 68 f. Fn. 294 und 300; wohl auch *Schumann*, NStZ 1990, 32, 34 und *Kasiske*, S. 95 Rn. 249. Vgl. auch die Ausführungen zur Entstehungsgeschichte bei *Meyer*, ZStW 87 (1975), 598, 617 f.

Irreale Versuche seien vom Wortlaut der Versuchsregelung erfasst (a) und Gesetzesmaterialien deuteten stellenweise darauf hin, dass der historische Gesetzgeber auch diese Fälle in die Unverstandsregelung einbeziehen wollte (b). Ferner gebe es unüberwindbare Abgrenzungsschwierigkeiten zwischen irrealen und grob unverständigen Versuchen (c).

Obwohl § 23 Abs. 3 StGB dem Gericht lediglich die Möglichkeit eröffnet, von Strafe abzusehen oder diese zu mildern, gelangen die Vertreter dieses Standpunktes dennoch zur Straflosigkeit in Aberglaubensfällen. Sie wollen die Anordnung dieser Rechtsfolgen beim irrealen Versuch dahingehend modifizieren, dass der Richter *obligatorisch* von der Bestrafung abzusehen habe (Ermessensreduzierung auf Null). Die Erforderlichkeit einer Abänderung der Rechtsfolge zum zwingenden Straferlass wird vor allem mit dem Fehlen von Strafwürdigkeit begründet, vielfach wird dabei die Eindruckstheorie herangezogen.[731]

Im Folgenden werden die Argumente, welche von den Vertretern dieser Meinungsgruppe aufgeführt wurden, näher beleuchtet.

a) Wortlaut

Die Befürworter dieser Rechtsauffassung gründen ihren Standpunkt zunächst darauf, dass der Wortlaut der §§ 22, 23 Abs. 3 StGB auf abergläubische Versuche passt.[732] Ein Täter, der sich zum Erreichen seines deliktischen Ziels übernatürlicher Kräfte und finsterer Mächte bedient, hat „nach seiner Vorstellung […] zur Verwirklichung des Tatbestandes unmittelbar angesetzt" (§ 22 StGB) und nur „aus grobem Unverstand verkannt, dass der Versuch […] nach

---

731 Z.B. *Bloy* ZStW 113 (2001), 76, 108 f.; *Heinrich*, AT, Rn. 680; *Murmann*, Strafrecht, § 28 Rn. 56; MK-*Freund*, Vor §§ 13 ff. Rn. 404; *Stratenwerth/Kuhlen*, AT I, 11/62. Für zwingende Straflosigkeit auch *Guhra*, S. 41 f. (mangels Normgeltungsschaden); ihm zust. *Wege*, S. 68 f. Fn. 294 und 300. Vgl. auch *Fischer*, StGB, § 23 Rn. 9, der die Rechtsfolge zwar nicht ausdrücklich auf das Absehen beschränkt, doch vom „nach allgemeiner Ansicht straflosen" Versuch spricht. Abweichende Auffassungen bei 2. (S. 211 ff.).

732 Zu diesem Argument z.B. *Meyer*, ZStW 87 (1975), 598, 617 und 622; SK-*Rudolphi*, § 22 Rn. 34; *Roxin* AT II, § 29 Rn. 8; *ders*. JuS 1973, 329, 331 und *Gössel*, GA 1971, 225, 231 f., anders aber S. 235, mit der Begr., dass ein z.B. auf starken religiösen Bindungen beruhender abergläubischer Versuch nicht per se grob unverständig sein müsse. Dem kann nicht zugestimmt werden: Ein auf einer tief religiösen Einstellung beruhender irrealer Versuch muss zwar nicht unbedingt als lächerlich angesehen werden; dennoch ist die Vorstellung einer Erfolgsverursachung auch in diesem Fall nach allgemeinem Erfahrungswissen völlig abwegig, mithin der Versuch grob unverständig.

der Art des Mittels [...] überhaupt nicht zur Vollendung führen konnte" (§ 23 Abs. 3 StGB).

Selbst wenn man "groben Unverstand" eng auslegt und darunter nur eine "völlig abwegige Vorstellung von gemeinhin bekannten Ursachenzusammenhängen"[733] versteht, so kann auch bei irrealen Versuchen gesagt werden, dass der Täter Ursachenzusammenhänge verkannt hat, die jeder vernünftige Mensch erkennen müsste. Denn auch bei diesen Handlungen handelt es sich um eine offensichtlich falsche Zuordnung von Ursache und Wirkung – wenn auch auf metaphysischem Gebiet. Dass der Gesetzestext auch auf irreale Versuche passt, kann nicht ernsthaft bestritten werden.[734]

Auf der Grundlage der §§ 22, 23 Abs. 3 StGB ist es also prinzipiell möglich, abergläubische Versuche als untaugliche (grob unverständige) Versuche zu behandeln.

b) Gesetzesmaterialien

Daneben berufen sich die Vertreter dieser Ansicht auf die amtliche Begründung des Entwurfs 1962, auf den der heutige § 23 Abs. 3 StGB zurückgeht. Die Gesetzesbegründung ist jedoch zu diesem Punkt nicht widerspruchsfrei.

(1) Dort heißt es nämlich einerseits:

> „Ein Täter, der durch Totbeten oder ähnliche abergläubische Machenschaften einen Menschen töten zu können glaubt, ist in der Regel nur strafwürdig, wenn sein verbrecherischer Wille befürchten läßt, dass er nach dem Fehlschlagen seines ersten Versuchs zu tauglicheren Mitteln greift."[735]

---

733 Begr. E 1962 – BT-Drucks. IV/650 S. 145. In dieser Abhandlung wurde allerdings ein weites Verständnis befürwortet, s. S. 86 ff. und S. 122.
734 LK-*Hillenkamp*, § 22 Rn. 189, will irreale Kräfte unter Berufung auf RGSt 33, 321, 323 nicht unter den Begriff des „Mittels" subsumieren: Der Täter habe nicht i. S. d. § 23 Abs. 3 StGB ein Mittel *verkannt*, sondern sich seine Existenz nur *eingebildet*. Diese Argumentation überzeugt nicht: Bei vielen untauglichen Versuchen hat sich der Täter das Tatmittel bzw. Tatobjekt am Tatort nur „eingebildet" (etwa wenn er die Tatwaffe nicht eingesteckt hat oder bei einem Abtreibungsversuch einer Nichtschwangeren), dennoch sind diese Fälle als Versuch strafbar. Bei der in Anspruch genommenen metaphysisch-irrealen Kraft handelt es sich um ein „*Mittel*, mit dem die Tat begangen werden *sollte*" i. S. d. § 23 Abs. 3 StGB.
735 Begr. E 1962 – BT-Drucks. IV/650 S. 144.

Daraus lässt sich schließen, dass ein abergläubischer Versuch grundsätzlich nicht strafwürdig ist, jedoch ausnahmsweise – beim Vorliegen einer Wiederholungsgefahr mit tauglichen Mitteln – doch strafwürdig sein soll.

(2) Auf der nächsten Seite steht jedoch, dass es in Fällen,

„in denen der Täter lediglich einem abergläubischen Wahne folgt und etwa durch ‚Totbeten' einen Menschen oder durch ‚Behexen' ein Tier töten zu können glaubt […] an einem strafbaren untauglichen Versuch in der Regel schon deswegen [fehle], weil Handlungen, die allein von unwirklichen Hoffnungen und Wünschen getragen sind und noch kein rechtserhebliches Wollen enthalten, für den ‚Vorsatz, die Tat zu vollenden' nicht genügen."[736]

Im Regelfall fehle es also am Vorsatz. Der Verweis auf nur regelmäßig fehlenden Vorsatz impliziert, dass in bestimmten Ausnahmefällen Vorsatz vorliegt. In welchen Fällen ist strafbarer Vorsatz anzunehmen?

(3) Einige Zeilen später liest man wieder:

„Ein Versuch kann […] abergläubisch sein […], gleichwohl aber kann in ihm ein erheblicher verbrecherischer Wille zutage treten, der befürchten läßt, dass er sich nach dem Fehlschlag auf andere, taugliche Weise durchzusetzen sucht. […] der Entwurf [lässt] dem Strafrichter dann die Möglichkeit, die Strafe […] zu mildern […] oder von Strafe abzusehen."[737]

Diese Passage scheint für eine grundsätzliche Bejahung der Strafbarkeit durch den Gesetzgeber zu sprechen. Abergläubische Versuche werden den Rechtsfolgen des § 23 Abs. 3 StGB unterstellt, den Bestrafungsgrund bilde die Gefahr einer Wiederholung mit tauglichen Mitteln.

Die Aussagen in der amtlichen Begründung können in folgender Weise zusammengefasst werden: Abergläubische Versuche seien in der Regel nicht strafwürdig (1), regelmäßig fehle es am Vorsatz (2). Die Befürchtung einer Wiederholung mit tauglichen Mitteln soll jedoch das Unrecht (1) und die Möglichkeit einer Bestrafung begründen (3).

Die Bundestagsvorlage des E 1962 ist unklar. Sie lässt nicht erkennen, in welchen Ausnahmefällen strafrechtlicher Vorsatz angenommen werden soll und warum das „Wollen" im Regelfall nicht „rechtserheblich" sein sollte. Die auf eine vermutete Wiederholungsgefahr gestützte Annahme einer Gefährlichkeit des Täters für die Zukunft ist zudem eine rechtsstaatlich untragbare Begründung für eine Strafdrohung. Sie verträgt sich nicht mit der Ablehnung der

---

736 Begr. E 1962 – BT-Drucks. IV/650 S. 145.
737 Begr. E 1962 – BT-Drucks. IV/650 S. 145.

Gesinnungsstrafe und stellt einen Verstoß gegen das Tatschuldprinzip dar.[738] In nachfolgenden Gesetzesmaterialien wurde das Argument der Wiederholungsgefahr nicht mehr aufgeführt und irreale Versuche werden nicht mehr ausdrücklich im Zusammenhang mit der Regelung des § 23 Abs. 3 StGB erwähnt. Dennoch hat der Gesetzgeber in der amtlichen Begründung des E 1962 eine Tendenz kundgetan, abergläubische Versuche durch § 23 Abs. 3 StGB erfassen zu wollen. Der Sonderausschuss für die Strafrechtsreform, der sich die Bundestagsvorlage des E 1962 zum Vorbild genommen hat, hat davon nicht Abstand genommen. Allerdings ist sehr fraglich, inwiefern diese Entscheidung für eine prinzipielle Strafbarkeit von Bedeutung ist, wenn die Argumente, auf welche sie gestützt wurde, diese Entscheidung nicht tragen. Jedenfalls besteht wegen der Unklarheiten und Widersprüche in den Gesetzesmaterialien der Anlass, auf die gegenwärtig vertretenen weiteren Begründungsansätze einzugehen. Den Gesetzesmaterialien lässt sich also trotz vielversprechender Andeutungen keine endgültige Lösung zum Problem des abergläubischen Versuchs entnehmen.

c) Abgrenzungsschwierigkeiten

Schließlich argumentieren die Befürworter dieser Auffassung damit, dass eine sinnvolle Abgrenzung zwischen abergläubischen und grob unverständigen Versuchen nicht durchführbar sei und deshalb beide Versuchsformen § 23 Abs. 3 StGB unterworfen werden sollen. Beim abergläubischen Versuch soll die Rechtsfolge jedoch obligatorisch auf das zwingende Absehen von Strafe reduziert werden.[739] Vor allem *Heinrich* hält die Abgrenzungsschwierigkeiten für unüberwindbar. Jedoch ist nach seiner Ansicht eine Unterscheidung zwischen beiden Versuchsarten nicht erforderlich, weil es im Ergebnis ohne Bedeutung sei, ob die Straflosigkeit des irrealen Versuchs unter Anwendung des § 23 Abs. 3 StGB aus einem obligatorischen Straferlass resultiere oder daraus abzuleiten ist, dass bereits tatbestandlich kein Versuch vorliegt. Denn letztendlich führen alle Ansichten zum gleichen Ergebnis, nämlich keine Strafe.[740]

Allerdings will *Heinrich* innerhalb der Fallgruppe abergläubischer Versuche differenzieren: Grundsätzlich sollen entsprechende Praktiken unter Anwendung von § 23 Abs. 3 StGB zum zwingenden Absehen von Strafe führen. Jedoch will er Fälle, in denen der Täter keine in der Außenwelt sichtbaren Handlungen

---

738 S. 42 ff.
739 Z. B. *Bloy*, ZStW 113 (2001) 76, 109; *Stratenwerth/Kuhlen*, AT I, 11/62; *Heinrich*, Jura 1998, 393, 398; *ders.*, AT, Rn. 680.
740 *Heinrich*, Jura 1998, 393, 398.

vornimmt (z. B. gedankliche Flüche und Verwünschungen), sowie Fälle, die schon „ihrer Art nach" vollendungsuntauglich seien (etwa Voodoo-Praktiken oder Vergraben von schwarzen Katzen, und zwar wenn das Opfer davon nichts erfährt und auch nichts erfahren solle), aus dem Versuchsbereich herausnehmen.[741]

Daran ist richtig, dass der Abergläubische – ungeachtet der dogmatischen Begründung – im Ergebnis keine Strafe zu erwarten hat. Die Autoren verkennen jedoch, dass mit dem Verzicht auf eine Grenzziehung das Problem nicht gelöst, sondern nur verschoben wird. Mit Recht hält *Roxin* dieser Auffassung zweierlei entgegen: Zum einen können Abgrenzungsprobleme in Grenzfällen keineswegs (insb. nicht zu Lasten des Täters) einen Verzicht auf eine angemessene rechtliche Bewertung begründen. Zum anderen wird die Rechtsfolge des § 23 Abs. 3 StGB nach dieser Ansicht nur bei irrealen Versuchen zum *obligatorischen* Strafverzicht abgeändert. Beim groben Unverstand bleibt die Möglichkeit des Straferlasses *fakultativ*. Diese Literaturmeinung muss also die gleiche Abgrenzung vornehmen wie die herrschende Gegenposition, wenn sie für die Taten jeweils unterschiedliche Rechtsfolgen vorsieht.[742] Dass diese Fallgruppen voneinander abgegrenzt werden können, wurde in dieser Arbeit bereits gezeigt.[743]

Zudem wird übersehen, dass es nicht dasselbe ist, ob jemand deshalb straffrei bleibt, weil sein Handeln schon nicht tatbestandsmäßig war, oder nur deshalb, weil die Strafe bei der Strafzumessung auf Null begrenzt wird. Im zweiten Falle bleibt der Vorwurf rechtswidrigen und schuldhaften Handelns bestehen und der Täter hat die mit der Verurteilung verbundenen Verfahrenskosten zu tragen (§ 465 Abs. 1 Satz 2 StPO).[744] Mit Blick auf diesen Unterschied bei der Rechtsfolge wird auch die Sachwidrigkeit von *Heinrichs* Differenzierung deutlich. Ob jemand freigesprochen oder verurteilt wird kann nicht davon abhängen, ob er nur eine Puppe mit Nadeln durchstochen hat (straflos) oder ob er sie zusätzlich in den Briefkasten des Opfers einwirft (§ 23 Abs. 3 StGB). Hinzu kommt, dass die von ihm vorgeschlagene Unterscheidung nicht durchführbar ist, weil alle irrealen Versuche in gleicher Weise schon „ihrer Art nach" untauglich sind.

---

741 *Heinrich*, Jura 1998, 393, 398.
742 So schon *Roxin*, AT II § 29 Rn. 375; *Rath*, JuS 1998, 1106, 1113; *Seier/Gaude,* JuS 1999, 456, 460; LK*Hillenkamp*, § 22 Rn. 189 und § 23 Rn. 51; *Hillenkamp,* Schreiber-FS, 135, 148.
743 S. 149 f.
744 S. 130.

2. § 23 Abs. 3 StGB ohne Modifizierung

In jüngerer Zeit finden sich nur sehr vereinzelt Stimmen, welche kein Hindernis darin sehen, irreale Versuche zu bestrafen. Sie wollen auch diese Fälle dem § 23 Abs. 3 StGB unterordnen und in der Behandlung dem grob unverständigen Versuch gleichstellen.

So stuft z.B. *Zielinski* abergläubische Versuche als rechtswidrige untaugliche Versuche ein. Im Einzelfall, nämlich wenn keine Wiederholungsgefahr mit tauglichen Mitteln besteht, soll jedoch strafwürdiges Unrecht nicht bestehen.[745] An diese Rechtsmeinung knüpft *Armin Kaufmann* an: Allein die Zweckbestimmung im Vorsatz entscheide über die Normwidrigkeit. Demnach sei auch der irreale Versuch „Unrecht". In Einzelfällen, in denen eine Prävention sinnlos sei, könne jedoch das Strafbedürfnis entfallen.[746] *Arzt* steht auf dem Standpunkt, dass mit den Rechtsfolgemöglichkeiten des § 23 Abs. 3 StGB eine „angemessene Lösung" erzielt werden könne.[747] Die weiteste Auffassung in der Gegenwart vertritt *Valerius*. Die Unverstandsregelung solle bei abergläubischen Versuchen nur „in aller Regel" zur Anwendung kommen und auch dann sei nur „gewöhnlich" von einer Bestrafung abzusehen.[748]

Einige Autoren streben bei abergläubischen Versuchen eine differenzierende Beurteilung an. *Schmidhäuser* stellt nur solche irrealen Versuche anderen untauglichen Versuchen gleich, in denen der Täter an die *eigene* Fähigkeit glaubt, das Geschehen nach seinem Willen steuern zu können (z.B. Telepathie). In allen anderen Fällen liege ein bloßes Wünschen vor, das noch keinen Vorsatz begründe.[749] Nach *Baumann u.a.* sind nur Fälle bloßen „Gedankenverbrechens", wie stille Gebete, straflos. Sobald jedoch eine Handlung nach außen hin sichtbar wird (etwa laute oder auf Papier geschriebene Gebete) soll § 23 Abs. 3 StGB anwendbar sein.[750]

Sofern *Zielinski* und *Armin Kaufmann* auf den Gedanken der Prävention abstellen, gilt auch hier, was bereits bei dem strafzweckorientierten Ansatz *Schallenbergs* gesagt wurde: Präventive Erwägungen legitimieren eine Bestrafung

---

745 *Zielinski*, S. 134 Fn. 14. Kritisch zu diesem Ansatz *Sancinetti*, S. 195 f.
746 *Armin Kaufmann*, Welzel-FS, 393, 403 und *ders*. Strafrechtsdogmatik, S. 161.
747 *Arzt*, LdR, S. 1143 f.
748 *Valerius*, JA 2010, 113, 116.
749 *Schmidhäuser*, AT¹, 15/50.
750 Baumann/Weber/*Mitsch*, AT¹⁰ § 26 Rn. 37. (Anm.: In der letzten 11. Buchauflage verneinen die Autoren den Vorsatz hins. einer tatbestandsmäßigen Handlung und somit auch die *Versuchs*qualität abergläubischer Aktionen, s. Baumann/Weber/*Mitsch*, AT¹¹ § 26 Rn. 32–37 und 61.

irrealer Versuche nicht.[751] Insofern müssten die Autoren also immer zur Straflosigkeit in Aberglaubensfällen gelangen. Ungereimt ist dabei jedoch, dass im Hinblick auf ein Präventionsstrafbedürfnis keine Unterschiede zu grob unverständigen Versuchen bestehen,[752] diese aber nach dem geltenden Recht strafbar sind. Damit erweist sich der Präventionsgedanke allein nicht als taugliches Abgrenzungskriterium, um strafbare von nicht strafbaren Fällen zu unterscheiden.

Ob man, wie *Arzt* glaubt, mit den Rechtsfolgen des 23 Abs. 3 StGB immer eine „angemessene Lösung" erzielen kann, ist zweifelhaft – führt doch seine Anwendung stets zu einer Verurteilung (wenn auch mit der Möglichkeit zum Strafverzicht). Die Positionen von *Arzt* und *Valerius* sind zudem zu vage formuliert. *Arzt* nennt die Kriterien nicht, nach welchen die „angemessene" Rechtsfolge gefunden werden soll. *Valerius* lässt nicht erkennen, wann und mit welcher Begründung bei irrealen Versuchen nicht einmal die Unverstandsregelung zur Anwendung kommen sollte, sowie warum von einer Bestrafung „gewöhnlich" abgesehen werden sollte bzw. in welchen Fällen von dieser Möglichkeit kein Gebrauch gemacht werden soll.

Die differenzierenden Ansätze leuchten ebenfalls wenig ein. Ein Grund für die von *Schmidhäuser* vorgeschlagene Trennung zwischen eigenen und fremden Fähigkeiten ist nicht ersichtlich; eine eigenhändige Tatvornahme setzten Erfolgsdelikte doch gerade nicht voraus. In vielen Fällen lässt sich diese Unterscheidung gar nicht treffen.[753] Mit Verweis auf bloßes „Wünschen" gewinnt man zudem keine schlüssige Erklärung für einen Strafbarkeitsausschluss.[754] Gegen die Auffassung *Baumanns u. a.* ist einzuwenden, dass die Wertung, ob eine Straftat oder bloß ein „Gedankenverbrechen" vorliegt, nicht davon abhängt, ob die Tathandlung sichtbar wird oder nicht bzw. wie laut jemand betet. Zutreffend hält *Zaczyk* diesem Differenzierungsvorschlag entgegen, dass eine Handlung nicht dann strafrechtlich relevant wird, wenn sie etwas manifestiert, sondern nur dann, wenn sie selbst ein Unrecht beinhaltet.[755]

Insgesamt sind auch diese Ansätze zu wenig konkret, um mit ihnen die Grenze der Strafbarkeit zuverlässig bestimmen zu können.

---

751 S. 200 f. Zum Kriterium der fehlenden Wiederholungsgefahr vgl. auch S. 158 ff.
752 S. 65 ff. und 201.
753 Vgl. hierzu die Kritik an *Kuhrts* Differenzierungsvorschlag, S. 182 f.
754 S. 158 ff.
755 *Zaczyk*, in: Kindhäuser/Neumann-StGB, § 23 Rn. 17 Fn. 45.

3. Folgen der Begründungsrichtung

Außer den vorgebrachten Schwächen der einzelnen Ansichten bestehen gegen die Hauptargumente dieser Meinungsgruppe keine durchgreifenden Bedenken. Im Prinzip ist eine Anwendung von § 23 Abs. 3 StGB auf abergläubische Versuche möglich, ungeachtet dessen, ob die Rechtsfolge modifiziert werden soll (1.) oder nicht (2.). Die Frage, ob dieses Konzept auch in materieller Hinsicht überzeugt, kann jedoch erst dann beantwortet werden, wenn die sich aus ihm ergebenden Konsequenzen beleuchtet werden (a-c) und die für und gegen es sprechenden Gründe denen der Gegenauffassung gegenübergestellt werden (III.).

a) Rechtsfolge

Eine Einbeziehung abergläubischer Versuche in § 23 Abs. 3 StGB bedeutet für den Täter eine Sanktion. Dies gilt auch dann, wenn man in diesen Fällen einen obligatorischen Straferlass fordert. Denn auch wenn beim Absehen von Strafe keine Strafe verhängt wird, so wird der Täter doch *schuldig* gesprochen, er wird für die Tat *verurteilt* und ihm werden die *Verfahrenskosten* auferlegt (§ 465 Abs. 1 Satz 2 StPO). Daran wäre im Prinzip nichts zu beanstanden, wenn die Tat ein hinreichend sanktionswürdiges Unrecht darstellt. Zweifel daran entstehen jedoch spätestens dann, wenn man auf die Begründung für die Forderung nach einer modifizierten Rechtsfolge zurückblickt. Die Erforderlichkeit einer zwingenden Strafbefreiung bei abergläubischen Versuchen wird mit einer fehlenden Strafwürdigkeit der Tat legitimiert.[756] Das ist widersprüchlich: Beim Absehen von einer Bestrafung wird die Strafe bloß auf Null reduziert. Wenn eine Tat jedoch nicht strafwürdig ist, dann darf eine Strafe gar nicht erst ausgelöst sein.

b) Beteiligtenstrafbarkeit

Die Anwendung von § 23 Abs. 3 StGB auf abergläubische Versuche wirkt sich auch auf eine Bestrafung von Teilnehmern (§§ 26, 27 StGB) aus. Der Schuldspruch des Haupttäters bedeutet für Anstifter und Gehilfen ebenfalls eine grundsätzliche Strafbarkeit, weil dann eine teilnahmefähige Haupttat vorliegen würde. Notwendige Voraussetzung ist jedoch, dass der Teilnehmer selbst Vollendungsvorsatz hatte; er muss sich also entweder eine „reale" Haupttat vorgestellt haben oder er muss genauso wie der Haupttäter an die Wirksamkeit der übersinnlichen

---

756 S. 205 mit Fn. 731; dabei wird vor allem der Eindrucksgedanke herangezogen.

Praktiken glauben. Im zweiten Fall kämen auch bei der Bemessung seiner Strafe die milderen Rechtsfolgen des § 23 Abs. 3 StGB (analog) zum Zuge.[757]

Die Anwendung des § 23 Abs. 3 StGB hätte zudem eine Strafbarkeitsausdehnung im Vorbereitungsstadium zur Folge. Abergläubische Anstiftungsversuche (etwa Bestimmen durch Telepathie) und Verabredungen (z. B. zum gemeinsamen Voodoo-Tötungsritual) wären dann prinzipiell nach § 30 StGB zu bestrafen.[758]

c) Straftatbestände des Besonderen Teils des StGB

Der Weg über § 23 Abs. 3 StGB würde schließlich eine Erweiterung der Strafbarkeit im Bereich des Besonderen Teils des Strafgesetzbuches zur Folge haben. Wenn irreale Versuche danach Straftaten sind, so könnten zum Beispiel regelmäßige spiritistische Seancen zum Zwecke schwarzer Magie als kriminelle oder terroristische Vereinigungen nach §§ 129, 129a StGB bestraft werden. Ein geplanter Tötungsversuch mittels Voodoopraktiken würde prinzipiell eine Katalogtat i. S. d. § 138 StGB darstellen, dessen unterlassene Anzeige mit Strafe bedroht wäre. Die Strafbarkeit in diesen Fällen würde entstehen, obwohl jeder Normalbürger sogleich erkennen kann, dass die geplante Tat undurchführbar ist – denn nach den Erfolgsaussichten der Tat fragen die angeführten Strafvorschriften nicht. Eine Einbeziehung irrealer Versuche in § 23 Abs. 3 StGB würde zudem die Folge auslösen, dass sie eine taugliche Vortat i. S. d. §§ 257 ff. StGB sein könnten. Demnach würde sich gem. § 257 StGB wegen Begünstigung strafbar machen, wer zu Gunsten des Vortäters das Honorar[759] aufbewahrt, welches z. B. für die Herstellung eines Liebestranks gezahlt wurde, der die Angebetete ihrer Entscheidungsfreiheit berauben soll. Durch Verstecken des „Zauberbuches" mit dessen Hilfe ein „Auftragsmord" ausgeführt wurde, könnte man eine Strafvereitelung i. S. d. § 258 StGB begehen. Das für den Einsatz telepathischer Kräfte zum Öffnen eines Tresors erlangte Entgelt könnte prinzipiell Gegenstand der Geldwäsche gem. § 261 StGB sein. Das alles gilt auch dann, wenn der Hilfeleistende, Verschleiernde u. s. w. an paranormale Zusammenhänge nicht glaubt, weil Anschlussdelikte auf eine andere Schutzrichtung abzielen als die Versuchsregelung.

---

757 S. 138.
758 Zur Geltung des § 23 Abs. 3 StGB in Fällen des § 30 StGB oben, S. 135 f.
759 Der gezahlte Tatlohn ist ein unmittelbarer "Vorteil der Tat" i. S. d. § 257 StGB, so BGH, Beschl. vom 03.11.2011 – 2 StR 302/11 = BGH NStZ 2012, 320.

III. Stellungnahme zum Meinungsstreit

In diesem Kapitel wurde festgestellt, dass bei abergläubischen Versuchen sämtliche Versuchsmerkmale erfüllt sind; ein Versuch im Rechtssinne liegt also vor. Zieht man die Konsequenz aus den bisherigen Ergebnissen, so bestehen im Hinblick auf eine mögliche strafrechtliche Behandlung abergläubischer Versuche *de lege lata* nur zwei Möglichkeiten. Entweder man unterzieht den Versuchstatbestand in Anwendung der herrschenden Eindruckstheorie (bzw. mit kriminalpolitischen Erwägungen) einer teleologischen Reduktion und gelangt so zur völligen Straflosigkeit in diesen Fällen. Alternativ dazu ließen sich mit der Mindermeinung irreale Versuche dem § 23 Abs. 3 StGB unterordnen (ggf. mit obligatorischem Straferlass).

1. Argumente für und wider die jeweilige Begründungsrichtung

a) Angesichts der Tatsache, dass der Wortlaut des § 23 Abs. 3 StGB auf irreale Versuche passt und der Gesetzgeber diese Fälle prinzipiell in diese Vorschrift einbeziehen wollte,[760] scheint sich der Weg über die Unverstandsregelung in die Konzeption des Strafgesetzbuches gut einzufügen. Schließlich hat der Gesetzgeber in der Unverstandsregelung zum Ausdruck gebracht, dass er auch absurde Vorstellungen als tatbestandsmäßigen Vorsatz anerkennt.

Auf der anderen Seite überraschen die Ausführungen in der amtlichen Begründung des E 1962, denn irreale Versuche galten schon vor dem Inkrafttreten dieser Vorschrift als straflos,[761] diese Rechtsauffassung wurde durch die Grundsatzentscheidung des Reichsgerichts bestätigt.[762] Es ist kein Grund ersichtlich, warum sich daran etwas ändern sollte. Die vom Gesetzgeber genannten Gründe tragen eine solche Strafbarkeitserweiterung nicht.[763]

Im Schrifttum wird in diesem Kontext vielerorts als Argument gegen eine Anwendung von § 23 Abs. 3 StGB auf irreale Versuche angeführt, dass der Gesetzgeber mit der Einführung dieser Norm die Strafbarkeit untauglicher Versuche eigentlich einschränken, nicht aber erweitern wollte.[764] Die Einbeziehung irrealer

---

760 S. 206 ff.
761 Vgl. *Bockelmanns* Ausführungen in Niederschriften 2, S. 177.
762 RGSt 33, 321 ff. – Tötungsversuch durch Verlesen von Beschwörungsformeln, s. dazu S. 155 ff.
763 S. 42 ff. und S. 207 f.
764 Begr. E 1962 – BT-Drucks. IV/650 S. 143 f. und S. 145.

Versuche in die Unverstandsregelung würde also – angesichts ihrer Straflosigkeit vor der Strafrechtsreform – seinem Willen entgegenlaufen.[765]

Dieses Argument läuft jedoch leer, weil es aus einer unzutreffenden Interpretation der Gesetzesmaterialien folgt. Der Reformgesetzgeber hat sich bei der Neufassung der Versuchsvorschriften für die subjektive Theorie und mit ihr für die Strafbarkeit des untauglichen Versuchs entschieden. Mit der Einführung des 23 Abs. 3 StGB wollte er ausdrücklich nur *diese* Strafbarkeitserweiterung wieder etwas eindämmen, ohne Rücksicht auf den vorgesetzlichen Rechtszustand. Er hat gesehen, dass die neue Versuchsregelung zu einer Verschärfung der Rechtslage bei irrealen Versuchen führt. Diese war also durchaus beabsichtigt,[766] wenn sie auch mit einer unzulässigen Begründung gerechtfertigt wurde.[767]

Der Gesetzestext und die Gesetzesmaterialien sprechen deshalb eher für eine Einbeziehung abergläubischer Versuche in § 23 Abs. 3 StGB.

b) Im Hinblick auf die Rechtsfolgen dieser Vorschrift kommen jedoch Zweifel auf, ob das der „bessere" Weg ist. In dieser Abhandlung wurde festgestellt, dass Strafgrundüberlegungen sowie Aspekte kriminalpolitischer Zweckmäßigkeit stark gegen eine Strafbarkeit irrealer Versuche sprechen. Eine Sanktionierung in diesen Fällen wird in Rechtskreisen nahezu einhellig als unvertretbar angesehen; selbst die Befürworter der Lösung über § 23 Abs. 3 StGB weisen überwiegend auf eine mangelnde Strafwürdigkeit der Tat hin. Über diese Zweifel am Vorliegen eines hinreichend strafwürdigen Unrechts hilft auch nicht hinweg, dass sich die Vertreter dieser Strömung nahezu einhellig für einen obligatorischen Strafverzicht bei irrealen Versuchen ausgesprochen haben. Denn auch wenn beim Absehen von der Bestrafung letztlich keine Strafe verhängt wird, so ist es weder in materieller noch in prozessualer Hinsicht gleichgültig, ob die Straffreiheit aus einem bloßen Straferlass folgt oder daraus, dass das Verhalten bereits nicht tatbestandsmäßig war. Im vorherigen Abschnitt wurde dargelegt, dass die Anwendung von § 23 Abs. 3 StGB stets zu einer Verurteilung mit der Kostenfolge des § 465 Abs. 1 StPO führt.[768] Der mit dem Absehen von Strafe verbundene

---

765 Z. B. Jescheck, Fälle, Fall 63, S. 80; Hillenkamp, Schreiber-FS, 135, 149; LK-Hillenkamp, § 22 Rn. 189; Roxin, AT II § 29 Rn. 372; SK-Rudolphi § 22 Rn. 35; Schönke/Schröder/Eser/Bosch, § 23 Rn. 13a.
766 Zumindest vom E 1962, s. Begr. E 1962 – BT-Drucks. IV/650 S. 143 f. Der Sonderausschuss für die Strafrechtsreform hat diesen Vorschlag ohne eine Einschränkung für abergläubische Versuche übernommen.
767 S. 42 ff.
768 S. 213 a).

Schuldspruch hat einen sanktionsähnlichen Charakter.[769] Bei einem „Schuldspruch unter Strafverzicht" bleibt der „Makel" deliktischen Handelns bestehen. Diesen Konsequenzen kann man *de lege lata* nur auf prozessualem Wege – durch eine Verfahrenseinstellung – entgegenwirken.

Soweit sich die Vertreter der Lösung über § 23 Abs. 3 StGB auf eine fehlende Strafwürdigkeit als Grund für einen obligatorischen Straferlass bei irrealen Versuchen berufen, so besteht für eine Verurteilung (wenn auch unter Strafverzicht) ohnehin keine Rechtfertigung. Das Verhalten müsste von vornherein ganz *straflos* sein.[770] Derartige Widersprüche bestehen nach dem Lösungsmodell der herrschenden Gegenauffassung nicht. Die Eindruckstheorie lässt schon das Versuchsunrecht entfallen. Unter Berufung auf den gleichen Gedanken wie die Mindermeinung, welche § 23 Abs. 3 StGB in modifizierter Form anwenden will, gelangen ihre Vertreter also widerspruchsfrei zum völligen Ausschluss abergläubischer Versuche aus der Tatbestandsmäßigkeit. Für das Prozessrecht bedeutet das entweder eine Einstellung durch die Staatsanwaltschaft gem. § 170 Abs. 2 StPO oder einen Freispruch in der Hauptverhandlung.

c) Der Meinungsstreit um die Behandlung irrealer Versuche gewinnt auch im Hinblick auf eine mögliche Strafbarkeit wegen Teilnahme (§§ 26, 27 StGB) Bedeutung. Wegen Anstiftung oder Beihilfe zum abergläubischen Versuch kann nur dann bestraft werden, wenn der Weg über § 23 Abs. 3 StGB beschritten wird.[771] Nimmt man hingegen mit der herrschenden Meinung an, dass irreale Versuche nicht tatbestandsmäßig sind, so ist mangels einer Haupttat eine Strafbarkeit wegen Teilnahme nicht möglich. Es ist zu prüfen, welche Lösung mit Blick auf eine mögliche Strafbarkeit von Teilnehmern mehr überzeugt.

(1) Beleuchten wir zunächst die Konsequenzen der herrschenden Auffassung, welche bei irrealen Versuchen zu einer teleologischen Reduktion auf der Tatbestandsebene führt. In Fällen, in denen ein Teilnehmer in Kenntnis aller Umstände, welche die Irrealität der Haupttat begründen, den Tatentschluss zu einem abergläubischen Versuch hervorgerufen hat bzw. dem Haupttäter bei der Deliktsbegehung Hilfe leistet, ruft es auch beim Teilnehmer nicht nach Strafe. In solchen Fällen stößt ein Ausschluss irrealer Versuche aus dem Versuchstatbestand und damit Straflosigkeit sowohl für den Täter als auch für den Teilnehmer in kriminalpolitischer Hinsicht an keinerlei Bedenken. Eine Strafbarkeitslücke scheint jedoch in Fällen zu bestehen, in denen sich der Teilnehmer eine *reale*

---

769 Dazu oben S. 130.
770 S. 213 a).
771 S. 213 b).

Haupttat vorgestellt hat. Hat jemand einen anderen zum Beispiel zu einem gewöhnlichen Mord angestiftet, oder in der Vorstellung einer profanen Tat unterstützt, so würde er bei einem abergläubischen Versuch des Haupttäters wegen Teilnahme daran nicht bestraft, obwohl sein eigener Beitrag nicht abergläubisch war (Akzessorietät).[772]

Dieses Ergebnis ist unbefriedigend. Dies wird deutlich, wenn man einen Vergleich zum *grob unverständigen* Versuch zieht. Dort wird dem gefährlichen „verständig" handelnden Teilnehmer, der sich eine „normale" Haupttat vorgestellt hat, die Privilegierung des § 23 Abs. 3 StGB verwehrt. Nur der ungefährliche Teilnehmer, dessen eigener Beitrag ebenfalls als grob unverständig bezeichnet werden kann, kommt in den Genuss der milderen Rechtsfolgen dieser Regelung.[773] Bei *irrealen* Versuchen kommt dem Teilnehmer hingegen immer der Aberglaube des Haupttäters zugute – selbst dann, wenn sein eigener Beitrag nicht abergläubisch war. Das ist unbillig, denn der gefährliche Teilnehmer, der sich eine „normale" Haupttat vorgestellt hat, hat in beiden Fällen den *gleichen Beitrag* geleistet – unabhängig davon, ob der Haupttäter letztlich zu unverständigen oder irrealen (oder gar tauglichen) Mitteln gegriffen hat. In vielen Fällen hängt nur vom Zufall ab, welche Mittel der Haupttäter bei der Tatbegehung einsetzt. Dieser Zufall sollte auf die Strafbarkeit des Teilnehmers keinen Einfluss haben. Denn sein Beitrag ist in allen diesen Fällen gleich gefährlich – unabhängig davon, wie der Versuch des Haupttäters im Einzelfall beschaffen ist. Im Hinblick auf die Gleichwertigkeit der Teilnahmebeiträge wäre eine Lösung kriminalpolitisch wünschenswert, welche die gefährlichen, verständig und profan handelnden Teilnehmer bei der Bestrafung gleichstellt.

(2) Das ist möglich, wenn bei abergläubischen Versuchen § 23 Abs. 3 StGB angewendet wird. Denn dann kann der in der Vorstellung einer realen Haupttat handelnde Teilnehmer wegen seines Tatbeitrags privilegierungslos bestraft werden. Aus dem Aberglauben des Haupttäters kann er in Bezug auf seine eigene Strafbarkeit keinen Nutzen ziehen. Die Lösung über die Unverstandsregelung macht es möglich, jeden Beteiligten nach seiner eigenen Schuld bestrafen zu können. Dem (Mit-)Täter oder Teilnehmer, dessen Beitrag als abergläubisch bezeichnet werden kann, werden die milderen Rechtsfolgen des § 23 Abs. 3 StGB zuteil; dem gefährlichen Beteiligten, der sich eine profane Haupttat vorgestellt hat, verhilft der Aberglauben des Haupttäters nicht zur Straflosigkeit.

---

772 In Betracht käme jedoch eine Strafbarkeit wegen versuchter Beteiligung nach § 30 StGB. Diese ist jedoch nur auf Verbrechen beschränkt; eine versuchte *Beihilfe* ist straflos.
773 S. 138 f.

Die Überlegungen zur Teilnahmestrafbarkeit sprechen für den Weg über § 23 Abs. 3 StGB.

d) Bedenklich stimmt insofern jedoch die mit der Einbeziehung in die Versuchsregelung einhergehende Erweiterung der Strafbarkeit. Dies gilt nicht nur für die mögliche Bestrafung von Täter, Teilnehmer und Beteiligten i. S. d. § 30 StGB an abergläubischen Versuchen,[774] sondern auch für die an der Tat Unbeteiligten, für die der irreale Versuch als Anknüpfungstat für eigene Strafbarkeit wegen einer Vollendungstat (z.B. §§ 257 ff. StGB) herangezogen werden könnte.[775] Wo schon beim irrealen Versuch kaum von strafwürdigem Unrecht gesprochen werden kann, erscheint ein Rückgriff auf dieses „Unrecht" als Bezugspunkt für weitere Strafbarkeit wegen vollendeter Delikte umso fragwürdiger.

e) Spricht man über die Vorzüge und Nachteile der jeweiligen Begründungsrichtung, so ist – angesichts der vielerorts bestehenden Überlastung der Justiz – noch an den Grundsatz der Prozessökonomie zu denken. Auch wenn diesem Grundsatz im Strafverfahren aus einsichtigen Gründen kein hoher Stellenwert zukommt, so sprechen die Aufwendigkeit und Kosten eines Gerichtsverfahrens gegen die Lösung über § 23 Abs. 3 StGB – zumal sich auch ihre Vertreter größtenteils für einen Strafverzicht bei irrealen Versuchen ausgesprochen haben.

2. Zusammenfassung und Ergebnis

Die Analyse der für und gegen das jeweilige Lösungsmodell sprechenden Argumente hat gezeigt, dass beide Positionen sowohl eine Berechtigung als auch Schwächen aufweisen.

Für den Weg über § 23 Abs. 3 StGB sprechen vor allem der Gesetzeswortlaut und die Gesetzesmaterialien. Diese Auffassung führt zudem zu überzeugenden, kriminalpolitisch wünschenswerten Ergebnissen bei der Strafbarkeit von „gefährlichen" Teilnehmern.

Auf der anderen Seite bewirkt sie eine bedenkliche Ausweitung der Strafbarkeit. Zum einen bedeutet sie eine Verurteilung für eine Tat, bei welcher kaum von strafwürdigem Unrecht oder Strafbedürfnis die Rede sein kann[776] und dessen Straflosigkeit in der Rechtspraxis anerkannt ist. Eine Einbeziehung in § 23 Abs. 3 StGB stellt auch deshalb eine zweifelhafte Lösung dar, weil diese Regelung im Hinblick auf kaum bestehendes Unrecht eines grob unverständigen Versuchs[777]

---

774 S. 213 b).
775 S. 214 c).
776 S. 193 ff.
777 S. 59 ff.

aus kriminalpolitischer Sicht ohnehin schon bedenklich weit geht. Jede zusätzliche Erweiterung seines Anwendungsbereichs würde diesen zweifelhaften Zustand noch intensivieren. Zum anderen eröffnet diese Lösung Tür und Tor für eine weitere Strafausdehnung im Bereich des Allgemeinen und Besonderen Teils des Strafgesetzbuches, weil dann der abergläubische Versuch als Anknüpfungstat für weitere Delikte herangezogen werden könnte. Insgesamt steht die mit der Anwendung des § 23 Abs. 3 StGB einhergehende Strafbarkeitsausweitung im Widerspruch zur kriminalpolitischen Zweckmäßigkeit. Gewichtige kriminalpolitische Erwägungen sprechen eher für einen Strafbarkeitsausschluss in diesen Fällen, nicht für eine Erweiterung der Strafbarkeit. Dieser Vorschlag scheint also in die falsche Richtung zu gehen.

Die herrschende Gegenposition, welche sich unter Anwendung der Eindruckstheorie für eine Ausklammerung irrealer Versuche aus dem Versuchstatbestand ausspricht, verneint das Unrecht der Tat vollständig. So gelingt es ihr widerspruchsfrei die kriminalpolitisch erwünschte Straflosigkeit des auf magische Zusammenhänge vertrauenden Täters zu begründen. Die schmähende Wirkung einer Verurteilung wird vermieden, in prozessökonomischer Hinsicht ist das Ergebnis ebenfalls zu begrüßen. Der Nachteil dieser Lösung besteht zum einen darin, dass danach gefährliche, verständig handelnde Teilnehmer nicht bestraft werden können, so dass diese gegenüber Teilnehmern an grob unverständigen Versuchen unsachgemäß privilegiert werden. Indes wäre dann aber noch zu klären, ob der grob unverständige Versuch unter Anwendung der Eindruckstheorie nicht ebenfalls straflos sein müsste, denn ob dieser geeignet ist, zumindest in bestimmten Fällen einen hinreichend strafwürdigen rechtserschütternden Eindruck hervorzurufen, wurde noch nicht abschließend geklärt.[778] Schließlich muss an dieser Stelle erneut daran erinnert werden, dass die Eindruckstheorie, auch wenn sie in der Versuchslehre der Gegenwart dominiert, bisher keine allgemeine Akzeptanz gefunden hat. Der Nachweis, dass gerade diese Lehre die „richtige" Versuchstheorie ist, steht noch aus.

Im Prinzip möglich wäre noch eine Tatbestandsreduktion aufgrund kriminalpolitischer (v. a. präventiver) Erwägungen.[779] Diese Lösung müsste sich jedoch wiederum dem Problem stellen, dass mit Blick auf ein präventives Strafbedürfnis kein Unterschied zu grob unverständigen Versuchen ausgemacht werden kann.[780] Dementsprechend müsste auch nach dieser Lösung nicht nur der irreale,

---

778 Dieser Frage wird im 3. Teil der Arbeit nachgegangen, in welchem die Unterschiede zwischen beiden Versuchsarten analysiert werden, S. 231 ff.
779 Vgl. S. 193 ff.
780 S. 145.

sondern auch der grob unverständige Versuch gänzlich straflos sein. Das würde wiederum Unstimmigkeiten mit dem Gesetz erzeugen, weil § 23 Abs. 3 StGB dann leer laufen würde.

Zieht man Bilanz aus der bisherigen Untersuchung, so wird deutlich, dass keiner der vorgeschlagenen Begründungsmodelle völlig überzeugen kann. Wünschenswert wäre eine Lösung, welche die Vorzüge beider Strömungen verbinden und ihre Schwächen vermeiden würde – die also den auf irreale Zusammenhänge vertrauenden Täter (aufgrund fehlender Strafwürdigkeit) völlig straflos stellt, jedoch den Teilnehmer, der sich eine profane Straftat vorgestellt hat, wegen seines Tatbeitrags bestrafen kann. Dies ist nach der geltenden Rechtslage nicht möglich (Akzessorietät).[781]

C. Ergebnisse des zweiten Teils

Der zweite Teil der Arbeit befasste sich mit „abergläubischen" oder gleichbedeutend „irrealen" Versuchen. Ein solcher Deliktstypus liegt dann vor, wenn ein Täter mit Hilfe übernatürlicher Wirkkräfte (Tatmittel) oder an einem übernatürlichen Tatobjekt den tatbestandlichen Erfolg herbeiführen will. Übernatürlich sind die Wirkkräfte bzw. Objekte, wenn ihre Existenz nach derzeitiger wissenschaftlicher Erkenntnis nicht nachweisbar ist. Die vielerorts befürchtete Abgrenzungsproblematik zwischen abergläubischen und real untauglichen Versuchen hat sich als ein Scheinproblem erwiesen. Zumindest wurden bisher keine Fälle genannt, bei denen eine eindeutige Einordnung nicht möglich gewesen wäre (A.).

Als umso problematischer zeigt sich jedoch die Frage der dogmatischen Begründung der Straflosigkeit abergläubischer Versuche, die nach nahezu einhelliger Meinung in Rechtskreisen zwingend erfolgen muss (B.). Bei den Begründungsmodellen können zwei Hauptströmungen unterschieden werden. Positionen, welche abergläubische Versuche aus dem Erfassungsbereich der Versuchsregelung ausschließen (I.), und diejenigen, welche diese Fälle prinzipiell in § 23 Abs. 3 StGB einbeziehen wollen (II.).

Die Vielzahl an verschiedenartigen Lösungsmodellen, welche die erste Meinungsgruppe zum Ausschluss irrealer Praktiken aus dem Bereich der Versuchsstrafbarkeit entwickelt hat (I.), ist beeindruckend. Mit teilweise sonderbaren gedanklichen Konstruktionen (z. B. Anstiftung Gottes) wurde versucht, einen Ausnahmecharakter des abergläubischen im Vergleich zu anderen untauglichen

---

781 Dazu, wie diese Lösung in das StGB eingebaut werden kann S. 249 ff.

Versuchen zu begründen. In vielen Fällen scheinen die Begründungsansätze durch das erwünschte Ergebnis beeinflusst worden zu sein, was gewiss die Gefahr einer verkürzten Sichtweite impliziert.

Die Subjektivisten, welche schon das Vorliegen von Versuchsvoraussetzungen leugnen (1.) haben mit ihren vielfältigen Ansätzen keine befriedigende Lösung des Aberglaubensproblems erlangt. Entweder treffen die aufgeführten Ausschlussgründe nicht auf alle Fälle zu (vor allem wenn Vorsatz oder unmittelbares Ansetzen verneint werden) oder die Argumentation vermag die Struktur der Tat nicht exakt zu erfassen (etwa bei der Annahme eines Wahndelikts). Fast bei allen Erklärungsansätzen wird zudem die nach § 22 StGB maßgebliche Tätersicht verlassen. Zumeist scheitern die Erklärungsversuche auch daran, dass ihre Ausschlussgründe auch auf grob unverständige Versuche zutreffen, so dass ein Konflikt mit § 23 Abs. 3 StGB besteht. Eine kritische Auseinandersetzung mit den Einzelansichten zeigt, dass sich eine Sonderstellung irrealer Versuche auf der Grundlage rein subjektiver Gesichtspunkte nicht begründen lässt. Auch diese Tat erfüllt alle Versuchsmerkmale und stellt deshalb keineswegs eine eigene rechtliche Kategorie dar. Jeder Versuch, vom subjektiven Standpunkt aus einen Ausnahmecharakter irrealer Versuche herzuleiten, steht im Widerspruch zu den Prämissen der subjektiven Theorie. Dies gilt auch für die Urteilsbegründung des Reichsgerichts, mit welcher der Senat auf die Aberglaubensproblematik beim Versuch reagiert hat. Auch wenn das Reichsgericht in der Sache keine dogmatisch haltbare Begründung für eine Straflosigkeit in diesen Fällen erbringen konnte, bedeutete seine Entscheidung einen wesentlichen Schritt. Es wurde höchstrichterlich bestätigt, was schon lange die ganz herrschende Meinung war, und zwar dass abergläubische Versuche nicht vor den Strafrichter gehören.

Die daraus folgende und für die nachfolgende Untersuchung bedeutendste Feststellung ist, dass der abergläubische Versuch ein Versuch im Rechtssinne ist. Sein Ausschluss aus dem Bereich strafbarer Versuche lässt sich deshalb *de lege lata* nur mittels einer teleologischen Einschränkung des Versuchstatbestandes erzielen.

Das gelingt der Eindruckstheorie (2.), die nicht zuletzt wegen der Erklärungsnot der subjektiven Versuchslehre in Aberglaubensfällen eine beträchtliche Anhängerschaft gewonnen hat. Sie kann die auch rechtspolitisch (3.) und rechtshistorisch (4.) wünschenswerte Straflosigkeit irrealer Versuche generell begründen. Ein rechtserschütternder Normbruch liegt nicht vor, wenn ein Täter die Erfolgsbewirkung vom Mitwirken übernatürlicher Elemente abhängig macht. Ungeachtet ihrer Schwächen als allgemeine Versuchslehre führt sie bei irrealen Versuchen zu einer stichhaltigen Lösung, die auf alle Fälle zutrifft. Voraussetzung ist jedoch, dass das Eindruckskriterium nicht rein faktisch, sondern psychologisch-normativ ausgelegt wird.

Allerdings wäre daraus vorschnell der Schluss gezogen, dass sich mit der Eindruckstheorie eine Sonderstellung des irrealen Versuchs gegenüber anderen strafbaren Versuchen begründen lässt. Denn es wurde noch nicht abschließend geklärt, ob andere strafbare Versuche – insbesondere der aus grobem Unverstand begangene – geeignet sind, zumindest in Ausnahmefällen einen hinreichend strafwürdigen rechtsfriedensstörenden Eindruck zu hinterlassen. Mit Blick auf die Zielsetzung dieser Untersuchung erfolgt ein Vergleich der rechtsfriedensstörenden Charaktere dieser beiden Versuchsarten in einem eigenen Abschnitt.[782]

Der strafzweckorientierte (3.) sowie der historische Ansatz (4.) haben zwar eine Zweckmäßigkeit eines Strafbarkeitsausschlusses aus kriminalpolitischer bzw. rechtsgeschichtlicher Sicht verdeutlicht, sie allein können jedoch einen Wegfall der Strafdrohung nicht begründen. Die Überlegungen zu anerkannten Strafzwecken haben gezeigt, dass gewichtige kriminalpolitische Erwägungen in hohem Maße gegen eine Bestrafung irrealer Versuche sprechen. Insofern konnte jedoch kein Unterschied zu grob unverständigen Versuchen ausgemacht werden. Der geschichtliche Ansatz verzichtet auf jegliche rechtsdogmatische Begründung und stellt somit keine rechtlich haltbare Lösung des Aberglaubensproblems dar. Die Nichtbestrafung des abergläubischen Versuchs kann keineswegs auf „Gewohnheitsrecht" zurückgeführt werden.

Auf die Erkenntnis, dass der abergläubische Versuch ein Versuch im rechtlichen Sinne ist, bauen auch die Vertreter der zweiten Hauptströmung, die diese Taten als einen Unterfall des § 23 Abs. 3 StGB behandeln wollen (II.). Sie gelangen dennoch überwiegend zur Verneinung einer Bestrafung, indem sie (v. a. unter Anwendung der Eindruckstheorie) die Rechtsfolge des § 23 Abs. 3 StGB auf ein obligatorisches Absehen von Strafe beschränken wollen.

Für diese Sichtweise spricht vor allem, dass der Wortlaut der §§ 22 f. StGB auf diese Fälle passt und dass der Gesetzgeber prinzipiell auch irreale Versuche in die Unverstandsregelung einbeziehen wollte. Ein großer Vorzug dieser Auffassung ist, dass sie geeignet ist, die Teilnahmebeiträge angemessen zu erfassen.

Andererseits ist diese Lösung vom Ansatz her mit dogmatischen Ungereimtheiten (v. a. bei der Rechtsfolge) verbunden und führt in vielen Fällen zu einer fragwürdigen Erweiterung der Strafbarkeit (z. B. im Bereich der Vorfeldstrafbarkeit und des Besonderen Teils des StGB).

---

782 Diese Problematik wird im nachfolgenden 3. Teil der Arbeit erörtert, S. 231 ff.

Beide Grundpositionen weisen Vorzüge, aber auch beachtliche Schwächen auf. Trotz beeindruckender Meinungsvielfalt, die in mehr als hundert Jahren Diskussion entstanden ist, fügt sich kein einziger Vorschlag widerspruchslos in das Gesamtkonzept der §§ 22, 23 StGB ein. Zumeist scheitern die Begründungsansätze daran, dass kein Unterschied zum grob unverständigen Versuch ausgemacht werden kann (III.).

Unter dem Strich kann zu der Problematik der strafrechtlichen Behandlung abergläubischer Versuche festgehalten werden, dass sich die Straflosigkeit in solchen Fällen in der Rechtstheorie und Praxis durchgesetzt hat, ohne dass dieses Ergebnis eindeutig einem einheitlichen Grundgedanken zugeordnet werden könnte.

Eine wichtige Erkenntnis dieses Hauptteils ist allerdings, dass bei den Strafbarkeitsmerkmalen keine Unterschiede zwischen abergläubischen und anderen, nach der gesetzlichen Konzeption strafbaren Versuchen bestehen. Für die weitere Untersuchung folgt daraus, dass die Frage nach der strafrechtlichen Behandlung des irrealen Versuchs nur in einer Zusammenschau mit anderen strafbaren Versuchen entschieden werden kann. Eine solche erfolgt im nächsten Hauptteil, in dem durch eine Gegenüberstellung abergläubischer und grob unverständiger Versuche untersucht wird, worin sonst ein strafbarkeitsrelevanter Unterschied liegen könnte, welcher die nahezu einhellig akzeptierte Ungleichbehandlung beider Versuchsarten legitimieren würde.

3. Teil: Gründe für Ungleichbehandlung, Konsequenz der Analyse

Die Untersuchung hat bisher gezeigt, dass nach heute nahezu einhelliger Rechtsauffassung unterschiedliche Rechtsfolgen an grob unverständige und abergläubische Versuche geknüpft werden, obwohl bei beiden Versuchsarten die Voraussetzungen der §§ 22 f. StGB erfüllt sind.

Mit den im ersten und zweiten Teil erarbeiteten Grundlagen ist der Boden für den Kern der Untersuchung bereitet. Nun sollen mögliche Gründe untersucht werden, welche die ungleichen Rechtsfolgen rechtfertigen würden (A.- B.). Danach sollen die in allen drei Hauptteilen gewonnenen Erkenntnisse zusammengeführt und so ein in sich stimmiger Lösungsweg für die Frage der strafrechtlichen Behandlung abergläubischer und grob unverständiger Versuche ausfindig gemacht werden (C.).

Im Folgenden wird untersucht, ob mit Blick auf die Schwere des Unrechts (A.) bzw. in sozio-kultureller Hinsicht (B.) eine Legitimierung für eine strafrechtliche Ungleichbehandlung von abergläubischen und grob unverständigen Versuchen hergeleitet werden kann. Im Mittelpunkt steht dabei die Frage, inwiefern der nach der gesetzlichen Konzeption grundsätzlich strafbare *grob unverständige* Versuch als hinreichend strafwürdiges Unrecht angesehen werden kann.

A. Unterschiedliche Strafwürdigkeit? – Unverstand und Unrecht

Die differenzierende Handhabe in Rechtslehre und Praxis unterstellt, dass grob unverständige Versuche im Vergleich zu irrealen Versuchen einen höheren Unrechtsgehalt aufweisen. In der Strafrechtsdogmatik findet dennoch kaum eine Auseinandersetzung mit der Strafwürdigkeit eines grob unverständigen Versuchs statt. Die große Mehrheit der Wissenschaftler findet sich mit der gesetzgeberischen Entscheidung für seine Strafbarkeit fraglos ab. Worin liegt aber das strafbare Unrecht eines „völlig abwegigen" Deliktsversuchs?

Nachfolgend wird untersucht, ob die Gründe, welche den Gesetzgeber zur Pönalisierung grob unverständiger Versuche bewogen haben, sowie diejenigen, die in der Rechtslehre für eine Strafbarkeit vorgebracht werden, geeignet sind, die gesetzlich normierte Strafbarkeit grob unverständiger Versuche zu tragen. Dabei wird stets darauf geachtet, ob sich bei dem jeweiligen Aspekt Unterschiede zu abergläubischen Versuchen finden lassen, welche eine differenzierenden Behandlung beider Versuchsarten rechtfertigen würden.

I. Gesetzesmaterialien

Der Gesetzgeber hat die Gründe, welche ihn zur Strafdrohung für grob unverständige Versuche bewogen haben, in der Gesetzesbegründung des E 1962 genannt. Ihre Verfasser haben die Möglichkeit einer Bestrafung auch des „törichten" Versuchs mit der *Gefahr einer Wiederholung* mit tauglichen Mitteln gerechtfertigt.[783] In dieser Arbeit wurde bereits mehrfach gesagt, dass eine Wiederholungswahrscheinlichkeit ein unzulässiges Kriterium für eine Strafdrohung ist. Das Abstellen auf diesen Aspekt verträgt sich nicht mit der Ablehnung des Gesinnungsstrafrechts und der Verdachtsstrafe.[784] Zudem kann eine Wiederholungsgefahr mit tauglichen Mitteln prinzipiell auch bei abergläubischen Versuchen vorliegen. Auch aus diesem Grund kann die ungleiche Behandlung beider Versuchsarten auf dieses Kriterium also nicht gestützt werden. Der Sonderausschuss für die Strafrechtsreform hat in seinem Bericht den Aspekt einer möglichen Tatwiederholung nicht mehr erwähnt. Als Begründung dafür, warum grob unverständige Versuche nicht straflos gestellt wurden, hat er darauf hingewiesen, dass auch in diesem Bereich Fälle denkbar seien, in denen ein Strafbedürfnis bestehe, wie etwa der Mordversuch mit einer unzureichenden Menge eines Beruhigungsmittels.[785] Aber auch diese Argumentation ist nicht geeignet, die Erforderlichkeit einer Bestrafung bei grob unverständigen Versuchen zu belegen. Ein bloß unterdosierter Mordversuch ist zwar zweifellos strafwürdig. So wie das Beispiel gebildet wurde, ist der Versuch jedoch keineswegs „grob unverständig" sondern „normal" untauglich.[786] In Extremfällen kann zwar auch ein „Dosierungsirrtum" völlig abwegig sein – etwa beim Verabreichen einer Baldrianperle oder eines Teelöffels (z.B. codeinhaltigen) Hustensafts in Tötungsabsicht bzw. bei einem Mordversuch mittels versalzener Suppe[787]. In solchen Fällen ist jedoch nicht erkennbar, worin die Strafbedürftigkeit liegen soll, welche der Sonderausschuss mit dem von ihm genannten Beispiel belegen wollte. Die aus grobem Unverstand folgende Unrechtsminderung liegt in allen diesen Fällen in gleichem

---

783 Begr. E 1962 – BT-Drucks. IV/650 S. 144 f.
784 S. 42 ff.
785 BT-Drucks. V/4095, S. 12.
786 So auch *Radtke*, JuS 1996, 878, 882 Fn. 63 und *Struensee* ZStW 102 (1990) 21, 45 Fn. 83.
787 Mit einem solchen Beispiel für Strafbedürftigkeit grob unverständiger Versuche auch Schönke/Schröder/ *Eser/Bosch*, § 23 Rn. 18.

Maße vor wie bei allen anderen grob unverständigen Versuchen.[788] Auch hier handelt es sich um Fälle, die – um mit Worten des Gesetzgebers zu sprechen – „kein besonnener Mensch ernst nimmt und es wäre mißlich, wenn das Gesetz den Strafrichter zwänge, sie zu ahnden."[789] Aufgrund der strengen Voraussetzungen, welche an das Vorliegen groben Unverstandes gestellt werden („völlig abwegig"),[790] liegen die Fälle des § 23 Abs. 3 StGB *immer* so, dass sie von einem besonnenen Menschen nicht ernst genommen werden.

Schließlich hat der Sonderausschuss seine „flexible Lösung" damit gerechtfertigt, dass sich keine allgemeinen Kriterien dafür benennen lassen, „welche untauglichen Versuche schlechthin straflos bleiben sollten und welche nicht."[791] Dann ist es aber widersprüchlich, wenn das Gesetz als mildeste Rechtsfolge in § 23 Abs. 3 StGB das Absehen von Strafe vorsieht, das doch zu einer Verurteilung führt, obwohl es nach Ansicht des Gesetzgebers auch strafunwürdige Fälle groben Unverstandes gibt, die „schlechthin straflos bleiben sollten".[792]

Die Erforderlichkeit einer Strafdrohung für grob unverständige Versuche hat der Gesetzgeber also zum einen mit unzulässigem Argument begründet und zum anderen mit einem ungeeigneten Beispiel aus dem Bereich „verständiger" Versuche belegt. Die von ihm aufgeführten Gründe können demnach eine Strafbarkeit in diesen Fällen nicht legitimieren.

Als nächstes wird untersucht, ob sich überhaupt strafbedürftige Fälle grob unverständiger Versuche finden lassen, Fälle also, in welchen eine Straflosigkeit verfehlt wäre.

II. Strafbedürftige Fälle?

Herzberg/Hoffmann-Holland verteidigen die Notwendigkeit einer Sanktionierung grob unverständiger Versuche mit der Überlegung, dass es Fälle gibt, in welchen der Täter bei der völlig abwegigen Versuchstat ein Folgeunrecht verursacht hat, welches den Versuch bestrafungswürdig mache. Das ist etwa der Fall, wenn er eine wertvolle Skulptur, die er auf eine absonderliche Art und Weise stehlen wollte, fahrlässig zerstört (1), zur Tatausführung in einen Geschäftsraum

---

788 S. 59 ff.; Näheres zu Dosierungsirrtümern S. 101 ff.
789 Begr. E 1962 – BT-Drucks. IV/650 S. 145.
790 S. 84 ff.
791 BT-Drucks. V/4095, S. 12. Vgl. auch *Corves*, Prot. V, S. 1751 und Begr. E 1962 – BT-Drucks. IV/650 S. 145.
792 Auf diesen Widerspruch hat schon *Ha*, untauglicher Versuch, S. 60 hingewiesen. Zum Unterschied zwischen Absehen von Strafe und Straflosigkeit S. 130.

eindringt (2), bei der Tat eine Waffe bei sich führt (3) oder gegen einen Wächter Gewalt anwendet (4) bzw. bei einem grob unverständigen Wegnahmeversuch den Wächter leichtfertig tötet (5). Strafbedürftig soll grober Unverstand auch dann sein, wenn der Täter mit einem Stein den offensichtlich zu weit entfernten A treffen wollte, statt diesen jedoch den näher stehenden B trifft (aberratio ictus-Fälle) (6), oder wenn er ein Kind mit Baldrianperlen vergiften wollte, infolge einer Verwechslung jedoch eine tödliche Menge Valium verabreicht hat (7).[793] Obwohl die Versuche in diesen Beispielen an sich die Unverstands-Merkmale erfüllen, könne man die Taten doch nicht als „lächerlich" bezeichnen, weil gerade der grob unverständige Versuch Ursache für ein weiteres, dem Täter zurechenbares Folgeunrecht war. Eine Straflosigkeit des grob unverständigen Versuchs in solchen Fällen würde zu sachwidrigen Strafbarkeitslücken führen.[794]

Daran ist richtig, dass – wenn grob unverständige Versuche *straflos* wären – in Fällen wie den geschilderten eine „verbleibende" Strafbarkeit in keiner Relation steht zu einer Strafe, die bei einem „verständigen" Versuch folgen würde. Im Steinwurf-Fall (6) und im Valium-Fall (7) könnte der Täter nur aus einem Fahrlässigkeitsdelikt bestraft werden[795] (§ 222 bzw. § 229 StGB); in dem Skulptur-Beispiel (1) würde er sogar völlig straflos ausgehen, weil eine fahrlässige Sachbeschädigung nicht unter Strafe steht. Wenn der Täter bei einem grob unverständigen Wegnahmeversuch ein Regelbeispiel (2), eine Handlungs- bzw. Erfolgsqualifikation (3, 5) verwirklicht oder infolge Gewaltanwendung die Tat zum Raub macht (4), erscheint eine Bestrafung nur wegen Hausfriedensbruchs im Beispiel 2,[796] wegen eines evtl. Verstoßes gegen das Waffengesetz in Beispiel 3,[797] wegen Körperverletzung im Beispiel 4[798] oder beim Tod des Wächters aus § 222 StGB bzw. § 227 StGB im Fall 5[799] zu mild. Denn das mitverursachte Unrecht, das sich in der Verwirklichung des Regelbeispiels, des Qualifikationsmerkmals

---

793 So MK-*Herzberg/Hoffmann-Holland*, § 23 Rn. 59 und 63 f. Auch Schönke/Schröder/Eser/Bosch, § 23 Rn. 18 halten grob unverständige Versuche „bei schweren Folgen des unmittelbaren Ansetzens" für strafbedürftig.
794 In diesem Sinne MK-*Herzberg/Hoffmann-Holland*, § 23 Rn. 59 und 64.
795 Vgl. zu diesen sog. „Doppelirrtum"-Fällen die Anmerkung in Fn. 147.
796 Im Vergleich zu einer Strafe wegen versuchten Diebstahl in besonders schwerem Fall, §§ 242, 22, 23 i. V. m. 243 Abs. 1 Nr. 1 StGB.
797 Im Vergleich zu einer Strafbarkeit wegen versuchten Waffendiebstahls nach §§ 244 Abs. 1 S. 1 lit. a, 22, 23 StGB.
798 Im Vergleich zu einer Bestrafung wegen versuchten Raubes, §§ 249, 22, 23 StGB.
799 Im Vergleich zum versuchten Raub mit Todesfolge gem. §§ 251, 22, 23 StGB (nicht unter 10 Jahren).

oder eines anderen Folgeunrechts niederschlägt, ist im Prinzip genauso hoch, wie wenn der Täter einen „verständigen" Versuch unternommen hätte, bei dem er mit einer wesentlich höheren Strafe rechnen müsste.[800] Vor diesem Hintergrund ist es erklärlich, dass einige Autoren in den angeführten Fällen den grob unverständigen Versuch für strafwürdig erachten.

Dennoch verdient diese Auffassung keine Zustimmung. Das Hinzutreten eines „Folgeunrechts" erhöht in keiner Weise die Strafwürdigkeit eines an sich strafunwürdigen Verhaltens. Das zu bestrafende Unrecht muss der (Versuchs-)Tat *selbst* anhaften. Würde man das „andere" Unrecht zu dem grob unverständigen Versuch hinzurechnen, so würde das faktisch eine Umgehung des Gesetzes zur Folge haben. So z.B. ist eine fahrlässig herbeigeführte Sachbeschädigung nach geltendem Recht nicht strafbar. Würde man in dem Skulptur-Fall (1) die Sachzerstörung als das Unrecht des grob unverständigen Wegnahme*versuchs* betrachten, so würde man die fahrlässige Sachbeschädigung letztlich doch strafen – durch Rückgriff auf die Unverstandsregelung. Die Sichtweise *Herzbergs/Hoffmann-Hollands* würde also dazu führen, dass man auf dem „Umweg" über die §§ 22, 23 Abs. 3 StGB ein Verhalten bestrafen könnte, welches nach der gesetzgeberischen Konzeption kein strafwürdiges Unrecht darstellt.

Gleiches gilt in den anderen Beispielen. Das Unrecht, das sich in dem fahrlässig verursachten Erfolgseintritt niederschlägt (Fälle 5–7), wird durch eine Bestrafung wegen der jeweiligen Fahrlässigkeitstat vollständig abgegolten. Der *fahrlässig* herbeigeführte Erfolg darf bei der Beurteilung des *Versuchs*unrechts deshalb keine Rolle mehr spielen. Dieses „andere" Unrecht macht den grob unverständigen Versuch nicht zu einem strafwürdigen. Würde man das Folgeunrecht zum Versuch hinzurechnen, so würde man dieses praktisch zweimal bestrafen.

Ebenso hat der vom Täter mitverwirklichte Hausfriedensbruch (2), das Beisichführen einer Waffe (3) bzw. die eingetretene Körperverletzung (4) keine Auswirkungen auf die Beurteilung des Unrechtsgehalts eines grob unverständigen Versuchs. Bestrafungswürdig ist in allen diesen Beispielsfällen nur das Folgeunrecht, nicht aber der unverständige Versuch selbst. Das Folgeunrecht muss deshalb einer eigenständigen rechtlichen Würdigung nach den dieses Unrecht erfassenden (Straf-)Vorschriften unterzogen werden.

Dass die Sichtweise vom strafwürdigen Folgeunrecht nicht stichhaltig ist, wird noch deutlicher, wenn man eine Parallele zum *abergläubischen Versuch* zieht. „Folgeunrecht"-Fälle lassen sich auch bei dieser Versuchsgattung bilden.

---

800 Vgl. Fn. 796–799.

In Betracht kommt etwa ein Voodoo-Priester, der auf eine den A darstellende Puppe schießt und statt dieser den daneben stehenden B trifft, oder ein Täter, der bei einem abergläubischen Wegnahmeversuch (etwa mithilfe parapsychologischer Kräfte) eine Waffe bei sich führt oder in eine Wohnung einbricht. Würde das mitverursachte Folgeunrecht den Unrechts- und Schuldgehalt eines Versuchs tatsächlich erhöhen und ein Strafbedürfnis auslösen, so müsste auch der irreale Versuch bestraft werden.

Ein im Vergleich zu abergläubischen Versuchen höherer Unrechtsgehalt und somit ein Grund für eine Ungleichbehandlung beider Versuchsarten lässt sich mit dem Hinweis auf ein anderes Unrecht jedenfalls nicht begründen.[801]

Wenn also ein mitverursachtes „Folgeunrecht" die Bestrafung grob unverständiger Versuche nicht legitimiert, so ist weiter zu untersuchen, ob die grob unverständige Versuchstat *selbst* als hinreichend strafwürdiges und strafbedürftiges Unrecht angesehen werden kann.

III. Unrechtsgehalt grob unverständiger und abergläubischer Versuche

Nach heute herrschendem Verständnis ist Unrecht das, was der Gesetzgeber in den Straftatbeständen zum Unrecht macht. Jede rechtswidrige Verletzung eines Straftatbestandes ist danach Unrecht.[802] Da sowohl bei irrealen als auch bei den aus grobem Unverstand begangenen Versuchen sämtliche Versuchsmerkmale erfüllt sind, ist von diesem Standpunkt aus bei beiden Taten prinzipiell von Unrecht auszugehen. In diesem Abschnitt wird untersucht, ob sich das Unrecht eventuell in *quantitativer* Hinsicht unterscheidet.

Für eine Charakterisierung des Unwertgrades bei *versuchten* Delikten sind zum einen Strafgrundüberlegungen (1.) zum anderen wesentliche (v. a. versuchsbezogene) Strafzumessungsmerkmale (2.) von Bedeutung. Im Folgenden wird das Unrecht grob unverständiger Versuche im Hinblick auf diese Kriterien näher untersucht. Dabei wird stets darauf geachtet, ob sich bei der Beurteilung Unterschiede zu abergläubischen Versuchen finden lassen.

---

801 Zu weiteren in der Literatur angeführten, vermeintlich strafbedürftigen Fällen vgl. bereits S. 132 ff.
802 Vgl. *Otto*, Schröder-GS, S. 53, 62; *Bloy*, die dogmatische Bedeutung, S. 228, 252; *Roxin*, AT I § 23 Rn. 38; *Gräfe*, S. 143 m. w. N. Anders z. B. *Sax*, JZ 1976, 9 (Trennung zwischen Tatbestandsmäßigkeit und strafwürdiger Rechtsgutsverletzung).

1. Strafgrund des Versuchs

Bei der Beurteilung, ob grob unverständige Versuche ein strafwürdiges Unrecht darstellen, ist zunächst der Frage nachzugehen, ob der Grund für die Versuchsstrafdrohung auch in diesen Fällen vorliegt. An dieser Stelle ist erneut der Streit um die Versuchstheorien[803] relevant.

Geht man mit den Vertretern der *subjektiven Theorie* davon aus, dass das Unrecht versuchter Delikte in der Betätigung rechtsfeindlichen Willens besteht, so ist der Strafbarkeitsgrund bei grob unverständigen Versuchen zweifellos erfüllt. Auch bei einem objektiv „völlig abwegigen" Versuch hat der Täter seinen Rechtsbruchswillen offenbart.

Der Täter will durchaus auch bei einem abergläubischen Versuch seinen kriminellen Willen gegen die Rechtsordnung durchsetzen, so dass diese Versuchsgattung nach der subjektiven Theorie ebenfalls ein strafwürdiges Unrecht darstellt.[804]

Fragt man mit der herrschenden *Eindruckstheorie*, ob die Willensbetätigung des Täters geeignet ist, bei der Allgemeinheit eine Rechtserschütterung hervorzurufen, so glauben einige Vertreter dieser Versuchslehre einen Grund für die ungleichen Rechtsfolgen gefunden zu haben. Abergläubische Versuche seien in keiner Weise geeignet, auf die Rechtsgemeinschaft nachteilig zu wirken; bei grob unverständigen Versuchen solle die Eindruckskraft nur gemindert sein. Das Vorliegen bzw. Nichtvorliegen einer rechtsfriedensstörenden Wirkung auf die Gesellschaft rechtfertige die Strafbarkeitsunterschiede.[805]

Aber durch welche Erwägungen wird dieser Befund legitimiert? Empirische Untersuchungen hierzu gibt es jedenfalls nicht. Warum sollte also ein realer grob unverständiger Versuch geeignet sein, den Rechtsfrieden stärker zu stören als ein irrealer Versuch?[806] Zumeist nennen die Vertreter dieser Auffassung keine Begründung für die differenzierende Annahme.[807] *Seier/Gaude* haben angemerkt, dass es nach der gesetzlichen Konzeption so sein müsse,[808] was ebenfalls kein Argument darstellt. Nach *Alwart* ist es möglich, irreale Versuche für weniger

---

803 S. 33 ff.
804 S. auch S. 33 mit Fn. 54 und 57 sowie S. 162 f.
805 Vgl. die Literaturnachweise in nachfolgenden Fußnoten.
806 Zum fehlenden Eindrucksmoment bei abergläubischen Versuchen ausf. S. 187 ff.
807 Erläuternde Ausführungen fehlen z. B. bei *Ebert*, AT, S. 126; *Maurach/Gössel/Zipf*, AT 2, § 40 Rn. 140; *Niepoth*, S. 107 f.; *Radtke*, JuS 1996, 878, 881; *Roxin*, JuS 1979, 1; *ders.*, in Nishihara-FS, S. 161 und Schönke/Schröder/*Eser/Bosch*, § 22 Rn. 65.
808 *Seier/Gaude*, JuS 1999 456, 457.

bedrohlich zu halten als die grob unverständigen, weil der Täter bei letzteren diese Welt nicht gänzlich verlasse, sondern sich nur partiell falsche Vorstellungen über sie mache.[809] Hierbei handelt es sich jedoch de facto nur um eine Umschreibung beider Versuchsarten (Jenseits- versus Diesseitsbezogenheit der Tätervorstellung), nicht aber um eine Begründung, warum daraus eine unterschiedliche Wirkung auf die Allgemeinheit abzuleiten wäre. Das Entscheidende, dass ein grob unverständiger Versuch das friedliche Zusammenleben stört, nicht aber ein irrealer Versuch, wird also nur behauptet.

Eine Gegenüberstellung beider Versuchsarten stellt die Annahme einer unterschiedlichen Eindruckswirkung in Zweifel. Warum sollte der grob unverständige Versuch, z. B. einen Antipoden durch kräftiges Auftreten mit dem Fuß in die Luft zu sprengen, geeignet sein, den Rechtsfrieden stärker zu stören als etwa das „Totbeten"? Warum sollte ein Vergiftungsversuch mit drei Rosinen bedrohlicher wirken als drei Nadelstiche in eine Voodoopuppe?

Wendet man die von den Vertretern der Eindruckstheorie genannten Kriterien für das Vorliegen eines rechtserschütternden Eindrucks (z. B. Bedrohung, Besorgnis, Beunruhigung, Angst und Unsicherheit) auf grob unverständige Versuche an, so muss eine solche Wirkung auch bei dieser Versuchsgattung verneint werden. Bei der Analyse des Privilegierungsgrundes des § 23 Abs. 3 StGB wurde festgestellt, dass grob unverständigen Versuchen aus der Sicht eines Dritten überhaupt kein noch so fernliegendes Gefährdungspotential beigemessen wird – anders als „verständigen" Versuchen.[810] Da ein grob unsinniger Versuch in keinen bedrohlich wirkenden Kontext gestellt werden kann und auch schon wegen des strengen Maßstabes, dem das Merkmal „grober Unverstand" unterliegt (der Irrtum muss geradezu handgreiflich sein),[811] erweckt das Verhalten per definitionem *niemals* eine „Beunruhigung", „Besorgnis" oder einen vergleichbaren negativen Effekt.[812] Mit anderen Worten: Ein Versuch, der aus der Sicht eines Normalmenschen völlig abwegig und lächerlich ist, kann nicht zugleich eine beunruhigende Wirkung bei dieser Maßstabsperson hinterlassen. Somit ist nicht nur bei abergläubischen, sondern auch bei grob unverständigen Versuchen die Möglichkeit einer Rechtsfriedensstörung generell zu verneinen.[813] Jedenfalls kann bei grobem Unverstand keine stärkere Störung der sozialen Ordnung

---

809 *Alwart*, S. 235.
810 S. 51 ff.
811 Vgl. S. 84 f.
812 Zum rechtsgutsbezogenen Verständnis der Eindruckstheorie S. 39 f. und 187 ff.
813 Von einer fehlenden Eindruckswirkung bei grob unverständigen Versuchen gehen auch *Ha*, Untauglicher Versuch, S. 58 ff. und 147; *Roxin*, JuS 1973, 329, 331 f., *ders.*,

angenommen werden als bei irrealen Versuchen, die irgendwie festgestellt, vermutet bzw. sonst messbar oder begründbar wäre.

Daraus folgt, dass auch die Eindruckstheorie den Strafbarkeitsunterschied bei abergläubischen und grob unverständigen Versuchen nicht erklären kann. Lässt die ausbleibende geltungserschütternde Wirkung das Unrecht eines Versuchs entfallen, so muss diese Folge bei irrealen und grob unverständigen Versuchen im gleichen Umfang eintreten.

Die subjektive sowie die Eindruckstheorie führen zu unterschiedlichen Ergebnissen im Hinblick auf eine Unrechtsbegründung bei grob unverständigen Versuchen. Ohne die bisher ungelöste Frage nach der „besseren" Versuchstheorie entscheiden zu müssen, kann jedenfalls festgehalten werden, dass aus dem Strafgrundgedanken *kein Unterschied* zwischen irrealen und grob unverständigen Versuchen abgeleitet werden kann. Nach der subjektiven Versuchslehre stellen beide Versuche ein strafwürdiges Unrecht dar, die Eindruckstheorie führt bei beiden Fallgruppen zur Verneinung vom Versuchsunrecht. Zum gleichen Ergebnis gelangen auch die Vertreter der *objektiven Versuchstheorien*,[814] weil von beiden Versuchsarten keine Rechtsgutsgefährdung bzw. die Gefahr der Tatbestandsverwirklichung ausgeht.

Als Fazit ist somit festzuhalten, dass Strafgrundgesichtspunkte eine Ungleichbehandlung von grob unverständigen und abergläubischen Versuchen nicht legitimieren.

2. Teleologische Erwägungen – „Strafzumessungstheorie"

Mit der im ersten Teil dieser Arbeit ausführlich diskutierten Problematik der Ratio des § 23 Abs. 3 StGB ist der Boden bereitet, aus den gewonnenen Erkenntnissen weitere Folgerungen bei der Kernfrage der Untersuchung zu ziehen. Auf der Basis der dort entwickelten „Strafzumessungstheorie" kann die konkrete Konstituierung des Unrechts bei grob unverständigen und irrealen Versuchen analysiert und miteinander verglichen werden.

a) Für grob unverständige Versuche wurde festgestellt, dass sie – im Vergleich zum Normalfall eines Versuchs – generell einen niedrigeren Strafwürdigkeitsgrad aufweisen; der Unwertgehalt der Tat geht praktisch gegen Null.[815]

AT II, § 29 Rn. 369; *Satzger*, Jura 2013, 1017, 1020 ff.; *Stopfkuchen*, S. 85 sowie *Wolter*, Zurechnung, S. 79 f. m. Fn. 48 aus.
814 Zu diesen Theorien oben, S. 23 und S. 77 ff.
815 S. 59 ff.

Allerdings führen die relevanten Kriterien bei irrealen Versuchen zum gleichen Ergebnis, weil bei dieser Versuchsart alle unrechtsmindernden Umstände in *gleichem* Umfang vorliegen.

Auch bei einem abergläubischen Versuch ist eine Vollendung ausgeschlossen, der Versuch ist also immer untauglich und für geschützte Rechtsgüter völlig ungefährlich. Genauso wie bei den aus grobem Unverstand begangenen, fehlt es auch bei irrealen Versuchen aus ex-ante-Sicht evident schon an einer Anscheinsgefahr bzw. einem jeglichen Gefährdungspotenzial. Die Gründe für das Scheitern der geplanten Tat und die extreme Erfolgsferne liegen auch bei dieser Versuchsgattung in der eigentümlichen Lebensfremdheit eines Täters, der auf Zusammenhänge baut, welche nach allgemeinem Erfahrungswissen als völlig abwegig gelten. Auch bei abergläubischen Versuchen kann – um eine Parallele zum Beispiel *Hillenkamps* zu bilden, mit welchem er eine Strafwürdigkeit grob unverständiger Versuche belegen wollte[816] – eine erhöhte kriminelle Energie zu Tage treten, etwa wenn ein Voodoo-Täter statt einer einzigen für ausreichend gehaltenen Nadel gleich ein Dutzend Nadeln in die Voodoopuppe sticht. Jedoch handelt es sich hierbei nicht um einen *versuchsbezogenen* Umstand, weil es für die Beurteilung der Gefährlichkeit des Versuchs ohne Bedeutung ist, wieviele Nadelstiche der Täter der Puppe versetzt.[817] Jedenfalls kann auch mit Blick auf eine mögliche kriminelle Intensität kein Unterschied zwischen abergläubischen und grob unverständigen Versuchen ausgemacht werden. Etwaige *versuchsfremde* Tatumstände, wie Vorstrafen u. ä., haben nach der Lehre von den versuchsbezogenen Gründen allenfalls eine ergänzende Bedeutung für die Beurteilung der Unrechtshöhe einer nur versuchten Tat. Aber auch diese Umstände können bei irrealen und grob unverständigen Versuchen im gleichen Umfang vorliegen.

Gemessen an den für die Unrechtsqualifizierung beim Versuch maßgeblichen Strafzumessungskriterien ist die Tatschwere bei beiden Taten *identisch*. Das Gewicht des Unrechts und der (unrechtsbezogenen) Schuld liegt bei beiden Versuchsarten im unter(st)en Bereich.

b) Ebenso sind bei der Beurteilung einer Strafbedürftigkeit keine Unterschiede zwischen beiden Versuchen aufzufinden. In den Einzelanalysen zur Erforderlichkeit einer strafrechtlichen Reaktion bei grob unverständigen[818] und abergläubischen[819] Versuchen wurde festgestellt, dass – in Ermangelung sozialer Auswirkungen – eine Sanktionierung solcher Taten zur Erfüllung der

---

816 LK-*Hillenkamp*, § 23 Rn. 72. Dazu S. 128.
817 Vgl. die Ausführungen auf S. 36 f.
818 S. 65 f.
819 S. 195 ff.

generalpräventiven Funktion von Strafe nicht beitragen kann. Als Argument für eine Strafbedürftigkeit konnten jeweils nur *spezialpräventive* Gründe angeführt werden.

Ohne an dieser Stelle näher auf die Frage einzugehen, inwiefern eine Berücksichtigung individualpräventiver Erwägungen überhaupt sinnvoll bzw. zulässig ist,[820] kann jedenfalls festgehalten werden, dass unter präventiven Gesichtspunkten bei grob unverständigen Versuchen kein höheres Strafinteresse besteht als bei abergläubischen Versuchen.

3. Zwischenergebnis

Eine Gegenüberstellung grob unverständiger und abergläubischer Versuche hat gezeigt, dass bei beiden Versuchsgattungen die gleiche Unrechtsstruktur vorliegt. Im Hinblick auf den Rechtsgrund der Versuchsstrafbarkeit bzw. auf das Gewicht des Handlungsunrechts und das Ausmaß einer abstrakten Strafbedürftigkeit besteht *kein Unterschied* zwischen beiden Taten. In qualitativer und quantitativer Hinsicht ist eine Unrechtsdifferenz praktisch nicht ausweisbar. Auch dieser Gesichtspunkt spricht somit für eine Gleichstellung der Rechtsfolgen bei abergläubischen und grob unverständigen Versuchen.

IV. Teilnahmestrafbarkeit

Wegen der Akzessorietätsregeln hat eine unterschiedliche strafrechtliche Behandlung von grob unverständigen und abergläubischen Versuchen Auswirkungen auf die Strafbarkeit von Teilnehmern an diesen Versuchen. Die Folgen einer Ungleichbehandlung beider Versuchsarten für die Teilnehmer wurden im Rahmen dieser Arbeit bereits erläutert. Die über alle Teile der Abhandlung zerstreuten Ergebnisse sollen in diesem Abschnitt rekapituliert werden; die Unverstandsproblematik wird dabei anhand einiger Fälle verdeutlicht.

Fall 1: A stiftet H an, O mit Kamillentee zu vergiften (a) bzw. mittels eines Voodoorituals zu töten (b). H führt die Tat wie geplant durch.

Abwandlung 1: H lacht A aus und lässt sich darauf nicht ein.

Abwandlung 2: H, der toxikologisch gewandt und nicht an paranormale Kräfte glaubt, lässt sich darauf ein, verabreicht dem O jedoch große Menge Arsen. O wird gerettet.

Strafbarkeit des A?

---

820 Dazu noch ausführlich unten, S. 246 f.

Fall 2: A stiftet H an, O (nach seiner Vorstellung mit objektiv tauglichen Mitteln) zu töten, wobei
  a) H dem O in Tötungsabsicht einen Kamillentee verabreicht,
  b) H mit Nadeln in eine den O darstellende Voodoo-Puppe sticht.
Strafbarkeit des A?

Im 1. Teil dieser Abhandlung wurde festgestellt, dass bei grob unverständigen Versuchen § 23 Abs. 3 StGB über §§ 26, 27 Abs. 2 S. 1 StGB auch bei Teilnehmern zur Anwendung kommt, wenn auch der Teilnahmebeitrag grob unverständig war (Fall 1a). War der Beitrag des Teilnehmers „verständig" (Fall 2a), bleibt ihm die Privilegierung nach dieser Norm verwehrt. Das ist mit Blick auf den Rechtsgedanken der §§ 28, 29 StGB sachgerecht.[821] Bei einem Versuch der Beteiligung gilt die Unverstandsregelung über § 30 StGB (Fall 1a – Abwandlung 1).[822] Bei grob unverständigen Versuchen können also prinzipiell alle Tatbeteiligten in den Genuss der milderen Rechtsfolgen kommen, wenn (auch) ihr eigener Beitrag als grob unverständig eingestuft werden kann. Hat ein Mittäter oder ein Teilnehmer einen „verständigen" Beitrag geleistet, so bleibt § 23 Abs. 3 StGB bei der Bemessung seiner Strafe unberücksichtigt.

Wenn mit der herrschenden Meinung davon ausgegangen wird, dass der abergläubische Versuch straflos ist, so ist Teilnahme daran (§§ 26, 27 StGB) ebenfalls straflos[823] (Fälle 1b, 2b) – Akzessorietät. Dieses Ergebnis überzeugt nicht in Fällen, in denen sich der Teilnehmer eine *reale* Haupttat vorgestellt hat (z.B. Anstiftung zum gewöhnlichen Mord, Fall 2b). Denn in diesem Fall würde dem „gefährlichen" Teilnehmer der Aberglaube des Haupttäters zur Straflosigkeit verhelfen. Dies ist insoweit bedenklich, als sein Teilnahmebeitrag genau der *Gleiche* war, wie bei einem grob unverständigen (oder gar bei einem tauglichen) Versuch.[824]

Der Vergleich dieser Fälle macht die Sachwidrigkeit einer Ungleichbehandlung deutlich. In materieller Hinsicht leuchtet nicht ein, warum die Strafbarkeit eines gefährlichen Teilnehmers, der sich eine „normale" Haupttat vorgestellt hat, davon abhängen sollte, ob der Haupttäter letztlich zu irrealen (Fall 2b) oder grob unverständigen (Fall 2a) Mitteln gegriffen hat. Denn sein Anstifter- bzw. Beihilfebeitrag war in beiden Fällen identisch und dementsprechend auch im gleichen Umfang strafwürdig. Der Strafgrund der Teilnahme, wonach ein Teilnehmer durch seine Verursachungs- bzw. Förderungshandlung mittelbar ein Rechtsgut angreift und

---

821 S. 138 (Teil 1 F II).
822 S. 135 f. (Teil 1 F I).
823 Bei Anstiftungshandlungen käme eine Bestrafung nach § 30 StGB in Betracht; versuchte Beihilfe ist straflos.
824 Näheres dazu S. 217 f. (2. Teil B III 1 c).

gleichzeitig fremde Schuld produziert bzw. bestärkt,[825] ist unabhängig davon erfüllt, ob der Haupttäter letztlich irreale oder grob unverständige Mittel verwendet. Anders ist es in dem umgekehrten Fall, also wenn der Teilnehmer sich eine Haupttat mit grob unverständigen oder abergläubischen Mitteln vorgestellt hat, der Haupttäter jedoch einen „normalen" Versuch unternimmt (oder gar eine Vollendung eintritt) (Fall 1 – Abwandlung 2). Für den Teilnehmer stellt der Einsatz eines anderen als des abgesprochenen Mittels eine nur unwesentliche Abweichung vom Tatplan dar, welche seine Strafbarkeit nach §§ 26, 27 StGB unberührt lässt.[826]

Fazit: § 23 Abs. 3 StGB macht es möglich, bei grob unverständigen Versuchen jeden Beteiligten nach seinem eigenen (Un-)Verstand zu bestrafen. Bei irrealen Versuchen, die nach der herrschenden Auffassung dieser Regelung nicht unterfallen, geht das nicht. Der Aberglaube des Haupttäters bewirkt, dass alle Tatbeteiligten prinzipiell ohne Strafe davon kommen.[827]

In kriminalpolitischer Hinsicht besteht jedoch das Bedürfnis, den gefährlichen – profan und verständig handelnden – Teilnehmer nicht nur bei einer grob unverständigen, sondern auch bei einer abergläubischen Haupttat zu bestrafen. Oft hängt nur vom Zufall ab, zu welchen Mitteln der Haupttäter letztlich greift. Dieser Zufall sollte über die Strafbarkeit des Teilnehmers nicht entscheiden. Für einen effektiven Rechtsgüterschutz bedarf es einer Bestrafung des gefährlichen Teilnehmers, der durch seinen Beitrag ein unerlaubtes Risiko für ein Rechtsgut geschaffen oder erhöht hat.

Die Überlegungen zur Strafwürdigkeit von Teilnehmern führen zu der Feststellung, dass eine Ungleichbehandlung abergläubischer und grob unverständiger Versuche auch mit Blick auf eine mögliche Teilnahmestrafbarkeit nicht überzeugt. Kriminalpolitisch wünschenswert wäre eine Lösung, welche beide Versuche gleich behandelt, dabei jedoch eine Privilegierungsmöglichkeit außerhalb der Tatbestandsebene (z.B. im Rahmen der Strafzumessung) eröffnet und so eine Weiche dafür stellt, die jeweiligen Beiträge aller Tatbeteiligten angemessen zu erfassen.

---

825 Herrschend ist die sog. „Verursachungs- bzw. Förderungstheorie", die von *Roxin* begründet wurde, s. *Roxin*, AT II 26/27; *Kühl*, AT, § 20 Rn. 132; LK-*Schünemann*, Vor § 26 Rn. 1; *Schönke/Schröder/Heine/Weißer*, Vor §§ 25 ff. Rn. 15; BGH NStZ 1999, 513, 514; OLG Frankfurt NJW 2004, 2028, 2032. Zum Meinungsstand um den Strafgrund der Teilnahme *Jakobs*, AT, 22/1 ff. und *Heghmanns*, GA 2000, 473 ff. m. w. N.

826 S. 138 (Teil 1 F II).

827 Unter Umständen käme aber eine Bestrafung nach § 30 StGB in Betracht.

B. Unterschiedliche Sozialerheblichkeit? – Aberglaube und Gesellschaft

„Ich bin nicht abergläubisch. Das bringt nur Unglück." (Sir Peter Ustinov)

Bei den Versuchsmerkmalen sowie in der Qualität und Schwere des Unrechts konnten keine Differenzen zwischen irrealen und grob unverständigen Versuchen festgestellt werden. Es drängt sich noch die Frage auf, ob möglicherweise in *soziologischer* Hinsicht ein beachtlicher Unterschied zwischen irrealen und realen Versuchen ausgemacht werden könnte, der eine strafbarkeitsrelevante Sonderstellung abergläubischer Versuche plausibel machen würde. Dahinter steht die Überlegung, dass die Strafbarkeit eines bestimmten Verhaltens in das sozio-kulturelle Feld der jeweiligen Gesellschaft passen sollte. Ist eine Pönalisierung irrealer Versuche mit dem Denken und Handeln in unserem sozialen Raum unvereinbar, könnte dieser Umstand eine Legitimation für einen Ausschluss dieser Versuchsgattung aus dem Bereich strafbarer Versuche begründen.

In gewissem Sinne erinnert diese Idee an die im 2. Teil dieser Arbeit dargestellten „normativen Ansätze", welche alles „Irreale" aus der Rechtsordnung verbannen wollen. Zwar konnten die Vertreter dieses Standpunktes mit ihren Argumenten eine Straflosigkeit abergläubischer Versuche nicht begründen, weil es in rechtlicher Hinsicht ohne Bedeutung ist, ob die Tätervorstellung reale oder irreale Inhalte betrifft.[828] Sollte jedoch nachgewiesen werden können, dass eine Beachtung irrealer Vorstellungen im Strafrecht mit unserer Denk- und Lebensweise unvereinbar ist, so wäre es durchaus legitim, diese Art des Versuchs aus dem Bereich der Strafbarkeit auszunehmen. Denn in einer aufgeklärten, rationalen, durch und durch mystisch-nihilistischen und religionsfreien Gesellschaft würde eine Berücksichtigung übersinnlicher Elemente im Strafrecht im krassen Widerspruch zum Bild der Gesellschaft stehen. Im Folgenden wird deshalb der Frage nachgegangen, ob bzw. inwiefern sich eine Beachtlichkeit irrealer Vorstellungen im Strafrecht in das sozio-kulturelle Bild der Bundesrepublik Deutschland einfügt.

Angesichts des technischen und wissenschaftlichen Fortschritts und des modernen Zeitgeistes sehen wir unsere Gesellschaft geradezu selbstverständlich als rational und aufgeklärt an. Allerdings zeigt ein Blick in aktuelle Statistiken, dass

---

[828] Dazu S. 162 ff. (bb).

unsere Gesellschaft gegenüber Übersinnlichem nicht ablehnend ist. Der Trend zum Okkulten in der Bundesrepublik Deutschland ist auch heute erstaunlich hoch.

Nach einer Umfrage des Leibniz-Instituts für Sozialwissenschaften im Jahre 2012 haben 52 % der Befragten Erfahrungen gemacht, die sich nur durch das Wirken übernatürlicher Kräfte erklären lassen; 33,5 % halten etwas (oder viel) von Mystik; 24 % von Magie, Spiritismus, Okkultismus; 35 % von Pendeln, Wünschelruten; 42 % von Astrologie, Horoskopen; 18 % von Tarot-Karten, Wahrsagen; 24 % von Wunderheilern, Geistheilern. 56 % der Befragten glauben an Gott bzw. höhere Wesen; 38,5 % an den Himmel; 23 % an die Hölle; 24 % an die Wiedergeburt; 52 % an Wunder, 18 % an Geister, 38 % an Engel, 20 % an Teufel.[829]

Laut einer internationalen Studie der Bertelsmann Stiftung aus dem Jahre 2013 glauben 54 % der Westdeutschen und 23 % der Ostdeutschen „sehr oder ziemlich" an Gott[830] und rund 70 % der in Deutschland lebenden Personen gehören einer Religionsgemeinschaft an.[831]

Die in diesen Zahlen zum Vorschein gekommene Anfälligkeit der Bundesbürger fürs Übersinnliche ist verblüffend. Einige Psychologen sind der Auffassung, dass vom Glauben an das Übernatürliche niemand völlig frei ist. Das zeige sich vor allem dann, wenn man den „Preis" für den Unglauben erhöht. Im Laufe eines Experiments haben Psychologen von den Universitäten Bristol, Helsinki und Lancaster unabhängig voneinander festgestellt, dass viele Probanden, die sich selbst als nicht abergläubisch einschätzten, sich sträubten, z. B. einen Todesfluch über ihre Eltern oder Kindern auszusprechen oder das Foto ihres Eherings zu zerschneiden bzw. dass bei den Versuchspersonen in vielen Fällen zumindest deutliche Anzeichen von Nervosität (beispielsweise erhöhtes Schwitzen) festgestellt wurden.[832]

Dieser Glaube an Übernatürliches bleibt nicht nur im Inneren der Bundesbürger verschlossen, er tritt im alltäglichen, gesellschaftlichen Leben deutlich zum Vorschein. In einschlägigen aber auch konventionellen Zeitschriften stößt man auf Kleinanzeigen, in denen wahrsagerische und hellseherische Dienstleistungen angeboten werden; es werden Tarotkarten gelegt, Heilsteine und Wünschelruten

---

829 Allbus 2012, GESIS – Leibniz-Institut für Sozialwissenschaften.
830 Religionsmonitor 2013, S. 11 und S. 12 Tabelle 2.
831 Religionsmonitor 2013, S. 34 Abb. 10 (Jahr 2010).
832 S. den lesenswerten Artikel von *Dworschak*, in: Der Spiegel Nr. 52 v. 21.12.2013, S. 112–120. Vgl. ferner auch die Studie von *Lindeman/Aarnio,* Der Ursprung von Aberglauben, in: Skeptiker 2/2010, S. 62 ff. sowie *dies.*, Paranormal Beliefs, European Journal of Personality 20 (2006), S. 585 ff.

verkauft, Träume und Sterne gedeutet; durch Tische- und Gläserrücken wird Kontakt zu Seelen Verstorbener aufgenommen; es werden schädliche Erdstrahlen abgeschirmt sowie Pendel-Kurse und Pendel-Dienste angeboten, womit nach Aussagen der Anbieter nicht nur Krankheiten geheilt, sondern auch zum Beispiel Auskunft über Symbole oder Antworten auf Fragen zu jenseitigen Intelligenzen oder zu Verlorenem und Zukünftigem und vieles mehr erhalten werden kann. Auch in heutiger Zeit bieten Wunderheiler ihre Dienste an und, wie bereits gesehen,[833] werden derartige Leistungen nicht selten in Anspruch genommen. Die zu okkulten Tätigkeiten benötigten Utensilien können im speziellen Esoterikfachhandel, auf Esoterikmessen und in zahllosen Onlineshops erworben werden. Im Internet können Rezepte für Verjüngungs- und Liebestränke heruntergeladen werden. Unsere Zeitgenossen tragen segenspendende Talismane, Amulette und Glücksbringer. Viele Airlines verzichten mit Rücksicht auf den in vielen Ländern verbreiteten Aberglauben auf die 13. Sitzreihe, viele Hotels auf die 13. Etage und in vielen Hotelzimmern mit dieser Zahl befindet sich nur eine Abstellkammer. Viele Dinge, die jeder von uns alltäglich routinemäßig tut (z. B. Ausrufe, wie „Gesundheit!", „Prost!", „Toi, toi, toi" oder Anstoßen mit den Gläsern) sind im Grunde Beschwörungen, Gesten der Unheilabwendung. Nicht zu übersehen sind tägliche Horoskope in Zeitungen. Auf die eigene Person zugeschnittene Horoskope sind per Telefon jederzeit abrufbar und in vielen Zeitschriften werden regelmäßig astrologische Beiträge abgedruckt. Magische und esoterische Zeitschriften, Kataloge und Bücher füllen Regale in Buchläden und Mystery-Filme die Kinos. In den Medien wird derzeit von einer Mystery-Welle gesprochen.

Auch in heutiger Zeit reisen kranke Pilger in hellen Scharen zu Orten, von denen sie glauben, dass sie dort Wunderheilung finden. Zur Grotte von Lourdes (Frankreich) zum Beispiel reisen jährlich vier bis sechs Millionen Wallfahrer; Tausende davon baden im Glauben an eine Heilung im Quellwasser am Wallfahrtsort.[834] In Deutschland besuchen mehr als eine Million Pilger jährlich zum Beispiel die Schwarze Madonna in Altötting. Gerade die größte Religion, das Christentum, ist aus rationaler Sicht völlig unbegreiflich. Dort gibt es den allmächtigen und allgegenwärtigen Gott, Dreifaltigkeit, jungfräuliche Geburt, Auferstehung der Toten, ewiges Leben, Wunder, Propheten, Engel, Satan, Dämonen und vieles mehr. Auch heute und in der westlichen Welt werden noch Dämonen ausgetrieben. Gabriele Amorth, der führende Exorzist in Vatikan, soll nach

---

833 S. 167.
834 Vgl. z. B. *H.-J. Fischer*, in: „FAZ" vom 14.9.2008 (URL).

eigenen Angaben mehr als 70000 erfolgreiche Exorzismen vollzogen haben.[835] Auch in Deutschland werden immer noch (kirchlich genehmigte oder inoffizielle) Exorzismen durchgeführt.[836]

Praktisch überall kann man in unserem sozialen Raum Religiöses, Aberglauben, Irreales, Okkultes, Mystisches, Magisches und dergleichen antreffen. Das Leben in einer pluralistischen Gesellschaft ermöglicht dem einzelnen einen großen persönlichen Entfaltungsspielraum – auch auf dem Gebiet des Glaubens und Aberglaubens.

Dieser Glaube an Übersinnliches findet Akzeptanz und Anerkennung auch im staatlichen System.[837] Vor allem Religion übt einen starken Einfluss auf staatliche und soziale Institutionen aus. So wurden beispielsweise viele religiöse Feiertage als arbeits- und/oder unterrichtsfreie Tage staatlich anerkannt,[838] an staatlichen Schulen gibt es Religionsunterricht (s. auch Art. 7 Abs. 3 GG), die Kirchensteuer wird von den Finanzämtern der Länder einbezogen, kirchliche Einrichtungen werden vom Staat bezuschusst (z.B. Kirchenbaulast, Dotationen). Zwischen Staat und Religionsgemeinschaften werden Konkordate und andere Staatskirchenverträge geschlossen, das Rechtsgebiet Staatskirchenrecht ist ein Teil des Verfassungsrechts, staatliche Universitäten unterhalten theologische Fakultäten sowie Konkordatslehrstühle mit Mitsprache- bzw. Einspruchsrechten der Kirchenvertreter, die Universität Freiburg unterhielt bis 2001 sogar einen parapsychologischen Lehrstuhl. In Freiburg gibt es zudem eine – durch das Land Baden-Württemberg geförderte – „Parapsychologische Beratungsstelle" für Menschen, die paranormale oder sonst unerklärliche Erfahrungen gemacht haben. Und auch die rechtsprechende Gewalt nimmt, wie bereits gesehen,[839] irreale Vorstellungen auf Täter- und Opferseite ernst, was insbesondere für ein

---

835 S. z.B. *Squires,* in: "The Telegraph" vom 11.3.2010 (URL) oder *Spiegel Online* (o. V.) vom 11.3.2010, Exorzist des Papstes: Teufelszeug im Vatikan (URL).
836 S. z.B. *Spiegel Online* (o. V.) vom 9.12.2015, Mutmaßliche Teufelsaustreibung: "So etwas habe ich noch nicht erlebt" (URL) sowie den Artikel in „*Die Welt*" (o. V.) vom 20.5.2008, Exorzismus wird in Deutschland häufig praktiziert (URL). Dazu auch *Hilgendorf,* in Paulus-FS, S. 87, 92 ff.
837 Vgl. auch die Ausführungen bei *Walter,* Kern des Strafrechts, S. 378 f., der zutreffend darauf hinweist, dass die deutsche Gesellschaft keineswegs durch und durch profan und areligiös ist.
838 Wie etwa (in Bayern): Heilige Drei Könige, Karfreitag, Ostermontag, Christi Himmelfahrt, Pfingstmontag, Fronleichnam, Allerheiligen, Buß- und Bettag, 1. und 2. Weihnachtstag u.a.
839 S. 118 ff.

abergläubisches Tatopfer gilt, welches vor den Gerichten in zahlreichen Entscheidungen als schutzwürdig angesehen wurde.

Der hohe Stellenwert der Religion und des Weltanschauungsempfindens der Bürger in der Bundesrepublik kommt auch in parlamentarischen Gesetzen zum Ausdruck. Die Religions- und Weltanschauungsfreiheit hat einen festen Platz im Grundgesetz (Art. 4 GG); die Verfassungspräambel weist einen Gottesbezug auf; die Beschimpfung von Bekenntnissen, Religionsgesellschaften und Weltanschauungsvereinigungen sowie die Störung der Religionsausübung wurden in §§ 166, 167 StGB unter Strafe gestellt (und die Strafen werden auch wirklich verhängt[840]); der Kirchendiebstahl wurde in § 243 Abs. 1 Nr. 3 StGB zum besonders schweren Fall erhoben und die Beschädigung religiöser Gegenstände stellt eine gemeinschädliche Sachbeschädigung im Sinne von § 304 StGB dar, womit die besondere Bedeutung solcher Gegenstände für die Allgemeinheit zum Ausdruck gebracht wird. Auch der nach dem im Jahre 1995 ergangenen Kruzifix-Urteil[841] geänderte Art. 7 Abs. 3 und Abs. 4 des Bayerischen Gesetzes über das Erziehungs- und Unterrichtswesen (BayEUG) beruft sich auf religiöse Werte und betont ihre kulturgeschichtliche Bedeutung im Bundesland.[842]

---

840 Im Jahr 2006 wurde ein Mann vom Amtsgericht Lüdinghausen zu einer Freiheitsstrafe von einem Jahr auf Bewährung und 300 Sozialstunden verurteilt, weil er Toilettenpapier mit dem Spruch „Koran, der heilige Koran" bestempelt und an Fernsehsender, Moscheen und islamische Kulturvereine versandt hatte. Im mitversandten Begleitschreiben hat er den Koran als „Kochbuch für islamistische Terroristen" bezeichnet, s. z. B. *Stern* (o. V.) vom 23.2.2006, Gotteslästerung auf Klopapier (URL). S. auch z. B. *Spiegel Online*-Meldung (o. V.) vom 02.06.2015, Nacktprotest im Kölner Dom: Frühere Femen-Aktivistin muss Geldstrafe zahlen (URL) sowie OLG Köln, NJW 1982, 657; OLG Nürnberg, NStZ-RR 1999, 238.
841 BVerfG, Beschluß vom 16.5.1995, 1 BvR 1087/91 = BVerfGE 93, 1.
842 Art. 7 Abs. 3 und Abs. 4 BayEUG hat folgenden Wortlaut:
(3) ¹ In den Grundschulen werden die Schülerinnen und Schüler nach den gemeinsamen Grundsätzen der christlichen Bekenntnisse unterrichtet und erzogen. ² In Klassen mit Schülerinnen und Schülern gleichen Bekenntnisses wird darüber hinaus den besonderen Grundsätzen dieses Bekenntnisses Rechnung getragen.
(4) ¹ Angesichts der geschichtlichen und kulturellen Prägung Bayerns wird in jedem Klassenraum ein Kreuz angebracht. ² Damit kommt der Wille zum Ausdruck, die obersten Bildungsziele der Verfassung auf der Grundlage christlicher und abendländischer Werte unter Wahrung der Glaubensfreiheit zu verwirklichen. ³ Wird der Anbringung des Kreuzes aus ernsthaften und einsehbaren Gründen des Glaubens oder der Weltanschauung durch die Erziehungsberechtigten widersprochen, versucht die Schulleiterin bzw. der Schulleiter eine gütliche Einigung. ⁴ Gelingt eine Einigung nicht, hat sie bzw. er nach Unterrichtung des Schulamts für den Einzelfall eine

Diese Aufzählung, die seitenweise fortgeführt werden könnte, zeigt, dass der Glaube an das Paranormale in unserem Kulturkreis immer noch weitverbreitet ist. Seine Anerkennung ragt sogar in staatliche Einrichtungen hinein. Das alles widerspricht dem Selbstverständnis, mit welchem wir unsere Gesellschaft als rational bezeichnen. Trotz aller Aufklärung, technischen Fortschritts und naturwissenschaftlicher Erkenntnis ist der Glaube an das Übernatürliche und seine Ausübung ein Teil unserer Kultur geblieben. Es soll aber nicht der Eindruck entstehen, dass die vorstehende Darstellung das Abbild unserer Gesamtgesellschaft wäre oder dass Aberglaube, Magie und Spiritualität prägende Merkmale unserer Zeit sind. Die große Mehrheit der Bundesbürger (mitsamt denjenigen, die im Prinzip von der Existenz Gottes bzw. anderer höherer Mächte überzeugt sind) glaubt nicht, dass Menschen die Fähigkeit besitzen, übersinnliche Kräfte in irgendeiner Weise beeinflussen zu können. Der dargestellte Querschnitt über das Vorkommen von Irrationalem in unserer modernen Welt sollte lediglich verdeutlichen, dass der Glaube an rational nicht erklärbare Vorgänge unserem Denken und Handeln nicht völlig fremd ist. In einer Gesellschaft, in der sich ein derart breitgefächerter „magischer Markt" überhaupt halten kann und in der sich Religion, Mystik und Okkultes einer solch weiten Verbreitung und Akzeptanz erfreuen, kann von einem Widerspruch zwischen einer möglichen Strafbarkeit irrealer Versuche und dem gesellschaftlichen Denken und Handeln nicht gesprochen werden. Der Pluralität in unserer Gesellschaft würde es nicht gerecht werden, übersinnliche Vorstellungen als (rechtlich) nicht existent anzu sehen. Mystik, Spiritualität und Religion treffen wir in unserem Alltag ständig und überall an – noch viel mehr als den *realen* Irrationalismus im Sinne des § 23 Abs. 3 StGB. Der irreale Versuch sollte deshalb nicht als etwas völlig anderes, mit unserer Rechts- und Gesellschaftskultur Unvereinbares behandelt werden.

Auch wenn eine Bestrafung irrealer Versuche angesichts des heutigen, stark rational und naturwissenschaftlich geprägten Zeitgeistes vielen seltsam vorkommen mag, so sind in sozio-kultureller Hinsicht irreale Vorstellungen und Handlungen dennoch ein Teil unserer Gesellschaft. Aus dem magischen Charakter der Tathandlung lässt sich deshalb kein hinreichender Grund für eine Sonderbehandlung abergläubischer gegenüber anderen Versuchen ableiten.

Regelung zu treffen, welche die Glaubensfreiheit des Widersprechenden achtet und die religiösen und weltanschaulichen Überzeugungen aller in der Klasse Betroffenen zu einem gerechten Ausgleich bringt; dabei ist auch der Wille der Mehrheit, soweit möglich, zu berücksichtigen.

C. Folgerungen für den Untersuchungsgegenstand

I. Bisherige Erkenntnisse

Im ersten Teil dieser Abhandlung wurde festgestellt, das das Unrecht eines grob unverständigen Versuchs per se sehr gering ist. Die im zweiten Teil erfolgte Auseinandersetzung mit den in Rechtskreisen vorgeschlagenen Begründungsmodellen zur Behandlung irrealer Versuche hat gezeigt, dass es sich auch bei dieser Deliktsart um einen Versuch im Rechtssinne handelt. Insofern wurde festgehalten, dass bei den *Versuchsmerkmalen* keine Unterschiede zwischen dem abergläubischen und anderen Versuchen bestehen, so dass die Frage nach der strafrechtlichen Behandlung dieser Fallgruppe nur in einer Zusammenschau mit anderen strafbaren Versuchen entschieden werden kann. Eine solche wurde im dritten Teil dieser Arbeit vorgenommen. Dabei wurde festgestellt, dass weder bei *Strafwürdigkeitsaspekten* (A.) noch in *sozio-kultureller* Hinsicht (B.) strafrechtlich relevante Unterschiede zwischen grob unverständigen und abergläubischen Versuchen auszumachen sind.

Es hat sich gezeigt, dass die Gründe, welche den Gesetzgeber zur Strafdrohung für grob unverständige Versuche veranlasst haben (z. B. eine mögliche Wiederholungsgefahr) eine differenzierende Behandlung nicht legitimieren (A I.). Ein mitverursachtes Folgeunrecht kann in beiden Fällen eintreten (A II.), beide Taten weisen die gleiche Unrechtsstruktur und den gleichen Unrechtsgehalt auf (A III.), die Teilnehmer an solchen Versuchen sind im gleichen Umfang strafbedürftig (A IV.) und die Vorstellungsinhalte in gleicher Weise sozialrelevant (B.).

Ein Vergleich möglicher strafbarkeitsrelevanter Aspekte hat somit eine völlige Gleichartigkeit und Gleichwertigkeit der Tätervorstellungen bei irrealen und grob unverständigen Versuchen erwiesen. Da überhaupt kein einleuchtender Grund für einen differenzierenden Umgang mit diesen Versuchen festgestellt werden konnte, kann nur ein Ergebnis richtig sein: Eine *Gleichbehandlung* von abergläubischen und grob unverständigen Versuchen. Der allgemeine Gleichheitssatz des Art. 3 Abs. 1 GG gebietet wesentlich Gleiches gleich zu behandeln.

II. Mögliche Lösungswege

Insofern gibt es nur zwei Möglichkeiten, wie solche Versuche strafrechtlich behandelt werden könnten: Entweder (*de lege lata*) auch irreale Versuche § 23 Abs. 3 StGB zu unterstellen, oder nicht nur den abergläubischen, sondern auch den grob unverständigen Versuch (*de lege ferenda*) zu entkriminalisieren. Im Folgenden wird untersucht, welche von diesen Lösungsmöglichkeiten sich besser in das System der herrschenden strafrechtlichen Maximen einfügt und somit dem Gesamtkonzept des deutschen Strafrechts mehr entspricht.

1. Die Strafe bedeutet einen schweren Eingriff in die Grundrechte und ein sozialethisches Unwerturteil. Die Mittel des Strafrechts dürfen deshalb nur dort eingesetzt werden, wo sie zur Erfüllung seiner rechtsgüterschützenden Aufgabe[843] notwendig und als Ultima Ratio unerlässlich sind, den Rechtsfrieden zu gewährleisten.[844]

a) Auch bei der Versuchsstrafbarkeit geht es um den Schutz vor rechtsgutsgefährdendem Verhalten,[845] doch tritt bei untauglichen Versuchen eine gewisse „Entmaterialisierung" bei den Rechtsgütern ein. Konkrete Rechtsgutsobjekte werden in keiner Weise verletzt oder gefährdet; bei grob unverständigen und abergläubischen Versuchen liegt nicht einmal der Anschein einer möglichen Rechtsgutsgefährdung vor. Deshalb stellt sich die Frage, wie eine Bestrafung auch solch „völlig abwegiger" Versuche zum Rechtsgüterschutz beitragen kann.

Der Sinn der gesetzlich normierten grundsätzlichen Strafbarkeit für *alle* Straftatversuche scheint mit Blick auf einen möglichst umfassenden Rechtsgüterschutz darin zu liegen, einen potenziellen Täter ausnahmslos von jeglichen Angriffen auf Rechtsgüter abzuhalten – auch von den „völlig abwegigen".[846] Jedoch wird dieser Appell an die Allgemeinheit schon durch § 22 StGB ausgeübt; ein tatgeneigter potenzieller Täter weiß doch gerade nicht, dass sein Verhalten irreal bzw. unverständig ist. Eine eventuelle Entkriminalisierung grob unverständiger

---

843 Ohne an dieser Stelle eingehend die Frage nach der Aufgabe des Strafrechts erörtern zu können, muss angenommen werden, dass dem Strafrecht die Funktion des Rechtsgüterschutzes zukommt, vgl. z. B. BVerfGE 45, 187, 253; 88, 203, 257; 90, 145, 201; *Berz*, S. 32 ff.; *Hassemer/Neumann*, in *Kindhäuser/Neumann/ Paeffgen*-StGB, Vor § 1 Rn. 108 ff.; *Matt*, NJW 2005, 389 ff.; MK-*Radtke*, Vor §§ 38 ff. Rn. 1 ff.; *Roxin*, AT I, § 2 Rn. 1-96; SK-*Rudolphi*, Vor § 1 Rn. 2, 12 ff.; *Sax* JZ 1976, 9, 11 und 429, 432 f. Kritik am Dogma vom Rechtsgüterschutz übt z. B. *Volk*, Roxin-FS (2011), S. 215 ff. und *ders.*, Hassemer-FS (2010), 915, 916, 922 f.

844 Vgl. z. B. BVerfGE 39, 1, 47; 73, 206, 253 f.; 96, 245, 249. Aus der Literatur: *Baumann/ Weber/Mitsch*, AT, § 3 Rn. 19; *Gräfe*, S. 147; *Kratzsch*, JA 1983, 420, 429; *Lackner/Kühl*, Vor § 13 Rn. 3; *Otto*, Schröder-GS, S. 53, 55; *Rengier*, AT, § 3 Rn. 5 ff.; *Roxin*, AT I, § 2 Rn. 97 ff.; *Schünemann*, Faller-FS, S. 357 f.

845 S. MK-*Herzberg/Hoffmann-Holland*, § 22 Rn. 5 und 8 f.; *Niepoth*, S. 121 ff; *Radtke*, JuS 1996, 878, 881 m. w. N. in Fn. 44; *Sax* JZ 1976, 429, 432 f.; Schönke/Schröder/*Eser/ Bosch*, Vor § 22 Rn. 22 und § 22 Rn. 65.

846 Zur generalpräventiven Zweckmäßigkeit einer Strafbarkeit für „normal" untaugliche Versuche S. 199, ferner auch S. 27 f.

und irealer Versuche würde den Rechtsgüterschutz also in keiner Weise einschränken.

b) Die Betrachtungen zur kriminalpolitischen Zweckmäßigkeit haben gezeigt, dass eine Bestrafung grob unverständiger und abergläubischer Versuche zur Erfüllung ihrer *generalpräventiven* Funktion nicht beitragen kann. Bei beiden Versuchsarten leuchtet der Sinn einer Strafbarkeit nur unter Einbeziehung *spezialpräventiver* Aspekte ein.[847]

Angesichts des minimalen Gewichts des Handlungsunrechts bei solchen Versuchen bestehen jedoch erhebliche Zweifel, ob die Strafe ihre Funktion überhaupt erfüllen kann. Eine Sanktionierung geringfügiger Verfehlungen kann unter Umständen ihren Zweck verfehlen und kann zur Rückfallverhinderung sogar kontraproduktiv sein.[848] So hat z.B. *Schünemann* auf die Tatsache hingewiesen, dass zu viel Strafe im Bagatellbereich nicht eine Abschreckung, sondern im Gegenteil ein Abschwächen der Präventivwirkung bewirken könne, weil Bürger eine Bestrafung mit einem ethisch starken Unrechtsurteil über die unter Strafe gestellte Handlung verbinden. Eine strafrechtliche Ahndung geringen Unrechts führe sozusagen zur Abnutzung durch Gewöhnung und sei im Hinblick auf eine Prävention eher schädlich.[849]

Die schwierige Frage, inwiefern bzw. ob überhaupt eine Sanktionierung im Bagatellbereich sinnvoll sein kann, muss in dieser Arbeit nicht abschließend beantwortet werden. Bei der Frage nach einer prinzipiellen Strafbarkeit in Fällen des § 23 Abs. 3 StGB dürfen spezialpräventive Erwägungen nicht berücksichtigt werden, weil es sich hierbei um ein rechtsstaatlich unzulässiges Kriterium für eine Strafdrohung handelt. Ein nicht hinreichend strafwürdiges Verhalten aus Gründen zu strafen, welche mit der individuellen (tatbezogenen) Schuld des Täters nicht im Zusammenhang stehen, ist nicht legitim. Individualpräventive Aspekte sind nur bei dem „Wie" der Strafe von Bedeutung, sie können jedoch nicht als Argument für das „Ob" der Strafbarkeit angeführt werden.[850] Somit legitimieren kriminalpolitische Interessen nicht eine Bestrafung in diesen Fällen.

c) Im Hinblick auf den Ultima-Ratio-Grundsatz stellt sich die Frage, ob das für eine Bestrafung erforderliche Maß an Sozialschädlichkeit bei grob unverständigen und abergläubischen Versuchen erreicht ist. In diesem Sinne unerträglich ist nur ein Verhalten, das geeignet ist, zwischenmenschliche Beziehungen

---

847 S. 57 ff., 65 f., 197 ff.
848 Vgl. z.B. *Bockelmann*, Liszt-GS, S. 53, 60; *Spiess*, Soziale Probleme 2013, S. 87 ff. (v. a. S. 105 ff.).
849 *Schünemann*, Faller-FS, S. 357, 358 m. w. N.
850 S. 42 f.

erheblich zu gefährden oder zu schädigen.[851] Erforderlich ist eine bestimmte Erheblichkeit der Schwere des Vorwurfs, die als eine Gefährdung der Rechtsordnung aufgefasst werden kann.

Angesichts des Bagatellcharakters des Angriffs ist zu bezweifeln, dass eine in diesem Sinne untragbare Gesetzeswidrigkeit vorliegt. In dieser Arbeit wurde festgestellt, dass das Unrecht eines grob unverständigen bzw. abergläubischen Versuchs praktisch gegen Null geht und dass solche Taten in der Rechtsgemeinschaft nicht als Übel empfunden werden, welches zwingend durch eine Bestrafung ausgeglichen werden müsste.[852] Das Sicherheitsgefühl der Allgemeinheit wird nicht beeinträchtigt, wenn solche Taten unbestraft bleiben würden. Da überhaupt kein einleuchtender Grund ersichtlich ist, weshalb Strafe bei solchen Taten erfolgen sollte, spricht alles dafür, dass der erforderliche Grad der Sozialschädlichkeit nicht erreicht wird.

2. Alle bisher erörterten Gesichtspunkte sprechen gegen eine Sanktionierung bei „völlig abwegigen" Versuchen. Allerdings war eine prinzipielle Strafbarkeit in Fällen des § 23 Abs. 3 StGB die Entscheidung des Gesetzgebers und ist das geltende Recht. Deshalb ist vorrangig zu prüfen, ob eine sachgerechte Lösung bereits *de lege lata* erreichbar ist, z.B. durch eine Beschränkung der Rechtsfolgen des § 23 Abs. 3 StGB auf das Absehen von Strafe.

Der Verhältnismäßigkeitsgrundsatz sowie das Schuldprinzip in seiner Ausprägung des Gebots schuldangemessenen Strafens verlangen, dass die Strafe in einem angemessenen Verhältnis zur Schwere des Unrechts und der Schuld des Täters stehen muss.[853] In Anbetracht der geringen Tatschwere und des kaum bestehenden Strafbedürfnisses drängt sich die Möglichkeit einer teleologischen Reduktion der in Betracht kommenden Reaktionsmöglichkeiten des § 23 Abs. 3 StGB auf ein zwingendes Absehen von Strafe[854] im Wege einer

---

851 In diesem Sinne *Otto*, Schröder-GS, S. 53, 54 f. m. zahlr. Nachweisen in Fn. 3 und 9; *ders.*, Grundkurs § 1 Rn. 49. Ähnlich *Rengier*, AT, § 3 Rn. 6; *Gallas*, Beiträge, S. 16 und *Langer*, Sonderverbrechen, S. 327; S. auch BVerfGE 88, 203, 258; 96, 245, 249.
852 S. 59 ff., 198 ff. und 233 f.
853 St. Rspr., vgl. die Nachweise in Fn. 153.
854 Eine völlige Straflosigkeit *de lege lata* lässt sich mit Verweis auf das verfassungsrechtliche Übermaßverbot nicht erreichen. Bei Rechtsfolgen wie dem Absehen von Strafe kann nicht von vornherein von einer Unverhältnismäßigkeit einer Sanktion zur Schwere des Vorwurfs gesprochen werden – begründet doch die mangelnde Wertschätzung fremder Rechtsgüter auch bei abergläubischen und grob unverständigen Versuchen die Normwidrigkeit und damit das Versuchsunrecht.

verfassungskonformen Auslegung dieser Norm auf.[855] Für die bloße Strafmilderung konnte ohnehin kein vertretbarer Anwendungsbereich gefunden werden.[856] Diese Option würde an sich auch dem gesetzgeberischen Ziel entsprechen, den aus der Anordnung der Strafbarkeit für untaugliche Versuche entstehenden Härten entgegenzuwirken. Der beim Absehen von Strafe erfolgte Schuldspruch trägt der Tatsache Rechnung, dass auch in diesen Fällen ein Normverstoß vorliegt.

Allerdings ist diese Option mit erheblichen Ungereimtheiten verbunden. Die Konsequenzen einer Unterordnung abergläubischer Versuche in § 23 Abs. 3 StGB wurden in dieser Arbeit bereits eingehend erläutert.[857] Die Anwendung dieser Norm führt immer zu einer Verurteilung, verbunden mit der Kostenlast des § 465 Abs. 1 Satz 2, Var. 2 StPO – und das obwohl ein hinreichend strafwürdiges Unrecht bei beiden Versuchsarten verneint wurde. Schon die Strafbarkeit des grob unverständigen und des irrealen Versuchs ist kriminalpolitisch nicht sinnvoll und lässt sich mit sachlichen Gründen nicht überzeugend begründen. Die mit dieser Lösung einhergehende Erweiterung der Strafbarkeit, zum Beispiel im Vorbereitungsstadium oder im Bereich des Besonderen Teils des Strafgesetzbuches, erscheint umso fragwürdiger und wäre in vielen Fällen völlig widersinnig.[858] Die in diesem Kapitel erfolgte Analyse möglicher Unterschiede zwischen abergläubischen und grob unverständigen Versuchen hat ergeben, dass bei beiden Versuchsarten bisher keine Fälle aufgeführt werden konnten, bei denen eine Strafdrohung gerechtfertigt wäre und dass eine Strafbarkeit mit dem herrschenden Verständnis vom Strafgrund des Versuchs unvereinbar ist. Alle diese Gesichtspunkte sprechen gegen die Lösung über § 23 Abs. 3 StGB.

Es besteht allein eine Normwidrigkeit, ohne eine Rechtsgutsverletzung, oder nur den Anschein einer Rechtsgutsgefährdung. Angesichts dessen, dass Strafwürdigkeits- und Strafbedürftigkeitsüberlegungen und der Gedanke des Rechtsgüterschutzes eine Bestrafung nicht legitimieren, fügt sich die in § 23 Abs. 3 StGB geregelte grundsätzliche Strafbarkeit grob unverständiger und irrealer Versuche nicht in das strafrechtliche Konzept der Bundesrepublik Deutschland ein. Auf ein solches Verhalten mit der schwersten möglichen Gegenmaßnahme, der Strafe, zu reagieren, widerspricht dem Ultima-Ratio-Prinzip. Es ist überhaupt kein Grund ersichtlich, warum eine Strafe in diesen Fällen sinnvollerweise ausgelöst

---

855 Für eine Einengung des tatrichterlichen Ermessens auf Absehen von Strafe im Wege verfassungskonformer Auslegung *Satzger*, Jura 2013, 1017, 1024 Fn. 47 (wegen Unvereinbarkeit mit der Eindruckstheorie).
856 S. 132 ff.
857 S. 213 f.
858 S. 213 f. b) und c).

sein sollte. Eine Bestrafung solcher Taten nähert sich sehr dem Bereich einer Sanktionierung „böser Gedanken". Eine Entkriminalisierung scheint demnach die weitaus bessere Lösung zu sein.

3. Fazit

Jeder Versuch ist Normverstoß, auch der grob unverständige oder abergläubische. Die Durchsetzung des Strafzwanges gegenüber der Normwidrigkeit erscheint bei diesen Versuchen aber nicht geboten. Eine Sanktionierung ist weder durch Strafzwecke legitimiert, noch kann sie zum Rechtsgüterschutz oder zu einem anderen noch so weit gefassten Gemeinwohlinteresse beitragen und steht im Widerspruch zum Ultima-Ratio-Grundsatz sowie zum heute herrschenden Verständnis vom Strafgrund des Versuchs. In einem am Tatstrafrecht orientierten Strafsystem, welches diese Prinzipien anerkennt, ist es verfehlt, irreale und grob unverständige Versuche zu strafen. Bei einer Abwägung aller strafbarkeitsrelevanten Gesichtspunkte scheint „unter dem Strich" eine Entkriminalisierung der Fälle des § 23 Abs. 3 StGB die weitaus bessere Option zu sein gegenüber einem weiteren Festhalten an der prinzipiellen Strafbarkeit.

III. Ein Vorschlag de lege ferenda

Die vorliegende Untersuchung hat ergeben, dass die heute nahezu allgemein anerkannte Ungleichbehandlung von grob unverständigen und irrealen Versuchen nicht gerechtfertigt ist. Gleichzeitig wurde deutlich, dass es nicht sinnvoll ist, die prinzipielle Strafbarkeit bei grob unverständigen Versuchen aufrechtzuerhalten. § 23 Abs. 3 StGB steht mit den herrschenden strafrechtlichen Grundprinzipien nicht im Einklang und ist somit systemwidrig.

Deshalb wird ein eigener Vorschlag unterbreitet, wie abergläubische und grob unverständige Versuche im künftigen Recht behandelt werden sollten: Der abergläubische Versuch ist in § 23 Abs. 3 StGB einzubeziehen und die Vorschrift ist als persönlicher Strafausschließungsgrund (aus kriminalpolitischem Zweck) zu konzipieren.

Der neue § 23 Abs. 3 StGB soll folgenden Wortlaut haben:

> Hat der Täter aus grobem Unverstand verkannt, dass der Versuch nach der Art des Gegenstandes, an dem, oder des Mittels, mit dem die Tat begangen werden sollte, nicht zur Vollendung führen konnte, wird er wegen Versuchs nicht bestraft.

Gegenüber dem als Vorbild dienenden, geltenden § 23 Abs. 3 StGB enthält dieser Vorschlag außer der abgeänderten Rechtsfolge nur geringfügige Modifikationen. Das Wort „überhaupt" in der gegenwärtigen Fassung stiftet nur Verwirrung, hat keine Bedeutung[859] und soll deshalb gestrichen werden. Durch den gewählten Wortlaut wird gleichzeitig klargestellt, dass der Täter nur wegen des *Versuchs* nicht bestraft wird. Davon bleibt eine etwaige Strafbarkeit in Fällen unberührt, in welchen durch die grob unverständige Versuchshandlung ein *anderes* strafwürdiges Unrecht verursacht wurde.[860] Die wichtigste Änderung liegt in der Rechtsfolge, wonach alle Fälle des § 23 Abs. 3 StGB, einschließlich des abergläubischen Versuchs, straflos gestellt werden sollen. In prozessualer Hinsicht bedeutet das entweder eine Einstellung durch die Staatsanwaltschaft gem. § 170 Abs. 2 StPO oder einen Freispruch in der Hauptverhandlung.

Eine „Entkriminalisierung" ist nicht mit „Legalisierung" gleichzusetzen. Jeder Deliktsversuch, auch der grob unverständige und irreale, bleibt an sich durch § 22 f. StGB verboten; er wird nur in bestimmten Extremfällen nicht bestraft. Durch eine Konzipierung des § 23 Abs. 3 StGB als Strafausschließungsgrund kann der Tatsache Rechnung getragen werden, dass zwar ein tatbestandliches Unrecht und Schuld vorliegt (deshalb kein Ausschluss der Strafbarkeit auf der Tatbestandsebene[861]), jedoch ausnahmsweise die Strafwürdigkeit der Tat fehlt.[862]

Durch die vorgeschlagene Lösung können zudem die einzelnen Tatbeiträge aller Beteiligten angemessen strafrechtlich erfasst werden. Nur derjenige Tatbeteiligte, der selbst einen abergläubischen oder grob unverständigen Beitrag geleistet hat, wird straffrei. Der „gefährliche" Teilnehmer an einem Versuch i. S. d. § 23 Abs. 3 StGB, der sich eine profane und verständige Haupttat vorgestellt hat, kann wegen seines eigenen Anstifter- bzw. Beihilfebeitrags bestraft werden (§§ 26, 27 StGB), weil eine teilnahmefähige Haupttat vorliegt. Der „grobe Unverstand" wird damit zum strafausschließenden besonderen persönlichen Merkmal im Sinne des § 28 Abs. 2 StGB.

---

859 S. 82 f.
860 S. 227 ff. (zu denken ist insb. an eine Strafbarkeit wegen Fahrlässigkeit).
861 Anmerkung: Möglich wäre auch ein Wegfall der Strafdrohung auf der *Tatbestands*ebene (z. B. „Ein Versuch liegt nicht vor, wenn der Täter aus grobem Unverstand verkannt hat…"). Gegen diese und für die hier vorgeschlagene Konzeption als Strafausschließungsgrund spricht zum einen die Tatsache, dass die formellen Voraussetzungen der §§ 22, 23 StGB erfüllt sind und zum anderen, dass eine Tatbestandsreduktion zu unbilligen Strafbarkeitslücken bei „gefährlichen" Teilnehmern führen würde, welche dann – unter engen Voraussetzungen – allenfalls wegen versuchter Beteiligung nach § 30 StGB bestraft werden könnten, vgl. S. 158 f., 235 f.
862 Zu diesem Verständnis der Strafausschließungsgründe z. B. *Schmidhäuser*, AT², 9/11 und *Bloy*, Die dogmatische Bedeutung, S. 227 ff. And. Auffassung *Roxin* AT I § 23 Rn. 21 ff., 35, der als Strafausschließungsgründe nur außerstrafrechtliche Zwecksetzungen anerkennt.

Ein weiterer Vorteil dieser Lösung ist, dass sich dann der Streit um eine dogmatische Aussonderung abergläubischer Versuche sowie um eine Abgrenzung zwischen diesen und grob unverständigen Versuchen erübrigen würde. In praktischer Hinsicht ergeben sich allerdings kaum Unterschiede. Auf der Grundlage des geltenden § 23 Abs. 3 StGB kam es ohnehin noch niemals zu einer Verurteilung und die gezeigten mittelbaren Auswirkungen[863] kann die Vorschrift auch nach der vorgeschlagenen Gesetzesänderung entfalten.

D. Ergebnisse des dritten Teils

Im Kern der Untersuchung wurden mögliche Differenzen von abergläubischen und grob unverständigen Versuchen analysiert. Es hat sich gezeigt, dass keine strafbarkeitsrelevanten Unterschiede zwischen beiden Versuchsarten bestehen, eine Ungleichbehandlung deshalb nicht legitim ist (Art. 3 Abs. 1 GG). Gleichzeitig wurde aber auch deutlich, dass keine hinreichenden Gründe auffindbar sind, welche die Entscheidung des Gesetzgebers für eine grundsätzliche Strafbarkeit bei grob unverständigen Versuchen rechtfertigen würden. Besinnt man sich auf die Grundlagen und Grundprinzipien des Strafrechts zurück (Aufgabe und Funktion des Strafrechts, Ultima-Ratio-Prinzip und der Grundsatz der Verhältnismäßigkeit), so wird deutlich, dass die Strafgewalt an ihre Grenze gelangt ist. Es ist nicht sinnvoll, die Strafbarkeit bei grob unverständigen und abergläubischen Versuchen aufrechtzuerhalten. § 23 Abs. 3 StGB passt nicht in das Gesamtkonzept unseres Strafrechts und ist somit systemfremd. Eine überzeugende Lösung *de lege lata* lässt sich auch dann nicht erreichen, wenn die Rechtsfolge des § 23 Abs. 3 StGB zum obligatorischen Absehen von Strafe modifiziert wird. Die geltende Rechtslage erweist sich als unbefriedigend. In Fällen des § 23 Abs. 3 StGB ist das Unrecht so gering, dass eine strafrechtliche Reaktion nicht mehr unbedingt erforderlich erscheint, um den Strafzielen zu entsprechen. Im Ergebnis liegt ein allenfalls geringfügiges, nicht mehr strafbedürftiges Maß an Unrecht vor. „Minima non curat praetor".

Unter Zugrundelegung der gefundenen Untersuchungsergebnisse wurde ein Vorschlag einer Gesetzesänderung unterbreitet: Abergläubische Versuche sind als Unterfall „groben Unverstandes" dem § 23 Abs. 3 StGB unterzuordnen und die Vorschrift ist als persönlicher Strafausschließungsgrund zu konzipieren.

Durch diesen Vorschlag wird die Rechtswidrigkeit und die Schuld des Täters anerkannt, jedoch der mangelnden bzw. nicht hinreichenden Strafwürdigkeit und

---

863 S. 45 f.

-bedürftigkeit der Tat Rechnung getragen. Diese Lösung führt somit einerseits zu einer Strafbarkeitseinschränkung, indem grober Unverstand generell straflos gelassen wird. Andererseits kommt es aber auch zu einer Strafbarkeitserweiterung für Teilnehmer an (unerkannt) irrealen Versuchen, also in Fällen, in denen der Beitrag des Teilnehmers – anders als der des Haupttäters – gefährlich war.

Insgesamt hat die bisherige Untersuchung ergeben, dass sich abergläubische von grob unverständigen Versuchen nicht unterscheiden, jedoch unterscheiden sich abergläubische und grob unverständige Versuche von anderen strafbaren Versuchen.

4. Teil: Aberglaube und Unverstand in der Rücktrittssituation und im Rechtsvergleich

In diesem Teil der Arbeit werden die bisherigen Feststellungen anhand einer wertenden Gesamtbetrachtung mit dem Rechtsinstitut des Rücktritts vom Versuch (A.) sowie unter rechtsvergleichenden Aspekten (B.) überprüft. Geht man mit der herrschenden Meinung davon aus, dass zwischen der Versuchs- und der Rücktrittsregelung eine gewisse Wechselbeziehung besteht, so müssen die hier gefundenen Ergebnisse in einer Zusammenschau mit der Rücktrittsdogmatik Bestätigung finden. Mit Blick auf die zunehmenden Bestrebungen zur Europäisierung des Strafrechts ist zudem von Interesse zu untersuchen, inwiefern sich die gefundene Lösung in das europäische Bild einfügt. Deshalb ist es notwendig, unseren Gedankengang diesen Bereichen zuzuwenden und dort weiterzuentwickeln.

A. Auswirkungen auf den Rücktritt vom Versuch, § 24 StGB

Schwierigkeiten bereitet der Strafwissenschaft auch die Frage, ob grob unverständige und abergläubische Vorstellungen beim Rücktritt vom Versuch die Straflosigkeit gem. § 24 StGB[864] nach sich ziehen können. Diese Problematik kann vor allem bei der Frage nach der zu erbringenden Rücktrittshandlung (I.) sowie bei der Bewertung der Freiwilligkeit des Rücktrittsentschlusses (II.) relevant sein.

I. Die erforderliche Rücktrittsleistung

Welche Rücktrittshandlung ein Versuchstäter vornehmen muss, um Straffreiheit zu erlangen, richtet sich beim Einzeltäter danach, ob es sich um einen beendeten oder um einen unbeendeten Versuch handelt. Entscheidend für die Abgrenzung dieser Versuchsarten ist die Täterperspektive nach Abschluss der letzten Ausführungshandlung (sog. „Rücktrittshorizont").[865]

Beendet ist der Versuch, wenn der Täter nach seiner subjektiven Vorstellung bereits alles getan hat, was zur Vollendung des Deliktstatbestandes nötig ist.

---

864 Die nachfolgenden Erörterungen gelten im Fall des § 30 StGB für den § 31 StGB entsprechend.
865 Heute ganz herrschende Meinung und ständige Rechtsprechung seit BGHSt 31, 170, 175 f. Viele Nachweise bei Schönke/Schröder/*Eser/Bosch*, § 24 Rn. 17a ff. sowie *Kindhäuser*, AT, § 32 Fn. 23.

Unbeendet ist der Versuch hingegen, wenn er annimmt, durch die Tathandlung noch nicht alles Erforderliche getan zu haben, um die Verwirklichung des Tatbestandes herbeizuführen.[866] Dieser Einteilung entsprechend umschreibt das Gesetz die zu erbringende Rücktrittsleistung. Bei einem unbeendeten Versuch genügt für einen wirksamen Rücktritt das freiwillige Aufgeben der weiteren Tatausführung (§ 24 Abs. 1 Satz 1 Alt. 1 StGB). In der Phase des beendeten Versuchs ist entweder eine freiwillige Vornahme einer kausalen Verhinderungsmaßnahme erforderlich (§ 24 Abs. 1 Satz 1 Alt. 2 StGB) oder – wenn die Tat ohne Zutun des Täters nicht vollendet wird – ein ernsthaftes und freiwilliges Bemühen um Erfolgsabwendung (§ 24 Abs. 1 Satz 2 StGB).

Im Zusammenhang mit der Unverstandsproblematik stellt sich die Frage, ob grob unverständige und abergläubische Rücktrittshandlungen die Wirkung des § 24 StGB auslösen können.

Grob unverständige Abwehrmaßnahmen sind – entsprechend der Definition des grob unverständigen Versuchs i. S. d. § 23 Abs. 3 StGB – bei völlig abwegigen Vorstellungen von gemeinhin bekannten Zusammenhängen anzunehmen.[867] Erforderlich ist, dass ein mit durchschnittlichem Erfahrungswissen ausgestatteter Mensch ohne weiteres erkennen konnte, dass die von der Versuchshandlung ausgehende Gefahr durch die vom Rücktrittswilligen eingeleitete Gegenmaßnahme nicht abgewendet werden kann. Eine in diesem Sinne evident untaugliche Rücktrittshandlung liegt z. B. dann vor, wenn ein Täter nach einem Vergiftungsversuch mit Arsenik als Gegengift lauwarme Milch einsetzt oder wenn er nach einem Revolverschuss zur Abwendung der erkannten Lebensgefahr die Schusswunde mit einem Pflaster verschließt.

Abergläubische Rücktrittsakte liegen vor, wenn der drohende Erfolg mit Hilfe übernatürlicher Kräfte verhindert werden soll, etwa durch das „Gesundbeten"[868] eines lebensgefährlich verletzten Opfers oder durch Gegenzauber und Praktiken der „weißen Magie".

---

866 So BGHR StGB § 24 Abs. 1 Satz 1 Versuch, beendeter 5 = BGH, Urt. v. 11.06.1987 – 4 StR 31/87, s. auch z. B. BGHSt 31, 170, 171; 33, 295, 297 f.; 39, 221, 227; BGH NStZ 1986, 264 f.; 1993, 280 f. Dem schließt sich die h. M. an, s. statt vieler *Kühl*, AT, § 16 Rn. 27 ff. m. w. N.
867 Dies gilt unabhängig davon, ob die Fehlvorstellung Kausalgesetze, Tatsachen oder eine rechtliche Beurteilung betrifft. Zum Begriff des groben Unverstandes i. S. d. § 23 Abs. 3 StGB S. 122 f.
868 Vgl. z. B. RGSt 59, 355.

1. Der unbeendete Versuch

Ist der Versuch in der Tätervorstellung unbeendet, dann genügt ein passiver Rücktritt.[869] Die Straffreiheit wird schon beim schlichten Nichtweiterhandeln gewährt, also unabhängig davon, ob der Täter für das Opfer betet oder ihm, beispielsweise zur schnelleren Heilung, Kamillentee verabreicht oder an ihm andere objektiv ungeeignete Rettungshandlungen vornimmt. Bei einem unbeendeten Versuch geht das Opferinteresse dahin, den Täter von weiteren Angriffen abzuhalten. In dieser Rücktrittsvariante wirkt sich der Aberglaube bzw. die Dummheit des Täters bei der Wahl einer Abwehrmaßnahme auf die Erlangung der Straffreiheit nicht aus.

2. Der beendete Versuch

Kompliziert ist die strafrechtliche Beurteilung hingegen dann, wenn ein Täter vom Rücktrittshorizont her bereits alles zur Vollendung des Tatbestandes Erforderliche getan hat und anschließend rücktrittswillig eine zur Erfolgsabwendung objektiv völlig abwegige Rettungsleistung erbringt.

Bei irrealem und grob unverständigem Rücktrittsverhalten fehlt es begriffsnotwendig immer an der Verhinderungskausalität i. S. d. § 24 Abs. 1 S. 1 StGB. Solche Handlungen können niemals die Vollendung einer Tat verhindern. Wenn der Erfolg ausbleibt, so geschieht das *immer* ohne Zutun des Täters, so dass sich der Rücktritt vom beendeten Versuch stets nach § 24 Abs. 1 Satz 2 StGB richtet.[870] Danach wird der Versuchstäter straffrei, wenn er sich um die Erfolgsabwendung freiwillig und ernsthaft bemüht. Welche Anforderungen an das „ernsthafte Bemühen" im Einzelnen zu stellen sind, ist allerdings unklar.

a) Die subjektive Ausgangsposition

Einig ist sich die Rücktrittslehre darin, dass der Ausgangspunkt für die Bestimmung des „ernsthaften Bemühens"[871] die *subjektive* Sicht des Täters ist. Der Zurücktretende muss bewusst und gewollt eine solche Rettungsmaßnahme

---

869 Dies gilt nach h. M. auch bei einem nur vermeintlich unbeendeten Versuch – vorausgesetzt, der Erfolg bleibt aus anderen Gründen aus, s. z. B. *Bottke*, Methodik, S. 535 Fn. 367; *Grupp*, S. 209; *Rengier*, AT § 37 Rn. 37; *Roxin*, AT II, § 30 Rn. 281 und Schönke/Schröder/*Eser*/*Bosch*, § 24 Rn. 18 und 24. Abw. *Heckler*, S. 161 ff.
870 Bei Beteiligung mehrerer gilt § 24 Abs. 2 S. 2 StGB. In Bezug auf grob unverständige und irreale Rücktrittsakte ergeben sich keine Besonderheiten, so dass die nachfolgenden Erörterungen dort entsprechend gelten.
871 Zum Begriff des "ernsthaften Bemühens" s. *Rau*, S. 51 f.

ergreifen, die nach seiner Vorstellung geeignet ist, die drohende Vollendung zu verhindern. Fehlt es an dieser Mindestvoraussetzung, so kann mangels Rettungsvorsatzes nicht mehr vom Sichbemühen um Erfolgsabwendung i. S. d. § 24 Abs. 1 Satz 2 StGB gesprochen werden.[872]

Zur Bestimmung der Ernsthaftigkeit des Bemühens hat der Bundesgerichtshof Leitlinien aufgestellt, in deren Rahmen sich auch die heute herrschende Meinung bewegt. Danach muss der Täter alles tun, was in seiner Macht steht und *nach seiner Überzeugung* zur Erfolgsverhinderung erforderlich ist. Die *aus seiner Sicht* ausreichenden Rettungsmöglichkeiten muss er voll ausschöpfen; dem Zufall darf er keinen Raum geben, wo er ihn vermeiden kann. Wenn ein Menschenleben gefährdet ist, ist hier ein hoher Maßstab anzulegen.[873] Die Ernsthaftigkeit könne nach Auffassung des Bundesgerichtshofs aber erst dann angenommen werden, wenn der Täter sich des *nach seiner Vorstellung* effektivsten Mittels bedient.[874]

Diese Subjektivierung in der Rücktrittssituation wird aus dem – heute weitgehend anerkannten – Prinzip der Wechselwirkung vom Rücktritt und Versuch abgeleitet.[875] Danach stellt Rücktritt gewissermaßen die „Kehrseite" des Versuchs dar.[876] Er darf deshalb nicht als ein isoliertes Geschehen für sich, sondern muss immer im Zusammenhang mit dem zuvor begangenen Versuch betrachtet werden.[877] Aus dieser „Spiegelbildlichkeit" folge die Regel, dass den Täter sein „gutes

---

872 *Gores,* S. 187 f. Grundlegend zum Rücktrittswillen *Rau,* S. 52 ff.
873 St. Rspr., z.B. BGH NStZ 2012, 28, 29; BGH, Urteil vom 13. 3. 2008 – 4 StR 610/07; BGH, Beschl. vom 11.12.2007 – 3 StR 489/07. Vgl. auch schon BGHSt 31, 46, 49 f.; 33, 295, 302; BGHR StGB § 24 Abs. 1 Satz 2 Bemühen 1 = BGH, Beschl. v. 12.11.1987 – 1 StR 530/87 m. w. N. Dem schließt sich die ganz herrsch. Lehre an, z. B. *Jäger,* Rn. 320 bb); *Kühl,* AT, § 16 Rn. 85. Krit. aber LK-*Hillenkamp,* § 24 Rn. 339.
874 BGHR StGB § 24 Abs. 1 Satz 2 Bemühen 1 = BGH, Beschl. v. 12 November 1987 – 1 StR 530/87 m. w. N. So auch z. B. *Wolter,* Zurechnung, S. 78 Anm. 46 und *Roxin,* AT II, § 30 Rn. 275 ff. m. w. N. Zum Meinungsstand, ob eine aus der Täterperspektive "optimale Leistung" erforderlich ist *Rau,* S. 56 ff. und *Römer,* MDR 1989, 945 ff. jeweils m. w. N.
875 In diesem Zusammenhang wird auch von „Spiegelbildlichkeit", „Gegensatzthese" oder „Actus-contrarius-These" gesprochen. Vertreten z. B. von *Berz,* S. 32 und 46; *Bottke,* JZ 1994, 71, 73; *Gössel,* ZStW 87 (1975), 3, 23 ff. (v. a. S. 25 f.); *Heckler,* S. 17 ff. und 121 ff.; *Maiwald,* E.A. Wolff-FS, S. 342; Schönke/Schröder/ *Eser/Bosch,* § 24 Rn. 2b; *Schünemann,* GA 1986, 293, 324 und SSW-StGB/*Kudlich/Schuhr,* § 24 Rn. 32 f. Auch der Bundesgerichtshof geht von einer „Spiegelbildlichkeit" von Versuch und Rücktritt aus, s. z. B. BGHSt 39, 221, 230. A. A. *Bloy,* JuS 1987, 528, 533 f. Krit. zu *Bloys* ablehnendem Ansatz *Rau,* S. 152.
876 *Maiwald,* E.A. Wolff-FS, S. 342.
877 NK-*Zaczyk,* (2003) § 24 Rn. 5.

Streben" in der Rücktrittssituation in gleichem Umfang entlaste, wie ihn sein „böses Streben" mit der Versuchsstrafe belaste.[878] Im Hinblick auf eine Rücktrittsrelevanz von objektiv untauglicher Abwehrmaßnahmen bedeutet dies Folgendes: Wenn für die Strafbarkeit wegen Versuchs gem. § 22 StGB die Vornahme objektiv untauglicher, aber vom Täter für erfolgsgeeignet gehaltener Verletzungshandlungen genügt, so muss umgekehrt auch das untaugliche, aber in der Tätervorstellung ernsthaft für abwendungsgeeignet gehaltene Rettungsbemühen die Straflosigkeit nach § 24 StGB auslösen.[879] Basierend auf diesem Wechselwirkungsverhältnis von Rücktritt und Versuch bestimmt die ganz herrschende Meinung die Ernstlichkeit des Verhinderungsbemühens *ausschließlich* aus der subjektiven Sicht des Zurücktretenden. Es genüge, wenn das gewählte Mittel in der Vorstellung des Täters zur Erfolgsabwendung geeignet ist.[880]

Diese Argumentation leuchtet bei einem „normalen", auch untauglichen Rücktrittsbemühen ein. Schließlich kann der Versuchstäter nach § 24 Abs. 1 Satz 2 StGB auch dann zurücktreten, wenn die Tat auch ohne sein Zutun, d. h. unabhängig von seinen Bemühungen, nicht vollendet wird. Die Frage ist nur, wie weit man bei der Subjektivierung gehen darf. Denn die konsequente Anwendung der subjektiven Sichtweise hätte zur Folge, dass auch grob unverständige Rettungsmaßnahmen, ja auch eine Verhinderungshandlung unter Inanspruchnahme überirdischer Mächte ein rücktrittsrelevantes ernstliches Bemühen darstellen würde, wenn nur der Rücktrittswillige sie für geeignet hält, die Vollendung der Tat zu verhindern. Wenn also beispielsweise der Täter nach Abgabe eines lebensgefährlichen Schusses

a.) die blutende Kopfwunde mit einem Bündel Babywäsche bedeckt, weil er glaubt, dass allein durch das Stillen der Blutung der drohende Todeserfolg verhindert wird[881] oder

b.) im festen Glauben an ihre Wirksamkeit zur Erfolgsverhinderung eine Beschwörungsformel ausspricht,

---

878 So *Arzt*, GA 1964, S. 3; ähnlich *Baumann/Weber/Mitsch*, AT, § 27 Rn. 14; *Traub*, NJW 1956, 1183, 1185 ff.
879 So z.B. *Maiwald*, E.A. Wolff-FS, S. 342. Vgl. auch *Roxin*, AT II, § 30 Rn. 266 und 281 und *Zaczyk*, in: Kindhäuser/Neumann-StGB, § 24 Rn. 87.
880 In diesem Sinne *Römer*, S. 75, 83; *Roxin*, AT II, § 30 Rn. 266 und 281; *Wolter*, Zurechnung, S. 78 Anm. 46; Schönke/Schröder/*Eser/Bosch*, § 24 Rn. 71 f. S. auch Begr. E 1962 – BT-Drucks. IV/650 S. 145 (Rücktrittsmerkmale seien „nur nach den Vorstellungen des Täters" zu beurteilen) und BayObLG, NStZ-RR 97, 6, 7.
881 Nach BGH bei Holtz MDR 1978, 279. Allerdings hat hier der Bundesgerichtshof schon eine Rettungseignung aus der Sicht des Täters verneint.

so würden diese Rettungshandlungen einen „ernsthaften" Rücktritt vom Tötungsversuch darstellen, wenn der Verletzte zum Beispiel dank seiner guten Abwehrkräfte oder aufgrund eines rettenden Eingreifens Dritter überlebt. Ist es allein der „gute Wille", den der Gesetzgeber in § 24 StGB mit Straffreiheit belohnen will?

In der Tat sind in der Rechtsliteratur zahlreiche Stimmen zu verzeichnen, welche eine solche Interpretation des „ernsthaften Bemühens" für richtig halten. Bei grob unverständigen Abwehrmaßnahmen ist das sogar die heute herrschende Ansicht.[882] Eine völlige Befreiung von Strafe in solchen Extremfällen leuchtet aber nicht mehr ohne weiteres ein. Den Versuchstäter für eine aus der Sicht eines „Normalmenschen" evident sinn- und aussichtslose Rettungshandlung mit einem Strafverzicht zu belohnen, erscheint viel zu großzügig, weil rechtstreue Bürger derartige Aktivitäten nicht ernst nehmen. Im Hinblick auf diese Überlegung drängt sich die Frage auf, ob der subjektiven Betrachtung Grenzen gesetzt werden sollten. Diese Frage wird den Gegenstand nachfolgender Erörterungen bilden.

b) Gegenwärtiger Meinungsstand

Die Rechtsprechung hat sich mit Fällen derart krasser Diskrepanz zwischen der subjektiven Vorstellung eines Rücktrittswilligen und der objektiven Sicht eines rational denkenden Menschen bisher nicht befasst. In der Rechtslehre sind die Meinungen zur Rücktrittsfähigkeit in solchen Extremfällen geteilt.

(1) „Ernsthaft" als subjektiv-objektiver Begriff

a) Einigen Stimmen zufolge setzt ein ernsthaftes Verhinderungsbemühen i. S. d. § 24 Abs. 1 S. 2 StGB neben der subjektiven Absicht der Tatverhinderung objektiv erfolgversprechende bzw. objektiv geeignete Rücktrittsmaßnahmen voraus.[883] So strebt zum Beispiel *Otto* eine individuell-objektive Beurteilung an, indem er bei der Bestimmung des Grundes für die Versuchsstrafbarkeit im Rahmen der subjektiven Theorie den Gedanken der abstrakten Gefährlichkeit des Täters zumindest konkretisierend heranzieht. In der umgekehrten Rücktrittssituation müsse der Täter dementsprechend zunächst selbst von der Abwehrtauglichkeit

---

882 Dazu S. 264 ff. mit Nachweisen.
883 Aus der Rechtsprechung s. BGH, 2 StR 269/72 in GA 1974, 243 und Bay ObLG JR 1961, 269, 270 (allerdings zum § 49a Abs. 4 StGB a. F. welcher in der Sache dem heutigen § 31 Abs. 2 StGB entspricht und ebenfalls das Erfordernis des ernsthaften Bemühens enthielt). Erfolgversprechende Rücktrittsleistungen lässt z. B. *Krauß*, JuS 1981, 883, 885 genügen.

der von ihm ergriffenen Rettungshandlung überzeugt sein. Hinzukommen müsse aber auch, dass diese Überzeugung aus der Sicht eines objektiven Dritten und unter Zugrundelegung der Tatsachenkenntnis des Täters bestätigt werde.[884]

b) Andere Autoren gehen noch weiter und verlangen neben der subjektiven Überzeugung des Täters von der Abwehrgeeignetheit eine hypothetische Abwendungskausalität des Rücktrittsverhaltens. Vor allem *Arzt* und ihm folgend *Bottke* vertreten den Standpunkt, dass die durch einen untauglichen bzw. sonst objektiv fehlgeschlagenen Versuch hervorgerufene Erschütterung der Rechtsgemeinschaft nicht durch beliebige auf die Erfolgsabwendung abzielende Maßnahmen, sondern nur durch solche Handlungen beseitigt werden könne, welche die drohende Vollendung auch tatsächlich verhindert hätten, wenn der Erfolg nicht aus anderen Gründen ausgeblieben wäre.[885] Zur Verdeutlichung soll folgender Beispielsfall dienen:

Fall 1: A will den B mit einer Zyankalikapsel vergiften, verabreicht ihm aber aus Versehen eine Vitamintablette. Danach besinnt sich A eines Besseren und fährt B ins Krankenhaus. Dort stellt der behandelnde Arzt fest, dass jede Hilfe zu spät gekommen wäre, wenn T sich nicht vergriffen hätte und dem B plangemäß Zyankali gegeben hätte.[886]

Da der drohende Tod nicht abwendbar gewesen wäre, wenn die Tätervorstellung vom Tatablauf zugetroffen hätte, ist nach dieser Konzeption eine Strafbefreiung nach § 24 Abs. 1 S. 2 StGB ausgeschlossen.

Dabei gehen die Verfasser von der sog. „Ersatzthese" aus, wonach der Rücktritt durch ernsthaftes Bemühen um die Erfolgsabwendung lediglich als Ersatz für die nicht mögliche reale Verhinderung fungiert.[887] Aus der Unmöglichkeit einer tatsächlichen Verhinderung solle der Täter zwar keine Nachteile, aber auch keine Vorteile ziehen.[888] Dieser Auffassung folgend können Gebete und andere objektiv völlig abwegige Abwendungsbemühungen auch beim besten Glauben auf deren Wirksamkeit nicht zur Straflosigkeit des Rücktrittsgewillten führen.

---

884 *Otto,* JK 86, StGB § 24/11; *ders.* § 19 Rn. 51. Ähnlich auch *Kratzsch*, Verhaltenssteuerung, S. 438.
885 So v. a. *Arzt*, GA 1964, S. 2 ff. Seine Ausführungen beziehen sich jedoch auf § 46 Nr. 2 StGB a. F., der noch nicht ausdrücklich einen Rücktritt durch „ernsthaftes Bemühen" vorsah. *Bottke*, Methodik, S. 534 ff. und *ders.*, Rücktritt, S. 61 schließt sich dieser Ansicht unter Zugrundelegung des geltenden § 24 StGB an. Sachlich übereinstimmend auch schon *Kohler*, Studien I, S. 39.
886 Beispiel nach *Arzt*, GA 1964, S. 2.
887 Zu dieser Theorie grundlegend *Rau*, S. 46 f. mit Nachweisen.
888 *Arzt*, GA 1964, S. 2 und *Bottke*, Methodik, S. 534, 536 f.

Ein fiktiver Kausalzusammenhang zwischen solchen Abwehrmaßnahmen und dem Ausbleiben des Erfolges besteht nicht.

Auch wenn die objektivierende Sichtweise argumentativ nachvollziehbar ist, einer Plausibilitätsüberprüfung hält sie nicht stand. Gegen das Abstellen auf eine *hypothetische Abwendungseignung* des Rücktrittsverhaltens (b) sprechen zunächst Praktikabilitätserwägungen. Für untaugliche Versuche ist charakteristisch, dass man regelmäßig nicht bestimmen kann, welche und ob überhaupt die ergriffene Gegenmaßnahme den Erfolg im Falle der Tauglichkeit des Versuchs tatsächlich (insbesondere auch rechtzeitig) verhindert hätte. Solche Entscheidungen lassen sich – wenn überhaupt – nur ex post treffen. Das hätte zur Folge, dass eine nachträgliche Beurteilung dem Bemühen die Ernsthaftigkeit aberkennen könnte.[889]

Noch gewichtiger ist jedoch ein anderer, in der Diskussion bisher nicht hinreichend beachteter Kritikpunkt. Die Forderung nach einem hypothetisch abwehrgeeigneten Rücktritt schränkt den Anwendungsbereich des § 24 Abs. 1 Satz 2 StGB sachwidrig ein. In allen Fällen, in welchen der Täter ein bestimmtes Rechtsgut entgegen seinem Tatplan nicht verletzt hat, gleichwohl aber von einem beendeten Versuch ausgeht, wäre der Rücktrittsweg abgeschnitten. Diese Problematik soll an folgenden zwei Fällen verdeutlicht werden.

Fall 2: A will B durch einen gezielten Schuss ins Herz töten, die Kugel schrammt B nur leicht am Oberkörper. Da B schockbedingt zum Boden sinkt, geht A davon aus, dass er B möglicherweise lebensgefährlich verletzt hat. Rücktrittswillig alarmiert er den Rettungsdienst. Der herbeigerufene Arzt versorgt die Schrammwunde des B und sagt, dass er für B nichts hätte tun können wenn die Kugel tatsächlich das Herz getroffen hätte.

Da nach der objektivierenden Position nur hypothetisch abwendungsfähige beendete Versuche rücktrittsfähig sind, wäre eine Strafbefreiung gem. § 24 Abs. 1 S. 2 StGB nicht möglich.

Wandeln wir diesen Fall einmal ab.

Fall 3: A trifft nicht das anvisierte Herz sondern die Lunge des B. A erkennt die – jetzt tatsächlich eingetretene – Lebensgefahr und verständigt umgehend den Notarzt. Dieser rettet B und konstatiert, wie im Ausgangsfall, dass er B nicht hätte helfen können, wenn A tatsächlich das Herz getroffen hätte.

---

889 S. zu diesem Kritikpunkt *Römer*, S. 74 und *Rau*, S. 64. Gegen das Erfordernis einer hypothetischen Verhinderungskausalität und einer Verhinderungseignung wenden sich auch *Gores*, S. 191 ff.; LK-*Lilie/Albrecht*, § 24 Rn. 352 f.; *Maiwald*, E.A. Wolff-FS, S. 345 f.; *Römer*, S. 68 ff.; *Roxin*, AT II, § 30 Rn. 281 f.; *Walter*, Rücktritt, S. 139 mit Fn. 316 und *Wolter*, Zurechnung, S. 78 Fn. 46.

Da A in diesem Fall den Erfolgseintritt verhindert hat, bleibt er straffrei schon gem. § 24 Abs. 1 Satz 1 Hs. 2 StGB.

In beiden Fällen hat der Täter die gleiche Versuchshandlung sowie die gleiche Rücktrittsleistung vorgenommen und besaß die gleiche Vorstellung vom Tatverlauf. Ein Unterschied zwischen beiden Sachverhaltsalternativen besteht lediglich darin, dass sich B nur im Fall 3 tatsächlich in einer Lebensgefahr befand. Es ist ein Wertungswiderspruch, einem Täter, der eine Lebensgefahr herbeigeführt hat, die Möglichkeit eines strafbefreienden Rücktritts zu gewähren, ihm aber diese Möglichkeit beim Nichteintritt einer solchen – bei sonst gleichem Tatverlauf und gleichem Vorstellungsbild des Täters – zu versagen. Mit dieser Ansicht steht der Täter des – weil untauglich[890] bzw. fehlgeschlagen (Fall 2) – ungefährlichen Versuchs schlechter da als ein Täter, der Rechtsgüter tatsächlich gefährdet oder sogar verletzt hat. Gerade das sollte aber mit der Regelung des § 24 Abs. 1 Satz 2 StGB verhindert werden.[891]

Die objektivierende These ist auch deshalb zu kritisieren, weil sie in unzulässiger Weise Umstände, die im Vorfeld des Rücktritts liegen, in die Urteilsbasis mit einbezieht. Die angeführten Fälle machen deutlich, dass diese Theorie von dem tatsächlichen Tatgeschehen absieht und stattdessen den zum Tatbeginn angenommenen Kausalverlauf über die Rücktrittsfähigkeit eines Versuchs entscheiden lässt. Ein solches kontrafaktisches Vorgehen ist aber nach der heute weitgehend anerkannten und hier vertretenen sog. „Lehre vom Rücktrittshorizont"[892] nicht zulässig. Der maßgebliche Zeitpunkt für die Beurteilung der Rücktrittsvoraussetzungen ist danach derjenige nach dem Abschluss der letzten Versuchshandlung. Der Tatplan als solcher (Planungshorizont) spielt beim Rücktritt keine

---

890 Der Rücktrittsweg wäre z. B. bei einem unterdosierten Vergiftungsversuch versperrt, bei dem die verabreichte Giftmenge nicht einmal körperverletzungstauglich war, der Täter aber gleichwohl von einem schnell wirkenden Gift ausging. Hätte der Täter jedoch eine letale Dosis verabreicht und konnte das Opfer durch seine Rücktrittsaktivität doch noch gerettet werden, wäre er straffrei. Dieses Ergebnis ist unbillig. Wenn bei gefährlichen Versuchen eine Rücktrittsmöglichkeit besteht, so muss der Täter doch erst recht durch ernsthaftes Bemühen zurücktreten können, wenn er gar keine objektive Gefahr hervorgerufen hat.
891 S. z. B. Begr. zu E 1919, S. 40 oder Begr. zu E 1927, S. 26; Näheres zur geschichtlichen Entwicklung S. 274.
892 Dazu bereits S. 253 mit Nachweisen in Fn. 865. Der Haupteinwand gegen die früher vertretene „Tatplantheorie" liegt darin, dass sie den besonders gefährlichen Täter, der jedes erdenkliche Mittel in seinen Tatplan aufgenommen hat, bevorzugt. Zur Kritik s. z. B. *Heinrich*, AT, Rn. 823; SK-*Rudolphi*, § 24 Rn. 12a; LK-*Lilie/Albrecht*, § 24 Rn. 143 m. w. N.

selbständige Rolle mehr. Geht der Täter in dem Augenblick des Rücktrittsentschlusses davon aus, dass er den drohenden Erfolg abwenden kann, dann ist bei der Prüfung der Rücktrittsvoraussetzungen diese Vorstellung entscheidend – unabhängig davon, ob der Versuch abwehrfähig gewesen wäre, wenn die Tat plangemäß verlaufen wäre. Die mehr oder weniger zufälligen Vorstellungen des Täters zum Tatbeginn dürfen auf die Rücktrittsfähigkeit eines Versuchs keinen Einfluss haben. Schließlich ist zu beachten, dass sich die konkrete Vorstellung des Täters vom Tatablauf zum Tatbeginn (tödlicher Herzschuss im Fall 2) bereits einmal zu seinem Nachteil ausgewirkt hat, indem sie zur Strafbegründung wegen Versuchs geführt hat. Soll diese Vorstellung – ohne Rücksicht darauf, was tatsächlich geschehen ist – auch noch zum Rücktrittsausschluss führen, wird der gleiche Aspekt in unbilliger Weise zweimal zu Ungunsten des Täters berücksichtigt. Aus den genannten Gründen kann diesem Rücktrittsmodell nicht gefolgt werden.

Demgegenüber sind die anderen zwei objektivierenden Ansätze (a) eher geeignet, der uferlosen Subjektivierung Grenzen zu setzen, ohne sich dem Vorwurf unerträglicher Widersprüche und einer Abhängigkeit der Rechtsfolgen von Zufälligkeiten aussetzen zu müssen. Dennoch begegnen auch diese Einschränkungsversuche durchgreifenden rechtlichen Bedenken. Gegen das Erfordernis einer *Erfolgsverhinderungseignung* spricht schon die Undurchführbarkeit einer exakten Abgrenzung zwischen tauglichen und untauglichen Handlungen. Kommt der Tauglichkeit beim Versuch keine Bedeutung zu, so kann dieser Aspekt beim Rücktritt ebenfalls keine Rolle spielen. Zudem – und das gilt auch für die Ansicht, die „nur" *erfolgversprechende* Rücktrittsmaßnahmen fordert – stellt sich bei fehlgeschlagenen Versuchen die Frage nach dem erforderlichen Wahrscheinlichkeitsgrad für eine mögliche Erfolgsabwendung sowie der Zuordnung unter eine bestimmte Quote.[893] Bei welcher (z.B. prozentualen) Wahrscheinlichkeitsquote soll von einem rücktrittsrelevanten Verhalten ausgegangen werden? Und wie lässt sich feststellen, ob sich eine bestimmte Abwehrhandlung der Quote zuordnen lässt, etwa ob ein Arzt rechtzeitig kommen kann? Bei untauglichen Versuchen lassen sich Aussagen über eine Verhinderungstauglichkeit im Regelfall ohnehin nicht treffen.[894] Solange die Befürworter dieser Ansicht keine konkreten Kriterien für die Bestimmung der Abwendungsgeeignetheit bzw. der Erfolgsaussichten einer Rücktrittshandlung für das Verhindern des (unter

---

893 Sachlich übereinstimmend auch *Gores*, S. 193.
894 Vgl. bereits die Ausführungen auf S. 260.

Umständen gar nicht drohenden) Erfolges benennen, sind diese Einschränkungsversuche nicht praktikabel.

Für alle in diesem Abschnitt erörterten Rücktrittsmodelle gilt: Die zur Einschränkung der Rücktrittsregelung (also zu Lasten des Täters) vorgeschlagenen objektiven Anforderungen sind weder dem Gesetz noch dem aus den Materialien erkennbaren gesetzgeberischen Willen zu entnehmen. Der Normwortlaut spricht vielmehr eher gegen diese Auffassung, weil der Erfolg auch „ohne Zutun" des Täters, also auch unabhängig von der tatsächlichen Verhinderungsmöglichkeit, ausbleiben kann. Die geschilderten Theorieansätze sind wegen ihrer mangelnden Klarheit und Unsicherheiten bei der Rechtsanwendung sowie wegen unüberwindbarer Abgrenzungsprobleme wenig praktikabel und führen teilweise zu unakzeptablen Ergebnissen. Aus all diesen Gründen ist die subjektiv-objektive Konzeption abzulehnen.

(2) Die Gegenmeinung – subjektive Sichtweise

Demgegenüber überwiegt die Auffassung, dass das Merkmal „ernsthaftes Bemühen" rein subjektiv zu verstehen ist. Das Vorstellungsbild des Täters solle nicht nur eine Mindestvoraussetzung, sondern solle der einzige Maßstab für die Beurteilung eines Rücktritts nach § 24 Abs. 1 Satz 2 StGB sein. Der Täter erlange dann Straffreiheit, wenn er alles nach seiner Überzeugung zur Erfolgsabwendung Erforderliche getan hat. Es dürfen keine objektiven Aspekte berücksichtigt werden.[895]

Aus diesen scheinbar klaren Vorgaben werden von den Vertretern der subjektiven Position unterschiedliche Ergebnisse für die Behandlung grob unverständiger und abergläubischer Rücktrittsmaßnahmen gefolgert. Ein Teil der Rechtslehre vertritt die Auffassung, dass beide Irrtumsarten identische Rechtsfolgen nach sich ziehen müssen. Ob es aber die Straflosigkeit oder doch ihre Strafbarkeit in beiden Fällen sein soll, darüber wird innerhalb dieser Meinungsgruppe gestritten. Andere Autoren kommen hingegen zu dem Schluss, dass die Rechtsfolgen bei abergläubischen und grob unverständigen Vorstellungen unterschiedlich sind. Dieses grob skizzierte Meinungsbild wird im Folgenden näher beleuchtet.

---

895 Vgl. z.B. *Jescheck/Weigend,* § 51 III 2 mit Fn. 34; *Grupp,* S. 212 ff.; LK-*Lilie/Albrecht,* § 24 Rn. 351; SK-*Rudolphi,* § 24 Rn. 30; *v. Scheurl,* S. 117; BGH NStZ-RR 2000, 42 f. Weitere Nachweise in Fn. 880.

aa) Die herrschende Auffassung – „strenge" Subjektivierung

α) Grob unverständiger Rücktritt

Gemessen an den beschriebenen subjektiven Grundsätzen sollen auch grob unverständige Rücktrittsaktivitäten als Ausdruck einer wissentlichen und willentlichen Umkehrung für die Strafbefreiung genügen. Die Subjektivisten heben hervor, dass allein der betätigte „gute Wille" die Straflosigkeitsfolge des § 24 Abs. 1 Satz 2 StGB auslösen könne, mag die konkret ergriffene Maßnahme nach objektivem Urteil auch völlig abwegig sein. Dies ergebe sich aus der Regelung des § 23 Abs. 3 StGB: Wenn für eine Strafbarkeit wegen Versuchs auch eine grob unverständige Begehungsweise genügt, müsse umgekehrt auch für eine Befreiung von Strafe eine nach objektivem Urteil grob unverständige Rücktrittshandlung ausreichend sein.[896]

Diesen Gedanken hat *Gores* im Lichte der *Eindruckstheorie* weiter geführt. Da auch grob unsinnige Versuchshandlungen eine Erschütterung der Rechtsgemeinschaft herbeigeführt haben, seien sie grundsätzlich strafwürdig (§ 23 Abs. 3 StGB). Ihre Lächerlichkeit wirke sich nur strafmildernd aus. Übertragen auf die Rücktrittsregelung bedeute dies, dass nur solche Rettungsmaßnahmen die durch den zuvor begangenen Versuch hervorgerufene Rechtsfriedensstörung beseitigen vermögen, welche die Rechtsgemeinschaft ernst nehmen könne.[897] Diese Argumentation scheint zunächst gegen die Einbeziehung törichter Rücktrittshandlungen in § 24 StGB zu sprechen, werden sie doch von der Allgemeinheit als abwegig und lächerlich angesehen. *Gores* und ihm folgend *Römer* meinen jedoch, dass in der Rücktrittssituation – anders als auf der Versuchsseite – auch grob unverständige Handlungen das Erfordernis, dass das Verhalten aus objektiver Sicht ernst genommen wird, erfüllen. Den Unterschied mache dabei der Zeitfaktor aus. Der Rücktrittsgewillte müsse sich regelmäßig innerhalb weniger Sekunden für eine bestimmte Rettungshandlung entscheiden und sofort handeln, der Versuchstäter hingegen habe meist genug Zeit zur reiflichen Überlegung. Gerade die bitter Bedauernden und vom tiefsten Mitleid und Scham ergriffenen Gefahrverursacher würden in der Aufregung zu unvernünftigen

---

896 Vgl. z.B. *Scheinfeld*, NStZ 2006, 375, 377; MK-*Herzberg/Hoffmann-Holland*, § 24 Rn. 142 und *Zaczyk*, in: Kindhäuser/Neumann-StGB, § 24 Rn. 87. Für Strafbefreiung beim grob unverständigen Rücktritt auch *Ebert*, AT, S. 138; *Gores*, S. 196; *Gropp*, AT, S. 322 Fn. 78; Matt/Renzikowski-*Heger*, § 24 Rn. 58; *Kühl*, AT, § 16 Rn. 86; *Lackner/Kühl*, § 24 Rn. 20; *Lenckner*, Gallas-FS, 281, 298 mit Fn. 43; *Maiwald*, E.A. Wolff-FS, S. 342 ff., 346 und 358, NK-GS-*Ambos*, § 24 Rn. 20; *Römer*, S. 77 und Roxin, AT II, § 30 Rn. 283.

897 *Gores*, S. 195 f.

Mitteln greifen. Selbst offensichtlich zur Erfolgsverhinderung ungeeignete Rücktrittsleistungen ließen sich in der emotionalen Ausnahmesituation, in welcher sich ein Rücktrittswilliger befinde, nachvollziehen, so dass auch diese von der Rechtsgemeinschaft als Manifestation „guten Willens" ernst genommen werden könnten.[898]

Die Annahme von *Gores* und *Römer*, dass das Ergreifen grob unverständiger Rücktrittshandlungen aufgrund der Eilsituation nachvollziehbar und diese daher berücksichtigungsfähig seien, überzeugt nicht. Grob unverständige Handlungen sind doch solche, welche von jedem „normalen" Menschen *sofort* – also unabhängig von der Zeitspanne, welche dem Handelnden zur Verfügung steht – als „völlig abwegig" erkannt werden.[899] Durch eine eventuelle Eilbedürftigkeit werden grob unverständige Rettungsmaßnahmen nicht verständlich. Hat ein Täter z. B. ein Menschenleben tatsächlich in Gefahr gebracht, so darf er sich bei seiner Rettungshandlung keine groben Fehler erlauben, wenn sie in der Rechtsgemeinschaft als Ausdruck einer honorierungswürdigen Willensumkehr empfunden werden soll. Auf den „Eindrucksgedanken" lässt sich diese Auffassung deshalb nicht stützen.

Vor allem ist aber das Hauptargument der herrschenden Meinung, wonach die grundsätzliche Strafbarkeit grob unverständiger Versuche umgekehrt die Straflosigkeit grob unverständiger Rücktrittsakte rechtfertige, keineswegs eine eindeutig aus der Regelung des § 23 Abs. 3 StGB folgende Konsequenz. Denn unter Zugrundelegung der Wechselwirkungstheorie könnte auch folgendermaßen argumentiert werden: Da der grobe Unverstand den Täter beim Versuch privilegiert, müsste er ihn in der Rücktrittssituation umgekehrt schlechter stellen. Welche von den möglichen Interpretationen mehr überzeugt, muss mittels Auslegung ermittelt werden. Diese erfolgt in einem eigenen Abschnitt.[900]

β) Sonderfall: abergläubische Rücktrittshandlungen

Das abergläubische Rücktrittsbemühen soll jedoch nach ganz herrschender Auffassung eine Ausnahme darstellen. Trotz Geltung einer subjektiven Rücktrittskonzeption sollen reuevolle Gebete und magische Praktiken für eine Strafbefreiung gem. § 24 StGB nicht genügen.[901]

---

898   *Gores*, S. 196. Ebenso *Römer*, S. 77.
899   Vgl. die Begriffsinterpretation auf S. 253 f.
900   Eine Analyse des systematischen Regelungsgehaltes des § 23 Abs. 3 StGB erfolgt auf S. 275 f.
901   Nachweise sowie die angeführten Argumente folgen in Fn. 903–908.

Ganz vereinzelt finden sich jedoch auch Stimmen, welche für die Gewährung von Straffreiheit nicht nur grob unverständige, sondern auch abergläubische Verhinderungsakte ausreichen lassen. So meint *Lenckner*, dass das Gesetz in § 24 Abs. 1 Satz 2 StGB nur *ernsthafte*, und nicht *ernst zu nehmende* Rücktrittsaktivitäten verlange. Folglich könne auch der Einsatz eines übernatürlichen Mittels zur Erfolgsverhinderung den Anforderungen dieser Vorschrift genügen. Aus der Unbeachtlichkeit des abergläubischen Versuchs folge nicht unbedingt, dass das irreale Rücktrittsbemühen ebenfalls unbeachtlich sein müsse. Wenn es nicht zur Vollendung kommt, könne „das Recht großzügig sein und den auf die Verhinderung der Vollendung gerichteten guten Willen auch dann honorieren, wenn er absolut töricht ist."[902]

Dem entgegnet die ganz herrschende Gegenposition wiederum mit dem Argument der *„Spiegelbildlichkeit"* von Versuch und Rücktritt. Für abergläubische Rettungsbemühungen gelten dieselben Grundsätze, welche für das Gegenstück – den abergläubischen Versuch – gelten. So wie dieser mangels einer rechtserschütternden Wirkung keine Strafbarkeit wegen Versuchs begründe, ebenso wenig könne umgekehrt ein actus contrarius, welchen die Rechtsgemeinschaft nicht als Ausdruck eines Umkehrwillens ernst nehmen kann, die vom Versuch ausgelöste Rechtsfriedensstörung wieder aufheben.[903] Weil unsere Rechtsordnung von einem „rationalen Weltbild" ausgehe, könnten irreale Hilfsmaßnahmen keine strafrechtlichen Wirkungen entfalten, sie seien insofern „außerrechtlich".[904]

Herzberg argumentiert mit einem Vergleich der möglichen Rücktrittsmöglichkeiten bei beendeten Versuchen. Wenn bei abergläubischen Abwendungsmaßnahmen das zufällige Ausbleiben des Erfolges dem Rücktrittswilligen nicht als *sein Werk* zugerechnet werden könne (Beispiel: Nach dem Gebet der reuigen Ehefrau E fällt dem Ehemann, der sich auf Geschäftsreise mit seiner Geliebten vergnügt, die von E mitgegebene Flasche mit vergiftetem Cognac auf den Fliesenboden) und somit kein „Verhindern" i. S. d. § 24 Abs. 1 Satz 1 StGB darstelle, dann könne es „folgerichtig" auch nicht als ernstliches Bemühen um

---

902 *Lenckner*, Gallas-FS, 281, 298 Fn. 43; zustimmend *Roßmüller/Rohrer*, Jura 1990, 582, 586. S. auch *Maiwald*, ZStW 88 (1976), 712, 726 f. Kritik daran übt *Bottke*, Methodik, S. 534, s. auch *ders.*, Rücktritt, S. 61 f.

903 Schönke/Schröder/*Eser*/Bosch, § 24 Rn. 71 und 103. So auch *Jakobs*, AT, 26/23; LK-*Vogler*[10], § 24 Rn. 183; *Maiwald*, E.A. Wolff-FS, S. 346 f.; *Römer*, S. 75 ff. (77) und *Roxin*, AT II, § 30 Rn. 283. Krit. *Walter*, Rücktritt, S. 139, mit dem Argument, dass die Ernstlichkeit des *Täters* nicht an dem Ernst *anderer* zu messen ist.

904 *Maiwald*, E.A. Wolff-FS, S. 346 f. und *Kudlich*, JZ 2004, 72 ff. (v. a. S. 76).

Erfolgsverhinderung im Sinne des zweiten Satzes dieser Vorschrift gelten.[905] Das „Verhindern" im Satz 2 könne nicht in einem weiteren Sinne verstanden werden als im Satz 1 des § 24 Abs. 1 StGB. Das Bemühen des Versuchstäters ziele somit nicht auf eine Verhinderung der Vollendung ab.[906]

Nach *Gores* könne das Vertrauen auf rettendes Eingreifen durch magische Kräfte zudem nicht als „eigenes" Bemühen des Zurücktretenden gewertet werden.[907] Abergläubische Versuche lösen nach ganz herrschender Meinung die Straflosigkeitsfolge des § 24 StGB nicht aus.[908]

Die Argumentation *Lenckners*, mit welcher er die Abwehr realer Gefahren mit irrealen Mitteln als rücktrittsrelevantes ernsthaftes Bemühen deklariert, stößt auf erhebliche Bedenken. Warum sollte der Gesetzgeber den guten Willen auch dann honorieren, wenn er absolut töricht ist? *Lenckner* müsste erklären, warum ein strafbares Verhalten durch bloße Willensregungen seine Strafwürdigkeit verlieren sollte. Es geht zu weit, allein dem Willen die Macht zuzuschreiben, ein durch die Versuchshandlung verursachtes Unrecht (in Form von Rechtsgutsgefährdung bzw. Rechtsgeltungsschaden) und damit auch das Strafbedürfnis zu beseitigen. Sonst müsste der gute Wille doch auch bei vollendeten Delikten zur Straflosigkeit führen, wenn der Täter angenommen hat, er kann die Vollendungsgefahr verhindern. Die von *Lenckner* angeführte Begründung allein macht jedenfalls eine Straflosigkeit abergläubischer Rücktrittsbemühungen nicht begreiflich.

Eine systematisch geschlossene Lösung lässt sich aber auch mit den Argumenten der herrschenden Gegenposition nicht erreichen.

Die „Folgerichtigkeit" der These *Herzbergs*, dass sich das „Verhindern" im Sinne des S. 2 in den Grenzen einer möglichen „Verhinderung" im Sinne des S. 1 des § 24 Abs. 1 StGB bewegen müsse, wäre erst einmal zu beweisen und darf nicht als selbstverständlich vorausgesetzt werden. Dieser Beweis dürfte jedoch kaum zu erbringen sein, weil der Gesetzgeber bei den Rücktrittsalternativen des § 24 Abs. 1 StGB unterschiedliche Sachverhalte im Auge hatte und dementsprechend

---

905 *Herzberg*, GA 2001, 257, 269; vgl. auch *ders.*, Jura 1990, 16, 19. Zust. *Rau*, S. 66 f.
906 MK-*Herzberg/Hoffmann-Holland*, § 24 Rn. 148 f.
907 *Gores*, S. 195.
908 Ohne nähere Begr. bzw. nur mit Verweis auf die Geltung der „Actus-contrarius-These" z.B. Baumann/ Weber/Mitsch, AT, § 27 Rn. 15; *Ebert*, AT, S. 138; *Gropp*, AT, S. 322 Fn. 78; *Kühl*, AT, § 16 Rn. 86; *Lackner/Kühl*, § 24 Rn. 20; Matt/Renzikowski-*Heger*, § 24 Rn. 58; *Maurach/Gössel/Zipf*, AT 2, § 41 Rn. 94; NK-GS-*Ambos*, § 24 Rn. 20; SK-*Rudolphi*, § 24 Rn. 30; SSW-StGB/*Kudlich/Schuhr*, § 24 Rn. 47 und *Zaczyk*, in: Kindhäuser/Neumann-StGB, § 24 Rn. 87. Vgl. auch *Sancinetti*, S. 230 ff., 234 f.

abweichende Anforderungen an das erforderliche Rücktrittsverhalten gestellt hat. Anders als beim „Verhindern" im Satz 1 verlangt Satz 2 der Rücktrittsregelung gerade keine Kausalität der Rettungshandlung für das Ausbleiben des Erfolges. Die Vollendung muss sogar aufgrund von Zufall bzw. aus anderen dem Täter nicht zurechenbaren Gründen ausbleiben. Eine Übertragung der Voraussetzungen und rechtlichen Wertungen dieser zwei selbständigen Rücktrittsmöglichkeiten auf die jeweils andere ist nicht zulässig.

Zudem ist von dem Standpunkt *Herzbergs* aus nicht nachvollziehbar, warum irreale Handlungen auf die Verursachung der Vollendung nicht „abzielen" sollten, grob unverständige aber durchaus.[909] Denn völlig abwegige (bzw. auch „normal" untaugliche) Rettungshandlungen bewegen sich ebenfalls nicht im Rahmen einer nach S. 1 möglichen (hypothetischen) Erfolgsabwendbarkeit. In weiten Teilen entspricht diese Auffassung *Arzts* und *Bottkes* Forderung nach einer „hypothetischen Verhinderungskausalität". Dass diese Theorie keine angemessene Lösung der Rücktrittsproblematik darstellt, wurde bereits gesagt.[910] Bei der Aufschlüsselung der Frage, ob sich ein Rücktrittswilliger auch mit irrealen Mitteln um Erfolgsverhinderung im Sinne des § 24 Abs. 1 S. 2 StGB ernsthaft bemühen kann, hilft eine Zusammenschau mit Satz 1 der Rücktrittsregelung nicht weiter.

Unter Zugrundelegung der im 2. und 3. Teil dieser Arbeit gefundenen Ergebnisse kann auch *Maiwalds* Argument, dass irreale Einbildungen in einer rational ausgerichteten Rechtsordnung nicht anerkannt würden, nicht überzeugen. Eine Berücksichtigung irrationaler Vorstellungsinhalte auf Täter- und Opferseite ist weder unserem Strafrecht fremd[911] noch würde dies im völligen Widerspruch zum Bild unserer Gesellschaft stehen.[912] Da die Theorie von der generellen Irrelevanz abergläubischer Vorstellungen schon auf der Versuchsseite nicht überzeugen konnte, kann sie auch als Actus-contrarius-Argument gegen eine Berücksichtigung im Rahmen des § 24 StGB nicht herangezogen werden.

Soweit *Gores* bei abergläubischen Verhinderungsmaßnahmen einen Rücktritt in Ermangelung *eigener* Bemühungen des Täters ablehnt, so leuchtet diese Sichtweise bei einer bloßen Aufforderung an irreale Subjekte (z.B. Gebete) ein. § 24 StGB fordert eine eigene Tätigkeit des Zurücktretenden („*er sich* .... bemüht"). Dabei kann er sich zwar auch der Hilfe Dritter „bedienen". Er muss

---

909 Nach MK-*Herzberg/Hoffmann-Holland*, § 24 Rn. 142 sind grob unverständige Bemühungen rücktrittsfähig.
910 S. 191 ff.
911 S. 118 ff.
912 S. 238 ff.

jedoch darauf achten, dass der Dritte die notwendige Rettungshandlung auch wirklich ergreift.[913] Übernatürliche Wesen lassen sich jedoch nicht kontrollieren. Insofern kann verlangt werden, dass sich der Täter zumindest vergewissert, ob die bedrohten Rechtsgüter wirklich außer Gefahr gebracht wurden. Vertraut er nach der Vornahme einer rituellen Handlung blind auf die Erfolgsabwendung durch übersinnliche Subjekte, überlässt er diese dem Zufall. Das genügt nicht für einen strafbefreienden Rücktritt.[914] Insofern lässt sich mit guten Gründen die Auffassung vertreten, dass bei Inanspruchnahme überirdischer Intelligenzen mangels hinreichenden „eigenen" Bemühens die Rücktrittsvoraussetzungen des § 24 Abs. 1 S. 2 StGB nicht erfüllt sind.

Diese „guten Gründe" versagen jedoch in Fällen, in denen der Täter überzeugt ist, dass er selbst die erfolgshindernde übersinnliche Macht besitzt (z.B. Telepathie) und insofern seine eigenen Fähigkeiten einsetzt. Denn in dieser Fallgruppe liegt zweifellos *eigenes* Bemühen vor. Bei der Frage nach einer Strafbefreiung gem. § 24 StGB nach der Art der Vorstellung zu differenzieren (eigene bzw. fremde Fähigkeiten) wäre jedoch verfehlt, weil sich die wirren Tätervorstellungen im Regelfall nicht sicher diesen Kategorien zuordnen lassen.[915]

Allein gegen die Argumentation der Vertreter der Eindruckstheorie ist von der Warte der Wechselwirkungsthese nichts einzuwenden. Denn es kann durchaus angenommen werden, dass die Inanspruchnahme irrealer Kräfte zur Herbeiführung einer bestimmten Folge weder in der Versuchs- noch in der Rücktrittssituation durch die Rechtsgemeinschaft ernstgenommen wird und deshalb den rechtserschütternden Eindruck des Versuchs nicht tilgen kann. Ob diese Feststellung ausreicht, abergläubischen Abwehrbemühungen eine Rücktrittsfähigkeit abzusprechen, ist allerdings zu bezweifeln. Auch für *grob unverständige* Rücktrittsakte wurde festgestellt, dass sie die rechtsfriedensstörende Wirkung des Versuchs nicht zu beseitigen vermögen, dennoch sprechen ihnen die gleichen Autoren Rücktrittsrelevanz zu. Zum anderen bedeutet es selbst dann, wenn von einem Wechselwirkungsverhältnis zwischen Versuch und Rücktritt ausgegangen wird, nicht zwangsläufig, dass die Interpretation des § 24 StGB ausschließlich von den für die Versuchsregelung geltenden Grundsätzen und dort vorgenommenen Wertungen abhängig ist. Vielmehr

---

913 St. Rspr., z. B. BGHSt 33, 295, 302; BGH NJW 1985, 813, 814. S. auch BGH StV 1997, 518; BGH, *Urteil* vom 13. 3. 2008 – 4 StR 610/07 BeckRS 2008, 05835; BGH, *Beschluss* vom 11. 12. 2007 – 3 StR 489/07 BeckRS 2008, 03066. Einzelheiten dazu *Rau*, S. 69 ff.
914 Nach der Auffassung des Bundesgerichtshofs darf der Täter dem Zufall keinen Raum geben, wenn er ihn vermeiden kann, vgl. die Nachweise in Fn. 873.
915 Vgl. S. 184 f.

muss die Auslegung der Rücktrittsvorschrift zeigen, inwiefern eine gegenseitige Beeinflussung möglich ist.[916]

bb) „Abgeschwächte" Subjektivierung

Nur wenige Autoren sprechen sich – auch wenn sie im Übrigen an der subjektiven Sichtweise festhalten – für eine Ausgrenzung grob unverständiger und irrealer Rettungsbemühungen aus dem Rücktrittsprivileg aus. So wollen z. B. *Eser/ Bosch* der subjektiven Betrachtung in der Rücktrittssituation dort eine Grenze setzen, wo die vom Täter gewählte Verhinderungsmaßnahme „jedem Einsichtigen von vornherein als völlig sinn- und aussichtslos erscheinen" muss.[917] Nach *Wessels/Beulke* könnten erkennbar unzureichende Rettungsaktivitäten nicht als Ausdruck einer beabsichtigten Umkehrung des in Gang gesetzten Geschehensablaufs genügen.[918] *Rau* führt an, dass von einem Täter, dem es um die Rettung eines Rechtsguts geht, erwartet werden könne, dass er sinnvolle Rettungsmaßnahmen ergreift.[919] Nach *Jakobs* seien nur kommunikativ relevante Bemühungen ernsthaft. Wenn kommunikativ irrelevante Maßnahmen den Täter beim Versuch nicht belasten, so entlasten sie ihn beim Rücktritt nicht.[920] *Mitsch* will danach fragen, ob die subjektiv als bestmöglich eingestufte Abwehrmaßnahme aus objektiver Sicht ernstgenommen werden kann.[921] *Kindhäuser* stellt darauf ab, ob das Verhinderungsbemühen „in einer für einen Dritten nachvollziehbaren Weise" geschieht.[922]

Für diese vermittelnde Auffassung, welche nach der Darstellung der zwei Extrempositionen als „goldener Mittelweg" geradezu erwartet wurde, werden allerdings keine rechtlichen Argumente angeführt. Ihre Vertreter erklären nicht, wie sie zu den von ihnen genannten Einschränkungen gelangen, wenn sie, ausgehend

---

916 S. 273 ff.
917 Schönke/Schröder/*Eser/Bosch*, § 24 Rn. 71 und 103. Zust. *Noltensmeier/Henn*, JA 2010, 269, 270.
918 *Wessels/Beulke/Satzger*, AT, Rn. 647.
919 *Rau*, S. 67.
920 *Jakobs*, AT 26/22. S. auch *Jakobs*, ZStW 104 (1992) 82, 92 mit Fn. 15. Ein genau gegensätzliches Verständnis des Umkehrprinzips findet sich bei *Scheinfeld*, NStZ 2006, 375, 377; s. auch die Ausführungen zum grob unverständigen Rücktritt, S. 264 bei α. Beide Autoren führen leider keine Begründung für ihre konträren Ergebnisse an. Zur Interpretation der Systematik aus der Sicht der Verfasserin S. 275 ff.
921 Baumann/Weber/*Mitsch*, § 27 Rn. 34.
922 *Kindhäuser*, AT, § 32 Rn. 30.

von der Actus-contrarius-These, die subjektive Position vertreten. Mit so allgemein und unpräzis formulierten Strafwürdigkeitsüberlegungen ist es nicht möglich, zu einem sicheren Wertungsmaßstab zu gelangen. Aufgrund der „Dürftigkeit" der vorgebrachten Argumente wäre eine Auseinandersetzung mit den einzelnen Vorschlägen an dieser Stelle wenig ergiebig. Auf den Grundgedanken dieser Position wird an einer späteren Stelle zurückgegriffen.[923]

(3) Zusammenfassung und eigene Ansicht

Der dargestellte Meinungsstand macht deutlich, dass in der juristischen Kontroverse um eine Rücktrittsfähigkeit von grob unverständigen und abergläubischen Abwehrhandlungen fast alle denkbaren Lösungsmöglichkeiten vorgeschlagen wurden. Nach einigen Autoren können beide Irrtumsarten rücktrittsrelevant sein, nach anderen lösen sie die Straflosigkeit des § 24 Abs. 1 Satz 2 StGB niemals aus. Die herrschende Literaturmeinung differenziert nach der Art des Irrtums: Grob unverständige Bemühungen sollen rücktrittsfähig sein, nicht aber irreale Verhinderungsakte. Diese Differenzierung ist das Ergebnis der Bestrebungen nach einer mit der Versuchsregelung systematisch stimmigen Konzeption. Die Frage nach der Strafwürdigkeit des Verhaltens tritt dabei in den Hintergrund. Vom Argumentationsgang konnte keine der Rechtsauffassungen völlig überzeugen. Die Lösung der Rücktrittsproblematik aus der Sicht der Verf. wird im Folgenden dargelegt.

Richtig ist es, bei der Beurteilung der Ernsthaftigkeit des Bemühens das *Prinzip der Wechselwirkung* von Rücktritt und Versuch[924] als eine wesentliche Beurteilungsgrundlage zu beachten. Die Sichtweise, dass bestimmte Versuchsgrundsätze auch auf die Rücktrittsdogmatik Einfluss haben, leuchtet ein und ist auch rechtsmethodisch fundiert. Die ihr zugrundeliegende „Spiegelbildlichkeitstheorie" basiert auf dem Gedanken, dass das Versuchsunrecht umkehrbar ist. Wird das Unrecht des Versuchs von seinem Verursacher rückgängig gemacht, so kann insgesamt nicht mehr von einem strafwürdigen Tatgeschehen gesprochen werden.[925] Die gesamte Tat (in weitem Sinne) ist dann quasi als „unrechtsneutral" zu betrachten. Wo das Tatbild in einer Gesamtschau kein hinreichend strafwürdiges Unrecht darstellt, muss mit Mitteln des Strafrechts nicht eingegriffen werden.

---

923 S. 285.
924 S. 255 ff.
925 NK-*Zaczyk*, (2003) § 24 Rn. 5.

Ein solches Verständnis des Rücktrittsinstituts findet eine Stütze im Strafgesetzbuch selbst. Nach § 24 Abs. 1 S. 1 StGB wird der Täter straffrei, wenn er die „weitere Ausführung *der Tat* aufgibt oder deren Vollendung verhindert". Die Aufgabe der weiteren Ausführung bzw. die Verhinderung der Vollendung – also der Rücktritt – sind demnach ein Teil der Tat, eines *Ganzen*. Dies gilt auch für die Verhinderungsbemühung, welche nach dem Wortlaut des § 24 Abs. 1 S. 2 StGB ebenfalls als ein Teil der Tat in diesem Sinne aufgefasst werden kann. Für diese Deutung spricht auch die Gesetzessystematik. Die Versuchs- (§§ 22, 23 StGB) sowie die Rücktrittsregelung (§ 24 StGB) finden ihren Platz gemeinsam im 2. Abschnitt des Strafgesetzbuches, welcher die Überschrift „Die Tat" trägt. Zudem wurden beide Rechtsinstitute gemeinsam im 2. Titel unter der Überschrift „Versuch" untergebracht. Der Wortlaut und die systematische Stellung des § 24 StGB sprechen für eine Zugehörigkeit des Rücktritts zur Tat, also zu dem Versuch.[926]

Fraglich ist aber, wie ein Rücktrittsverhalten beschaffen sein muss, damit es eine solch starke Unrechtsminderung bewirkt, dass eine strafrechtliche Reaktion überflüssig wird. Hier taucht wieder die Frage nach der Strafwürdigkeit und Strafbedürftigkeit der (Gesamt-)Tat auf. Um sie beantworten zu können, ist es erforderlich vor allem den Regelungsgrund des Rücktrittsprivilegs zurate zu ziehen, um festzustellen, ob die Gründe, bei denen § 24 StGB Straflosigkeit gewährt, auch dann vorliegen, wenn sich ein Täter mit völlig abwegigen bzw. irrealen Mitteln um die Verhinderung der Vollendung bemüht. Daneben ist von großer Bedeutung, anhand der hier entwickelten „Strafzumessungstheorie" den Unrechtsgehalt und die Strafbedürftigkeit des Gesamtgeschehens zu ermitteln. Dies hilft dabei festzustellen, ob bereits ein nur subjektiv ernstgemeintes Rücktrittsverhalten das Unrecht des Versuchs derart mindert, dass eine Strafe nicht mehr erforderlich erscheint. Bei alledem ist die Wortlautgrenze des § 24 StGB zu beachten, der – anders als die Versuchsvorschrift – gerade keine ausdrückliche Einschränkung für Fälle groben Unverstandes vorgesehen hat. Eine Beeinflussung der Rücktrittsdogmatik durch Versuchsgrundsätze ist demzufolge nur im Rahmen einer Auslegung des § 24 StGB zulässig. Das Rechtsinstitut des Rücktritts vom Versuch ist durch eigenständige, mit der Versuchsregelung nur lose zusammenhängende Gesichtspunkte geprägt, vor allem durch den Gedanken des Opferschutzes und den Wiedergutmachungsgedanken. Diese Grundsätze bleiben die leitenden Gesichtspunkte bei der Auslegung von Rücktrittsvoraussetzungen. Daraus folgt, dass eine schematische Anwendung des Umkehrschlusses,

---

926 Zum Ganzen ausf. *Wege*, S. 77 f., v. a. Fn. 329; *Scheinfeld*, Tatbegriff, S. 27 und *Bottke*, JR 1980, 441.

wie sie in Bezug auf die Unverstandsproblematik im Schrifttum vielerorts anzutreffen ist,[927] eine verfehlte Vorgehensweise ist. Dem Dogma der Wechselwirkung kann nur die Funktion einer Auslegungshilfe zukommen. Das entscheidende Gewicht liegt bei der Auslegung der Rücktrittsregelung unter Beachtung rücktrittsimmanenter Grundsätze.

c) Auslegung

Als Nächstes wird deshalb mittels Auslegungsregeln untersucht, ob grob unverständige und abergläubische Bemühungen die Rücktrittswirkung des § 24 StGB nach sich ziehen können.

(1) Wortlaut des § 24 Abs. 1 S. 2 StGB

> „Wird die Tat ohne Zutun des Zurücktretenden nicht vollendet, so wird er straflos, wenn er sich freiwillig und ernsthaft bemüht, die Vollendung zu verhindern."

Bei der Frage nach einer Rücktrittsrelevanz von grob unverständigen und irrealen Abwehrmaßnahmen ist vor allem die Interpretation des Wortes „ernsthaft" bedeutsam. Im allgemeinen Sprachgebrauch wird dieser Begriff sowohl im Sinne von „ernstgemeint" als auch „ernstzunehmend"[928] verwendet. Dementsprechend lässt es der Normwortlaut zu, das „ernsthafte Bemühen" sowohl nach der *subjektiven* Überzeugung des Zurücktretenden von der Abwehrgeeignetheit seines Rücktrittsverhaltens, als auch nach der *objektiven* Sicht eines durchschnittlichen Dritten zu beurteilen, dem die gewählte Rücktrittshandlung in der konkreten Tatsituation nicht von vornherein sinnlos erscheinen darf (er diese also „ernst nehmen" kann).

Das Abstellen auf den Zurücktretenden im Gesetzestext („*er* [...] sich ernsthaft bemüht") begünstigt auf den ersten Blick eher die subjektive Deutung. Andererseits muss eine Bemühung, welche objektiv nicht ernst genommen werden kann, nicht als „ernsthaft" eingestuft werden. Nach der sprachlichen Fassung des § 24 Abs. 1 S. 2 StGB fallen grob unverständige und abergläubische Rücktrittsbemühungen jedenfalls nicht von vornherein aus dem Erfassungsbereich der Regelung heraus. Der Gesetzestext steht weder ihrer Einbeziehung in die Rücktrittsnorm noch ihrem Ausschluss aus dieser entgegen.

---

927 S. 264 ff.
928 Z. B. im Sinne von „er war ernsthaft krank" oder „ernsthafte Wissenschaftler bezweifeln das."

(2) Entwicklungsgeschichte

Die Entwicklung des Rücktritts durch „ernsthaftes Bemühen" ist eng mit der des untauglichen Versuchs verzahnt. Bis zum Aufkommen der Frage nach einer Strafbarkeit untauglicher Versuche wurde die Unverstandsproblematik in der Rücktrittssituation nicht relevant. Die durch den „Kampf der Meinungen"[929] entfachte Diskussion in Rechtskreisen des 19. Jahrhunderts hat ihr ganzes Augenmerk auf die Problematik der Strafbarkeit untauglicher Versuche gerichtet. Deshalb kam nicht die weitergehende Frage auf, wie ein Rücktritt von solchen Versuchen zu behandeln ist.[930] In den Gesetzesentwürfen des 20. Jahrhunderts taucht das „ernsthafte Bemühen" beim Rücktritt zum ersten Mal im E 1913 auf. § 31 Abs. 1 S. 2 des Entwurfs sah einen Rücktritt auch von untauglichen Versuchen vor, weil es unbillig gewesen wäre, wenn gerade bei solchen ungefährlichen Versuchen die Möglichkeit einer Strafbefreiung nicht vorliegen würde. So konnte eine Schlechterstellung des Täters eines untauglichen gegenüber demjenigen eines tauglichen Versuchs vermieden werden. Dem schloss sich E 1919 in seinem § 25 Abs. 2 S. 2 an.[931] Mit Ausnahme der Gesetzesvorschläge aus der nationalsozialistischen Zeit machen alle weiteren Entwürfe einen strafbefreienden Rücktritt durch „ernsthaftes Bemühen" möglich. Allerdings beziehen die Entwurfsverfasser zur Beachtlichkeit von völlig abwegigen bzw. irrealen Rücktrittsbemühungen in den Gesetzesmaterialien keine Stellung. In den Niederschriften über die Sitzungen der Großen Strafrechtskommission aus dem Jahr 1958 – aus deren Beratungen der E 1962 hervorging – weisen die Kommissionsmitglieder nur auf die Geltung der subjektiven Theorie auch in der Rücktrittssituation hin.[932] Die Lektüre der Gesetzesmaterialien legt den Schluss nahe, dass der Gesetzgeber bei der Abfassung des heutigen § 24 StGB die Unverstandsproblematik schlichtweg nicht gesehen hat und dass diese vielmehr erst nach dem Erlass der Norm überhaupt bemerkt wurde. Wie er wohl entschieden hätte, wenn er das Problem erkannt hätte, insbesondere ob er sich entsprechend der Versuchskonzeption für eine Einschränkung des Rücktritts bei grob unverständigen Rücktrittshandlungen entschieden hätte, darüber sind heute nur noch Spekulationen möglich. Die systematische und teleologische Auslegung kann aber zeigen, ob im Lichte der

---

929 S. 23 ff.
930 Dazu, sowie zur Entwicklungsgeschichte der Rücktrittsregelung im Allgemeinen *Rau*, S. 28 ff. Zur hist. Entwicklung des Rücktrittsinstituts s. auch *Müller*, S. 15 ff. und *Ulsenheimer*, S. 5 ff. Zum Rücktritt nach dem Vorentwurf grundlegend *W. Schmitz*, Rücktritt, S. 8 ff.
931 Zur Begründung s. E 1919, S. 40.
932 Vgl. Niederschriften 2, v. a. S. 177 und 190.

Wechselwirkungslehre (3) sowie unter Berücksichtigung des Sinnes und Zwecks des § 24 StGB (4) eine solche Einschränkung gerechtfertigt ist.

(3) Systematik und strukturelle Parallelität
Eine isolierte Betrachtung der das *ernsthafte Bemühen* betreffenden Rücktrittsvorschriften (§§ 24 Abs. 1 Satz 2, Abs. 2 und § 31 Abs. 2 StGB) oder der Vorschriften über die tätige Reue (z. B. § 239a Abs. 4 S. 2, § 306e Abs. 3, § 320 Abs. 4 StGB) hilft bei der Lösung des Unverstandsproblems nicht weiter. Der Gesetzgeber hat in diesen Normen keine Spezialregelung für den Fall einer grob unverständigen Vorstellung des Täters getroffen. Ebenso ist eine Zusammenschau der verschiedenen Rücktrittsvarianten des § 24 Abs. 1 StGB wenig hilfreich, weil der Gesetzgeber bei ihrer Schaffung unterschiedliche Sachlagen im Auge hatte.[933]

Jedoch spricht die systematische Stellung der §§ 22 – 24 StGB im 2. Abschnitt 2. Titel des Strafgesetzbuches, der die Überschrift „Versuch" trägt, für eine gewisse Zugehörigkeit des Rücktritts zum Versuch.[934] Eine systematische Gesamtschau dieser beiden Rechtsinstitute könnte bei der Frage nach einer Rücktrittseignung grob unverständiger Rücktrittsakte weiterhelfen. Entsprechende Überlegungen finden sich z. B. bei *Scheinfeld*: Wenn der grobe Unverstand den Täter beim Versuch *belaste*, § 23 Abs. 3 StGB (also zur Strafbarkeit führt[935]), so solle ihn sein Unverstand in der Rücktrittssituation auch *entlasten*.[936] Diese Sichtweise entspricht der herrschenden Meinung zur Rücktrittsrelevanz von grob unverständigen Verhinderungsbemühungen.[937]

Einem solchen, allein an die Strafbarkeits*folgen* anknüpfenden Umkehrverhältnis kann nur insoweit zugestimmt werden, als daraus die allgemeine Subjektivierung in der Rücktrittssituation abgeleitet wird: Wenn der untaugliche Versuch strafbar ist, soll umgekehrt der untaugliche Rücktritt zur Straflosigkeit führen.[938] In Bezug auf den Spezialfall des „groben Unverstandes" wird diese Sichtweise jedoch der Struktur der Versuchsregelung nicht gerecht. Liegt beim *Versuch* grober Unverstand vor, bedeutet das für den Täter eine im Vergleich zum „normalen" Versuch mildere oder ganz ausbleibende Bestrafung, also eine Besserstellung bei der Rechtsfolge (§ 23 Abs. 3 StGB). Demnach *entlastet* der grobe Unverstand den Täter in der Versuchssituation. Umgekehrt müsste ihn

---

933 Dazu oben S. 267.
934 Näheres dazu S. 272 f.
935 Anmerkung der Verf.
936 *Scheinfeld*, NStZ 2006, 375, 377 sowie *ders.*, Tatbegriff, S. 17 f.
937 Oben, S. 264, Nachweise in Fn. 896.
938 S. 255 f.

der grobe Unverstand bei der Frage nach einem Rücktritt vom Versuch also *belasten* und zur Versagung der Rücktrittswirkung führen.

Im Prinzip das Gleiche gilt für abergläubische Maßnahmen. Da eine irreale Vorstellung den Täter beim Versuch entlastet (indem sie eine Straflosigkeit bzw. die milderen Rechtsfolgen des § 23 Abs. 3 StGB bewirkt[939]), muss ihn eine irreale Vorstellung beim Rücktritt belasten.

Mit anderen Worten: Wenn der grobe Unverstand und Aberglaube beim Versuch eine Besserstellung gegenüber anderen (auch untauglichen) Versuchen bewirken, so müssen entsprechende Vorstellungen beim Rücktritt umgekehrt zu einer Schlechterstellung gegenüber anderen (auch untauglichen) Rücktrittsbemühungen führen. Entgegen der herrschenden Auffassung spricht die Actus-contrarius-These also nicht *für*, sondern *gegen* eine Strafbefreiung bei grob unverständigen und abergläubischen Rücktrittshandlungen.

Bedenklich stimmt dabei allerdings die Tatsache, dass § 24 StGB keine explizite Einschränkung für groben Unverstand vorsieht und die hier vorgeschlagene Übertragung der gesetzlichen Wertung des § 23 Abs. 3 StGB auf § 24 StGB zu Lasten des Täters erfolgt. Deshalb muss eine teleologische Auslegung zeigen, ob die hier vertretene Interpretation auch dem Sinn und Zweck der Rücktrittsregelung entspricht.

(4) Sinn und Zweck der Regelung

Die Unverstandsproblematik in der Rücktrittssituation kann nicht ohne Berücksichtigung des Grundes der Privilegierung des § 24 StGB entschieden werden. Der Grundgedanke des § 24 StGB wurde jedoch bis heute nicht abschließend geklärt. Auf die äußerst breit gefächerte Diskussion um die Ratio der Rücktrittsregelung kann an dieser Stelle nicht im Einzelnen eingegangen werden.[940] Allerdings lassen sich drei Grundpositionen ausmachen, die den Akzent auf unterschiedliche Strafwürdigkeitsgesichtspunkte legen, wie vor allem den Opferschutz, den Prämiengedanken oder die Erfüllung der Strafzweckfunktion. Ihnen ist gemeinsam, dass sie sich im Kern am Rechtsgüterschutz orientieren.[941]

---

939 S. 154 ff.
940 Zur Diskussion um die ratio legis z.B. *Haas*, ZStW 123 (2011) 226, 232 ff.; *Kolster*, S. 14 ff.; *Knörzer*, S. 79 ff.; *Krey/Esser*, AT, Rn. 1256 ff.; LK-*Lilie/Albrecht*, § 24 Rn. 5–45; *Loos*, Jakobs-FS, S. 347 ff.; *Roxin*, AT II, § 30 Rn. 4–28; Schönke/Schröder/*Eser/Bosch*, § 24 Rn. 2 ff.; *Ulsenheimer*, S. 33 ff.; *Weinhold*, S. 15 ff.; *Wege*, S. 16 ff. jew. m. w. N. Grundlegend zu neueren Erklärungsansätzen *Greeve*, S. 201 ff.
941 Vgl. *Wessels/Beulke/Satzger*, AT, Rn. 626.

aa) Die *kriminalpolitische Theorie* will durch das Institut des Rücktritts eine „goldene Brücke" für den Täter bauen, über die er „in die Legalität zurückkehren kann". Die Aussicht auf eine Strafbefreiung soll ihm einen Anreiz schaffen, das Opfer zu verschonen.[942] Diese Rücktrittslehre wird heute vor allem wegen ihrer „Wirklichkeitsferne" stark kritisiert. Es wird vorgebracht, dass sich Straftäter in der Tatsituation keine Gedanken über die Wirkungen von § 24 StGB machen, zumal sie diese Vorschrift im Regelfall nicht einmal kennen. Deshalb verfehle die Annahme, die Straflosigkeitsfolge des § 24 StGB könne Versuchstäter von der Tatfortsetzung abhalten, die Realität.[943]

Es trifft sicher zu, dass sich nur die wenigsten Straftäter während der Tat Gedanken über die Existenz bzw. über die Wirkungen der Rücktrittsregelung machen. Vielen von ihnen werden jedoch die Folgen ihrer Handlung (auch für sie selbst) erst in der Tatsituation bewusst. Wenn ein Täter von der Tatvollendung absieht oder den Erfolgseintritt aktiv verhindert, so besteht – da ja „nichts passiert" ist – auch ohne die Kenntnis der Rücktrittsvorschrift die Aussicht auf Straflosigkeit oder zumindest auf eine mildere Bestrafung. Diese Aussicht kann durchaus mitmotivierend sein für den Entschluss, das Opfer zu verschonen.[944] Einen Beleg dafür liefern die vielen Entscheidungen, in welchen sich Täter aus *Angst vor Strafe* für einen Rücktritt entschlossen haben.[945] Insofern weist die „Theorie der goldenen Brücke" durchaus einen Realitätsbezug auf und trägt dem Opferschutzgedanken Rechnung. Dennoch ist sie nicht geeignet, die Ratio der Rücktrittsprivilegierung in genereller Weise zu erklären. Sie setzt voraus, dass der Täter immer (zumindest auch) um der Straffreiheit Willen zurücktritt.

Wird die kriminalpolitische Theorie dennoch auf die Unverstandsproblematik angewendet, so gilt Folgendes: Die subjektive Motivation eines Versuchstäters, die drohende Tatvollendung zu verhindern, um Straflosigkeit zu erlangen, besteht unabhängig von der objektiven Möglichkeit der Verhinderung. Die tatsächliche Ungeeignetheit der gewählten Rettungshandlung, die der Zurücktretende

---

942 Vertreten z.B. in RGSt 6, 341, 342; 63, 158, 159; 72, 349, 350; 73, 52, 60 und BGHSt 6, 85, 87; (GS) 39, 221 ff.; aus der Lit. z.B. *Kudlich*, JuS 1999, 240, 241 und *Puppe*, NStZ 1984, 488, 490.
943 S. zu diesem Kritikpunkt *Klöterkes*, S. 64 ff. und *Rau*, S. 22 f. m. w. N.
944 In diesem Sinne auch *Greeve*, S. 187.
945 Z. B. RGSt 47, 74, 78; 54, 326, 57, 313, 316; 65, 145, 149; BGH bei Dallinger, MDR 1952, 530, 531; BGH NStZ 1992, 537 f.; weitere Nachweise aus der Rspr. und Lit. bei LK-*Lilie-Albrecht*, § 24 Rn. 249 mit Fn. 347 sowie bei *Bottke*, Methodik, S. 504, insb. in Fn. 299.

gerade nicht erkennen darf, hat auf die Entstehung dieser Motivation also keinen Einfluss.

Dennoch ist sehr zweifelhaft, ob die Entstehung der Motivationswirkung (also der gute Wille) in allen Fällen auch eine Rücktrittswirkung nach sich ziehen soll. Die „Theorie der goldenen Brücke" ist stark durch den Gedanken des *Opferschutzes*[946] geprägt. Es liegt aber gerade nicht im Interesse des Opfers, einem Versuchtäter bei aus objektiver Sicht völlig sinnlosem Rücktrittsverhalten einen Strafverzicht in Aussicht zu stellen. Die ggf. drohende Gefahr wird durch solche Handlungen nicht abgewendet. Jedenfalls bei tauglichen (später vereitelten) Versuchen scheint die kriminalpolitische Theorie mit einer Belohnung des Täters für seine gefährliche Dummheit das Ziel des mit ihr intendierten Opferschutzes zu verfehlen. Ein völliger Straferlass für jeden noch so unsinnigen Rettungsversuch ergibt mit Blick auf die rechtsgüterschützende Funktion des Strafrechts keinen Sinn. Bei grob unverständigen und irrealen Rettungshandlungen kann deshalb von einer Rückkehr in die Legalität nicht die Rede sein.

bb) Die *Verdienstlichkeitstheorie* will mit Straflosigkeit die Erfolgsabwendung (-sbemühung) des Täters honorieren, der durch die Umkehrleistung das Strafbedürfnis beseitigt hat. Der Strafverzicht wird als „Prämie" oder „Gnade" für den Actus contrarius angesehen.[947]

Diese Rücktrittslehre spricht ebenfalls gegen eine Einbeziehung völlig abwegiger Rücktrittshandlungen in § 24 Abs. 1 S. 2 StGB. Warum sollte der Gesetzgeber auch dumme und irreale Bemühungen mit Straffreiheit belohnen sollen? Die durch den Versuch geschaffene Gefahr hat der Täter nicht beseitigt. Der negative Eindruck welchen der Versuch hinterlassen hat, wird durch solche Gegenmaßnahmen nicht ausgeglichen, der Rechtsfrieden nicht wieder hergestellt.[948] Es bleibt nur der Wiedergutmachungswillen, der für das Opfer nutzlos ist und in generalpräventiver Hinsicht kein gutes Beispiel gibt. Ein solcher „leerer" guter Wille kann die Schuld des Täters und das Strafbedürfnis nicht aufheben. Eine schlicht blödsinnige oder irreale Rücktrittshandlung ist keine honorierungswürdige Verzichtleistung.

---

946 *Weinhold*, S. 30 ff. sieht hier den eigentlichen Rücktrittsgrund.
947 S. z. B. BGHSt 35, 90, 93; 39, 221, 231; BGH NStZ 1986, 264 f.; BGH NStZ 1993, 280 f.; *Bockelmann*, NJW 1955, 1417, 1420 f.; *Bockelmann/Volk*, AT, S. 214; *Jescheck/Weigend*, § 51 I 3; *Schröder*, JuS 1962, 81; *ders.*, MDR 1956, 321, 322.
948 Vgl. S. 264 ff.; dazu noch ausf. u. bei der Strafzwecktheorie, S. 279 f.

cc) Nach der heute herrschenden *Strafzwecktheorie*,[949] der sich auch der Bundesgerichtshof angeschlossen hat,[950] wird die Begründung für die Straffreiheit beim Rücktritt in Zusammenhang mit dem Strafgrund des Versuchs beurteilt. Ihr liegt die Prämisse zugrunde, dass ein Täter, der freiwillig zurücktritt, das Vertrauen der Rechtsgemeinschaft in die Geltung des Rechts wieder gestärkt und sich als minder gefährlich und damit nicht mehr strafwürdig erwiesen hat. Weil dadurch die (präventive) Strafbedürftigkeit der versuchten Tat entfallen ist, hebt der Rücktritt die Strafe auf.

Diese Rücktrittslehre überzeugt am meisten, weil sie mehrere Strafwürdigkeitsaspekte (in weitem Sinne) – unter Einbeziehung der einzelnen Gedanken der vorherigen zwei Theorien – verbindet. Außer durch Bestrafung kann das Erreichen der Strafzwecke auch durch eine Rückkehr in die Legalität erfolgen. Eine Rücktrittsleistung, welche eine Strafe zur Erfüllung der Strafzwecke überflüssig macht, beseitigt das Strafbedürfnis. Durch die Herstellung des Bezugs zur Eindruckstheorie wird der Grundgedanke der Rücktrittsprivilegierung mit dem heute herrschenden Verständnis vom Strafgrund des Versuchs in Einklang gebracht.

Entsprechend den Präventionszwecken von Strafe wird die Strafzwecktheorie in zwei Ausprägungen vertreten.

α) Die generalpräventive Variante

Der größere Teil der Autoren sieht den Grund der Straflosigkeit beim Rücktritt im Entfallen eines generalpräventiven Strafbedürfnisses. Wenn ein Versuchstäter die rechtsfriedensstörende Wirkung seiner Tat kompensiert und die Rechtsgemeinschaft wieder beruhigt, ist eine Bestrafung nicht mehr notwendig, um den Strafzielen zu genügen. Durch die Rückkehr in die Legalität werde das Vertrauen

---

949 Z. B. Baumann/Weber/*Mitsch*, § 27 Rn. 8; *Bergmann*, ZStW 100 (1988), 329, 334 f.; ders., Milderung, S. 149 ff.; *Bülte*, ZStW 122 (2010), 550, 568 f.; *Grünwald*, Welzel-FS, 701, 711; *Krauß*, JuS 1981, 883, 888; *Kampermann*, S. 199 ff.; *Krey/Esser*, AT, Rn. 1262; *Kühl*, AT, § 16 Rn. 5 f.; *Lackner/Kühl*, § 24 Rn. 2; *Maurach/Gössel/Zipf*, AT 2, § 41 Rn. 14; *Muñoz-Conde*, ZStW 84 (1972) 756, 761 f.; *Roxin*, AT II, § 30 Rn. 4 ff.; ders., in Heinitz-FS, 251, 269 f.; *Rudolphi*, NStZ 1983, 360, 362; SK-*Rudolphi*, § 24 Rn. 4; Schönke/Schröder/*Eser/Bosch*, § 24 Rn. 2b; *Schünemann*, GA 1986, 293, 323 f.; *Streng*, JZ 1984, 654.
950 BGHSt 9, 48, 52; 14, 75, 80; 37, 340, 345.

der Bevölkerung in die Normgeltung wiederhergestellt.[951] Insoweit entspricht die Strafzwecktheorie spiegelbildlich der Eindruckstheorie.[952]

Als Nächstes wird näher untersucht, ob auch eine „völlig abwegige" Rücktrittshandlung die Ziele der Generalprävention erfüllen kann. Zur Verdeutlichung soll folgender Fall dienen:

A installiert eine Bombe mit Zeitzünder, welche nach seiner Vorstellung um 12 Uhr hochgehen und viele Menschen töten soll. Da ihn seine Tat alsbald reut, „entschärft" er die Bombe um 11 Uhr mit einer Fernsehfernbedienung bzw. mittels telepathischer Kräfte. Die Bombe explodiert nicht, weil sie

(a) von der Polizei rechtzeitig entdeckt und entschärft wurde
(b) aufgrund eines Funktionsfehlers gar nicht explodieren konnte.

Hat A's „guter Wille", die Explosion der Bombe zu verhindern, die rechtserschütternde Wirkung des durch Installieren der Bombe begangenen Versuchs und das generalpräventive Strafbedürfnis beseitigt?

In dem angeführten Fall kann die bestehende Gefahr (a) (bzw. beim untauglichen Versuch (b) die Anscheinsgefahr) durch die von A eingeleiteten Gegenmaßnahmen evident nicht beseitigt werden. Diese Tatsache lässt vermuten, dass ein rechtstreuer Bürger, der sieht, dass bei Angriffen auf seine Rechtsgüter durch rechtswidrige Taten auch solche Gegenmaßnahmen mit einer Strafbefreiung belohnt werden, welche ihm offensichtlich nicht nützen, kaum in seinem Vertrauen auf die Geltung der Rechtsordnung bestätigt werden kann. Einen Rücktrittswilligen, dessen Bemühungen offensichtlich ungeeignet sind, den drohenden Erfolg zu verhindern, will die Rechtsgemeinschaft nicht mit einem Täter gleichgestellt wissen, welcher durch eine Abwehrhandlung die Tatvollendung tatsächlich verhindert oder für die geschützten Rechtsgüter eine Rettungschance eröffnet. Ein Täter soll nicht straflos sein, nur weil sein riskantes Verhalten rein zufällig keine Schäden hervorgerufen hat. Er muss die negativen Wirkungen seiner Tat auf das Rechtsbewusstsein der Allgemeinheit kompensieren. Nicht nur der Erfolgsabwendungswille, sondern auch die *Art und Weise* des Rücktritts spielt bei dieser Kompensation eine große Rolle. Sie tritt sicherlich nicht ein, wenn das Handeln des Rücktrittswilligen offensichtlich nicht zum Erhalten der bedrohten Rechtsgüter beitragen kann. Der rechtserschütternde Eindruck eines Versuchs lässt sich nur dann korrigieren, wenn ein Bürger erkennen kann, dass das Täterverhalten auf die Verhinderung

---

951 Zu der generalpräventiven Variante der Strafzwecklehre s. *Bülte*, ZStW 122 (2010), 550, 569 f.; *Jerouschek*, ZStW 102 (1990) 793, 814; *Schmidhäuser*, Wütenberger-FS, S. 99; *ders.*, AT² 11/68 ff. und *Schünemann*, GA 1986, 293, 323 f. S. auch BGHSt 11, 324, 328.
952 Dazu S. 34 ff.

des bereits in Gang gesetzten Kausalverlaufs abzielt. Soll das Bemühen um Erfolgsabwendung in der Gesellschaft als eine bewusste und gewollte Umkehr in die Legalität aufgefasst werden, so muss es glaubhaft sein. Bei nach allgemeinem Erfahrungswissen evident untauglichen Abwehrmaßnahmen mangelt es an diesem Kriterium. Aus der Sicht der Bürger sind sie nicht als ernstzunehmender Ausdruck einer Normbefolgungsbereitschaft zu werten. Eine Befreiung von Strafe würde die eingetretene Rechtsfriedensstörung gegebenenfalls noch vertiefen.

Zudem könnte es in der Bevölkerung auf Unverständnis stoßen und falsche Signale setzen, wenn ein Täter unbestraft bleibt, der nach der Vornahme einer Verletzungshandlung die drohende Vollendung durch völlig abwegige Gegenmaßnahmen abzuwenden versucht. Ein strafrechtlicher Laie wird nur schwer Verständnis dafür aufbringen können, dass die bloße Behauptung des Täters, er habe geglaubt, dass er eine Bombe mittels Fernsehfernbedienung bzw. Telepathie entschärfen kann, diesem zur Straflosigkeit verhelfen soll. In der Bevölkerung könnte der Eindruck entstehen, dass man sich im Prozess immer auf den Glauben herausreden könnte, die drohende Vollendung werde durch den geleisteten Beitrag verhindert. Das ist in negativ-generalpräventiver Hinsicht alles andere als abschreckend. Zudem werden potenzielle Delinquenten kaum abgehalten, Straftaten zu begehen, wenn sie wissen, dass schon Leichtfertigkeit und Sorglosigkeit mit Straffreiheit belohnt werden.

Der grob unverständige bzw. irreale Rücktritt erweist sich nicht als Bewährung des Rechts; die Honorierung solcher Handlungen mit Straffreiheit ist zur Verbrechensvorbeugung völlig ungeeignet. Zur Stärkung des Normvertrauens der Allgemeinheit und Abschreckung Tatgeneigter bleibt eine Bestrafung des Täters weiterhin erforderlich – und zwar unabhängig davon, ob der Versuch tauglich (a) oder untauglich (b) war.[953]

β) Die spezialpräventive Strafzwecktheorie

Die Rechtsprechung und ein Teil der Lehre folgen der spezialpräventiven Variante der Strafzwecktheorie.[954] In der Grundsatzentscheidung des Bundesgerichtshofs heißt es:

---

953 A. A. *Römer*, S. 71 f., der die Auffassung vertritt, dass jedenfalls bei *untauglichen* Versuchen der rechtserschütternde Eindruck durch subjektiv für ausreichend gehaltene Abwehrhandlungen kompensiert werde.
954 Z. B. BGHSt 9, 48, 52; 14, 75, 80; 37, 340, 345. Aus der Literatur z. B. *Kühl*, AT, § 16 Rn. 5 f.; *Schmidhäuser*, Würtenberger-FS, S. 99; *ders.* AT² 11/68 ff.

„Steht der Täter von dem begonnenen Versuch freiwillig ab, so zeigt sich darin, daß sein verbrecherischer Wille nicht so stark war, wie es zur Durchführung der Tat erforderlich gewesen wäre. Seine Gefährlichkeit, die im Versuch zunächst zum Ausdruck gekommen war, erweist sich nachträglich als wesentlich geringer. [...] Eine Strafe erscheint nicht mehr nötig, um den Täter für die Zukunft von Straftaten abzuhalten, um andere abzuschrecken und die verletzte Rechtsordnung wiederherzustellen."[955]

Die spezialpräventive Variante der Strafzwecktheorie basiert also auf dem Gedanken eines schwachen verbrecherischen Willens und einer geringen Tätergefährlichkeit.

Es ist eine bekannte Schwäche dieser Theorie, dass ein Nachtatverhalten keine Rückschlüsse auf das Maß der rechtsfeindlichen Gesinnung bzw. der Tätergefährlichkeit *zur Tatzeit* erlaubt.[956] Aber selbst wenn man davon absieht, kann bei objektiv zur Erfolgsverhinderung völlig ungeeigneten Maßnahmen nicht davon Rede sein, dass die kriminelle Energie zur Tatvollendung nicht stark genug wäre. Denn die Tatsache, dass der Erfolg nicht eingetreten ist, ist allein *zufälligen Umständen* zu verdanken (in unserem Ausgangsfall dass die Polizei rechtzeitig eingreifen konnte (a.) bzw. dass ein technischer Defekt vorhanden war (b.)), nicht aber auf eine Mindergefährlichkeit des Täters und seine Willensschwäche bzw. weniger rechtsfeindliche Gesinnung zurückzuführen. Selbst wenn man auf das Maß der kriminellen Intensität des gesamten Geschehens abstellen würde, wird diese beim Einleiten solcher Abwehrmaßnahmen jedenfalls nicht in einem solchen Maß gemindert, dass eine Bestrafung nicht mehr erforderlich wäre. Würde sich der Täter nach der Vornahme einer völlig abwegigen Rettungshandlung tatsächlich als nicht mehr strafwürdig erweisen, so müsste doch eine Strafbefreiung auch bei einer Tatvollendung – die ja bei solchen Maßnahmen ohnehin nur dank Zufall ausgeblieben ist – erfolgen. Den Täter in dem geschilderten Bomben-Fall als mindergefährlich zu bezeichnen erscheint absurd. Ihn für die beschriebenen Tätigkeiten mit Straffreiheit zu belohnen könnte den Zielen der Resozialisierung und der Abschreckung von der Begehung weiterer Straftaten zuwiderlaufen. Denn was dieser aus der Sache für die Zukunft gelernt haben würde, wäre Folgendes: Entweder ich erreiche mein deliktisches Ziel oder ich kann mich beim Misserfolg immer auf meine Überzeugung von der Abwehrgeeignetheit einer noch so absurden Maßnahme herausreden. Eine Honorierung völlig abweger Rettungshandlungen ist nicht geeignet, den Täter vor Rückfälligkeit zu schützen. Bei irrealen und grob unverständigen Rücktrittsakten ist vom Fortbestand einer spezialpräventiven Bestrafungsnotwendigkeit auszugehen.

---

955 BGHSt 9, 48, 52.
956 Z.B. LK-*Lilie/Albrecht*, § 24 Rn. 20 m. w. N.

γ) Nach der an präventiven Strafzwecken orientierten Auslegung greift bei einem grob unverständigen bzw. irrealem Rücktritt keiner der Gründe ein, welche in Fällen des § 24 StGB mit Straffreiheit belohnt werden, weil weder Strafgrund noch der Strafzweck entfallen sind. Eine Bestrafung bleibt weiterhin notwendig, um den Täter für die Zukunft von Straftaten abzuhalten, um andere abzuschrecken und die verletzte Rechtsordnung wiederherzustellen.

Berücksichtigt man bei der Strafzwecktheorie auch den *Vergeltungsgedanken*,[957] so ist zu erkennen, dass das Bedürfnis nach einem vergeltenden Schuldausgleich beim Einleiten völlig abwegiger Rettungshandlungen nicht entfallen ist. Denn das Unrecht der versuchten Tat in Form von Geltungsschaden bzw. bei einem tauglichen Versuch zusätzlich in Form von Rechtsgutsgefahr hat der Täter nicht beseitigt, die verwirklichte Tatschuld hat er nicht aufgewogen. Bei grob unverständigen und irrealen Rücktrittsmaßnahmen bleiben alle repressiven und präventiven Gründe für eine strafrechtliche Reaktion bestehen.

(5) Ergebnis der Auslegung

Zwar sind auch grob unverständige und irreale Verhinderungsmaßnahmen vom Wortlaut des § 24 Abs. 1 S. 2 StGB gedeckt. Ihre Berücksichtigung würde jedoch nach allen hier erörterten Rücktrittstheorien dem Sinn dieser Regelung zuwiderlaufen. Dieses Ergebnis bekräftigt auch eine systematische Gesamtschau mit der Versuchsregelung.

d) Strafwürdigkeitserwägungen und Missbrauchsanfälligkeit

(1) Unrechtsgehalt des Gesamtgeschehens – „Strafzumessungstheorie"

Rücktrittsfragen beziehen sich auf das durch den zuvor begangenen Versuch verursachte Unrecht, so dass sie gewissermaßen *versuchsspezifisch* zu beantworten sind. Aus dem Prinzip der Wechselwirkung zwischen Versuch und Rücktritt folgt, dass bei der Frage nach einem strafbefreienden Rücktritt das Versuchsunrecht in einer Gesamtbetrachtung – einschließlich des Erfolgsabwendungsbeitrags – zu beurteilen ist.

Untersucht man mit Hilfe der hier entwickelten „Strafzumessungstheorie"[958] das Gewicht des Handlungsunrechts des gesamten Tatgeschehens, dann zeigt sich folgendes Bild: Irreale und grob unverständige Bemühungen vermögen die von der Versuchshandlung ausgehende (Anschein-)Gefährlichkeit in keiner Weise zu mindern. Der Versuch bleibt nach der Vornahme solcher Rettungshandlungen für die bedrohten Rechtsgüter genauso gefährlich, wie er davor war. Bei tauglichen

---

957 Vgl. z.B. *Roxin*, in Heinitz-FS, 251, 270.
958 S. 59 ff.

Versuchen hätte der eingeleitete Kausalverlauf also zum Erfolg geführt, wäre er nicht von Dritten oder aus anderen zufälligen Gründen unterbrochen worden. In diesen Fällen muss der Versuch als äußerst erfolgsnah eingestuft werden. Das Ausbleiben des Erfolges basiert bei evident untauglichen Rücktrittsmaßnahmen allein auf zufälligen Umständen und kann mit dem Tun des Täters nicht in Verbindung gebracht werden. Der Wiedergutmachungswille verringert zwar in einer Gesamtschau gewissermaßen die Stärke der verbrecherischen Gesinnung; die kriminelle Intensität des Gesamtgeschehens wird dadurch jedoch nicht ins Gewicht fallend gemindert. Das verwirklichte Unrecht erweist sich nach der Vornahme einer grob unverständigen bzw. abergläubischen Erfolgsabwendungshandlung kaum als weniger gravierend. Wie die Ausführungen zur Strafzwecklehre gezeigt haben, bleiben zudem alle präventiven Gründe für eine Bestrafung bestehen.

Diese Ausführungen machen deutlich, dass die wesentlichen (v. a. versuchsbezogenen) Strafzumessungsgründe, welche bei grob unverständigen und abergläubischen Handlungen in der Versuchssituation zur Strafentlastung führen, sich in der Rücktrittssituation umgekehrt *straferschwerend* auswirken. Lediglich der „gute Wille" kann unter Umständen geringfügig die Tatschuld mindern. Das Gesamtbild der Tat erscheint nach wie vor strafwürdig und strafbedürftig. Eine Straffreiheit in solchen Fällen ist materiell nicht zu rechtfertigen.

(2) Missbrauchsgefahr im Prozess

Neben all diesen dogmatischen sprechen auch pragmatische Argumente gegen eine rein subjektive Bestimmung des § 24 StGB. Wie schon bei der generalpräventiven Variante der Strafzwecktheorie angesprochen wurde, bestehen bei grob unverständigen und abergläubischen Rettungsmaßnahmen unüberwindbare Beweisprobleme im Hinblick auf bloße Scheinbemühungen und Schutzbehauptungen. Der Glaube an die Gegengiftwirkung von Milch oder an die Wirksamkeit von Beschwörungsformeln ist niemandem zu widerlegen. Die Großzügigkeit der streng subjektiven Sichtweise würde Schutzbehauptungen Tür und Tor öffnen,[959] sodass zumeist „in dubio pro reo" eine Strafbarkeit zu verneinen wäre. Eine Verurteilung würde demnach entscheidend von den jeweiligen Einlassungen des Täters abhängen. Die rein subjektive Position ist deshalb in hohem Maße missbrauchsanfällig.

---

959 Darauf hat schon *Eser* hingewiesen und sprach sich deshalb im Falle einer Anerkennung einer Beachtlichkeit entsprechender Verhinderungsbemühungen für eine besonders strenge Prüfung der Ernsthaftigkeit aus, vgl. Schönke/Schröder/*Eser/Bosch*, § 24 Rn. 103.

e) Fazit und abschließende Stellungnahme

Die Untersuchung der Unverstandsproblematik im Rahmen des § 24 Abs. 1 S. 2 StGB hat gezeigt, dass es sich bei der „Ernsthaftigkeit" nicht um ein rein subjektives Merkmal handelt. Genauso wie beim Versuch, wird auch in der Rücktrittssituation die subjektive Sichtweise durch Strafwürdigkeitsüberlegungen eingeschränkt. Grob unverständige und abergläubische Verhinderungsbemühungen können den Anforderungen der Rücktrittsregelung nicht genügen.

Sie sind nicht geeignet, das präventive Interesse an der Bestrafung des Versuchs so weit zu reduzieren, dass eine strafrechtliche Reaktion nicht mehr angebracht wäre. Von einer Wiedergutmachung kann bei solchen Rücktrittsaktivitäten nicht die Rede sein. Eine Einbeziehung grob unverständiger und irrealer Abwehrmaßnahmen in § 24 Abs. 1 S. 2 StGB würde sich geradezu auf absurde Weise von dem das Institut des Rücktritts prägenden Rechtsgüterschutz entfernen. Dieses Rechtsinstitut verlangt nach seinem Sinn und Zweck ein gewisses Maß an Zweckrationalität. Die Handlung muss nicht objektiv geeignet sein, den drohenden Erfolg abzuwenden; sie darf aber nicht hierzu offensichtlich ungeeignet sein. Eine Umkehrleistung ist erst dann als honorierungswürdig einzustufen, wenn der Täter den Tatentschluss freiwillig aufgegeben hat und eine solche Rettungsleistung erbringt, welche von der Rechtsgemeinschaft ernst genommen werden kann. Die Stellungnahme muss somit im Ergebnis für die „abgeschwächte" Subjektivierung ausfallen, welche nur ernstzunehmende Rücktrittsbemühungen als „ernsthaft" im Sinne des § 24 Abs. 1 S. 2 StGB anerkennt.[960]

Mit dem hier dargestellten Verständnis eines „ernsthaften Rücktritts" dürfte eine Interpretation gefunden sein, welche auch der Intention der Rechtsprechung gerecht wird, besonders leichtsinnige und sorglose Täter nicht in den Genuss der Rücktrittsprivilegierung gelangen zu lassen. Nur diese Auslegung steht im Einklang mit dem Verantwortungsprinzip. Sie wird zudem dem Opferschutzgedanken besser gerecht als die rein subjektive Sichtweise, weil der Versuchstäter angehalten wird gewissenhaft zu prüfen, ob die gewählte Abwehrmaßnahme sinnvoll ist.

Als *Zwischenergebnis* ist somit festzuhalten, dass völlig abwegige, d. h. grob unverständige und abergläubische Abwehrbemühungen nicht rücktrittsfähig sind.

Das bedeutet aber nicht, dass der Täter (ungeachtet allgemeiner Strafmilderungsgründe) stets die volle Strafe zu erwarten hat. Das Einleiten einer nach seiner

---

960 S. 270 f.

Ansicht abwehrgeeigneten Maßnahme – falls sich diese nicht in bloßen Scheinbemühungen ausschöpft – kann unter Umständen als positives Nachtatverhalten im Rahmen der Gesamtabwägung bei der Strafzumessung berücksichtigt werden.[961] Zu denken wäre vor allem an die „normale" Versuchsmilderung des § 23 Abs. 2 i. V. m. § 49 Abs. 1 StGB[962] (rücktrittsähnliches Verhalten).

II. Freiwilligkeit des Rücktritts

Im Zusammenhang mit der Unverstandsproblematik beim Rücktritt ist noch der Frage nachzugehen, inwiefern ein abergläubisches oder ein in sonstiger Weise grob unverständiges Rücktrittsmotiv als „freiwillig" im Sinne des § 24 StGB angesehen werden kann.

Über den Begriff der Freiwilligkeit besteht Uneinigkeit.

1. Nach der herrschenden und hier geteilten Meinung, setzt Freiwilligkeit eine autonome Entscheidung des Zurücktretenden voraus. Der Täter muss „Herr seiner Entschlüsse" sein und das erforderliche Rücktrittsverhalten ohne äußeren Zwang und ohne unüberwindbare seelische Hindernisse erbringen.[963] Ein hochwertiges Motiv wird dabei nicht verlangt. Dieses Erfordernis können prinzipiell auch grob unsinnige, sogar abergläubische Motive erfüllen. Wer zum Beispiel deshalb nicht weiterhandelt, weil er glaubt, dass eine schwarze Katze am Tatort Unglück bringt oder weil er Heimweh bekommen hat bzw. wer durch den Anblick eines Kruzifixes zum Recht zurückfindet oder sich durch einen Blick in den Kalender (Freitag, der 13.) bzw. aus Angst vor Gottesstrafe für die Verhinderung der drohenden Vollendung entschließt, handelt *selbstbestimmt*, sofern die Tatvollendung für ihn (auch psychisch) möglich wäre. Diese Beweggründe stellen für sich allein noch kein zwingendes Hindernis dar und sind deshalb als freiwillig zu werten.

Wer jedoch überzeugt ist, dass eine schwarze Katze am Tatort das Gelingen unmöglich macht oder das Entdeckungsrisiko wesentlich erhöht bzw. durch

---

961 Für eine Strafmilderung bei „kommunikativ irrelevanten Bemühungen" auch *Jakobs*, AT 26/22.

962 Eine Milderung nach § 23 Abs. 3 i. V. m. § 49 Abs. 2 StGB analog kommt hingegen nicht in Betracht, weil diese Regelung nach ihrem Wortlaut und Sinn und Zweck auf „gefährliche" bzw. normal untaugliche Versuche nicht (analog) anwendbar ist.

963 St. Rspr., vgl. z.B. BGHR StGB § 24 Abs. 1Satz 1 Freiwilligkeit 19 und 8; BGHSt 35, 184, 186; 21, 216; 7, 296, 299; BGH StV 1984, 329; BGH StV 1986, 149 m. w. N. Aus der Literatur z.B. *Bringewat*, Rn. 596 f.; *Jescheck/Weigend*, § 51 III 2; *Krauß*, JuS 1981, 883, 886; *Lackner/Kühl*, § 24 Rn. 16 ff.; *Schönke/Schröder/ Eser/Bosch*, § 24 Rn. 43 ff. m. w. N. Zu weiteren Abgrenzungskriterien *Kindhäuser*, AT, § 32 Rn. 22.

Anblick von Utensilien schwarzer Magie in panischer Angst davonläuft, ist nicht mehr „Herr seiner Entschlüsse". Der Aberglaube bzw. die objektiv unverständige Motivation lässt ihm keine freie Wahl mehr, so dass der Rücktritt nicht mehr als freiwillig im Sinne dieser Auffassung angesehen werden kann.[964]

Zu beachten ist allerdings, dass die Unverstandsproblematik bei der Freiwilligkeit des Rücktritts nicht die Fallkonstellation betrifft, wo ein abergläubisch oder sonst unverständig motivierter Handlungssinn entfallen ist. Dies kann an folgendem Beispiel verdeutlicht werden: Ein Versuchstäter will zur Heilung seiner Krankheit eine Jungfrau opfern. Nachdem sich herausgestellt hat, dass die Anvisierte keine Jungfrau ist lässt er von ihr ab. Zwar ist in diesem Fall Freiwilligkeit zu verneinen,[965] das Rücktrittsmotiv ist jedoch *verständlich*. Das Tatobjekt hat sich für die Zwecke des Täters als unbrauchbar erwiesen, so dass ein Weiterhandeln für ihn keinen Sinn macht.

2. Wer mit *Roxin* den Standpunkt vertritt, dass eine Motivation, welche der „Verbrechervernunft" widerspricht, freiwillig ist,[966] müsste bei einem Rücktritt aus grob unverständigen oder irrealen Gründen praktisch immer den Willensentschluss als freiwillig einstufen. Die Vorstellung des Täters entspricht schon der Allgemein-Vernunft nicht.

Allerdings wird diese Sichtweise gerade bei objektiv unverständigen Motiven dem Begriff „freiwillig" nicht gerecht. Dieser Terminus setzt Entschlussfreiheit voraus. Die objektive Unvernunft hat jedoch wenig mit dem freien Willen des Handelnden zu tun. Wenn jemand nicht weiterhandeln *kann* (etwa aus panischem Schrecken vor schwarzer Magie im obigen Beispiel), dann kann von freier Selbstbestimmung nicht die Rede sein, weil die Tatfortsetzung nicht mehr von seinem Willen abhängig ist. Aus spezial- und generalpräventiven Gründen bedarf es einer Bestrafung des Versuchstäters in solchen Fällen. Zutreffend bemerkt *Walter*, dass die Unvernunft als solche noch keinen honorierungswürdigen Wert darstellt.[967] Indes würde *Roxins* Verständnis der Freiwilligkeit den Versuchstäter

---

964 Anders *Ulsenheimer*, S. 343, der in solchen Fällen Freiwilligkeit bejaht, da man sich über solche Motive „höchstens wundern, sie aber aus rechtlicher Sicht keinesfalls tadeln" könne.
965 Sofern darin nicht schon ein rücktrittsausschließender fehlgeschlagener Versuch erblickt wird, so z.B. Schönke/Schröder/*Eser/Bosch*, § 24 Rn. 11.
966 *Roxin*, Heinitz-FS, 251, 256; *ders.*, AT II, § 30 Rn. 379 ff., 383 ff.; SK-*Rudolphi*, § 24 Rn. 25. Kritik daran üben z.B. *Walter*, Rücktritt, S. 63 f. und *Ulsenheimer*, S. 306 f.
967 *Walter*, Rücktritt, S. 97. Teilweise wird auch vertreten, dass ein Rücktrittsmotiv erst dann privilegierungswürdig sei, wenn es einen Schluss auf eine „Rückkehr zur Legalität" zulasse, so z.B. *Bottke*, JR 1980, 441, 443, zust. Schönke/Schröder/*Eser/Bosch*,

bei unverständigen Beweggründen unsachgemäß privilegieren und ist deshalb abzulehnen.

III. Ergebnis

So harmlos der Aberglaube und Unverstand auf der Versuchsseite sind, so gefährlich sind sie in der Rücktrittssituation. Die Untersuchung der Unverstandsproblematik auf dem Gebiet des Rücktritts vom Versuch hat ergeben, dass grob unverständige und irreale Abwehrmaßnahmen kein „ernsthaftes Bemühen" im Sinne des § 24 Abs. 1 S. 2 darstellen. Weder general- und spezialpräventive Aspekte noch die Gesichtspunkte des vergeltenden Schuldausgleichs oder die Belange des Opferschutzes lassen solche Bemühungen zur Strafbefreiung genügen. Als sachadäquat erscheint es jedoch, die subjektiv ernsthaften Anstrengungen im Rahmen der Strafzumessungstatsachen zu berücksichtigen. Bei unbeendeten Versuchen ist die Unverstandsproblematik nicht relevant – schon ein passiver Rücktritt befreit den Täter von der Versuchsstrafe. Die „Freiwilligkeit" des Rücktritts, welche einen selbstbestimmten Willensentschluss des Versuchstäters voraussetzt, wird durch eine grob unverständige bzw. abergläubische Motivation nicht ausgeschlossen.

Nach der hier gefundenen Lösung wirkt sich eine „völlig abwegige" Vorstellung schon auf das „Ob" der Strafe aus. Grob unverständige und abergläubische Vorstellungen bleiben sowohl beim Versuch als auch in der Rücktrittssituation unberücksichtigt.

B. Abergläubische und unverständige Versuche in fremden Rechtsordnungen

Angesichts ansteigender Bestrebungen zur Europäisierung und Vereinheitlichung des Strafrechts ist ein Blick in fremde Rechtsordnungen zu werfen, um zu sehen, ob sich die hier vorgeschlagene Lösung in das europäische Bild einfügt. Neben einem kurzen Überblick über die Behandlung grob unverständiger und abergläubischer Versuche in ausgewählten 21 Ländern der Europäischen Union wird die Rechtslage in der unabhängigen Schweiz erörtert, deren Unverstandsregelung das Vorbild für den deutschen § 23 Abs. 3 StGB war.

---

§ 24 Rn. 56. Ähnlich SK-*Rudolphi*, § 24 Rn. 25 (rechtstreue Gesinnung) und *Walter*, Rücktritt, S. 97 (Ausdruck einer Normbefolgungsbereitschaft).

I. Die einzelnen Regelungsmodelle

In objektiv ausgerichteten Rechtsordnungen, in denen untaugliche Versuche generell straflos sind (z.B. Spanien,[968] Portugal, Finnland, Schweden,[969] Italien[970]) bzw. in Ländern, in denen nur *relativ* untaugliche Versuche strafbar sind (z.B. Österreich,[971] Niederlande,[972] Belgien,[973] Luxemburg,[974] Dänemark,[975] Rumänien[976]), sind *absolut* untaugliche irreale und grob unverständige Versuche ohnehin straflos. Die Unverstandsproblematik ist in diesen Ländern nicht relevant. Die Frage, wie ein völlig abwegiger Deliktsversuch strafrechtlich zu behandeln ist, taucht nur dort auf, wo – ähnlich wie in Deutschland – auf der Grundlage einer subjektiven bzw. einer gemischten subjektiv-objektiven Versuchstheorie der Versuch unabhängig von seiner Tauglichkeit bestraft wird. Im europäischen Raum betrifft dieses Problem vor allem Polen, Tschechien, die Slowakei, Ungarn, Slowenien, Kroatien, Estland, Frankreich, England, Griechenland und die Schweiz. Leider wird diese Problematik in rechtsvergleichenden Darstellungen nur am Rande erwähnt.

Dem *polnischen* Strafrecht liegt eine subjektiv-objektive Versuchskonzeption zugrunde. Der untaugliche Versuch ist gem. Art. 13 § 2 poln. StGB strafbar, jedoch kann der Richter nach Art. 14 § 2 poln. StGB in *allen* Fällen des untauglichen Versuchs die Strafe mildern oder von Strafe absehen.[977] Auch wenn

---

968 Vgl. *Brockhaus*, Dogmatik, S. 169 ff., 186 ff.; *Schubert*, Versuch, S. 44, 48, 175 f.; *Mir Puig*, Roxin-FS (2001), S. 730 ff. und *Maiwald, in:* Koriath u.a., Grundfragen, 159, 183 ff. S. auch *Mir*, in Hirsch-FS, S. 135.
969 S. *Jung*, ZStW 117 (2005) 937, 944 und 950.
970 Dazu *Maiwald, in:* Koriath u.a., Grundfragen, 159, 178 ff.; *Schubert*, Versuch, S. 47 f., 174 ff. jew. m. w. N.
971 Dazu *Brockhaus*, Dogmatik, S. 224 ff., 243 f. und *Schubert*, Versuch, S. 53 f., 182 ff., 186. S. auch *Burgstaller*, JBl 1969, 521, 523 ff.; *ders.*, JBl 1976, 121, 122; *Fabrizy*-StGB, § 15 Rn. 20 ff.; *Fuchs*, Österreichisches Strafrecht, AT I, S. 241; *ders.*, ÖJZ 1986, 257 ff.; *Kienapfel/Höpfel*, Grundriß, Z 24 Rn. 10 ff.; *Platzgummer*, JBl 1971, 246; *Seiler*, AT I, Rn. 725 ff. jeweils mit Nachweisen.
972 Ausf. *Modrey*, S. 105 ff. (zum irrealen Versuch S. 158 ff.) m. w. N. S. auch *Schubert*, Versuch, S. 172.
973 *Schubert*, Versuch, S. 47, 172 ff. Vgl. auch *Jescheck/Weigend*, § 49 IX.
974 Vgl. *Schubert*, Versuch, S. 172 ff.
975 Dazu *Brockhaus*, Dogmatik, S. 406 ff. m. w. N.
976 In Rumänien gilt es nicht als strafbarer Versuch, wenn die Untauglichkeit darauf zurückzuführen ist, wie die Ausführung konzipiert wurde, Art. 34 Abs. 3 rum. StGB.
977 *Zoll*, Eser-FS, S. 659 ff. Zum Vergleich des polnischen und deutschen Rechts vgl. auch *Spotowski*, Erscheinungsformen S. 32 ff., 52 ff., 63 ff., 79 ff.

unter die gesetzliche Regelung prinzipiell auch abergläubische und grob unverständige Versuche fallen, werden diese Versuche gewohnheitsrechtlich nicht bestraft: Die Unverstandsregelung des Art. 23 § 3 des poln. StGB a. F., welche die Straflosigkeit des grob unverständigen und abergläubischen Versuchs regelte, wurde gestrichen, weil sie als überflüssig angesehen wurde.[978]

Die neue Versuchsregelung im *tschechischen* § 21 StGB sowie im wortgleichen § 14 des *slowakischen* StGB[979] ist subjektiv gefasst. Der untaugliche Versuch ist strafbar ohne eine Differenzierung zwischen absolut und relativ untauglichen Versuchen.[980]

Nach der Gesetzesänderung 2005 bzw. 2009 haben beide Rechtsordnungen die materielle Betrachtungsweise (Abstellen auf eine gesellschaftliche Gefährlichkeit) durch eine rein formelle Sichtweise (Rechtswidrigkeit) ersetzt. Das führt im Grunde genommen zu einer Verschärfung der Rechtslage bei grob unverständigen Versuchen, welche vor der Novellierung – mangels Sozialgefährlichkeit – straflos waren.[981] Diese Konsequenz hat dennoch niemand explizit bestätigt. Soweit die Problematik des grob unverständigen Versuchs überhaupt in Lehrbüchern angesprochen wird, äußern sich die Autoren gegen eine Bestrafung in diesen Fällen: *Ivor* will in Übereinstimmung mit der älteren Lehre absolut untaugliche Versuche straflos lassen.[982] Teilweise wird vertreten, dass solche Handlungen nicht strafrechtlich relevant seien.[983] Über die Straflosigkeit des irrealen Versuchs ist sich die Rechtslehre in beiden Ländern einig.[984]

In Ländern, in denen schon für „normal" untaugliche Versuche generell die Möglichkeit eines Straferlasses vorgesehen ist, wie z.B. in *Ungarn, Slowenien,*

---

978 S. *Spotowski*, Erscheinungsformen S. 36.
979 Die Gesetzesänderungen sind in Tschechien seit 8.1.2009 und in der Slowakei seit 20.5.2005 in Kraft.
980 (Nur) das tschechische Strafgesetzbuch gibt dem Richter in *allen* Fällen untauglichen Versuchs die Möglichkeit von einer Bestrafung abzusehen, § 46 Abs. 2 tschStGB.
981 Einen weiten Bekanntheitsgrad erlangte v. a. der bereits erwähnte Fall der „Prager Köchin", die versucht hatte, ein Stubenmädchen mit einer Prise Schießpulver in die Luft zu sprengen. Das Prager Landgericht hat sie wegen „exquisiter Dummheit" freigesprochen. Dazu bereits oben S. 105.
982 *Ivor*, S. 241 f.
983 Z.B. *Príbelský*, in: Bulletin (4/2006), S. 18; *ders.*, in: Acta Universitatis (2006), S. 205 f.
984 Zum Ganzen *Príbelský*, in: Trestněprávní revue Nr. 8 (2006), S. 236 ff., v. a. S. 242; *ders.*, in: Bulletin (4/2006), S. 7–23; *ders.*, in: Acta Universitatis (2006), S. 191 ff. sowie *Herczeg*, ZStW 120 (2008), 461, 473. Zum untauglichen Versuch auch *Kolesár*, S. 52 und *Mašľanyová*, S. 97.

Kroatien und *Estland*, kann davon ausgegangen werden, dass jedenfalls grob unverständige und irreale Versuche nicht bestraft werden.

In *Frankreich* ist die subjektive Versuchstheorie die ganz herrschende Meinung; der Cour de Cassation sanktioniert auch untaugliche Versuche.[985] Nicht bestraft wird jedoch der irreale Versuch.[986] Aufgrund dogmatisch wenig ausgeprägter Unterscheidung und nur marginaler Diskussion in der Strafrechtsliteratur ist unklar, ob der grob unverständige Versuch als normaler untauglicher Versuch,[987] als ausnahmsweise strafloser untauglicher Versuch (mangels Gefährlichkeit für die Rechtsgemeinschaft)[988] oder als strafloser irrealer Versuch zu werten ist.[989] Der Kassationshof hat in einer älteren Entscheidung einen Abtreibungsversuch mit Kölnisch Wasser und Essig bestraft.[990] Ähnliche Fälle aus jüngerer Zeit wurden nicht bekannt.

Das *englische* Criminal Attempts Act 1981 folgt in sec. 1 Abs. 2 und 3 der subjektiven Versuchstheorie; die Gerichte bestrafen auch untaugliche Versuche[991]. Dieser gesetzgeberisch vorgezeichneten Linie folgt die herrschende Lehre.[992] Aufgrund des Fehlens einer dem deutschen § 23 Abs. 3 StGB vergleichbaren Vorschrift schließt *Brockhaus* auf eine prinzipielle Strafbarkeit *grob unverständiger* Versuche,[993] deren Verfolgung jedoch in einem pragmatisch-einzelfallbezogenen System nicht zu erwarten sei.[994] Zwar wurde im älteren Schrifttum vereinzelt die

---

985 Dazu ausf. *Brockhaus*, Dogmatik, S. 79 ff., 83 ff.; *Schubert*, Versuch, S. 48 f., 162 ff. und *Jung*, ZStW 117 (2005) 937, 942 f. jeweils m. w. N sowie *Jescheck/Weigend*, § 49 IX mit Nachweisen in Fn. 82. Zum Streit um die Versuchstheorien in Frankreich *Maiwald*, in: Koriath u.a., Grundfragen, 159, 173 ff.
986 Zu den Begründungsansätzen *Brockhaus*, Dogmatik, S. 95 f. m. w. N. Vgl. auch *Schubert*, Versuch, S. 170.
987 So z.B. BK-*Jenny*, Vor Art. 22 Rn. 6.
988 So z.B. *Brockhaus*, Dogmatik, S. 97 und 484.
989 Zum Meinungsstreit *Brockhaus*, Dogmatik, S. 96 f. mit Nachweisen.
990 Entsch. vom 9. November 1928, D.P. 1929 I, S. 97 („Fleury"), wobei zweifelhaft ist, ob dieser Fall auf der Grundlage des Allgemeinwissens *zum Tatzeitpunkt* überhaupt als grob unverständig eingestuft werden kann.
991 Seit *Shivpuri* (1987) AC 1.
992 Dazu sowie zur uneinheitlichen Rechtslage in England *Brockhaus*, Dogmatik, S. 349 ff.; *ders.*, ZStW 119 (2007), 153, 159 f.; *Jescheck/Weigend*, § 49 IX; *Jung*, ZStW 117 (2005) 937, 940 f., 948, 951; *Maiwald*, in: Koriath u.a., Grundfragen, 159, 175 ff.; *Safferling*, Vorsatz und Schuld, S. 424 ff. und *Schubert*, Versuch, S. 44 ff. und 148 ff., jeweils mit Nachweisen.
993 *Brockhaus*, Dogmatik, S. 366. Zu objektivierenden Ansätzen in der Lit. *Maiwald*, in: Koriath u.a., Grundfragen, S. 159, 177 f.
994 *Brockhaus*, Dogmatik, S. 484 f.

Ansicht vertreten, dass auch der *abergläubische* Versuch strafbar ist.[995] Nach nahezu einhelliger Meinung in der Wissenschaft ist diese Art des Versuchs nicht strafrechtlich relevant. Gestützt wird diese Auffassung vor allem auf das Argument einer fehlenden Tätergefährlichkeit bzw. einer mangelnden Gefahr für die Rechtsgemeinschaft.[996] Höchstrichterliche Rechtsprechung hierzu gibt es nicht.

Das *griechische* Recht folgt der subjektiven Theorie und bestraft grundsätzlich alle (auch absolut untaugliche) Versuche. Eine Ausnahme wird lediglich dem „naiven", also grob unverständigen und abergläubischen Versuch zugestanden, der nach Art. 43 Abs. 2 des Strafgesetzbuches straflos ist.[997]

Die *Schweiz* war noch vor kurzem das einzige Land in Europa, in welchem eindeutig und unbestritten auch abergläubische Versuche strafbar waren. Die schweizerische Unverstandsregelung, welche auch irreale Versuche erfasst, sah beim Unverstand die bloße Möglichkeit vor, von Strafe abzusehen.[998] Nach der Neuregelung der Versuchsvorschriften im Jahre 2007 wurde Art. 22 Abs. 2 des schweizerischen StGB als Strafbefreiungsgrund konzipiert.[999] Der grob unverständige Versuch wurde straflos gestellt, weil derartige Handlungen keine Gefahr für die Rechtsordnung darstellen.[1000]

II. Wertende Rechtsvergleichung

In den hier exemplarisch erörterten ausländischen Rechtsordnungen sind die Fallgruppen *grob unverständiger* und *abergläubischer Versuch* bekannt, wenngleich sich ihre strafrechtliche Behandlung nur in wenigen Ländern als problematisch

---

995 Z.B. *Williams*, Criminal Law (1961), S. 652 hält eine Bestrafung irrealer Versuche für angezeigt, da der soziale Schaden in einer Gesellschaft, in der an magische Zusammenhänge geglaubt wird, relevant sei.
996 S. z. B. *Ashworth* 19 RLJ (1988), 725, 763 f. und *Fletcher*, Rethinking, S. 166. Dazu auch *Brockhaus*, Dogmatik, S. 364 ff. und *Safferling*, Vorsatz und Schuld, S. 428 und 429 f. mit weiteren Nachweisen in Fn. 111.
997 Dazu *Philippides*, ZStW 69 (1957) 580, 587.
998 Art. 23 Abs. 2 schweiz. StGB a. F. hatte folgenden Wortlaut: „Handelt der Täter aus Unverstand, so kann der Richter von einer Bestrafung Umgang nehmen."
999 Der neue Art. 22 Abs. 2 lautet: „Verkennt der Täter aus grobem Unverstand, dass die Tat nach der Art des Gegenstandes oder des Mittels, an oder mit dem er sie ausführen will, überhaupt nicht zur Vollendung gelangen kann, so bleibt er straflos."
1000 Vgl. BBl. 1999 1979 (2011). Zu unverständigen Versuchen BK-*Jenny*, Art. 22 Rn. 29; *Frischknecht*, S. 287 ff.; *Thormann/v. Overbeck*, schw. StGB, Art. 23 II 2; *Trechsel*, Art. 23 Rn. 8 und *Schultz*, AT 1, S. 278 f. Aus der Rechtsprechung BGE 70 IV 49, 50. Allgemein zur Strafbarkeit untauglicher Versuche *Albrecht*, S. 53 ff. und *Stratenwerth*, Schweizerisches Strafrecht AT I, § 12 Rn. 16 ff. m. w. N.

darstellt. In keinem anderen europäischen Staat wird der Unverstandsproblematik bei versuchten Straftaten eine annähernd so große Aufmerksamkeit gewidmet wie in der deutschen Strafrechtsdogmatik.

Die meisten der untersuchten Länder verfolgen bei der Versuchsbestrafung eine eher objektive Linie, in der (absolut) untaugliche Versuche nicht bestraft werden. Die Frage nach einer Sonderbehandlung grob unverständiger und abergläubischer Versuche stellt sich hier nicht. Aber auch in Ländern, welche ähnlich wie das deutsche Recht den betätigten kriminellen Willen in den Vordergrund stellen, werden solche Versuche überwiegend aus dem Bereich der Strafbarkeit ausgenommen. Einige Rechtsordnungen erklären diese Fälle in einer eigenen Unverstandsregelung ausdrücklich für straflos (Schweiz, Griechenland), in anderen werden solche Taten für strafrechtlich irrelevant gehalten (v. a. die ehemaligen „Ostblock"-Staaten).

Prinzipiell möglich ist zwar eine Strafbarkeit solch „irrationaler" Versuche in einzelfallbezogenen Systemen wie dem französischen und englischen. Dies scheint jedoch nicht daran zu liegen, dass solche Deliktsversuche in Rechtskreisen für strafwürdig gehalten werden, sondern eher daran, dass das Thema nicht als diskussionswertes Problem eingestuft wird und deshalb auf eine dogmatische Ausdifferenzierung verzichtet wurde. Es ist ja zu erwarten, dass sich die Jury bei solch absurden Versuchen (mangels Sozialgefährlichkeit) gegen eine Verurteilung aussprechen wird.

Somit zeigt sich, dass in den unterschiedlichen ausländischen Regelungsmodellen irreale und grob unverständige Versuche entweder gar nicht strafbar sind, oder – trotz bestehender gesetzlicher Grundlage – nicht (mehr) bestraft werden. Seit 1928 in Frankreich („Fleury"[1001]) gibt es europaweit keinen Hinweis auf eine Verurteilung in solchen Fällen. In keiner von den in diesem Kapitel skizzierten europäischen Rechtsordnungen existiert eine dem deutschen § 23 Abs. 3 StGB vergleichbare Regelung, wonach die Strafe beim groben Unverstand „nur" (ggf. bis auf Null) reduziert wird. Nachdem neuerdings auch Schweiz durch eine Gesetzesänderung Unverstandsfälle ausdrücklich für straflos erklärt hat, ist Deutschland das einzige Land in Europa, in dem grob unverständige Versuche eindeutig nach dem Gesetz strafbar und in Rechtskreisen allgemein für strafwürdig gehalten werden.[1002]

Das Signal, welches von der Gegenüberstellung der hier skizzierten ausländischen Regelungsmodelle ausgeht, ist eindeutig: Sollte einmal ein gemeinsames

---

1001 Vgl. hierzu die Anmerkung in Fn. 990.
1002 Diese Aussage bezieht sich auf die hier exemplarisch untersuchten 24 Staaten.

Strafrecht für Europa geschaffen werden, so ist zu erwarten, dass dort jedenfalls grob unverständige und abergläubische Versuche nicht bestraft werden. Der geltende deutsche § 23 Abs. 3 StGB ist deshalb mit einem fiktiven europäischen Strafrechtsmodell nicht kompatibel. Die in ganz Europa[1003] erkannte mangelnde Strafwürdigkeit abergläubischer *und* grob unverständiger Versuche sollte endlich auch in Deutschland eingesehen werden und in künftiger Gesetzgebung sollte dem durch eine Entkriminalisierung der Fälle des § 23 Abs. 3 StGB Genüge getan werden.

Fazit: Die Bestrebungen zur Europäisierung des Strafrechts sprechen somit ebenfalls für die hier präferierte generelle Straflosigkeit grob unverständiger und irrealer Versuche.[1004]

Aus gesamteuropäischer Sicht besteht hier eindeutig eine Harmonisierungsmöglichkeit.

C. Ergebnisse des vierten Teils

Bei der Frage, ob auch grob unverständige und abergläubische Rücktrittsakte die Wirkung des § 24 StGB nach sich ziehen können (A.), ist zwischen unbeendeten und beendeten Versuchen zu differenzieren.

In der Situation des *unbeendeten* Versuchs wirkt sich der Aberglauben bzw. der Unverstand des Täters bei der Wahl der Rettungshandlung auf die Anwendbarkeit des § 24 StGB nicht aus. Bloßes Nichtweiterhandeln genügt für eine Straflosigkeit des Versuchstäters.

Sehr unklar ist die strafrechtliche Beurteilung im Stadium des *beendeten* Versuchs. Es wurde festgestellt, dass ein rein subjektives Rücktrittsverständnis, wie es in der Lehre überwiegend vertreten wird, ungeeignet ist, die Unverstandsproblematik in der Rücktrittssituation angemessen zu bewältigen. Die Auslegung der Rücktrittsnorm unter Berücksichtigung rücktrittsimmanenter Grundsätze und Strafwürdigkeitserwägungen hat ergeben, dass grob unverständige und irreale Rücktrittsbemühungen nicht zum Ausschluß der Versuchsstrafe nach § 24 Abs. 1 S. 2 StGB führen. Dieses Ergebnis korreliert spiegelbildlich mit der hier vorgeschlagenen Lösung der Unverstandsfrage in der Versuchssituation und

---

1003 In anderen Kulturkreisen spielt der Glaube an Übernatürliches traditionell bedingt noch eine Rolle. In einigen afrikanischen Ländern stellt „Hexerei" auch heute eine Straftat dar, vgl. die Übersicht im Bericht des Bundestages vom 16.07.2008, BT-Drucks. 16/10009, Frage 72. Auch z. B. in Saudi-Arabien und Papua-Neuguinea fanden in jüngerer Zeit „Hexenprozesse" statt, vgl. die Nachweise in Fn. 698.
1004 Anders *Brockhaus* für den Corpus Juris 2000, in: ZIS 10/2006, 481, 485.

wird somit durch die Wechselwirkungslehre unterstützt: So wie eine „völlig abwegige" Vorstellung auf der Versuchsseite keine Strafbarkeit wegen Versuchs begründet (*de lege ferenda*), so begründet eine entsprechende Vorstellung in der Rücktrittssituation umgekehrt nicht den Wegfall der Strafbarkeit.

Somit kann festgehalten werden, dass auch im Rahmen des § 24 StGB eine Ungleichbehandlung von abergläubischen und unverständigen Handlungen nicht gerechtfertigt ist (I.).

Ein grob unverständiges oder irreales Rücktrittsmotiv berührt nicht die Freiwilligkeit, sofern der Entschluss zur Vollendungsverhinderung dennoch als *selbstbestimmt* eingestuft werden kann. Wenn jedoch die irrationale Vorstellung dem Versuchstäter keine Wahl mehr lässt oder das Entdeckungsrisiko wesentlich erhöht, ist der Rücktritt nicht mehr freiwillig (II.).

Eine Gegenüberstellung der Rechtslage in der Bundesrepublik Deutschland mit ausländischen Rechtsordnungen hat ergeben, dass grob unverständige und abergläubische Versuche in den untersuchten europäischen Ländern entweder von vornherein aus dem Bereich strafbarer Versuche ausgenommen wurden oder – trotz bestehender Rechtsgrundlage – nicht (mehr) bestraft werden. Sollte es in Zukunft zu einer Europäisierung des Strafrechts kommen, so ist zu erwarten, dass darin jedenfalls grob unverständige und irreale Versuche nicht bestraft werden. Die Bestrebungen zur Vereinheitlichung des Strafrechts auf europäischer Ebene sprechen somit ebenfalls für die im dritten Kapitel dieser Arbeit vorgeschlagene Entkriminalisierung grob unverständiger und abergläubischer Versuche (B.).

5. Teil: Zusammenfassung der wichtigsten Ergebnisse der Arbeit

Die in § 23 Abs. 3 StGB geregelte Besserstellung erklärt sich dadurch, dass der Unwertgehalt grob unverständiger Versuche erheblich unter dem generellen Schweregrad ihres Genres (des Versuchs) zurückbleibt und ein Strafbedürfnis allenfalls mit spezialpräventiven Erwägungen begründet werden kann. Die Unrechts- und Schuldminderung im Vergleich zu anderen Versuchen ergibt sich dabei aus einer Gesamtbetrachtung wesentlicher (v. a. versuchsbezogener) Strafzumessungskriterien.[1005]

§ 23 Abs. 3 StGB ist bei *allen* „völlig abwegigen" Versuchen anzuwenden – ungeachtet des Grundes der Untauglichkeit bzw. des Ursprungs der Fehlvorstellung. Beschränkungen im Anwendungsbereich ergeben sich nur aus dem Wortlaut dieser Norm selbst, so dass lediglich grob unverständige Tatmotive aus dem Regelungsbereich der Norm auszuschließen sind. Als „grob unverständig" ist demzufolge jede nach allgemeinem Erfahrungswissen evident unzutreffende Vorstellung über ein Tatbestandsmerkmal zu verstehen, die auf intellektuellen Mängeln beruht.[1006]

Ungeachtet des weit gefassten Wortlautes des § 23 Abs. 3 StGB („kann"-Regelung) kommen *de lege lata* nur die ausdrücklich genannten Rechtsfolgemöglichkeiten in Betracht. Eine Sanktionswahl besteht demnach nur zwischen Absehen von Strafe und Strafmilderung nach § 49 Abs. 2 StGB (mit der Höchstgrenze des § 49 Abs. 1 StGB).[1007]

§ 23 Abs. 3 StGB gilt nicht nur für den Versuchstäter, sondern über §§ 26, 27 und 30 StGB für alle an der Tat Beteiligten, sofern ihr Vorsatz die grobe Unverständigkeit der Haupttat umfasst. Darüber hinaus ist die Regelung beim untauglichen Subjekt und bei untauglichen Tatmodalitäten entsprechend anzuwenden. Auf andere Taten als grob unverständige Versuche ist die Vorschrift nicht analog anwendbar.[1008]

Bei „abergläubischen" oder gleichbedeutend „irrealen" Versuchen, bei denen die vorgestellten Wirkzusammenhänge wissenschaftlich nicht verifizierbar sind, führen die Meinungen nahezu einhellig zur Straflosigkeit bzw. zum Strafverzicht.

1005 S. 59 ff.
1006 S. 86 ff.
1007 S. 123 ff.
1008 S. 69 ff., 135 ff.

Sofern die unterschiedlichen Begründungsmodelle eine Sonderstellung des irrealen gegenüber anderen Versuchen begründen wollen, halten sie einer Plausibilitätsüberprüfung sämtlich nicht stand. Eine kritische Auseinandersetzung mit den einzelnen Lösungsansätzen hat ergeben, dass der abergläubische Versuch keine eigenständige Kategorie bildet, sondern ein Versuch im Sinne der §§ 22, 23 StGB ist. Die Eindruckstheorie führt zwar vom Ansatz her zur Verneinung des Versuchsunrechts bei irrealen Versuchen und kriminalpolitische sowie rechtshistorische Erwägungen stützten dieses Ergebnis. Allerdings treffen die maßgeblichen Gründe auch auf grob unverständige Versuche zu, so dass diese Begründungsmodelle im Konflikt mit § 23 Abs. 3 StGB stehen.[1009]

Der gesetzlichen Konzeption eher gerecht ist deshalb die Minderheitsauffassung, welche bei abergläubischen Versuchen § 23 Abs. 3 StGB anwenden will. Allerdings ist auch dieser Vorschlag gewichtigen Einwänden ausgesetzt und führt anstatt der mit ihm intendierten Strafbarkeitseinschränkung in vielen Fällen sogar zu einer Erweiterung der Strafbarkeit.[1010]

Trotz beachtlicher Vielfalt der verschiedenen Lösungsansätze zum Ausschluss irrealer Versuche aus dem Bereich strafbarer Versuche fügt sich kein einziger Vorschlag widerspruchsfrei in die geltende Versuchskonzeption ein. Bei den Strafbarkeitsvoraussetzungen bestehen keine Unterschiede zwischen abergläubischen und grob unverständigen Versuchen.[1011]

Die Analyse möglicher Gründe für eine Ungleichbehandlung grob unverständiger und irrealer Versuche hat ergeben, dass weder bei der Beurteilung des Versuchsunrechts, noch in kriminalpolitischer oder sozio-kultureller Hinsicht strafrechtlich relevante Unterschiede zwischen beiden Versuchsarten bestehen und die Teilnehmer an solchen Versuchen in gleichem Umfang strafbedürftig sind. Die Gleichartigkeit und Gleichwertigkeit der Tathandlungen bei grob unverständigen und abergläubischen Versuchen erfordert eine Gleichstellung der Rechtsfolgen, Art. 3 Abs. 1 GG.

Gleichzeitig wurde festgestellt, dass keine hinreichenden Gründe vorliegen, welche eine Bestrafung abergläubischer und grob unverständiger Versuche rechtfertigen würden. Die Gründe, welche den Gesetzgeber zur Strafandrohung in Fällen des § 23 Abs. 3 StGB bewogen haben, legitimieren seine Entscheidung nicht. Bisher konnten keine hinreichend strafwürdigen Fälle grob unverständiger Versuche angeführt werden; ein mitverursachtes Folgeunrecht macht den

---

1009 S. 143 ff.
1010 S. 205 ff.
1011 S. 214 ff.

Versuch nicht zum strafwürdigen. Das Gewicht des Handlungsunrechts geht bei grob unverständigen und abergläubischen Versuchen praktisch gegen Null und eine Strafbarkeit solcher Taten steht im Widerspruch zum heute herrschenden Verständnis vom Strafgrund des Versuchs (Eindruckstheorie). Die rechtsgüterschützende Aufgabe des Strafrechts und die kriminalpolitische Funktion der Strafe gebieten eine Strafdrohung für grob unverständige und abergläubische Versuche nicht. Aus dem Ultima-Ratio-Prinzip folgt eine Notwendigkeit, die Fälle des § 23 Abs. 3 StGB zu entkriminalisieren.[1012]

Die Analyse hat damit ergeben, dass eine Ungleichbehandlung grob unverständiger und abergläubischer Versuche nicht gerechtfertigt ist und dass die nach dem geltenden Recht bestehenden Möglichkeiten zur Behandlung dieser Fälle unbefriedigend sind. Deshalb wurde ein eigener Vorschlag künftiger Gesetzgebung unterbreitet, wonach abergläubische Versuche § 23 Abs. 3 StGB unterzuordnen sind und die Rechtsfolge zur Straflosigkeit abgeändert werden soll (persönlicher Strafausschließungsgrund).[1013]

Dieses Ergebnis stützen auch die Ergebnisse der Untersuchung zum Rücktritt vom Versuch. Die Analyse hat ergeben, dass eine Ungleichbehandlung grob unverständiger und abergläubischer Handlungen auch in der Rücktrittssituation nicht gerechtfertigt ist. Solchen Abwehrmaßnahmen ist die Rücktrittswirkung des § 24 Abs. 1 S. 2 StGB aus teleologisch-kriminalpolitischen Gründen abzusprechen. Nur in der Situation des unbeendeten Versuchs wirken sich Aberglauben und Unverstand des Täters auf die Rücktrittsfähigkeit des Versuchs nicht aus, weil hier nach § 24 Abs. 1 S. 1 Alt. 1 StGB bereits das bloße Nichtweiterhandeln zur Strafbefreiung führt. Damit entsprechen sich die Ergebnisse in der Versuchs- sowie in der Rücktrittssituation spiegelbildlich und werden durch die Wechselwirkungstheorie, wonach der Rücktritt die Kehrseite des Versuchs darstellt, bekräftigt.[1014]

Schließlich hat eine rechtsvergleichende Darstellung ergeben, dass grob unverständige und abergläubische Versuche auch in anderen europäischen Ländern nicht mehr strafbar sind bzw. – trotz bestehender Rechtsgrundlage – nicht bestraft werden. Die hier vorgeschlagene Entkriminalisierung der Fälle des § 23 Abs. 3 StGB fügt sich damit in das europäische Gesamtkonzept ein und mit Blick auf eine Europäisierung des Strafrechts bietet dieser Vorschlag eine Harmonisierungsmöglichkeit auf europäischer Ebene.[1015]

1012 S. 225 ff.
1013 S. 249 ff.
1014 S. 253 ff.
1015 S. 288 ff.

Als Gesamtergebnis der Untersuchung ist festzuhalten, dass Aberglauben und grober Unverstand die Rechtsfolgen der §§ 22–24 StGB nicht auslösen. Das bedeutet, dass entsprechende Handlungen weder die Versuchsstrafe begründen noch in der Rücktrittssituation die Versuchsstrafe aufheben.

Anhang: Gesetzestexte

§ 22 StGB Begriffsbestimmung[1016]

Eine Straftat versucht, wer nach seiner Vorstellung von der Tat zur Verwirklichung des Tatbestandes unmittelbar ansetzt.

§ 23 StGB Strafbarkeit des Versuchs

(1) Der Versuch eines Verbrechens ist stets strafbar, der Versuch eines Vergehens nur dann, wenn das Gesetz es ausdrücklich bestimmt.

(2) Der Versuch kann milder bestraft werden als die vollendete Tat (§ 49 Abs. 1).

(3) Hat der Täter aus grobem Unverstand verkannt, daß der Versuch nach der Art des Gegenstandes, an dem, oder des Mittels, mit dem die Tat begangen werden sollte, überhaupt nicht zur Vollendung führen konnte, so kann das Gericht von Strafe absehen oder die Strafe nach seinem Ermessen mildern (§ 49 Abs. 2).

§ 24 StGB Rücktritt

(1) Wegen Versuchs wird nicht bestraft, wer freiwillig die weitere Ausführung der Tat aufgibt oder deren Vollendung verhindert. Wird die Tat ohne Zutun des Zurücktretenden nicht vollendet, so wird er straflos, wenn er sich freiwillig und ernsthaft bemüht, die Vollendung zu verhindern.

(2) Sind an der Tat mehrere beteiligt, so wird wegen Versuchs nicht bestraft, wer freiwillig die Vollendung verhindert. Jedoch genügt zu seiner Straflosigkeit sein freiwilliges und ernsthaftes Bemühen, die Vollendung der Tat zu verhindern, wenn sie ohne sein Zutun nicht vollendet oder unabhängig von seinem früheren Tatbeitrag begangen wird.

§ 30 StGB Versuch der Beteiligung

(1) Wer einen anderen zu bestimmen versucht, ein Verbrechen zu begehen oder zu ihm anzustiften, wird nach den Vorschriften über den Versuch des

---

[1016] Strafgesetzbuch in der Fassung der Bekanntmachung vom 13.11.1998 (BGBl. I S. 3322), zuletzt geändert durch Gesetz vom 10.10.2013 (BGBl. I S. 3799) m.W.v. 01.01.2014.

Verbrechens bestraft. Jedoch ist die Strafe nach § 49 Abs. 1 zu mildern. § 23 Abs. 3 gilt entsprechend.

(2) Ebenso wird bestraft, wer sich bereit erklärt, wer das Erbieten eines anderen annimmt oder wer mit einem anderen verabredet, ein Verbrechen zu begehen oder zu ihm anzustiften.

§ 49 StGB Besondere gesetzliche Milderungsgründe

(1) Ist eine Milderung nach dieser Vorschrift vorgeschrieben oder zugelassen, so gilt für die Milderung folgendes:
1. An die Stelle von lebenslanger Freiheitsstrafe tritt Freiheitsstrafe nicht unter drei Jahren.
2. Bei zeitiger Freiheitsstrafe darf höchstens auf drei Viertel des angedrohten Höchstmaßes erkannt werden. Bei Geldstrafe gilt dasselbe für die Höchstzahl der Tagessätze.
3. Das erhöhte Mindestmaß einer Freiheitsstrafe ermäßigt sich
   im Falle eines Mindestmaßes von zehn oder fünf Jahren auf zwei Jahre,
   im Falle eines Mindestmaßes von drei oder zwei Jahren auf sechs Monate,
   im Falle eines Mindestmaßes von einem Jahr auf drei Monate,
   im übrigen auf das gesetzliche Mindestmaß.

(2) Darf das Gericht nach einem Gesetz, das auf diese Vorschrift verweist, die Strafe nach seinem Ermessen mildern, so kann es bis zum gesetzlichen Mindestmaß der angedrohten Strafe herabgehen oder statt auf Freiheitsstrafe auf Geldstrafe erkennen.

§ 465 StPO [Kostentragungspflicht des Verurteilten][1017]

(1) Die Kosten des Verfahrens hat der Angeklagte insoweit zu tragen, als sie durch das Verfahren wegen einer Tat entstanden sind, wegen derer er verurteilt oder eine Maßregel der Besserung und Sicherung gegen ihn angeordnet wird. Eine Verurteilung im Sinne dieser Vorschrift liegt auch dann vor, wenn der Angeklagte mit Strafvorbehalt verwarnt wird oder das Gericht von Strafe absieht.

(2) (...)

1017 Strafprozeßordnung in der Fassung der Bekanntmachung vom 07.04.1987 (BGBl. I S. 1074, ber. 1319), zuletzt geändert durch Gesetz vom 10.10.2013 (BGBl. I S. 3799) m.W.v. 01.01.2014, Stand: 01.05.2014 aufgrund Gesetzes vom 28.08.2013 (BGBl. I S. 3313).

Literaturverzeichnis

Albrecht, Peter, Der untaugliche Versuch, Basel und Stuttgart 1973.

Alonso, Miguel Ontiveros, Die freie Entfaltung der Persönlichkeit – Ein würdevolles Rechtsgut in einem Rechtsstaat, in: Festschrift für Claus Roxin zum 80. Geburtstag am 15. Mai 2011, hrsg. von Manfred Heinrich, Christian Jäger, Hans Achenbach u. a., Bd. 1, Berlin, New York 2011, S. 245–255.

Altenhain, Karsten, Der Zusammenhang zwischen Grunddelikt und schwerer Folge bei den erfolgsqualifizierten Delikten, in: GA 1996, S. 19–35.

Alternativkommentar zum Strafgesetzbuch, hrsg. von Rudolf Wassermann, Bd. 1, §§ 1–21, Neuwied 1990, *zitiert:* AK-*Bearbeiter.*

Altpeter, Frank, Strafwürdigkeit und Straftatsystem, Frankfurt am Main 1990.

Alwart, Heiner, Strafwürdiges Versuchen. Eine Analyse zum Begriff der Strafwürdigkeit und zur Struktur des Versuchsdelikts, Berlin 1982.

Anscombe, G. E. M., Absicht, Freiburg, München 1986.

Arzt, Gunther, Bemerkungen zum Überzeugungsopfer – insbesondere zum Betrug durch Verkauf von Illusionen, in: Festschrift für Hans Joachim Hirsch zum 70. Geburtstag am 11. April 1999, hrsg. von Thomas Weigend und Georg Küpper, Berlin, New York 1999, S. 431–450.

Arzt, Gunther, Zur Erfolgsabwendung beim Rücktritt vom Versuch, in: GA 1964, S. 1–9.

Arzt, Gunther/Weber, Ulrich, Strafrecht, Besonderer Teil, Wirtschaftsstraftaten Vermögensdelikte, Fälschungsdelikte, Lehrheft 4, 2. Aufl., Bielefeld 1989.

Ashworth, Andrew, Criminal attempts and the role of resulting harm under the code, and in the common law, in: Rutgers Law Journal 19 (1988) S. 725–772.

Auhofer, Herbert, Aberglaube und Hexenwahn heute, Freiburg, Basel, Wien 1960.

Bachmann, Jochen, Vorsatz und Rechtsirrtum im Allgemeinen Strafrecht und im Steuerstrafrecht, Berlin 1993.

Bächtold-Stäubli, Hanns, Handwörterbuch des Deutschen Aberglaubens, Bd. 1, Berlin und Leipzig 1927.

v. Bar, Ludwig, Gesetz und Schuld im Strafrecht. Fragen des geltenden deutschen Strafrechts und seiner Reform, Bd. 2: Die Schuld nach dem Strafgesetze, Berlin 1907, *zitiert: v. Bar,* Gesetz und Schuld II.

v. Bar, Ludwig, Zur Lehre von Versuch und Teilnahme am Verbrechen, Hannover 1859, *zitiert: v. Bar,* Versuch.

Baschwitz, Kurt, Hexen und Hexenprozesse. Die Geschichte eines Massenwahns und seiner Bekämpfung, München 1963.

Basler Kommentar, hrsg. von Marcel Alexander Niggli und Hans Wiprächtiger, Strafrecht I, Art. 1–110, 2. Aufl., Basel 2007, *zitiert*: BK-*Bearbeiter*.

Bauer, Anton, Entwurf eines Strafgesetzbuches für das Königreich Hannover, Göttingen 1826.

Baumann, Jürgen, Das Umkehrverhältnis zwischen Versuch und Irrtum im Strafrecht, in: NJW 1962, S. 16–18.

Baumann, Jürgen/Weber, Ulrich/Mitsch, Wolfgang, Strafrecht Allgemeiner Teil, 11. Aufl., Bielefeld 2003.

Baumann, Jürgen/Weber, Ulrich/Mitsch, Wolfgang, Strafrecht Allgemeiner Teil, 10. Aufl., Bielefeld 1995.

Baumann, Jürgen/Weber, Ulrich, Strafrecht Allgemeiner Teil, 9. Aufl., Bielefeld 1985.

Baumgarten, J., Die Lehre vom Versuche der Verbrechen, Stuttgart 1888.

Becker, Maximilian, Absurde Verträge, Tübingen 2013, zugl. Diss. Siegen 2011/12.

Beling, Ernst, Grundzüge des Strafrechts, 8. und 9. Aufl., Tübingen 1925.

Bergmann, Matthias, Die Milderung der Strafe nach § 49 Abs. 2 StGB. Zugleich ein Beitrag zu § 157 Abs. 1 und § 113 Abs. 4 StGB sowie zum Rücktritt vom formell vollendeten Delikt, Heidelberg 1988, zugl. Diss. Mannheim 1987.

Bergmann, Matthias, Einzelakts- oder Gesamtbetrachtung beim Rücktritt vom Versuch?, in: ZStW 100 (1988), S. 329–358.

Berz, Ulrich, Formelle Tatbestandsverwirklichung und materialer Rechtsgüterschutz, München 1986, zugl. Habil.-Schr. Giessen 1979/80.

Binding, Karl, Die Normen und ihre Übertretung. Eine Untersuchung über die rechtmässige Handlung und die Arten des Delikts, Bd. 3: Der Irrtum, Neudruck der Ausgabe Leipzig 1918, Aalen 1991, *zitiert: Binding*, Normen III.

Binding, Karl, Lehrbuch des gemeinen deutschen Strafrechts, Besonderer Teil, Bd. 2 Abteilung 2, Neudruck der 1. Auflage Leipzig 1905, Aalen 1969, *zitiert: Binding*, Lb. 2.2.

Bister, André, Der untaugliche Versuch im allgemeinen und ein besonderer Fall desselben: Betrugsversuch durch Täuschung über eine gesetzwidrige oder unsittliche Leistung, Berlin 1909.

Blei, Hermann, Strafrecht I, Allgemeiner Teil, 18. Aufl., München 1983.

Blei, Hermann, Das Wahnverbrechen, in: JA 1973, S. 601–604.

Bloy, René, Unrechtsgehalt und Strafbarkeit des grob unverständigen Versuchs, in: ZStW 113 (2001), S. 76–111.

Bloy, René, Zurechnungsstrukturen des Rücktritts vom beendeten Versuch und Mitwirkung Dritter an der Verhinderung der Tatvollendung – BGHSt 31, 46 und BGH, NJW 1985, 813, in: JuS 1987, S. 528–535.

Bloy, René, Die Beteiligungsform als Zurechnungstypus im Strafrecht, Berlin 1985, zugl. Habil.-Schr. Göttingen 1982/83.

Bloy, René, Die dogmatische Bedeutung der Strafausschließungs- und Strafaufhebungsgründe, Berlin 1976, zugl. Diss. Hamburg 1974/75.

Bockelmann, Paul, Franz von Liszt und die kriminalpolitische Konzeption des allgemeinen Teils, in: Franz von Liszt zum Gedächtnis, Zur 50. Wiederkehr seines Todestages am 21. Juni 1919, Berlin 1969, S. 53–68.

Bockelmann, Paul, Strafrechtliche Untersuchungen, Göttingen 1957.

Bockelmann, Paul, Wann ist der Rücktritt vom Versuch freiwillig?, in: NJW 1955, S. 1417–1421.

Bockelmann, Paul/Volk, Klaus, Strafrecht, Allgemeiner Teil, 4. Aufl., München 1987.

Bottke, Wilfried, Untauglicher Versuch und freiwilliger Rücktritt, in: 50 Jahre Bundesgerichtshof, Festgabe aus der Wissenschaft, Bd. IV, Strafrecht Strafprozessrecht, hrsg. von Claus-Wilhelm Canaris, Andreas Heldrich, Klaus J. Hopt, Claus Roxin, Karsten Schmidt, Gunter Widmaier, München 2000, S. 135–176.

Bottke, Wilfried, Mißlungener oder fehlgeschlagener Vergewaltigungsversuch bei irrig angenommenem Einverständnis? Zugleich Besprechung von BGH, Urteil vom 24.6.1993 – 4 StR 33/93, in: JZ 1994, S. 71–75.

Bottke, Wilfried, Rücktritt vom Versuch der Beteiligung nach § 31 StGB, Berlin 1980.

Bottke, Wilfried, Zur Freiwilligkeit und Endgültigkeit des Rücktritts vom versuchten Betrug, JR 1980, 441–444.

Bottke, Wilfried, Strafrechtswissenschaftliche Methodik und Systematik bei der Lehre vom strafbefreienden und strafmildernden Tatverhalten, Ebelsbach 1979, zugl. Diss. München 1980, *zitiert: Bottke*, Methodik.

Bringewat, Peter, Grundbegriffe des Strafrechts, Grundlagen – Allgemeine Verbrechenslehre – Aufbauschemata, 2. Aufl., Baden-Baden 2008.

Brockhaus, Matthias, Die *inchoate offences* im englischen Strafrecht, in: ZStW 119 (2007), S. 153–165.

Brockhaus, Matthias, Die strafrechtliche Dogmatik von Vorbereitung, Versuch und Rücktritt im europäischen Vergleich, Hamburg 2006, zugl. Diss. Potsdam 2006 *zitiert: Brockhaus*, Dogmatik.

Brockhaus, Matthias, Die Europäisierung des Versuchs und Rücktritts im Wirtschaftsstrafrecht, in: ZIS 10/2006, S. 48–487.

Bruns, Hans-Jürgen, Das Recht der Strafzumessung, 2. Aufl., Köln, Berlin, Bonn, München 1985.

Bruns, Hans-Jürgen, Die Strafbarkeit des Versuchs eines untauglichen Subjekts. Zur Problematik des „Umkehrprinzips" in der Irrtumslehre, in: GA 1979, S. 161–189.

Bruns, Hans-Jürgen, Der untaugliche Täter im Strafrecht, Karlsruhe 1955.

Bülte, Jens, Der strafbefreiende Rücktritt vom vollendeten Delikt: Partielle Entwertung der strafbefreienden Selbstanzeige gemäß § 371 AO durch § 261 StGB?, in: ZStW 122 (2010), S. 550–603.

Burgstaller, Manfred, Der Versuch nach § 15 StGB, in: JBl 1976, S. 113–127.

Burgstaller, Manfred, Über den Verbrechensversuch, in: JBl 1969, S. 521–535.

v. Buri, Ueber den Begriff der Gefahr und seine Anwendung auf den Versuch, in: GS 40 (1888), S. 503–540.

v. Buri, Ueber die sog. untauglichen Versuchshandlungen, in: ZStW 1 (1881), S. 185–221.

v. Buri, Versuch und Causalität, in: GS 32 (1880), S. 321–389.

v. Buri, Ueber das Wesen des Versuchs, in: GA 25 (1877), S. 265–317.

v. Buri, Maximilian, Ueber Causalität und deren Verantwortung, Leipzig 1873.

v. Buri, Der Versuch des Verbrechens mit untauglichen Mitteln aber an einem untrüglichen Objekt, in: GS 20 (1868), S. 325–335.

v. Buri, Zur Lehre vom Versuche, in: GS 19 (1867), S. 60–80.

Burkhardt, Björn, Rechtsirrtum und Wahndelikt – Zugleich Anmerkung zum Beschluß des BayObLG v. 15. 10. 1980, JZ 1981, 715 –, in: JZ 1981, S. 681–688.

Burkhardt, Björn, Der „Rücktritt" als Rechtsfolgenbestimmung. Eine Untersuchung anhand des Abgrenzungsproblems von beendetem und unbeendetem Versuch, Berlin 1975, zugl. Diss. Bielefeld 1973.

Coenders, Albert, Strafrechtliche Grundbegriffe insbesondere Täterschaft und Teilnahme, Düsseldorf 1909.

Cohn, Ludwig, Die den untauglichen Versuch betreffende Plenarentscheidung des Reichsgerichts, in: GA 1880, S. 361–394.

Dall'au, Andre M., World's longest sniper kill, Tactical-Life vom 1.7.2010, abrufbar unter: http://www.tactical-life.com/magazines/tactical-weapons/world%E2%80%99s-longest-sniper-kill/?scrape=true (abgerufen am 26.6.2014).

Dannecker, Gerhard, Das Verbot unbestimmter Strafen: Der Bestimmtheitsgrundsatz im Bereich der Deliktsfolgen, in: Festschrift für Claus Roxin zum 80. Geburtstag am 15. Mai 2011, hrsg. von Manfred Heinrich, Christian Jäger, Hans Achenbach u. a., Bd. 1, Berlin, New York 2011, S. 285–303.

Deckert, Antje, Zum Strafwürdigkeitsbegriff im Kontext legislativer Kriminalisierungsentscheidungen im Verfassungsstaat, in: ZIS 6/2013, S. 266–275.

Delaquis, Ernst, Der untaugliche Versuch, Berlin 1904.

Dencker, Besprechung von Aufsätzen und Anmerkungen zum Straf- und Strafprozeßrecht – Auswahl wichtiger Beiträge aus dem 2. Halbjahr 1981, in: NStZ 1982, S. 458–462.

Der Spiegel (o. V.), Hexerei. Bis das Blut kommt, 14/1951, abrufbar unter: http://www.spiegel.de/spiegel/print/d-29192118.html (abgerufen am 20.8.2014).

„Die Welt" (o. V.) vom 20.5.2008, Exorzismus wird in Deutschland häufig praktiziert, abrufbar unter: http://www.welt.de/vermischtes/article2014775/Exorzismus-wird-in-Deutschland-haeufig-praktiziert.html (abgerufen am 20.8.2014).

Deubner, Karl G., Nichtstrafbarkeit unterlassener Hilfeleistung aus Glaubensgründen, Anm. zum BVerfG, Beschluß vom 19. 10. 1971 – 1 BvR 387/65, in: NJW 1972, 814.

Dicke, Detlev, Zur Problematik des untauglichen Versuchs, in: JuS 1968, S. 157–161.

zu Dohna, Alexander Graf, Der Aufbau der Verbrechenslehre, 4. Aufl., Bonn 1950, zitiert: *zu Dohna,* Aufbau.

zu Dohna, Alexander Graf, Der Mangel am Tatbestand, in: Festgabe für Karl Güterbock, Zur achtzigsten Wiederkehr seines Geburtstages, dargelegt von angehörigen der Fakultät, Aalen 1981, Neudruck der Ausgabe Berlin 1910, S. 35–69.

Dreher, Eduard, Gedanken zur Strafzumessung, in: JZ 1968, 209–214.

Dreher, Eduard, Doppelverwertung von Strafbemessungsumständen, in: JZ 1957, S. 155–158.

Dreßler, Tomas, Vorbereitung und Versuch im Strafrecht der Deutschen Demokratischen Republik im Vergleich mit dem Recht der Bundesrepublik Deutschland, Frankfurt am Main, Bern 1982, zugl. Diss. Freiburg im Breisgau 1982.

Drösser, Christoph, Gefährliche Mahlzeit, in: „Zeit-online" vom 30.5.2002, abrufbar unter: http://www.zeit.de/2002/23/200223_stimmts_zigarett.xml (abgerufen am 26.6.2014).

Duden, Deutsches Universalwörterbuch, 7. Aufl., Mannheim, Leipzig, Wien, Zürich 2011.

Dworschak, Manfred, Der Glaube der Ungläubigen, in: Der Spiegel Nr. 52 (21.12.2013), S. 112–120.

Ebert, Udo, Strafrecht Allgemeiner Teil, 3. Aufl., Heidelberg 2001, zitiert: *Ebert,* AT.

Ebert, Udo/Kühl, Kristian, Das Unrecht der vorsätzlichen Straftat, in: Jura 1981, 225–236.

Eisenmann, Ernst, Die Grenzen des strafbaren Versuchs, in: ZStW 13 (1893), S. 454–536.

Engisch, Karl, Untersuchungen über Vorsatz und Fahrlässigkeit im Strafrecht, Aalen 1964.

Erb, Volker, Die Zurechnung von Erfolgen im Strafrecht, in: JuS 1994, S. 449–456.

Erhardt, Elmar, Strafrecht für Polizeibeamte, 2. Aufl., Stuttgart 2008.

Eser, Albin, Strafrecht III, Schwerpunkte: Delikte gegen die Person und Gemeinschaftswerte, 2. Aufl., München 1981.

Eser, Albin, Absehen von Strafe – Schuldspruch unter Strafverzicht, in: Festschrift für Reinhart Maurach zum 70. Geburtstag, hrsg. von Friedrich-Christian Schroeder und Hein Zipf, Karlsruhe 1972, S. 257–273.

Fabian, Theodor, Abgrenzung von untauglichem Versuch und Putativdelikt und Erörterung ihrer Strafbarkeit, Breslau 1905.

Fabrizy, Ernst Eugen, Strafgesetzbuch samt ausgewählten Nebengesetzen, Kurzkommentar, 10. Aufl., Wien 2010.

Feuerbach, Paul Johann Anselm, Lehrbuch des gemeinen in Deutschland gültigen peinlichen Rechts, 4. Aufl., Giefsen 1808.

Fiedler, Herbert, Vorhaben und Versuch im Strafrecht, Baden-Baden 1967.

Finger, August, Der Versuch und der Vorentwurf zu einem Deutschen Strafgesetzbuch, in: Festschrift für Karl Binding zum 4. Juni 1911, Bd. 1, Neudruck der Ausgabe Leipzig 1911, Aalen 1974, S. 259–330.

Fischer, Heinz-Joachim, Benedikt XVI. in Lourdes: Papst ruft Katholiken zur Mission auf, in: *Frankfurter Allgemeine Zeitung* (FAZ.NET) vom 14.9.2014, abrufbar unter: http://www.faz.net/aktuell/politik/benedikt-xvi-in-lourdes-papst-ruft-katholiken-zur-mission-auf-1694085.html (abgerufen am 24.6.2014).

Fischer, Thomas, Strafgesetzbuch und Nebengesetze, 61. Aufl., München 2014.

Fischer, Thomas, Strafgesetzbuch und Nebengesetze, 56. Aufl., München 2009.

Fletcher, George P., Rethinking criminal law, Boston, Toronto 1978.

Forschungsgruppe Zyklon B (Hrsg.), Zyklon B – Die Produktion in Dessau und der Missbrauch durch die deutschen Faschisten, Norderstedt 2007.

Frank, Reinhard, Das Strafgesetzbuch für das Deutsche Reich nebst dem Einführungsgesetz, 18. Aufl., Tübingen 1931, *zitiert: Frank,* StGB.

Frank, Reinhard, Vollendung und Versuch, in: Vergleichende Darstellung des deutschen und ausländischen Strafrechts, Vorarbeiten zur deutschen Strafrechtsreform, hrsg. von Karl v. Birkmeyer, Fritz van Calker, Reinhard Frank, Robert v. Hippel, Wilhelm Kahl, Karl v. Lilienthal, Franz v. Liszt, Adolf Wach, Bd. V, Berlin 1908, *zitiert: Frank,* VDA V.

Freund, Georg, Strafrecht Allgemeiner Teil, Personale Straftatlehre, 2. Aufl., Berlin Heidelberg 2009.

Frisch, Wolfgang, An den Grenzen des Strafrechts, in: Beiträge zur Rechtswissenschaft, Festschrift für Walter Stree und Johannes Wessels zum 70. Geburtstag, hrsg. von Wilfried Küper und Jürgen Welp, Heidelberg 1993, S. 69–106.

Frisch, Wolfgang, Die Strafrahmenmilderung beim Versuch, in: Festschrift für Günter Spendel zum 70. Geburtstag, hrsg. von Manfred Seebode, Berlin, New York 1992, S. 381–411.

Frisch, Wolfgang, Das Verhältnis der Milderung nach § 49 Abs. 2 StGB zu den „minder schweren Fällen" – Eine Besprechung der Entscheidung des BGH v. 7. 12. 1984 – 2 StR 664/84 –, in: JR 1986, S. 89–93.

Frisch, Wolfgang/Bergmann, Matthias, Zur Methode der Entscheidung über den Strafrahmen, in: JZ 1990, S. 944–954.

Frischknecht, Tom, Kultureller Rabatt, Überlegungen zu Strafausschluss und Strafermässigung bei kultureller Differenz, Bern 2009, zugl. Diss. Bern 2008.

Frister, Helmut, Strafrecht Allgemeiner Teil, 6. Aufl., München 2013.

Fuchs, Helmut, Österreichisches Strafrecht, Allgemeiner Teil I, 6. Aufl., Wien 2004.

Fuchs, Helmut, Probleme des Deliktsversuchs, in: ÖJZ 1986, S. 257–265.

Gallas, Wilhelm, Kriminalpolitik und Strafrechtssystematik unter besonderer Berücksichtigung des sowjetrussischen Rechts, Berlin und Leipzig 1931.

Gallas, Wilhelm, Beiträge zur Verbrechenslehre, Berlin 1968.

Gaupp, Robert, Zur Lehre vom psychopathischen Aberglauben, in: H. Gross' Archiv 28 (1907), S. 20–48.

Geerds, Friedrich, Krimineller Okkultismus, Der Aberglaube als Verbrechenstechnik und als Ursache kriminellen Verhaltens, in: Kultur, Kriminalität, Strafrecht, S. 341–358.

Geilen, Gerd, Lebensgefährdende Drohung als Gewalt in § 251 StGB?, in: JZ 1970, S. 521–529.

v. Gemmingen, Hans Dieter Freiherr, Die Rechtswidrigkeit des Versuchs, Breslau-Neukirch 1932.

Geppert, Zum untauglichen Versuch aus »grobem Unverstand«; Abgrenzung zum sog. »abergläubisch- irrealen« Versuch, in: JK 95, StGB § 23 III/1.

Geppert, Klaus, Räuberischer Angriff auf Kraftfahrer (§ 316a StGB), in: Jura 1995, 310–316.

Gerlach, Walter, Das neue Lexikon des Aberglaubens, München 2000.

Germann, Oskar Adolf, Über den Grund der Strafbarkeit des Versuchs, Aarau 1914.

Geyer, A., Ueber die sog. untauglichen Versuchshandlungen, in: ZStW 1 (1881), S. 30–52.

Goltdammer, Theodor, Die Materialien zum Straf-Gesetzbuche für die preußischen Staaten, Bd. 1, Berlin 1851.

Gores, Claus-Jürgen, Der Rücktritt des Tatbeteiligten, Berlin 1982, zugl. Diss. Bochum 1980.

Gössel, Karl Heinz, Über den fehlgeschlagenen Versuch, in: ZStW 87 (1975), S. 3–43.

Gössel, Karl Heinz, Zur Strafbarkeit des Versuchs nach dem 2. Strafrechtsreformgesetz. Zugleich ein Versuch zur Definition des irrealen Versuchs, in: GA 1971, S. 225–236.

Goydke, Jürgen, Die Strafrahmenbestimmung in minder schweren Fällen und beim Vorliegen gesetzlicher Milderungsgründe, in: Festschrift für Walter Odersky zum 65. Geburtstag am 17. Juli 1996, hrsg. von Reinhard Böttcher, Götz Hueck und Burkhard Jähnke, Berlin, New York 1996, S. 371–385.

Gräfe, Jenny, Sinn und System des Absehens von Strafe, Hamburg 2012, zugl. Diss. Potsdam 2011/2012.

Greeve, Gina, Zielerreichung im Eventualversuch und in anderen Versuchsformen, Frankfurt am Main 2000, zugl. Diss. Jena 1999.

Grochtmann, Harald, Unerklärliche Ereignisse, überprüfte Wunder und juristische Tatsachenfeststellung Langen, Hessen 1989.

Gropp, Walter, Strafrecht Allgemeiner Teil, 3. Aufl., Berlin, Heidelberg 2005.

Gropp, Walter, Diskussionsbeiträge der Strafrechtslehrertagung 1985 in Frankfurt a. M., in: ZStW 97 (1985), S. 919–953.

Groß, Hans/Seelig, Ernst, Handbuch der Kriminalistik, II. Band, Berlin 1954.

Grünwald, Gerald, Zum Rücktritt des Tatbeteiligten im künftigen Recht, in: Festschrift für Hans Welzel, hrsg. von Günter Stratenwerth, Armin Kaufmann, Gerd Geilen, Hans Joachim Hirsch, Hans-Ludwig Schreiber, Günther Jakobs und Fritz Loos, Berlin, New York 1974, S. 701–718.

Grupp, Magdalena, Das Verhältnis von Unrechtsbegründung und Unrechtsaufhebung bei der versuchten Tat, Tübingen 2009, zugl. Diss. Tübingen 2007/2008.

Guhra, Emanuel, Das vorsätzlich-tatbestandsmäßige Verhalten beim beendeten Versuch. Ein Beitrag zur personalen Unrechtslehre, Berlin 2002, zugl. Diss. Marburg 2002.

Günther, Hans-Ludwig, Der "Versuch" des räuberischen Angriffs auf Kraftfahrer, in: JZ 1987, S. 16–28.

Günther, Hans-Ludwig, Die Genese eines Straftatbestandes, JuS 1978, S. 8–14.

Ha, Tae-Hoon, Die strafrechtliche Behandlung des untauglichen Versuchs. Eine rechtsvergleichende Untersuchung zum deutschen und koreanischen Strafrecht, Baden-Baden 1991, zugl. Diss. Köln 1990.

Haack, Friedrich-Wilhelm, Hexenwahn und Aberglaube in der Bundesrepublik, 1. Aufl. 1968; Reprint 2.–6. Auflage und 7. Auflage, Augsburg 1992.

Haas, Volker, Zum Rechtsgrund von Versuch und Rücktritt, in: ZStW 123 (2011), S. 226–259.

Häberlin, Karl Friedrich, Grundsätze des Criminalrechts nach den neuen deutschen Strafgesetzbüchern, Bd. 1, Leipzig 1845.

Haft, Fritjof, Strafrecht Allgemeiner Teil, 9. Aufl., München 2004, *zitiert: Haft,* AT.

Haft, Fritjof, Strafrecht, Fallrepetitorium zum Allgemeinen und Besonderen Teil, 5. Aufl., München 2004, *zitiert: Haft,* Fallrepetitorium.

Haft, Fritjof, Der doppelte Irrtum im Strafrecht, in: JuS 1980, S. 588–592.

Hamburger Abendblatt (o. V.) vom 5.2.2005, Student stirbt an Überdosis Wasser, abrufbar unter: http://www.abendblatt.de/vermischtes/article305581/Student-stirbt-an-Ueberdosis-Wasser.html (abgerufen am 20.8.2014).

Hardwig, Werner, Deutsches Strafrecht, Bd. 1: Allgemeiner Teil, Hamburg 1966.

Hardwig, Werner, Der Versuch bei untauglichem Subjekt, in: GA 1957, S. 170–176.

Hartmann, Bernd, Wenn Zahnpasta krank macht ist Fluor in Form von Fluoriden (Fluorverbindungen) im Spiel!, in: Bergedorfer Zeitung vom 10.11.2011, abrufbar unter: http://leserreporter.bergedorfer-zeitung.de/glinde/ratgeber/wenn-zahnpasta-krank-macht-ist-fluor-in-form-von-fluoriden-fluorverbindungen-im-spiel-d699.html (abgerufen am 26.6.2014).

Havenstein, Rudolf, Zur Lehre vom untauglichen Versuch, in: GA 1888, S. 33–66.

Heckler, Andreas, Die Ermittlung der beim Rücktritt vom Versuch erforderlichen Rücktrittsleistung anhand der objektiven Vollendungsgefahr – Zugleich ein Beitrag zum Strafgrund des Versuchs, Baden-Baden 2002, zugl. Diss. Osnabrück 2000.

Heghmanns, Michael, Überlegungen zum Unrecht von Beihilfe und Anstiftung, in: GA 2000, S. 473–489.

Heidingsfelder, Thomas, Der umgekehrte Subsumtionsirrtum, Berlin 1991, zugl. Diss. München 1990.

Heinrich, Bernd, Strafrecht – Allgemeiner Teil, 3. Aufl., Stuttgart 2012, *zitiert: Heinrich,* AT.

Heinrich, Bernd, Die Abgrenzung von untauglichem, grob unverständigem und abergläubischem Versuch, in: Jura 1998, S. 393–398.

Heinrich, Manfred, Strafrecht als Rechtsgüterschutz – ein Auslaufmodell? Zur Unverbrüchlichkeit des Rechtsgutsdogmas, in: Festschrift für Claus Roxin zum 80. Geburtstag am 15. Mai 2011, hrsg. von Manfred Heinrich, Christian Jäger, Hans Achenbach u. a., Bd. 1, Berlin, New York 2011, S. 131–154.

v. Heintschel-Heinegg, Bernd, Prüfungstraining Strafrecht, Bd. 1: Methodik der Fallbearbeitung, Neuwied, Kriftel, Berlin 1992.

v. Heintschel-Heinegg, Bernd (Hrsg.), Strafgesetzbuch, Kommentar, München 2010.

Hellwig, Albert, Aktenmässige Studien über den kriminellen Aberglauben, in: H. Gross'Archiv 58 (1914), S. 303–326.

Hellwig, Albert, Krimineller Aberglaube in der Schweiz, in: H. Gross'Archiv 39 (1910), S. 277–295.

Hellwig, Albert, Allerlei krimineller Aberglaube, in: H. Gross'Archiv 39 (1910), S. 296–302.

Hellwig, Albert, Ein moderner Hexenprozess, in: H. Gross'Archiv 19 (1905), S. 279–285.

Hellwig, Albert, Diebstahl aus Aberglauben, in: H. Gross'Archiv 19 (1905), S. 286–289.

Hepp, Ueber den gegenwärtigen Stand der Lehre vom versuchten Verbrechen, NArchCrim (1836), S. 230–265.

Herczeg, Jiří, Der Allgemeine Teil des tschechischen StGB-Entwurfs, in: ZStW 120 (2008), S. 461–479.

Herdegen, Gerhard, Der Verbotsirrtum in der Rechtsprechung des Bundesgerichtshofs, in: 25 Jahre Bundesgerichtshof, hrsg. von Gerda Krüger-Nieland, München 1975, S. 195–209.

Hertz, Eduard, Ueber den Versuch mit untauglichen Mitteln, Hamburg 1874.

Herzberg, Rolf Dietrich, Rechtsirrige Annahme einer Straftatbegehung – Versuch oder Wahndelikt?, in: Gedächtnisschrift für Ellen Schlüchter, hrsg. von Gunnar Duttge, Gerd Geilen, Lutz Meyer-Goßner, Günter Warda, Köln, Berlin, Bonn, München 2002, S. 189– 208.

Herzberg, Rolf Dietrich, Zur Strafbarkeit des untauglichen Versuchs, in: GA 2001, S. 257–272.

Herzberg, Rolf Dietrich, Grundprobleme des Rücktritts vom Versuch und Überlegungen de lega ferenda, in: NJW 1991, S. 1633–1642.

Herzberg, Rolf Dietrich, Abergläubische Gefahrabwendung und mittelbare Täterschaft durch Ausnutzung eines Verbotsirrtums – BGHSt. 35, 347, in: Jura 1990, S. 16–26.

Herzberg, Rolf Dietrich, Strafverzicht bei bedingt vorsätzlichem Versuch? – Zugleich ein Beitrag zur Entlastung des § 24 StGB –, in: NStZ 1990, S. 311–318.

Herzberg, Rolf Dietrich, Aids: Herausforderung und Prüfstein des Strafrechts – zugleich eine Besprechung des BGH-Urteils vom 4. November 1988 – 1 StrR 262/88 –, in: JZ 1989, S. 470–482.

Herzberg, Rolf Dietrich, Das Wahndelikt in der Rechtsprechung des BGH, in: JuS 1980, S. 469–480.

Herzberg, Rolf Dietrich/Hardtung, B., Strafrecht – Allgemeiner Teil, Repetitorium, B. Das versuchte Delikt, Fall 200 b, abrufbar unter: http://www.ruhr-uni-bochum.de/ls-hoernle/e_herzberg/texte/rep_at_b.htm (abgerufen am 24.6.2014).

Heuchemer, Michael, Der Erlaubnistatbestandsirrtum, Berlin 2005, zugl. Diss. Regensburg 2003.

Hilgendorf, Eric, Strafrecht und Interkulturalität, in: JZ 2009, S. 139–144.

Hilgendorf, Eric, Teufelsglaube und freie Beweiswürdigung. Zur Verarbeitung des „Übernatürlichen" im Strafrecht am Beispiel des Exorzismus, in: Festgabe des Instituts für Strafrecht und Kriminologie der Juristischen Fakultät der Julius-Maximilians-Universität Würzburg für Rainer Paulus zum 70. Geburtstag am 20. Januar 2009, hrsg. von Klaus Laubenthal, Würzburg 2009, S. 87–101.

Hilgendorf, Eric, Der „gesetzmäßige Zusammenhang" im Sinne der modernen Kausallehre, in: Jura 1995, S. 514–522.

Hillenkamp, Thomas, Der praktische Fall – Strafrecht: Tricksereien und zarte Bande, in: JuS 2003, S. 157–165.

Hillenkamp, Thomas, Unverstand und Aberglaube, in: Strafrecht, Biorecht, Rechtsphilosophie, Festschrift für Hans-Ludwig Schreiber zum 70. Geburtstag am 10. Mai 2003, hrsg. von Knut Amelung, Werner Beulke, Hans Lilie, Henning Rosenau, Heinrich Rüping, Gabriele Wolfstlast, Heidelberg 2003, S. 135–152.

Hillenkamp, Thomas, Zur „Vorstellung von der Tat" im Tatbestand des Versuchs, in: Festschrift für Claus Roxin zum 70. Geburtstag am 15. Mai 2001, hrsg. von Bernd Schünemann, Hans Achenbach, Wilfried Bottke, Bernhard Haffke und Hans-Joachim Rudolphi, Berlin, New York 2001, S. 689–710.

v. Hippel, Robert, Deutsches Strafrecht, Bd. 2, Das Verbrechen, Neudruck der Ausgabe Berlin 1930, *zitiert: v. Hippel*, Strafrecht II.

v. Hippel, Robert, Deutsches Strafrecht, Bd. 1, Allgemeine Grundlagen, Berlin 1925, *zitiert: v. Hippel*, Strafrecht I.

Hirsch, Hans Joachim, Die subjektive Versuchstheorie, ein Wegbereiter der NS-Strafrechtsdoktrin, in: JZ 2007, S. 494–502.

Hirsch, Hans Joachim, Zur Behandlung des ungefährlichen „Versuchs" de lege lata und de lege ferenda, in: Gedächtnisschrift für Theo Vogler, hrsg. von Otto Triffterer, Heidelberg 2004, S. 31–48.

Hirsch, Hans Joachim, Tatstrafrecht – ein hinreichend beachtetes Grundprinzip ?, in: Festschrift für Klaus Lüderssen, Zum 70. Geburtstag am 2. Mai 2002, hrsg. von Cornelius Prittwitz, Michael Baurmann. Klaus Günther, Lothar Kuhlen, Reinhard Merkel, Cornelius Nestler, Lorenz Schulz, Baden-Baden 2002, S. 253–267.

Hirsch, Hans Joachim, Untauglicher Versuch und Tatstrafrecht, in: Festschrift für Claus Roxin zum 70. Geburtstag am 15. Mai 2001, hrsg. von Bernd Schünemann, Hans Achenbach, Wilfried Bottke, Bernhard Haffke und Hans-Joachim Rudolphi, Berlin, New York 2001, S. 711–729.

Hirsch, Hans Joachim, Bilanz der Strafrechtsreform, in: Gedächtnisschrift für Hilde Kaufmann, hrsg. von Hans Joachim Hirsch, Günther Kaiser, Helmut Marquardt, Berlin 1986, S. 133–165.

Hirsch, Hans Joachim, Soziale Adäquanz und Unrechtslehre, in: ZStW 74 (1962), S. 78–135.

Hirsch, Hans Joachim/Weigend, Thomas (Hrsg.), Strafrecht und Kriminalpolitik in Japan und Deutschland, Berlin 1989.

v. Holzendorff, Franz (Hrsg.), Handbuch des deutschen Strafrechts, Bd. 2, Berlin 1871, *zitiert: Bearbeiter*, in: v. Holzendorff, Handbuch des Strafrechts II.

Horn, Arnold, Der Versuch, Begründung einer objektiven Versuchstheorie im Hinblick auf empirische Psychologie und Physopsychologie, in: ZStW 20 (1900), S. 309–361.

Horn, Eckhard, Gesamtwürdigung – Sinn und Unsinn eines Rechtsbegriffs, in: Gedächtnisschrift für Armin Kaufmann, hrsg. von Gerhard Dornseifer, Eckhard Horn, Georg Schilling, Wolfgang Schöne, Eberhard Struensee, Diethart Zielinski, Köln, Berlin, Bonn, München 1989, S. 573–594.

Hörnle, Tatjana, Grob anstößiges Verhalten. Strafrechtlicher Schutz von Moral, Gefühlen und Tabus, Frankfurt am Main 2005.

Hörnle, Tatjana, Der Schutz von Gefühlen im StGB, in: Die Rechtsgutstheorie, hrsg. von Roland Hefendehl, Andrew von Hirsch, Wolfgang Wohlers, Baden-Baden 2003, S. 268–280.

Hoyer, Andreas, Strafrechtsdogmatik nach Armin Kaufmann, Berlin 1997.

Ivor, Jaroslav, Trestné právo hmotné, Všeobecná časť 1, Bratislava 2006.

Jakobs, Günther, Strafrecht Allgemeiner Teil, Die Grundlagen und die Zurechnungslehre, 2. Aufl., Berlin, New York 1993, *zitiert: Jakobs, AT*.

Jakobs, Günther, Rücktritt als Tatänderung versus allgemeines Nachtatverhalten, in: ZStW 104 (1992), S. 82–104.

Jakobs, Günther, Tätervorstellung und objektive Zurechnung, in: Gedächtnisschrift für Armin Kaufmann, hrsg. von Gerhard Dornseifer, Eckhard Horn,

Georg Schilling, Wolfgang Schöne, Eberhard Struensee, Diethart Zielinski, Köln, Berlin, Bonn, München 1989, S. 271–288.

Jäger, Christian, Examens-Repetitorium, Strafrecht Allgemeiner Teil, 6. Aufl., Heidelberg 2013.

Jerouschek, Günter, Jenseits von Gut und Böse: Das Geständnis und seine Bedeutung im Strafrecht, in: ZStW 102 (1990), S. 793–819.

Jescheck, Hans-Heinrich, Fälle und Lösungen zum Lehrbuch des Strafrechts, Allgemeiner Teil, mit Aufbaumustern, 3. Aufl., Berlin 1996, *zitiert: Jescheck, Fallbuch.*

Jescheck, Hans-Heinrich, Strafrechtsreform in Deutschland Allgemeiner Teil, in: SchwZStr 91 (1975) S. 1–44.

Jescheck, Hans-Heinrich/Weigend, Thomas, Lehrbuch des Strafrechts, Allgemeiner Teil, 5. Aufl., Berlin 1996.

Joecks, Wolfgang, Studienkommentar StGB, 10. Aufl., München 2012.

John, Richard, Entwurf mit Motiven zu einem Strafgesetzbuche für den Norddeutschen Bund, Berlin 1868.

Jung, Heike, Zur Strafbarkeit des untauglichen Versuchs – ein Zwischenruf aus rechtsvergleichender Sicht, in: ZStW 117 (2005), S. 937–951.

Kadečka, Ferdinand, Versuch einer Revision des Versuchsbegriffes, in: MonKrimPsych 19 (1928), S. 129–141.

Kaetzler, Joachim, Magie und Strafrecht in Südafrika, Frankfurt am Main 2001, zugl. Diss. Augsburg 2001.

Kampermann, Markus, Grundkonstellationen beim Rücktritt vom Versuch, Zur Abgrenzung von fehlgeschlagenem, unbeendetem und beendetem Versuch in § 24 Abs. 1 StGB, Frankfurt am Main 1992, zugl. Diss. Giessen 1992.

Kasiske, Peter, Strafrecht I: Grundlagen und Allgemeiner Teil, Stuttgart 2011.

Kaufmann, Armin, Rechtspflichtbegründung und Tatbestandseinschränkung, in: Festschrift für Ulrich Klug zum 70. Geburtstag, Bd. II, hrsg. von Günter Kohlmann, Köln 1983, S. 277–292.

Kaufmann, Armin, Strafrechtsdogmatik zwischen Sein und Wert, Köln, Berlin, Bonn 1982.

Kaufmann, Armin, Zum Stande der Lehre vom personalen Unrecht, in: Festschrift für Hans Welzel, hrsg. von Günter Stratenwerth, Armin Kaufmann, Gerd Geilen, Hans Joachim Hirsch, Hans-Ludwig Schreiber, Günther Jakobs und Fritz Loos, Berlin, New York 1974, S. 393–414.

Kaufmann, Armin, Die Dogmatik im Alternativ-Entwurf, in: ZStW 80 (1968), S. 34–53.

Kaufmann, Arthur, Die ontologische Struktur der Handlung, in: Beiträge zur gesamten Strafrechtswissenschaft, Festschrift für Hellmuth Mayer zum 70.

Geburtstag am 1. Mai 1965, hrsg. von Friedrich Geerds und Wolfgang Naucke, Berlin 1966, S. 79–117.

Kaufmann, Helmut, Chemieunterricht und das Problem der antagonistischen Sicht von „Natur" und „Chemie", Münster 2000, zugl. Diss. Siegen 1999.

Kienapfel, Diethelm, Strafrecht Allgemeiner Teil, 4. Aufl., Berlin 1984, *zitiert*: Kienapfel, AT.

Kienapfel, Diethelm/Höpfel, Frank, Grundriß des Strafrechts Allgemeiner Teil, 11. Aufl., Wien 2005.

Kim, Ho-Ki, Die Risikoschaffung und der untaugliche Versuch, München 2006, zugl. Diss. München 2005.

Kindhäuser, Urs, Nomos Kommentar, Strafgesetzbuch, Lehr- und Praxiskommentar, 5. Aufl., Baden-Baden, 2013, *zitiert: Kindhäuser*, LPK-StGB.

Kindhäuser, Urs, Strafrecht Allgemeiner Teil, 5. Aufl., Baden-Baden 2011, *zitiert*: Kindhäuser, AT.

Kindhäuser, Urs/Neumann, Ulfried/Paeffgen, Hans-Ullrich, Strafgesetzbuch, Bd. 1, 4. Aufl., Baden-Baden 2013; zit.: *Bearbeiter* in Kindhäuser/Neumann-StGB.

Klee, Karl, Wille und Erfolg in der Versuchslehre, Breslau 1898.

Kleinschrod, Gallus Aloys Kaspar, Systematische Entwicklung der Grundbegriffe und Grundwahrheiten des peinlichen Rechts, 1. Theil, 3. Aufl., Erlangen 1805.

Klesczewski, Diethelm, Strafrecht Allgemeiner Teil, 2. Aufl., 2012.

Klöterkes, Natascha, Rücktritt und Irrtum, Köln 1995, zugl. Diss Köln 1995.

Knörzer, Sybille, Fehlvorstellungen des Täters und deren „Korrektur" beim Rücktritt vom Versuch nach § 24 Abs. 1 StGB, Berlin 2008, zugl. Diss. Heidelberg 2006.

Köhler, Michael, Strafrecht Allgemeiner Teil, Berlin, Heidelberg 1997, *zitiert: Köhler*, AT.

Kohler, Josef, Studien aus dem Strafrecht I, Mannheim 1890, *zitiert: Kohler*, Studien I.

Kohlrausch-Lange, StGB, Richard Lange, Strafgesetzbuch mit Erläuterungen und Nebengesetzen, 43. Aufl., Berlin 1961.

Kolesár, Juraj, Repetitórium trestného práva hmotného, Bratislava 2010.

Kolster, Hubertus, Die Qualität der Rücktrittsbemühungen des Täters beim beendeten Versuch, Frankfurt am Main 1993, zugl. Diss. Göttingen 1992.

Koriath, Heinz, Strafrecht 2, Arbeitsbuch zur Vorlesung, http://www.uni-saarland.de/uploads/media/Arbeitsbuch_Strafrecht_2_01.pdf (abgerufen am 24.6.2014).

Koriath, Heinz/Krack, Ralf/Radtke, Henning/Jehle, Jörg-Martin (Hrsg.), Grundfragen des Strafrechts, Rechtsphilosophie und die Reform der Juristenausbildung, Göttingen 2010.

Köstlin, Reinhold, System des deutschen Strafrechts, Allgemeiner Theil, Tübingen 1855.

Kracht, Heinz, Die Entwicklung des strafrechtlichen Versuchsbegriffs in der deutschen Gesetzgebung seit der Mitte des 18. Jahrhunderts, Würzburg 1978, zugl. Diss. Würzburg 1980.

Kratzsch, Dietrich, Verhaltenssteuerung und Organisation im Strafrecht, Berlin 1985.

Kratzsch, Dietrich, Die Bemühungen um Präzisierung der Ansatzformel (§ 22 StGB) – ein absolut untauglicher Versuch? (Teil 1), in: JA 1983, S. 420–429.

Krause, Hans/Thoma, Hans, Strafrecht Allgemeiner Teil, 3. Aufl., Stuttgart 1974.

Krauß, Detlef, Der strafbefreiende Rücktritt vom Versuch, in: JuS 1981, S. 883–890.

Kretschmer, Joachim, Der abergläubische Irrtum in seiner strafrechtlichen Irrelevanz, in: JR 2004, S. 444–447.

Kretschmer, Bernhard, Der Grab- und Leichenfrevel als strafwürdige Missetat, Baden-Baden 2002, zugl. Diss. Bielefeld 2000.

Krey, Volker/Esser, Robert, Deutsches Strafrecht, Allgemeiner Teil, 5. Aufl., Stuttgart 2012.

Krey, Volker/Hellmann, Uwe/Heinrich, Manfred, Strafrecht Besonderer Teil, Bd. 1: Besonderer Teil ohne Vermögensdelikte, 15. Aufl., Stuttgart 2012.

Kriminalmuseum Rothenburg ob der Tauber, Justiz in alter Zeit, Rothenburg o. d. T. 1984.

Krug, August Otto, Die Lehre vom Versuche der Verbrechen, Leipzig 1854.

Krümpelmann, Justus, Die Bagatelldelikte, Berlin 1966.

Kudlich, Hans, Prüfe dein Wissen, Strafrecht Allgemeiner Teil, 4. Aufl., München 2013, *zitiert: Kudlich,* PdW AT.

Kudlich, Hans, Fälle mit Lösungen im Strafrecht Allgemeiner Teil, München 2011, *zitiert: Kudlich,* Fälle.

Kudlich, Hans, Katzenkönig & Co. – Übersinnliches vor den Strafgerichten, in: JZ 2004, S. 72–79.

Kudlich, Hans, Strafrecht: Nicht gefreit – nie bereut!, in: JuS 1997, L 69–L 72.

Kudlich, Hans, Grundfälle zum Rücktritt vom Versuch, in: JuS 1999, S. 240–245.

Kühl, Kristian, Strafrecht Allgemeiner Teil, 7. Aufl., München 2012.

Kühl, Kristian, Grundfälle zu Vorbereitung, Versuch, Vollendung und Beendigung, in: JuS 1981, S. 193–196.

Kuhlen, Lothar, Die Unterscheidung von vorsatzausschließendem und nichtvorsatzausschließendem Irrtum, Frankfurt am Main 1987, zugl. Habil.-Schr. Frankfurt am Main 1985.

Kuhrt, Jürgen, Die Grenzen der Strafbarkeit wegen untauglichen Versuchs, insbesondere im Hinblick auf abergläubisch motiviertes Verhalten, Hamburg 1968, zugl. Diss. Hamburg 1968.

Lackner, Karl/Kühl, Kristian, Strafgesetzbuch, Kommentar, 27. Aufl., München 2011.

Lammasch, Heinrich, Das Moment objectiver Gefährlichkeit im Begriffe des Verbrechensversuches, Wien 1879.

Lampe, Ernst-Joachim, Das personale Unrecht, Berlin 1967.

Langer, Winrich, Das Sonderverbrechen, Eine dogmatische Untersuchung zum Allgemeinen Teil des Strafrechts, Berlin 1972.

Langowski, Jürgen, Holocaust Referenz, Der Leuchter-Report (1. Teil): Auschwitz-Lüge und Leugnung des Holocaust, abrufbar unter http://www.h-ref.de/personen/leuchter-fred/leuchter-report-1.php (abgerufen am 20.8.2014).

Lauhöfer, Detlev, Die Abgrenzung zwischen Wahndelikt und untauglichem Versuch, Göttingen 1991, zugl. Diss. Göttingen 1991.

Lenckner, Theodor, Probleme beim Rücktritt des Beteiligten, in: Festschrift für Wilhelm Gallas zum 70. Geburtstag, hrsg. von Karl Lackner, Heinz Leferenz, Eberhard Schmidt, Jürgen Welp und Ernst Amadeus Wolff, Berlin, New York 1973, S. 281–306.

Lehmann, Alfred, Aberglaube und Zauberei von den ältesten Zeiten an bis in die Gegenwart, 3. deutsche Auflage, Aalen 1969.

Leipziger Kommentar, Strafgesetzbuch, begr. von Ludwig Ebermayer (u.a.), hrsg. von Heinrich Wilhelm Laufhütte, Ruth Rissing-van Saan, Klaus Tiedemann, 12. Aufl., 1. Bd. (Einleitung, §§ 1–31), Berlin 2007, *zitiert: LK-Bearbeiter*.

Leipziger Kommentar, Strafgesetzbuch, begr. von Ludwig Ebermayer (u.a.), hrsg. von Hans-Heinrich Jescheck, W. Ruß, G. Willms, 10 Aufl., 1. Bd. (Einleitung, §§ 1 – 31), Berlin 1985, *zitiert*: LK^{10}-*Bearbeiter*.

Leipziger Kommentar, Strafgesetzbuch, begr. von Ludwig Ebermayer (u.a.), hrsg. von Paulheinz Baldus und Günther Willms, 2. Bd., 9. Aufl., Berlin 1974, *zitiert*: LK^9*Bearbeiter*.

Letzgus, Klaus, Vorstufen der Beteiligung, Berlin 1972, zugl. Diss. Freiburg im Breisgau 1971.

Leonhardt, Johannes, Tödliche Vergiftung mit Insectitid E605 (forte), in: Führer-Wieland's Sammlung von Vergiftungsfällen (1953), S. 395–400.

Lexikon des Rechts, Strafrecht Strafverfahrensrecht, hrsg. von Gerhard Ulsamer, 2. Aufl., Neuwied, Kriftel, Berlin 1996, *zitiert: Bearbeiter*, LdR.

Lindeman Marjaana/Aarnio Kia, Der Ursprung von Aberglauben, magischem Denken und paranormalen Überzeugungen, in: Skeptiker 2/2010, Zeitschrift für Wissenschaft und kritisches Denken, hrsg. von Gesellschaft zur wissenschaftlichen Untersuchung von Parawissenschafen, Jahrgang 23 (2010) Heft 2, S. 62–70.

Lindeman Marjaana/Aarnio Kia, Paranormal Beliefs: Their Dimensionality and Correlates, European Journal of Personality 20 (2006), S. 585–602.

v. Liszt, Eduard, Zur Lehre vom Versuch, in: ZStW 25 (1905), S. 24–94.

v. Liszt, Franz, Lehrbuch des Deutschen Strafrechts, 6. Aufl., Berlin 1894, zitiert: *v. Liszt*, Lb.

v. Liszt, Franz, Lehrbuch des Deutschen Strafrechts, 22. Aufl., Berlin und Leipzig 1919, zitiert: *v. Liszt*, Lb.[22].

v. Liszt, Franz/Schmidt, Eberhard, Lehrbuch des Deutschen Strafrechts, 26. Aufl, Berlin und Leipzig 1932, zitiert: *v. Liszt/Schmidt*, Lb.[26].

Loos, Fritz, Dogmenhistorische Bemerkungen zum Rücktritt vom Versuch, in: Festschrift für Günther Jakobs zum 70. Geburtstag am 26. Juli 2007, hrsg. von Michael Pawlik und Rainer Zaczyk, Köln, Berlin, München 2007, S. 347–360.

Loos, Fritz/Krack, Ralf, Betrugsstrafbarkeit bei Versprechen der Teufelsaustreibung – LG Mannheim, NJW 1993, 1488, in: JuS 1995, S. 204–208.

Mahner, Martin, Der Tod der Parapsychologie (1850–2009), Skeptiker 2/2010, Zeitschrift für Wissenschaft und kritisches Denken, hrsg. von Gesellschaft zur wissenschaftlichen Untersuchung von Parawissenschafen, Jahrgang 23 (2010) Heft 2, S. 79–80.

Maier, Thomas, Die Objektivierung des Versuchsunrechts, Eine strafrechtliche Analyse de lege lata, Berlin 2005, zugl. Diss. Jena 2002/03.

Maiwald, Manfred, Über taugliche, untaugliche und grob unverständige Versuche. Eine rechtsvergleichende Bestandsaufnahme, in: *Koriath, Heinz/Krack, Ralf/Radtke, Henning/Jehle, Jörg-Martin (Hrsg.)*, Grundfragen des Strafrechts, Rechtsphilosophie und die Reform der Juristenausbildung, Göttingen 2010, S. 159–188.

Maiwald, Manfred, Das Erfordernis des ernsthaften Bemühens beim fehlgeschlagenen oder beendeten Versuch (§ 24 Abs. 1 Satz 2 StGB), in: Festschrift für E.A. Wolff zum 70. Geburtstag am 1. 10. 1998, hrsg. von Rainer Zaczyk, Michael Köhler, Michael Kahlo, Berlin, Heidelberg 1998, S. 337–359.

Maiwald, Manfred, Literaturbericht Strafrecht-Allgemeiner Teil (Teilnahmelehre), in: ZStW 88 (1976), S. 712–751.

Malitz, Kirsten, Der untaugliche Versuch beim unechten Unterlassungsdelikt, Berlin 1998, zugl. Diss. Köln 1997.

Marquardt, Hans/Schäfer, Siegfried (Hrsg.), Lehrbuch der Toxikologie, 2. völlig neu bearbeitete Auflage, Stuttgart 2004.

Marxen, Klaus, Kompaktkurs Strafrecht, Allgemeiner Teil, Fälle zur Einführung, Wiederholung und Vertiefung, München 2003.

Mašľanyová, Darina, Trestné právo hmotné, Všeobecná a osobitná časť, Plzeň 2011.

Matt, Holger, Missverständnisse zur Untreue – Eine Betrachtung auch zum Verhältnis von (Straf-)Recht und Moral, in: NJW 2005, S. 389–392.

Matt, Holger/Renzikowski, Joachim, Strafgesetzbuch, Kommentar, München 2013.

Maunz, Theodor/Dürig, Günter (Begr.), Grundgesetz, Kommentar, Bd. VI, Art. 86–106a, München, Losebl.-Ausg., 69 EL 2013, *zitiert: Bearbeiter*, in: Maunz/Dürig-GG.

Maurach, Reinhart/Gössel, Karl Heinz/Zipf, Heinz, Strafrecht Allgemeiner Teil, Teilband 2, Erscheinungsformen des Verbrechens und Rechtsfolgen der Tat, Ein Lehrbuch, 7. Aufl., Heidelberg 1989.

Mayer, Hellmuth, Strafrecht Allgemeiner Teil, Stuttgart 1953.

Meinecke, Donata, Die Gesetzgebungssystematik der Versuchsstrafbarkeit von Verbrechen und Vergehen im StGB, Frankfurt am Main 2001, zugl. Diss. Heidelberg 2000.

Meyer, Hugo/Allfeld, Philipp, Lehrbuch des deutschen Strafrechts, 6. Aufl., Leipzig 1907.

Meyer, Jürgen, Kritik an der Neuregelung der Versuchsstrafbarkeit, in: ZStW 87 (1975), S. 598–622.

Mezger, Edmund, Deutsches Strafrecht, Grundriss, 2. Aufl., Berlin 1941, *zitiert*: Mezger, Strafrecht 1941.

Mezger, Edmund, Deutsches Strafrecht, Grundriss, Berlin 1938, *zitiert*: Mezger, Strafrecht 1938.

Mezger, Edmund, Deutsches Strafrecht, Ein Leitfaden, Berlin 1936, *zitiert*: Mezger, Strafrecht 1936.

Mezger, Edmund, Deutsches Strafrecht, Ein Lehrbuch, München und Leipzig 1931, *zitiert*: Mezger, Strafrecht, Lb. 1931.

Mintz, Sandra-Jakobea, Die Entwicklung des sogenannten untauglichen Versuchs im 19. Jahrhundert unter dem besonderen Aspekt der Einordnung als Wahnverbrechen, Frankfurt am Main 1994, zugl. Diss. Göttingen 1993.

Mir, José Cerezo, Die Regelung des Versuchs und die Auffassung des Unrechts im neuen spanischen Strafgesetzbuch, in: Festschrift für Hans Joachim Hirsch zum 70. Geburtstag am 11. April 1999, hrsg. von Thomas Weigend und Georg Küpper, Berlin, New York 1999, S. 127–140.

Mir Puig, Santiago, Untauglicher Versuch und statistische Gefährlichkeit im neuen spanischen Strafgesetzbuch, in: Festschrift für Claus Roxin zum 70. Geburtstag am 15. Mai 2001, hrsg. von Bernd Schünemann, Hans Achenbach,

Wilfried Bottke, Bernhard Haffke und Hans-Joachim Rudolphi, Berlin, New York 2001, S. 729–748.

Mittermaier, Karl Joseph Anton, Die rechtliche Bedeutung des Ausdrucks: Anfang der Ausführung, zur Bezeichnung des Anfangspunktes des Versuchs mit Rücksicht auf die Rechtsprechung in den verschiedenen Staaten, in: GS 11 (1859), S. 197–240.

Mittermaier, Karl Joseph Anton, Der Versuch von Verbrechen, bei denen es an dem erforderlichen Gegenstande des Verbrechens mangelt, und der Versuch mit untauglichen Mitteln, geprüft, in: GS 11 (1859), S. 403–450.

Mittermaier, Karl Joseph Anton, Rundschau über die neuesten Fortschritte in Bezug auf die Strafgesetzgebung, Geschichte des Strafrechts, Strafrechtswissenschaft, Criminalstatistik, gerichtliche Medicin, Rechtssprüche der obersten Gerichtshöfe über merkwürdige Fragen des Strafrechts, in: ArchCrim 35 (1854) S. 487–500.

Mittermaier, Karl Joseph Anton, Beiträge zur Lehre vom Versuche der Verbrechen, in NArchCrim. I, 1816, S. 153–202.

Modrey, Matthias, Grenzen der Strafbarkeit des Versuchs im deutschen und niederländischen Recht, Frankfurt am Main 2008, zugl. Diss. Bochum 2007.

Montenbruck, Axel, Strafrahmen und Strafzumessung, Berlin 1983, zugl. Habil.-Schr. Kiel 1979/80.

Münchener Kommentar zum Strafgesetzbuch, §§ 1–37 StGB (Bd. 1), 2. Aufl., München 2011, *zitiert*: MK-*Bearbeiter*.

Münchener Kommentar zum Strafgesetzbuch, §§ 38–79b StGB (Bd. 2), 2. Aufl., München 2012, *zitiert*: MK-*Bearbeiter*.

Müller, Michael Peter, Die geschichtliche Entwicklung des Rücktritts vom Versuch bis zum Inkrafttreten des neuen StGB-AT 1975, Frankfurt am Main 1995, zugl. Diss. München 1994.

Müller-Dietz, Heinz, Integrationsprävention und Strafrecht, in: Festschrift für Hans-Heinrich Jescheck zum 70. Geburtstag, hrsg. von Theo Vogler i. V. m. anderen, 2. Halbband, Berlin 1985, S. 813–827.

Muñoz-Conde, Francisco, Theoretische Begründung und systematische Stellung der Straflosigkeit beim Rücktritt vom Versuch, in: ZStW 84 (1972), S. 756–778.

Murmann, Uwe, Grundkurs Strafrecht, 2. Aufl., München 2013.

Murmann, Uwe, Versuchsunrecht und Rücktritt, Heidelberg 1999.

Naucke, Wolfgang, Der Kausalzusammenhang zwischen Täuschung und Irrtum beim Betrug, in: Einheit und Vielfalt des Strafrechts, Festschrift für Karl Peters zum 70. Geburtstag, hrsg. von Jürgen Baumann und Klaus Tiedemann, Tübingen 1974, S. 109–120.

Naucke, Wolfgang, Über Generalklauseln und Rechtsanwendung im Strafrecht, Tübingen 1973.

Niepoth, Burkhard, Der untaugliche Versuch beim unechten Unterlassungsdelikt, Frankfurt am Main 1994, zugl. Diss. Göttingen 1993.

Noltensmeier, Silke/Henn, Arne, Der Rücktritt vom Versuch nach § 24 I 2 StGB, in: JA 2010, S. 269–274.

Nomos Kommentar, Gesamtes Strafrecht, StGB, StPO, Nebengesetze, Handkommentar, hrsg. von Dieter Dölling, Gunnar Duttge, Dieter Rössner, 3. Aufl., Baden-Baden 2013, *zitiert: NK-GS-Bearbeiter.*

Nomos Kommentar zum Strafgesetzbuch, Bd. 1, Gesamtredaktion durch Ulfried Neumann, Ingeborg Puppe, Wolfgang Schild, Losebl.-Ausg., Stand: 14. Lieferung (November 2003) Baden-Baden, *zitiert: NK-Bearbeiter* (2003).

Oehler, Dietrich, Das objektive Zweckmoment in der rechtswidrigen Handlung, Berlin 1959.

Otto, Harro, Grundkurs Strafrecht, Allgemeine Strafrechtslehre, 7. Aufl., Berlin, New York 2004.

Otto, Harro, Strafwürdigkeit und Strafbedürftigkeit als eigenständige Deliktskategorien?, in: Gedächtnisschrift für Horst Schröder, hrsg. von Walter Stree, Theodor Lenckner, Peter Cramer, Albin Eser, München 1978, S. 53–71.

Otto, (o. Vorname), Das freiwillige und ernsthafte Bemühen, die Vollendung der Tat zu verhindern, in: JK 86, StGB § 24/11.

Papageorgiu-Gonatas, Stylianos, Wo liegt die Grenze zwischen Vorbereitungshandlungen und Versuch? Zugleich eine theoretische Auseinandersetzung mit dem Strafgrund des Versuchs, München 1988, zugl. Diss. München 1988.

Pfotenhauer, Carl Eduard, Der Einfluß des factischen Irrthums auf die Strafbarkeit versuchter Verbrechen, Leipzig 1838.

Philippides, Telemachos, Das griechische Strafgesetzbuch vom 1. 1. 1051, in: ZStW 69 (1957), S. 580–590.

Platzgummer, Winfried, Die „Allgemeinen Bestimmungen" des Strafgesetzentwurfes im Licht der neueren Strafrechtsdogmatik, in: JBl 1971, S. 236–249.

Preisendanz, Holger, Strafgesetzbuch, Lehrkommentar, 30. Aufl., Berlin 1978.

Príbelský, Patrik, Vybrané otázky trestnosti nespôsobilého pokusu, in: Trestněprávní revue Nr. 8 (2006), S. 236–245.

Príbelský, Patrik, K otázke trestnoprávneho postihu nespôsobilého pokusu, in: zost. Lazar, J. a kol.: Acta Universitatis Tyrnaviensis, Iuridica III. Ročenka Právnickej fakulty Trnavskej univerzity v Trnave, Trnava 2006, S. 191–211.

Príbelský, Patrik, Trestnost nesposobileho pokusu, in: Bulletin slovenskej advokácie, Roč. 12, Nr. 4 (2006), S. 7–23, *zitiert: Príbelský,* Bulletin.

Puppe, Ingeborg, Der halbherzige Rücktritt, in: NStZ 1984, S. 488–491.

Puppe, Ingeborg, Verantwortlichkeit von Klinikärzten für von Untergebrachtem bei Ausgang begangene Straftaten, Bespr. von BGH, Urt. v. 13. 11. 2003 – 5 StR 327/03 (LG Potsdam), in: NStZ 2004, 554–556.

Putzke, Holm, Der strafbare Versuch, in: JuS 2009, S. 894–898.

Radtke, Henning, An der Grenze des strafbaren untauglichen Versuchs – BGH, NJW 1995, 2176, in: JuS 1996, S. 878–883.

Ráliš, Anton, Der Begriff und die Strafbarkeit des Versuches, in: ZStW 61 (1942), S. 1–56.

Rath, Jürgen, Grundfälle zum Unrecht des Versuchs, in: JuS 1998, S. 1106–1113.

Rath, Jürgen, Grundfälle zum Unrecht des Versuchs, in: JuS 1999, S. 32–36.

Rau, Ingo, Ernsthaftes Bemühen beim Rücktritt nach § 24 Abs. 1 S. 1 StGB, Frankfurt am Main 2002, zugl. Diss. Göttingen 2002.

Rengier, Rudolf, Strafrecht Allgemeiner Teil, 5. Aufl., München 2013.

Revenstorf, Dirk, Forschungsarbeiten zur Wirksamkeit der Hypnose, abrufbar unter: http://www.meg-tuebingen.de/1-hypnose-hypnoseforschung.htm (abgerufen am 20.8.2014).

Rey-Sanfiz, Luis C., Die Begriffsbestimmung des Versuchs und ihre Auswirkung auf den Versuchsbeginn, Berlin 2006, zugl. Diss. Bonn 2004.

Roeder, Hermann, Die Erscheinungsformen des Verbrechens im Spiegel der subjektiven und objektiven Strafrechtstheorie, Wien 1953.

v. Rohland, Woldemar, Strafrechtsfälle, 2. Aufl., Leipzig 1908.

Römer, Hans-Jürgen, Fragen des „Ernsthaften Bemühens" bei Rücktritt und tätiger Reue, Bochum 1987, zugl. Diss. Bochum 1987.

Römer, Hans-Jürgen, Vollendungsverhinderung durch „ernsthaftes Bemühen" – Überlegungen zur Harmonisierung der Rücktrittsvorschriften, in: MDR 1989, S. 945–948.

Roßmüller, Christian/Rohrer, Guido, Keine Rechtserheblichkeit der abergläubischen Gefahrvorstellung? – BGHSt. 35, 347 –, in: Jura 1990, S. 582–586.

Rotsch, Thomas/Nolte, Martin/Peifer, Karl-Nikolaus/Weitemeyer, Birgit, Die Klausur im Ersten Staatsexamen, München 2003.

Roxin, Claus, Zur Strafbarkeit des untauglichen Versuchs, in: Festschrift für Heike Jung zum 65. Geburtstag am 23. April 2007, hrsg. von Heinz Müller-Dietz u.a., Baden-Baden 2007, S. 829–842.

Roxin, Claus, Täterschaft und Tatherrschaft, 8. Aufl., Berlin 2006, *zitiert: Roxin,* Täterschaft.

Roxin, Claus, Strafrecht Allgemeiner Teil, Bd. I, Grundlagen, Der Aufbau der Verbrechenslehre, 4. Aufl., München 2006, *zitiert: Roxin,* AT I.

Roxin, Claus, Strafrecht Allgemeiner Teil, Bd. II, Besondere Erscheinungsformen der Straftat, München 2003, *zitiert: Roxin,* AT II.

Roxin, Claus, Strafrechtliche Verantwortung von Ärzten eines Landeskrankenhauses für Straftaten eines Untergebrachten anläßlich eines pflichtwidrig gewährten Ausgangs, Bespr. von BGH, Urt. v. 13. 11. 2003 – 5 StR 327/03 (LG Potsdam), in: StV 2004, S. 484–478.

Roxin, Claus, Über den Strafgrund des Versuchs, in: Festschrift für Haruo Nishihara zum 70. Geburtstag, hrsg. von Albin Eser, Baden-Baden 1998, S. 157–170.

Roxin, Claus, Höchstrichterliche Rechtsprechung zum Allgemeinen Teil des Strafrechts, 100 Entscheidungen für Studium und Examen, München 1998, *zitiert: Roxin,* HRR AT.

Roxin, Claus, Die Abgrenzung von untauglichem Versuch und Wahndelikt, in: JZ 1996, S. 981–987.

Roxin, Claus, Tatentschluß und Anfang der Ausführung beim Versuch, in: JuS 1979, S. 1–13.

Roxin, Claus, Unterlassung, Vorsatz und Fahrlässigkeit, Versuch und Teilnahme im neuen Strafgesetzbuch, in: JuS 1973, 329–337.

Roxin, Claus, Über den Rücktritt vom unbeendeten Versuch, in: Festschrift für Ernst Heinitz zum 70. Geburtstag am 1. Januar 1972, hrsg. von Hans Lüttger, Berlin 1972, S. 251–276.

Roxin, Claus/Isfen, Osman, Der Allgemeine Teil des neuen türkischen Strafgesetzbuches, in: GA 2005, S. 228–243.

Roxin, Claus/Stree, Walter/Zipf, Heinz/Jung, Heike, Einführung in das neue Strafrecht, München 1974, *zitiert: Roxin,* Einf.

Ruckdäschel, Matthias Peter, Das Verhältnis von Absehen von Strafe im materiellen Recht und Verfahrenseinstellung nach § 153 b StPO, Göttingen 2006, zugl. Diss. Regensburg 2006.

Rudolphi, Hans-Joachim, Straftaten gegen das werdende Leben, ZStW 83 (1971), S. 105–139.

Rudolphi, Hans-Joachim, Rücktritt vom unbeendeten Versuch – BGH, Urteil vom 03.12.1982 – 2 StR 550/82 (LG Aachen), in: NStZ 1983, S. 360–364.

Safferling, Christoph, Vorsatz und Schuld, Subjektive Elemente im deutschen und englischen Strafrecht, Tübingen 2008, zugl. Habil.-Schr. Erlangen, Nürnberg 2006.

Safferling, Christoph, Die Abgrenzung zwischen strafloser Vorbereitung und strafbarem Versuch im deutschen, europäischen und im Völkerstrafrecht, in: ZStW 118 (2006), S. 682-716.

Salditt, Franz, Strafrecht und Aberglaube, Vortrag gehalten aus Anlaß der Berufung zum Honorarprofessor, Hagener Universitätsreden 21, Hagen 1994.

Saliger, Frank, Bespr. von BGH, Urt. v. 13. 11. 2003 – 5 – StrR 327/03, in: JZ 2004, 975-980.

Salm, Karl, Das versuchte Verbrechen, Karlsruhe 1957.

Sancinetti, Marcelo A., Subjektive Unrechtsbegründung und Rücktritt vom Versuch, Zugleich eine Untersuchung der Unrechtslehre von Günther Jakobs, Köln, Berlin, Bonn, München 1995.

Satzger, Helmut, Der irreale Versuch – über die Schwierigkeiten der Strafrechtsdogmatik, dem abergläubischen Versuch Herr zu werden, in: Jura 2013, S. 1017-1025.

Satzger, Helmut/Schluckebier, Wilhelm/Widmaier, Gunter (Hrsg.), StGB – Strafgesetzbuch Kommentar, 2. Aufl., Köln 2014, zitiert SSW-StGB/*Bearbeiter*.

Sauer, Wilhelm, Allgemeine Strafrechtslehre, 3. Aufl., Berlin 1955.

Sax, Walter, „Tatbestand" und Rechtsgutsverletzung (I), in: JZ 1976, 9-16.

Sax, Walter, „Tatbestand" und Rechtsgutsverletzung (II), in: JZ 1976, 429-439.

Schäfer, Herbert, Der Okkulttäter (Hexenbanner – Magischer Heiler – Erdenstrahler), Hamburg 1959.

Schäfer, Gerhard/Sander, Günther M./Gemmeren, Gerhard van, Praxis der Strafzumessung, 5. Aufl., München 2012.

Schaffstein, Freidrich, Nationalsozialistisches Strafrecht, in: ZStW 53 (1934), S. 603-628.

Schallenberg, Heinz Günter, Die Strafrechtliche Beurteilung von abergläubisch motivierten Handlungen im Rahmen des Allgemeinen Teils des Strafgesetzbuches, Hamburg 1951, zugl. Diss. Hamburg 1953.

Scheinfeld, Jörg, Der Tatbegriff des § 24 StGB, Holzkirchen 2006, zugl. Diss. Bochum 2005.

Scheinfeld, Jörg, Rücktritt vom Tötungsversuch – Besprechung der BGH-Urteile 2 StR 149/04 (LG Köln) vom 29. 9. 2004 und 4 StR 326/04 (LG Bochum) vom 25. 11. 2004, in: NStZ 2006, S. 375-380.

v. Scheurl, Guntram, Rücktritt vom Versuch und Tatbeteiligung mehrerer, Berlin 1972, zugl. Diss. München 1971.

Schlüchter, Ellen, Grundfälle zum Bewertungsirrtum des Täters im Grenzbereich zwischen §§ 16 und 17 StGB, in: JuS 1985, S. 527-530.

Schlüchter, Ellen, Irrtum über normative Tatbestandsmerkmale im Strafrecht, Tübingen 1983.

Schlüchter, Ellen, Grundfälle zur Lehre von der Kausalität, in: JuS 1976, S. 312–315.

Schmidhäuser, Eberhard, Strafrecht Allgemeiner Teil, 2. Aufl., Tübingen 1984, zitiert: *Schmidhäuser,* AT².

Schmidhäuser, Eberhard, Strafrecht Allgemeiner Teil, 1. Aufl., Tübingen 1970, zitiert: *Schmidhäuser,* AT¹.

Schmidhäuser, Eberhard, Strafrecht Allgemeiner Teil, Lehrbuch, 2. Aufl., Tübingen 1975, zitiert: *Schmidhäuser,* Lb. 1975.

Schmidhäuser, Eberhard, Teleologisches Denken in der Strafrechtsanwendung, in: Kultur, Kriminalität, Strafrecht, Festschrift für Thomas Würtenberger, hrsg. von Rüdiger Herren, Diethelm Kienapfel, Heinz Müller-Dietz, Berlin 1977, S. 91–108.

Schmidt, Thomas, Untauglichkeit eines Tötungsmittels (Insektengift), in: JuS 1995, S. 1042.

Schmidt, Rolf, Strafrecht Allgemeiner Teil, Grundlagen der Strafbarkeit Methodik der Fallbearbeitung, 12. Aufl., Grasberg bei Bremen 2013, zitiert: *Schmidt,* AT.

Schmitz, Roland, Die Abgrenzung von strafbarem Versuchen und Wahndelikt, in: Jura 2003, S. 593–602.

Schmitz, Willy, Der freiwillige Rücktritt vom Versuch nach dem Vorentwurf zu einem deutschen Stragesetzbuch verglichen mit dem geltenden Recht, Bonn 1912.

Schneider, Egon, Der abergläubische Versuch, in: GA 1955, S. 265–268.

Schöck, Inge, Hexenglaube in der Gegenwart, Tübingen 1978, zugl. Diss. Tübingen 1978.

Schönke, Adolf/Schröder, Horst, Strafgesetzbuch, Kommentar, 29. Aufl., München 2014.

Schönwandt, Heinz, Grundlagen der Strafbarkeit des untauglichen Versuchs, Göttingen 1975, zugl. Diss. Göttingen 1975.

v. Schrenck-Notzing, Albert, Die gerichtlich medicinische Bedeutung der Suggestion, in: H. Gross'Archiv 5 (1900), S. 1–36.

Schroth, Ulrich, Vorsatz und Irrtum, München 1998.

Schröder, Horst, Grundprobleme des Rücktritts vom Versuch, in: JuS 1962, S. 81–87.

Schröder, Horst, Die Freiwilligkeit des Rücktritts vom Versuch, in: MDR 1956, S. 321–324.

Schubert, Katrin, Der Versuch – Überlegungen zur Rechtsvergleichung und Harmonisierung, Berlin 2005, zugl. Diss. Heidelberg 2005.

Schubert, Werner, Die Quellen zum Strafgesetzbuch von 1870/71. Zugleich ein Beitrag zur Entstehung der Bestimmungen über den Versuch, die Teilnahme und die Notwehr, in: GA 1982, S. 191–218.

Schüler, Georg, Der Mangel am Tatbestand, Breslau 1914.

Schultz, Hans, Einführung in den Allgemeinen Teil des Strafrechts, 1. Bd.: Die allgemeinen Voraussetzungen der kriminalrechtlichen Sanktionen, 4. Aufl., Bern 1982.

Schumann, Heribert, Abgrenzung von mittelbarer Täterschaft und Anstiftung, in: NStZ 1990, S. 32–35.

Schünemann, Bernd, Die deutschsprachige Strafrechtswissenschaft nach der Strafrechtsreform im Spiegel des Leipziger Kommentars und des Wiener Kommentars, 2. Teil: Schuld und Kriminalpolitik, in: GA 1986, S. 293–352.

Schünemann, Bernd, Die Zukunft der Viktimo-Dogmatik: die viktimologische Maxime als umfassendes regulatives Prinzip zur Tatbestandseingrenzung im Strafrecht, in: Festschrift Hans Joachim Faller, hrsg. von Wolfgang Zeidler, Theodor Maunz, Gerd Roellecke, München 1984, S. 357–372.

Schünemann, Bernd, Nulla poena sine lege?, Berlin, New York 1978.

Schwedt, Georg, Toxikologisches Lexikon. Zum Umweltchemikalienrecht (ChemG, GefStoffV und ChemVerbotsV), Würzburg 1996.

Seeger, (o. Vorname), Bemerkungen zu dem Entwurf eines Norddeutschen Strafgesetzbuchs und den Verhandlungen des Reichstages über denselben, in: GA 18 (1870) S. 227–247.

Seelmann, Kurt, Grundfälle zu den Straftaten gegen das Vermögen als Ganzes, in: JuS 1983, S. 32–35.

Seidman, R. B., Witch Murder and Mens Rea: A Problem of Society under Radical Social Change, in: Modern Law Review 28 (1965) S. 46–61.

Seier, Jürgen/Gaude, Désirée, Untaugliche, grob unverständige und abergläubische Versuche, in: JuS 1999, S. 456–460.

Seiler, Stefan, Strafrecht, Allgemeiner Teil I, 2. Aufl., Wien 2011.

Seminara, Sergio/Hirsch, Hans Joachim, Zur strafrechtlichen Versuchslehre im 19. und 20. Jahrhundert, Berlin 2008.

Simson, Gerhard, Einer gegen alle, 3. Aufl., München 1972.

Soldan, Wilhelm Gottlieb/Heppe, Heinrich, Geschichte der Hexenprozesse, neu bearbeitet von *S. Ries*, Essen 1990.

Sowada, Christoph, Das „unechte Unterlassungsdelikt" – eine überflüssige Rechtsfigur, in: GA 1988, S. 195–214.

Spendel, Günter, Kritik der subjektiven Versuchstheorie, in: NJW 1965, S. 1881–1888.

Spiegel Online (o. V.) vom 9.12.2015, Mutmaßliche Teufelsaustreibung: „So etwas habe ich noch nicht erlebt", abrufbar unter: http://www.spiegel.de/panorama/justiz/teufelsaustreibung-in-frankfurt-so-etwas-habe-ich-noch-nicht-erlebt-a-1066933.html (abgerufen am 08.1.2016).

Spiegel Online (o. V.) vom 02.06.2015, Nacktprotest im Kölner Dom: Frühere Femen-Aktivistin muss Geldstrafe zahlen, abrufbar unter: http://www.spiegel.de/panorama/justiz/ex-femen-aktivistin-josephine-witt-wegen-koelner-dom-protest-vor-gericht-a-1036742.html (abgerufen am 09.7.2015).

Spiegel Online (o. V.) vom 28.5.2014, Mord an Prager Taxifahrer: Höchststrafen für junge Männer aus Baden-Württemberg, abrufbar unter: http://www.spiegel.de/panorama/justiz/mord-an-tschechischem-taxifahrer-gefaengnis-fuer-taeter-aus-rottenburg-a-972214.html (abgerufen am 20.8.2014).

Spiegel Online (o. V.) vom 8.4.2013, Zeitungsbericht: Zwei Frauen in Papua-Neuguinea geköpft, abrufbar unter: http://www.spiegel.de/panorama/justiz/zeitung-zwei-frauen-in-papua-neuguinea-wegen-hexerei-enthauptet-a-893067.html (abgerufen am 20.8.2014).

Spiegel Online (o. V.) vom 12.1.2012, Südafrika: Mob lyncht Paar wegen angeblicher Hexerei, abrufbar unter: http://www.spiegel.de/panorama/justiz/suedafrika-mob-lyncht-paar-wegen-angeblicher-hexerei-a-808712.html (abgerufen am 20.8.2014).

Spiegel Online (o. V.) vom 12.12.2011: Urteil in Saudi Arabien: Frau wegen „Hexerei" hingerichtet, abrufbar unter: http://www.spiegel.de/panorama/justiz/urteil-in-saudi-arabien-frau-wegen-hexerei-hingerichtet-a-803222.html (abgerufen am 20.8.2014).

Spiegel Online (o. V.) vom 6.1.2011, Dioxinskandal: Behörden sperren mehr als 4700 Bauernhöfe, abrufbar unter: http://www.spiegel.de/wirtschaft/service/dioxinskandal-behoerden-sperren-mehr-als-4700-bauernhoefe-a-738224.html (abgerufen am 20.8.2014).

Spiegel Online (o. V.) vom 11.3.2010, Exorzist des Papstes: Teufelszeug im Vatikan, abrufbar unter: http://www.spiegel.de/panorama/gesellschaft/exorzist-des-papstes-teufelszeug-im-vatikan-a-683075.html (abgerufen am 20.8.2014).

Spiegel Online (o. V.) vom 8.7.2008, England: 44-Jähriger stirbt nach Wasser-Überdosis, abrufbar unter: http://www.spiegel.de/panorama/england-44-jaehriger-stirbt-nach-wasser-ueberdosis-a-564492.html (abgerufen am 20.8.2014).

Spiess, Gerhard, Wenn nicht mehr, wenn nicht härtere Strafen – was dann? Die Modernisierung des deutschen Sanktionensystems und die Befunde der Sanktions- und Rückfallforschung, in: Soziale Probleme, 24. Jahrgang 2013, Heft 1, S. 87–117.

Spotowski, Andrzej, Erscheinungsformen der Straftat im deutschen und polnischen Recht, Baden-Baden 1979.

Squires, Nick, Chief exorcist says Devil is in Vatican, in: "The Telegraph" vom 11.3.2010, abrufbar unter: http://www.telegraph.co.uk/news/worldnews/europe/vaticancityandholysee/7416458/Chief-exorcist-says-Devil-is-in-Vatican.html (abgerufen am 24.8.2014).

Steinberg, Georg, Tauglicher Versuch und konkrete Gefährdung, in: GA 2008, S. 516–531.

Stern (o. V.) vom 23.2.2006, Gotteslästerung auf Klopapier, abrufbar unter: http://www.stern.de/politik/deutschland/prozess-gotteslaesterung-auf-klopapier-556541.html (abgerufen am 20.8.2014).

Stooss, Carl, Die Grundzüge des schweizerischen Strafrechts, 1. Bd., Basel und Genf 1892.

Stopfkuchen, Manfred, Strafbare und nicht strafbare Fälle des untauglichen Versuchs, Freiburg im Breisgau, 1972, zugl. Diss. Freiburg 1971.

Strafrecht der Deutschen Demokratischen Republik, Kommentar zum Strafgesetzbuch, Ministerium der Justiz (Hrsg.), Berlin 1981.

Stratenwerth, Günter, Schweizerisches Strafrecht, Allgemeiner Teil I: Die Straftat, Bern 1982, *zitiert: Stratenwerth,* Schw. Strafrecht, AT I.

Stratenwerth, Günter, Der Versuch des untauglichen Subjekts, in: Festschrift für Hans-Jürgen Bruns zum 70. Geburtstag, hrsg. von Wolfgang Frisch und Werner Schmid, Köln, Berlin, Bonn, München 1978, S. 59–69.

Stratenwerth, Günter, Die fakultative Strafmilderung beim Versuch, in: Festgabe zum Schweizerischen Juristentag, hrsg. von der Juristischen Fakultät der Universität Basel und vom Basler Juristenverein, Basel 1963, S. 247–266.

Stratenwerth, Günter/Kuhlen, Lothar, Strafrecht Allgemeiner Teil I, Die Straftat, 6. Aufl., München 2011, *zitiert: Stratenwerth/Kuhlen,* AT I.

Stree, Walter, Deliktsfolgen und Grundgesetz, Tübingen 1960.

Streng, Franz, Das „Wahndelikt" – ein Wahn? Überlegungen zum umgekehrten Irrtum über normative Tatbestandsmerkmale, in: GA 2009, S. 529–540.

Streng, Franz, Tatbegriff und Teilrücktritt – Zugleich eine Besprechung zum Urteil des BGH vom 23. 8. 1983 – 5 StR 408/83, in: JZ 1984, S. 652–656.

Streng, Franz, Der Irrtum beim Versuch – ein Irrtum? Ein Beitrag zur Struktur des Versuchstatbestands, in: ZStW 109 (1997), S. 862–899.

Struensee, Eberhard, Verursachungsvorsatz und Wahnkausalität, in: ZStW 102 (1990), S. 21–50.

Suarez Montes, Rodrigo Fabio, Weiterentwicklung der finalen Unrechtslehre, in: Festschrift für Hans Welzel, hrsg. von Günter Stratenwerth, Armin Kaufmann,

Gerd Geilen, Hans Joachim Hirsch, Hans-Ludwig Schreiber, Günther Jakobs und Fritz Loos, Berlin, New York 1974, S. 379–392.

Süddeutsche.de (o. V.) vom 11.5.2010, Tod durch Insektenspray, abrufbar unter: http://www.sueddeutsche.de/panorama/saudi-arabien-tod-durch-insekten spray-1.250226 (abgerufen am 20.8.2014).

Systematischer Kommentar zum Strafgesetzbuch, hrsg. von Hans-Joachim Rudolphi und Jürgen Wolter, 8., neu bearbeitete Aufl., Bd. 1, §§ 1–37, Köln, Losebl.-Ausg., Stand: 140. EL (Oktober 2013), zitiert: SK-*Bearbeiter*.

Tarnowski, Hans, Die systematische Bedeutung der adaequaten Kausalitätstheorie für den Aufbau des Verbrechensbegriffs, Berlin und Leipzig 1927.

Thalheimer, Karol, Die Vorfeldstrafbarkeit nach §§ 30, 31 StGB, Frankfurt am Main 2008, zugl. Diss. Konstanz 2007.

Thormann, Philipp/v. Overbeck, Alfred, Schweizerisches Strafgesetzbuch 1. Bd. Allgemeiner Teil, Zürich 1940.

Timpe, Gerhard, Strafmilderungen des Allgemeinen Teils des StGB und das Doppelverwertungsverbot, Berlin 1983, zugl. Diss. Regensburg 1982.

Tittmann, Carl August, Handbuch des gemeinen deutsachen peinlichen Rechts, 1. Teil, Halle 1808.

Tofahrn, Sabine, Strafrecht, Allgemeiner Teil II, Unterlassungsdelikt, Versuch Täterschaft und Teilnahme, Konkurrenzen, 3. Aufl., Heidelberg u.a. 2013.

Traub, Fritz, Die Subjektivierung des § 46 StGB in der neuesten Rechtsprechung des BGH, in: NJW 1956, S. 1183–1185.

Treplin, Chr. Heinrich, Der Versuch, Grundzüge des Wesens und der Handlung, in: ZStW 76 (1964), S. 441–472.

Trechsel, Stefan, Schweizerisches Strafgesetzbuch, Kurzkommentar, 2. Aufl., unveränderter Nachdruck 2005, Zürich 1997.

Tröndle, Herbert/Fischer, Thomas, Strafgesetzbuch und Nebengesetze, 52. Aufl., München 2004.

Ulsenheimer, Klaus, Grundfragen des Rücktritts vom Versuch in Theorie und Praxis, Berlin, New York 1976, zugl. Habil.-Schr. Bochum 1974.

Valerius, Brian, Untauglicher Versuch und Wahndelikt, in: JA 2010, S. 113–116.

Vehling, Karl-Heinz, Die Abgrenzung von Vorbereitung und Versuch, Frankfurt am Main 1991, zugl. Diss. Bonn 1990.

Vogler, Theo, Versuch und Rücktritt bei der Beteiligung mehrerer an der Straftat, in: ZStW 98 (1986), S. 331–354.

Volk, Klaus, Entkriminalisierung durch Strafwürdigkeitskriterien jenseits des Deliktsaufbaus, in: ZStW 97 (1985), S. 871–918.

Volk, Klaus, Gefühlte Rechtsgüter?, in: Strafrecht als Scientia Universalis, Festschrift für Claus Roxin zum 80. Geburtstag am 15. Mai 2011, hrsg. von Manfred Heinrich, Christian Jäger, Hans Achenbach u. a., Bd. 1, Berlin, New York 2011, S. 215-225.

Volk, Klaus, Marktmissbrauch und Strafrecht, in: Festschrift für Winfried Hassemer, hrsg. von Felix Herzog und Ulfrid Neumann, Heidelberg u. a. 2010, S. 915-926.

Voß, Monika, Symbolische Gesetzgebung, Ebelsbach 1989.

Waiblinger, Max, Subjektivismus und Objektivismus in der neueren Lehre und Rechtsprechung vom Versuch, in: ZStW 69 (1957), S. 189-222.

Wagner, Heinz, Die selbständige Bedeutung des Schuldspruchs im Strafrecht, insbesondere beim Absehen von Strafe gemäß § 16 StGB, in: GA 1972, S. 33-53.

Wagner, Annelie/Bosse, Brigitte, Datenerhebung zur Situation ritueller Gewalt in Rheinland-Pfalz, Erweiterte Replikation der Studie des Arbeitskreises „Rituelle Gewalt in NRW" 2005, abrufbar unter: http://www.bistum-muenster.de/down loads/Seelsorge/ 2008/207_Datenerhebung_rituelle_Gewalt.pdf (abgerufen am 26.6.2014).

Walter, Tonio, Der Kern des Strafrechts, Tübingen 2006, zugl. Habil.-Schr. Freiburg im Breisgau 2003/04.

Walter, Michael, Der Rücktritt vom Versuch als Ausdruck des Bewährungsgedankens im zurechnenden Strafrecht, Göttingen 1980.

v. Weber, Helmuth, Das Absehen von Strafe, in: MDR 1956, S. 705-707.

Wege, Heike, Rücktritt und Normgeltung, Berlin 2011, zugl. Diss. Marburg 2010.

Weigend, Thomas, Die Entwicklung der deutschen Versuchslehre, in: Hirsch/ Weigend, Strafrecht und Kriminalpolitik, Berlin 1989, S. 113-128.

Weinhold, Ina Elisabeth, Rettungsverhalten und Rettungsvorsatz beim Rücktritt vom Versuch, Baden-Baden 1990, zugl. Diss. Bonn 1990.

Welzel, Hans, Das Deutsche Strafrecht, 11. Aufl., Berlin 1969.

Wessels, Johannes/Beulke, Werner/Satzger, Helmut, Strafrecht Allgemeiner Teil, Die Straftat und ihr Aufbau, 43. Aufl., Heidelberg 2013.

Wessels, Johannes/Hillenkamp, Thomas, Strafrecht Besonderer Teil 2, Straftaten gegen Vermögenswerte, 36. Aufl., Heidelberg u.a. 2013.

Westpfahl, Manfred, Zum Unrecht im Versuch – Bemerkungen zur Versuchslehre in Deutschland, Österreich und in der Schweiz, München 1974, zugl. Diss. München 1975.

Williams, Glanville, Criminal law, The general part, Second Edition, London 1961.

Wimmer, Wolf, Parapsychologen als Sachverständige?, in: NJW 1976, S. 1131-1133.

Wittig, Petra, Das tatbestandsmässige Verhalten des Betrugs, Frankfurt am Main 2005, zugl. Habil.-Schr. Passau 2003.

Wolter, Jürgen, Objektive und personale Zurechnung von Verhalten, Gefahr und Verletzung in einem funktionalen Strafsystem, Berlin 1981, zugl. Habil.-Schr. Bonn 1979.

Wolters, Gereon, Das Unternehmensdelikt, Baden-Baden 2001, zugl. Habil.-Schr. Kiel 2000/2001.

Zachariä, Heinrich Albert, Die Lehre vom Versuche, Teil I, Göttingen 1836.

Zachariä, Heinrich Albert, Von dem Versuche der Verbrechen, in: GA 1857, S. 577–597.

Zaczyk, Rainer, Das Unrecht der versuchten Tat, Berlin 1989, zugl. Habil.-Schr. Frankfurt am Main 1987.

Zeit online (o. V.) vom 20.7.2013, Insektizid für Tod indischer Kinder verantwortlich, abrufbar unter: http://www.zeit.de/news/2013-07/20/indien-bericht-insektizid-fuer-tod-indischer-kinder-verantwortlich-20192204 (abgerufen am 20.8.2014).

Zentrum der Gesundheit, aktualisiert am 30.6.2014, abrufbar unter: http://www.zentrum-der-gesundheit.de/zahnpasta-inhaltsstoffe-ia.html (abgerufen am 28.7.2014).

Zielinski, Diethart, Handlungs- und Erfolgsunwert im Unrechtsbegriff. Untersuchungen zur Struktur von Unrechtsbegründung und Unrechtsausschluß, Berlin 1973, zugl. Diss. Bonn 1972.

Zieschang, Frank, Die Gefährdungsdelikte, Berlin 1998, zugl. Habil.-Schr. Köln 1997/98.

Zieschang, Frank, Buchbesprechungen: Wolters Gereon: Das Unternehmensdelikt, in: ZStW 115 (2003), S. 395–401.

Zoll, Andrzej, Der untaugliche Versuch im polnischen Strafrecht, in: Menschengerechtes Strafrecht, Festschrift für Albin Eser zum 70. Geburtstag, hrsg. von Jörg Arnold, Björn Burkhardt, Walter Gropp, Günter Heine, Hans-Georg Koch, Otto Lagodny, Walter Perron, Susanne Walther, München 2005, S. 655–668.

Zucker, Konrad, Psychologie des Aberglaubens, Heidelberg 1948.

Quellenverzeichnis

AE	Alternativ-Entwurf eines Strafgesetzbuches, Allgemeiner Teil, Tübingen 1966.
Allbus 2012	GESIS – Leibniz-Institut für Sozialwissenschaften: ALLBUScompact 2012 – Allgemeine Bevölkerungsumfrage der Sozialwissenschaften. GESIS, Köln, Deutschland, ZA4615 Datenfile Vers. 1.1.1 (2013–08–05), doi = 10.4232/1.11754.
BGBl.	Bundesgesetzblatt, Ausgegeben zu Bonn am 10. Juli 1969.
BT-Drucks. V/4095	Zweiter Schriftlicher Bericht des Sonderausschusses für die Strafrechtsreform, 5. Wahlperiode, Bundestags-Drucksache 4095.
BT-Drucks. 16/10009	Deutscher Bundestag, Drucksache 16/10009 vom 16. 07. 2008: Antwort der Bundesregierung auf die Große Anfrage der Abgeordneten Volker Beck (Köln), Josef Philip Winkler, Marieluise Beck (Bremen), weiterer Abgeordneter und der Fraktion BÜNDNIS 90/DIE GRÜNEN – Drucksache 16/7902 – Sicherstellung des Menschenrechts der Religions- und Glaubensfreiheit.[1018]
ChemID	Chemical Identification, freie Datenbank der United States National Library of Medicine, NLM[1019]
E 1913	Entwurf der Strafrechtskommission 1913, in: Entwürfe zu einem Deutschen Strafgesetzbuch, Berlin 1920.
E 1919	Entwurf von 1919 und Denkschrift zu dem Entwurf von 1919, in: Entwürfe zu einem Deutschen Strafgesetzbuch, Berlin 1920.
E 1922	Gustav Radbruchs Entwurf eines Allgemeinen Deutschen Strafgesetzbuchs (1922), Tübingen 1952.
E 1925	Amtlicher Entwurf eines Allgemeinen Deutschen Strafgesetzbuchs nebst Begründung., Berlin 1925.

[1018] Abrufbar unter: http://dip21.bundestag.de/dip21/btd/16/100/1610009.pdf (abgerufen am 21.5.2014).
[1019] Abrufbar unter: http://chem.sis.nlm.nih.gov/chemidplus/ (abgerufen am 20.8.2014).

E 1927	Entwurf eines Allgemeinen Deutschen Strafgesetzbuchs nebst Begründung und zwei Anlagen, Reichstags-Drucksache Nr. 3390, III. Wahlperiode 1924/27, ausgegeben am 19.5.1927.
E 1930	Entwurf eines Allgemeinen Deutschen Strafgesetzbuchs nach den Beschlüssen der ersten Lesung des Deutschen Reichstagsausschusses und den Deutschen und Österreichischen Strafrechtskonferenzen, Berlin und Leipzig 1930.
E 1935/36	Entwurf eines Deutschen Strafgesetzbuchs, Entwurf der amtlichen Strafrechtskommission, 2. Lesung 1935/36, zusammengefasst nach den Vorschlägen der Unterkommissionen – nach dem Stand vom 1. Juli 1936.
E 1958	Entwurf des Allgemeinen Teils eines Strafgesetzbuches nach den Beschlüssen der Großen Strafrechtskommission in erster Lesung, mit Begründung, Bonn 1958.
E 1959	Entwurf eines Strafgesetzbuches E 1959 nach den Beschlüssen der Großen Strafrechtskommission in zweiter Lesung, Bonn 1959.
E 1960	Entwurf eines Strafgesetzbuches (StGB) E 1960 mit Begründung, Bundesrat Drucksache 270/60.
E 1962	Entwurf eines Strafgesetzbuches (StGB) E 1962 mit Begründung, Drucksache IV/650.
GE 1911	Gegenentwurf zum Vorentwurf eines deutschen Strafgesetzbuchs, aufgestellt von Kahl, Lilienthal, v. Liszt und Goldschmidt, Berlin 1911.
GESTIS-Stoffdatenbank	Gefahrstoffinformationssystem der Deutschen Gesetzlichen Unfallversicherung, Institut für Arbeitsschutz der Deutschen Gesetzlichen Unfallversicherung.[1020]
Niederschriften	Niederschriften über die Sitzungen der Großen Strafrechtskommission, Band 2, Allgemeiner Teil, 14. bis 25. Sitzung, Bonn 1958.
	Niederschriften über die Sitzungen der Großen Strafrechtskommission, Band 4, Allgemeiner Teil, 38. bis 52, Bonn 1958.

[1020] Abrufbar unter: http://www.dguv.de/ifa/Gefahrstoffdatenbanken/GESTIS-Stoffdatenbank/index.jsp (abgerufen am 20.8.2014).

Protokolle	Verhandlungen des deutschen Bundestages 5. Wahlperiode, Sitzungen 76150, 88. Sitzung des Sonderausschusses für die Strafrechtsreform, Bonn 1967.
Religions-monitor 2013	Religionsmonitor, Religiosität und Zusammenhalt in Deutschland, Bertelsmann Stiftung, Autoren: Detlef Pollack und Olaf Müller, Bielefeld 2013.[4]
VE 1909	Vorentwurf zu einem Deutschen Strafgesetzbuch 1909.
2. StrRG	Zweites Gesetz zur Reform des Strafrechts vom 4. Juli 1969, Bundesgesetzblatt Teil I, S. 717.

1021 Abrufbar unter: http://www.religionsmonitor.de/pdf/Religionsmonitor_Deutschland.pdf (abgerufen am 20.8.2014).

Criminalia

Abhandlungen aus den gesamten Strafrechtswissenschaften

Der Herausgeber der Reihe war bis zu seiner Emeritierung Vorstand des "Instituts für die gesamten Strafrechtswissenschaften" der Universität München. Das Programm der Reihe ist im Untertitel genannt. In ihr werden veröffentlicht Schriften zum Strafrecht und Strafverfahrensrecht, zu Kriminologie und Kriminalpolitik, zu den rechtstheoretischen und rechtssoziologischen Grundlagen des Strafrechts und zu seiner Geschichte. Die Reihe läßt deutsche und ausländische Wissenschaftler zu Wort kommen und will dazu einladen, an der Fortentwicklung aller Bereiche des Strafrechts über die Grenzen hinaus mitzuwirken.

Criminalia

Herausgegeben von Klaus Volk

Band 1 Ulrich Schroth: Vorsatz als Aneignung der unrechtskonstituierenden Merkmale. 1994.

Band 2 Torsten Poeck: Wartepflicht und Wartedauer des § 142 Abs. 1 Nr. 2 StGB. Ein Vorschlag zur Bestimmung der Wartelänge anhand rechtsprechungsanalytischer und empirischer Überlegungen. 1994.

Band 3 Tobias Schmid: Die Vergabe von Wirtschaftssubventionen und strafrechtliche Verantwortlichkeit gem. § 264 StGB (Subventionsbetrug). 1994.

Band 4 Erwin Lohner: Der Tatverdacht im Ermittlungsverfahren. Begriff, rechtliche Ausgestaltung, praktische Handhabung und Kontrolle am Beispiel der polizeilichen Verdachtsfeststellung. 1994.

Band 5 Gunther Lehleiter: Der rechtswidrige verbindliche Befehl. Strafrechtsdogmatische Untersuchung, demonstriert am Beispiel des militärischen Befehls. 1995.

Band 6 Dirk Steiner: Das Fairneßprinzip im Strafprozeß. 1995.

Band 7 Isabell Schwegler: Der Subsumtionsirrtum. 1995.

Band 8 Klaus Andreas Fischer: Die strafrechtliche Beurteilung von Werken der Kunst. 1995.

Band 9 Johannes Fredrikus Nijboer: Beweisprobleme und Strafrechtssysteme / Proof and Criminal Justice Systems. Rechtsvergleichende Aufsätze / Comparative Essays. 1995. 2. Auflage 1997.

Band 10 Winfried Hassemer / Karin Matussek: Das Opfer als Verfolger. Ermittlungen des Verletzten im Strafverfahren. 1996.

Band 11 Bettina Grunst: Steuerhinterziehung durch Unterlassen. 1996.

Band 12 Hans-Jörg Schwab: Täterschaft und Teilnahme bei Unterlassungen. 1996.

Band 13 Christos Mylonopoulos: Komparative und Dispositionsbegriffe im Strafrecht. 1998.

Band 14 Christina Erfurth: Verdeckte Ermittlungen. Problemlösung durch das OrgKG? 1997.

Band 15 Stephan Weber: Überstellung in den Heimatstaat. Ein internationales Konzept wider den Strafvollzug in der Fremde. Zugleich ein Beitrag zum Recht der internationalen Vollstreckungshilfe in Strafsachen. 1997.

Band 16 Bert Götting: Gesetzliche Strafrahmen und Strafzumessungspraxis. Eine empirische Untersuchung anhand der Strafverfolgungsstatistik für die Jahre 1987 bis 1991. 1997.

Band 17 Lars Otte: Der durch Menschen ausgelöste Defensivnotstand. 1998.

Band 18 Gregor Rieger: Die mutmaßliche Einwilligung in den Behandlungsabbruch. 1998.

Band 19 Yu-hsiung Lin: Richtervorbehalt und Rechtsschutz gegen strafprozessuale Grundrechtseingriffe. 1998.

Band 20 Sandra Pellkofer: Sockelverteidigung und Strafvereitelung. 1999.

Band 21 Christine Ferschl: Das Problem des unmittelbaren Zusammenhangs beim erfolgsqualifizierten Delikt. 1999.

Band 22 Peter König: Strafbarer Organhandel. 1999.

Band 23 Stefan Stauder: Die allgemeinen defenses des New York Penal Law. Eine rechtsvergleichende Untersuchung. 1999.

Band 24 Malte Merz: "Bewußte Selbstschädigung" und die Betrugsstrafbarkeit nach § 263 StGB. Zugleich ein Beitrag zur Zweckverfehlungslehre. 1999.

Band 25 Marc Tully: Poena sine Culpa? Strict-Liability-Sanktionen und Europäisches Gemeinschaftsrecht. 2000.

Band 26 Susanne Götting: Beweisverwertungsverbote in Fällen gesetzlich nicht geregelter Ermittlungstätigkeit. Durch V-Leute, Scheinaufkäufer und Privatleute. 2001.

Band 27 Christiane Hölscher: Der Rechtsschutz und die Mitteilungspflichten bei heimlichen strafprozessualen Zwangsmaßnahmen. 2001.

Band 28 Tobias Windhorst: Der Rechtsbegriff der "schweren Gesundheitsschädigung". Zugleich ein Beitrag zum 6. StrRG. 2001.

Band 29 Andrea Schmucker: Die "Dogmatik" einer strafrechtlichen Produktverantwortung. Das fahrlässige Unterlassen als Institut der Produktkriminalität. 2001.

Band 30 Stephan Beukelmann: Prävention von Computerkriminalität. Sicherheit in der Informationstechnologie. 2001.

Band 31 Markus B. Alder: Die Strafzumessungsrichtlinie der USA in ihrem Kontext mit Plea Bargaining. 2001.

Band 32 Tobias Brandis: Beweisverbote als Belastungsverbote aus Sicht des Beschuldigten? 2001.

Band 33 Britta Wolff: Begünstigung, Strafvereitelung und Hehlerei. Geschichtliche Entwicklung und Abgrenzung zur Beihilfe. 2002.

Band 34 Angelika Laitenberger: Die Strafbarkeit der Verbreitung rassistischer, rechtsextremistischer und neonazistischer Inhalte. Unter besonderer Berücksichtigung der Verbreitung über Netzwerke. Ein Rechtsvergleich. 2003.

Band 35 Antonia Seitz: *Die Todesstrafe ist keine Strafe*. Von der Beteiligung bedeutender Mediziner an Fragestellungen um Verbrechen und Strafe, unter besonderer Berücksichtigung der Todesstrafe 1865 bis 1933 im deutsch-italienischen Vergleich. 2003.

Band 36 Ro-Seop Park: Die Wahrheitsfindung im Ermittlungsverfahren. 2003.

Band 37 Ingo Jeckel: Schadenswiedergutmachung gem. § 46a Nr. 2 StGB über anwaltliche Schlichtungsstellen. Schlichtungsablauf und Auswirkungen auf das Strafverfahren. 2003.

Band 38 Katja Kassing: Ehrverletzende Personalsatire in Deutschland, Österreich, der Schweiz und England. 2004.

Band 39 Stefan Poller: Verbandsgeldbuße und Steueranspruch. 2004.

Band 40 Anna Trüstedt: Das Verbot von Börsenkursmanipulationen. 2004.

Band 41 Marialena Papachristou: Die strafrechtliche Behandlung von Börsen- und Marktpreismanipulationen. 2006.

Band 42 Verena Käbisch: Markenschutz im Strafrecht. Die Rechtslage in Deutschland und den USA. 2006.

Band 43 Dominik Härtl: Wahlstraftaten. Die §§ 107 ff. StGB im System des Rechts. 2006.

Band 44 Erick Gatgens: Ermessen und Willkür im Straf- und Strafverfahrensrecht. Eine dogmatische und rechtstheoretische Untersuchung zu den Grundlagen strafjuristischer Entscheidungsfindung. 2007.

Band 45 Christian A. Sirch: Die Strafbarkeit der Parteispendenakquisition. Ein Beitrag zum Tatbestand der Vorteilsannahme. 2008.

Band 46 Brigitte Bauer: Untreue durch Cash-Pooling im Konzern. 2008.

Band 47 Meng Yang: Die Strafbarkeit der Vorbereitungshandlung des Delikts nach dem deutschen und chinesischen StGB. 2009.

Band 48 Martin Patz: Die Effektivität der Strafrechtspflege. 2009.

Band 49 Maren Stölting: Das Tatbestandsmerkmal des fremden Vermögens bei der Untreue zum Nachteil von Personengesellschaften am Beispiel der GmbH & Co. KG. 2010.

Band 50 Seong Jin Choi: Patientenverfügung und Patientenautonomie zwischen Rechtsdogmatik und Rechtswirklichkeit. 2010.

Band 51 Nikolaus Föbus: Die Insuffizienz des strafrechtlichen Schutzes von Geschäfts- und Betriebsgeheimnissen nach § 17 UWG. 2011.

Band 52 Maximilian Heiß: Bestechung und Bestechlichkeit im geschäftlichen Verkehr. Die strafrechtliche Erfassung in Deutschland und England. Ein Vergleich. 2011.

Band 53 Lea Staudt: Medizinische Richt- und Leitlinien im Strafrecht. Eine Untersuchung zur Möglichkeit der Bestimmung der unerlaubten Handlung beim Fahrlässigkeitsdelikt mit Hilfe medizinischer Richt- und Leitlinien. 2012.

Band 54 Petr Kottek: Die Kooperation von deutschen Unternehmen mit der US-amerikanischen Börsenaufsicht SEC. Grenzen der strafprozessualen Verwertbarkeit unternehmensinterner Ermittlungen. 2012.

Band 55 Dong Lyoul Kim: Grundlagen der strafrechtlichen Aufarbeitung von DDR-Unrecht und Möglichkeiten ihrer Übertragung auf die Bewältigung nordkoreanischen Systemunrechts. 2012.

Band 56 Katharina Hermannstaller: Die Mehrlingsreduktion aus strafrechtlicher Sicht. 2014.

Band 57 Benjamin Kertai: Sicherheit, Risiko und Opferschutz. Anlässe der Strafgesetzgebung und Möglichkeiten wissenschaftlicher Einflussnahme. 2014.

Band 58 Claudia Karl: Die Bedeutung der Abgrenzung von Tat- und Rechtsfrage in der strafprozessualen Revision. Vor dem Hintergrund der neueren obergerichtlichen Rechtsprechung. 2016.

Band 59 Martina Oberhofer: Aberglaube und Unverstand in der Lehre von Versuch und Rücktritt. 2016.

www.peterlang.com